互联网金融系列丛书

消费金融与供应链金融

主　编　何平平
副主编　车云月　陈晓艳

清华大学出版社
北　京

内 容 简 介

本书分别从消费金融和供应链金融两个角度出发，系统地介绍了消费金融与供应链金融的主要概念、分类、发展现状、前景以及风险管理。全书共分为两部分，共 10 章。第 1 部分介绍的是消费金融，包括第 1～5 章。第 1 章是对消费金融的概述；第 2～4 章分别以商业银行、消费金融公司以及互联网企业为主体介绍了各自的消费金融业务；第 5 章介绍消费金融资产证券化。第 2 部分介绍的是供应链金融，包括第 6～10 章，第 6 章对供应链金融进行了详实的概述；第 7 章介绍供应链融资的主要模式；第 8 章介绍供应链金融的主导模式；第 9 章介绍互联网供应链金融；第 10 章介绍供应链金融的风险管理。

本书可作为高等学校金融或电子商务专业学习互联网金融课程的教材，也可供互联网金融研究者、从业者、管理人员参考。

本书封面贴有清华大学出版社防伪标签，无标签者不得销售。
版权所有，侵权必究。举报：010-62782989，beiqinquan@tup.tsinghua.edu.cn。

图书在版编目(CIP)数据

消费金融与供应链金融/何平平主编. —北京：清华大学出版社，2017（2024.1重印）
（互联网金融系列丛书）
ISBN 978-7-302-48518-6

Ⅰ.①消… Ⅱ.①何… Ⅲ.①互联网络—应用—金融—研究 ②供应链管理—金融业务—研究 Ⅳ.①F830.49 ②F252.2

中国版本图书馆 CIP 数据核字(2017)第 233213 号

责任编辑：	杨作梅
封面设计：	李 坤
责任校对：	王明明
责任印制：	沈 露

出版发行：清华大学出版社
　　　网　　址：https://www.tup.com.cn，https://www.wqxuetang.com
　　　地　　址：北京清华大学学研大厦 A 座　　邮　编：100084
　　　社 总 机：010-83470000　　　　　　　　　邮　购：010-62786544
　　　投稿与读者服务：010-62776969，c-service@tup.tsinghua.edu.cn
　　　质量反馈：010-62772015，zhiliang@tup.tsinghua.edu.cn
　　　课件下载：https://www.tup.com.cn，010-62791865
印 装 者：北京鑫海金澳胶印有限公司
经　　销：全国新华书店
开　　本：185mm×260mm　　　印　张：21.75　　　字　数：528 千字
版　　次：2017 年 10 月第 1 版　　印　次：2024 年 1 月第 9 次印刷
定　　价：58.00 元

产品编号：076697-02

前言

近年来，电子商务的快速发展加快了消费金融与供应链金融的发展。消费金融与供应链金融市场规模巨大、发展前景广阔，正迎来全面发展时机。与此同时，消费金融与供应链金融的快速发展也需要相应的人才支撑。消费金融与供应链金融已被部分高校纳入人才培养体系之中，正是基于上述考虑，我们组织力量编写了本书。

本书为适应高等学校互联网金融专业人才培养的需要，从理论联系实际的原则出发，以消费金融与供应链金融的实际运用为导向，对消费金融与供应链金融进行全面系统的介绍。

本书主要有以下几个特点。

(1) 内容全面。

全书从消费金融和供应链金融两方面出发，介绍两者产生的起源、发展的历史，并结合国内外的发展现状及最新模式，系统地介绍了消费金融与供应链金融的实际应用，内容涵盖面极广，有效地为各行各业的读者提供了消费金融与供应链金融的宏观视图。

(2) 体例新颖。

本书秉承学以致用的宗旨，在编写体例上彰显了可读性和互动性。每章前有"本章目标"和"本章简介"，每章末有"本章总结"和"本章作业"。书中除了理论教学内容，还配有相关案例和解析，突出理论与实践的结合，打破了传统"罗列发条"的教材编写模式，通俗易懂，开拓了学生的视野，能够更好地满足培养既懂专业知识又能运用所学知识解决实际问题的"复合型"经济人才需求。

目前专门针对消费金融与供应链金融的教材不多，本书是对这一课题的一个探索。考虑到这一研究方向目前主要以应用为导向，因此在本书的结构和构思上，摒弃了传统教材的编写模式，穿插了大量案例，突出了应用性，旨在提供与现实联系密切的知识体系。

本书由新迈尔(北京)科技有限公司组织研发，大纲由何平平拟定，由湖南大学互联网金融研究所组织编写。由何平平担任主编，车云月、陈晓艳担任副主编。各章的编写分工如下：第1章由刘诗雨负责编写；第2章由张童、胡荣才负责编写；第3章由何平平、刘晶宇、陈晓艳(塔里木大学)负责编写；第4章由何平平、宋娜思负责编写；第5章由宋娜思负责编写；第6~10章由何平平、许童童和陈晓艳负责编写。

本书在编写过程中参考了大量文献资料，有些已经在参考文献中标注，而有些则没有，在此一并表示感谢。囿于时间和个人能力，书中难免有错误和不足之处，敬请读者批评指正。

编　者

《互联网金融系列丛书》编审委员会

主　任：

湖南大学互联网金融研究所	主　任	何平平

副 主 任：

新迈尔(北京)科技有限公司	总经理	车云月
湖南大学互联网金融研究所	副主任	胡荣才
河北工业职业技术学院工商管理系	主　任	韩彦国
河北工业职业技术学院工商管理系	副主任	马　明
河北工业职业技术学院工商管理系	副主任	宋书彬

主任委员：

河北工业职业技术学院工商管理系	杨泽伟
湖南大学互联网金融研究所	蒋银乔
湖南大学互联网金融研究所	刘　单
湖南大学互联网金融研究所	刘诗雨
湖南大学互联网金融研究所	周春亚
湖南大学互联网金融研究所	王杨毅彬
湖南大学互联网金融研究所	张　童
湖南大学互联网金融研究所	刘晶宇
湖南大学互联网金融研究所	宋娜思
湖南大学互联网金融研究所	旷仕昀
湖南大学互联网金融研究所	吴晗琦
湖南大学互联网金融研究所	刘诗轩
湖南大学互联网金融研究所	陈晨光
湖南大学互联网金融研究所	刘　妃
湖南大学互联网金融研究所	谭惠文
湖南大学互联网金融研究所	谭冰冰

目录

第1部分 消费金融

第1章 消费金融概述 ... 3

1.1 我国消费金融的产生与发展 ... 4
    1.1.1 消费金融产生的必然性 ... 4
    1.1.2 消费金融的发展 ... 4

1.2 消费金融 ... 5
    1.2.1 消费金融的内涵 ... 5
    1.2.2 消费金融的分类 ... 6
    1.2.3 消费金融的理论基础 ... 6
    1.2.4 消费金融对我国经济发展的作用 ... 7

1.3 消费金融体系 ... 8
    1.3.1 法律制度体系 ... 8
    1.3.2 个人征信体系 ... 9
    1.3.3 消费金融产品体系 ... 10
    1.3.4 消费金融机构体系及其服务模式 ... 11

1.4 我国消费金融发展现状 ... 15
    1.4.1 消费升级已成必然趋势，国家战略布局力挺支持 ... 15
    1.4.2 消费金融的机会酝酿于科技进步、消费观念与习惯的改变 ... 17
    1.4.3 国内居民消费杠杆率低，待挖掘市场空间巨大 ... 18
    1.4.4 消费金融国内市场竞争日趋激烈，应用场景决定成长空间 ... 20

1.5 国外消费金融发展经验 ... 22
    1.5.1 美国的风险监管机制 ... 22
    1.5.2 日本的监管和促进体系建设 ... 26

本章总结 ... 30
本章作业 ... 30

第2章 商业银行消费金融 ... 31

2.1 信用卡分期 ... 32
    2.1.1 信用卡分期概述 ... 32
    2.1.2 信用卡分期业务发展现状 ... 39
    2.1.3 信用卡分期主要产品流程 ... 44

2.2 汽车消费金融 ... 47
    2.2.1 汽车消费金融概述 ... 47
    2.2.2 汽车消费金融发展现状 ... 52
    2.2.3 汽车消费金融经营模式 ... 57

2.3 住房消费金融 ... 69
    2.3.1 住房消费金融概述 ... 69
    2.3.2 住房按揭贷款 ... 72
    2.3.3 商业银行住房按揭贷款 ... 76
    2.3.4 住房公积金贷款 ... 81
    2.3.5 住房公积金贷款 ... 85
    2.3.6 住房装修贷款 ... 91
    2.3.7 住房消费金融创新模式 ... 94

2.4 商业银行消费金融风险管理 ... 99
    2.4.1 信用卡分期付款的风险管理 ... 99
    2.4.2 汽车消费金融风险管理 ... 104
    2.4.3 住房消费金融的风险管理 ... 108

2.5 商业银行的消费金融场景化建设 ... 114

本章小结 ... 118
本章作业 ... 119

第3章 消费金融公司概述 ... 121

3.1 消费金融公司概述 ... 122
    3.1.1 消费金融公司的定义与特点 ... 122
    3.1.2 消费金融公司与其他消费信贷主体的区别 ... 124

3.2 消费金融公司分类 ... 129

目录

- 3.2.1 银行系消费金融公司 129
- 3.2.2 产业系消费金融公司 131
- 3.2.3 电商系消费金融公司 131
- 3.3 消费金融公司的运作方式 133
  - 3.3.1 与商户合作 133
  - 3.3.2 直接贷款 139
- 3.4 消费金融公司的发展情况 140
  - 3.4.1 国外消费金融公司的发展情况 140
  - 3.4.2 我国消费金融公司的发展情况 143
- 3.5 国内外消费金融公司典型 145
  - 3.5.1 国外消费金融公司典型企业 145
  - 3.5.2 国内消费金融公司典型企业 148
- 3.6 互联网时代下消费金融公司的发展趋势 156
  - 3.6.1 互联网对消费金融公司的价值体现 156
  - 3.6.2 线上线下业务并存发展 156
- 本章总结 157
- 本章作业 157

第4章 互联网消费金融 159

- 4.1 互联网消费金融概述 160
  - 4.1.1 互联网消费金融的内涵 160
  - 4.1.2 互联网消费金融的特点 160
  - 4.1.3 互联网消费金融在我国的发展 162
  - 4.1.4 互联网消费金融与网络借贷的区别 166
- 4.2 互联网消费金融产业链 168
  - 4.2.1 资金供给方 169
  - 4.2.2 消费供给方 169
  - 4.2.3 消费者消费金融服务需求 169
  - 4.2.4 互联网消费金融服务商 170
  - 4.2.5 催收机构/坏账机构 170
  - 4.2.6 征信机构 171
  - 4.2.7 银监会 171
- 4.3 分期购物平台 171
  - 4.3.1 大学生消费需求分析 172
  - 4.3.2 分期购物平台的主要运作模式 173
  - 4.3.3 分期购物平台的主要产品 174
- 4.4 P2P网贷消费金融 178
  - 4.4.1 P2P网贷消费金融模式 179
  - 4.4.2 P2P网贷消费金融主要产品 179
- 4.5 电商支付系互联网消费金融 184
  - 4.5.1 电商支付系互联网消费金融的模式 184
  - 4.5.2 电商支付系互联网消费金融主要产品 184
- 4.6 银行互联网消费金融 193
  - 4.6.1 银行互联网消费金融的模式与特点 193
  - 4.6.2 银行互联网消费金融的主要产品 194
- 4.7 互联网消费金融风险管理 197
  - 4.7.1 互联网消费金融风险 197
  - 4.7.2 互联网消费金融风险管理流程 199
  - 4.7.3 互联网消费金融风险防范措施 201
- 4.8 互联网消费金融的发展趋势与挑战 202
  - 4.8.1 互联网消费金融的发展趋势 202

4.8.2 互联网消费金融所面临的挑战.................203
　　4.8.3 应对的措施和建议.................204
　本章总结.................206
　本章作业.................206

第5章 消费金融资产证券化.................207
5.1 资产证券化基本概述.................208
　5.1.1 资产证券化的基本含义.................208
　5.1.2 资产证券化的分类.................208
　5.1.3 资产证券化的发展历程.................209
　5.1.4 资产证券化的模式分析.................214
　5.1.5 资产证券化未来的发展方向.................215
5.2 消费金融资产证券化.................216
　5.2.1 消费金融资产证券化的定义与特点.................216
　5.2.2 消费金融资产证券化的意义.................217
　5.2.3 消费金融资产证券化操作流程.................218
本章总结.................230
本章作业.................230

第2部分　供应链金融

第6章 供应链金融概述.................233
6.1 供应链金融的内涵.................234
　6.1.1 供应链金融的定义.................234
　6.1.2 供应链金融的特点.................235
　6.1.3 供应链金融与传统金融融资的区别.................235
　6.1.4 供应链金融的体系构成.................236
　6.1.5 供应链金融的意义.................237
6.2 供应链金融的发展历程.................238
　6.2.1 国外供应链金融的发展历程.................238
　6.2.2 我国供应链金融的发展历程.................239
6.3 我国供应链金融的发展状况.................240
本章总结.................242
本章作业.................242

第7章 供应链融资主要模式.................243
7.1 应收账款融资模式.................244
　7.1.1 应收账款融资的定义.................244
　7.1.2 应收账款模式简介.................244
7.2 存货质押融资模式.................246
　7.2.1 存货质押融资的定义.................246
　7.2.2 存货融资产品分类.................247
　7.2.3 存货融资的特点.................249
　7.2.4 存货融资适用行业.................250
7.3 预付账款(保兑仓)融资模式.................253
　7.3.1 预付账款融资的定义.................253
　7.3.2 模式简介.................253
7.4 三种模式的比较.................256
　7.4.1 共同点.................256
　7.4.2 不同点.................256
7.5 供应链金融的其他衍生融资模式.................258
本章总结.................259
本章作业.................259

第8章 供应链金融主导模式.................261
8.1 商业银行主导模式.................262
　8.1.1 模式简介.................262
　8.1.2 模式优点及局限性.................262
8.2 核心企业主导的模式.................269
　8.2.1 模式简介.................269
　8.2.2 模式优点及局限性.................270

目录

8.3 物流企业主导模式 273
本章总结 276
本章作业 277

第9章 互联网供应链金融 279

9.1 互联网供应链金融概述 280
    9.1.1 互联网供应链金融的内涵 280
    9.1.2 互联网金融与传统供应链金融的联系与区别 283
9.2 互联网供应链金融的主要模式（八大模式）..................... 285
    9.2.1 基于B2B电商平台的供应链金融 285
    9.2.2 基于B2C电商平台的供应链金融 286
    9.2.3 基于支付的供应链金融 286
    9.2.4 基于ERP系统的供应链金融 286
    9.2.5 基于一站式供应链管理平台的供应链金融 287
    9.2.6 基于SaaS模式的行业解决方案的供应链金融 287
    9.2.7 基于大型商贸交易园区与物流园区的供应链金融 287
    9.2.8 基于大型物流企业的供应链金融 288
9.3 基于第三方平台的互联网供应链金融模式 288
    9.3.1 基于B2B平台的互联网供应链金融模式 288
    9.3.2 基于B2C平台的互联网供应链金融模式 295
9.4 基于第三方支付的互联网供应链金融模式 298
9.5 基于P2P平台的互联网供应链金融模式 303
本章总结 307
本章作业 308

第10章 供应链金融风险管理 309

10.1 国外供应链金融的发展经验及启示 310
    10.1.1 日本供应链金融模式 310
    10.1.2 美国供应链金融模式 311
    10.1.3 国内外供应链金融对比 313
    10.1.4 国外供应链金融对我国供应链金融的启示 318
10.2 供应链金融风险 320
    10.2.1 应收账款模式风险 320
    10.2.2 融通仓模式风险 321
    10.2.3 保兑仓模式风险 323
10.3 供应链金融风险防范 324
    10.3.1 供应链金融主体风险 324
    10.3.2 供应链金融风险管理 330
本章总结 337
本章作业 337

参考文献 339

第1部分

消费金融

第 1 章

消费金融概述

本章目标

- 理解消费金融的内涵
- 掌握消费金融体系和其三大模式
- 了解我国消费金融的发展现状及国外消费金融发展经验

本章简介

伴随着我国经济的持续发展和人民生活水平的稳步提高,信用消费需求逐步旺盛,消费金融这种新的模式在我国呼之欲出。2010 年 1 月 6 日,银监会批复筹建我国首批消费金融公司,自此我国消费金融的发展翻开了新篇章。长期以来,我国的经济发展过多地依赖投资和外部需求,而内需始终不振,消费金融的出现和发展恰逢其时,必将成为推动我国内需的一大利器。

本章将重点从消费金融的具体内涵、消费金融体系、消费金融模式分类、国内消费金融发展现状、国外消费金融发展的可取经验等入手,对消费金融的框架进行大致的讲述,为后文详细的分类介绍做铺垫。

1.1 我国消费金融的产生与发展

1.1.1 消费金融产生的必然性

"十二五"规划提出:"构建扩大内需的长效机制,促进经济增长向依靠消费、投资、出口协调拉动转变,把扩大消费需求作为扩大内需的战略重点,进一步释放城乡居民消费潜力,逐步使我国国内市场的总体规模位居世界前列"。

长期以来,消费同投资和出口一起对我国国民经济的发展作出了巨大的贡献,但我国呈现出的一直是"投资高、出口高、消费低"的发展形态。依靠增加投资和净出口来推动经济增长的策略极易造成产能过剩,且难以抵挡全球性经济危机带来的冲击。因此,消费需求才是我国经济增长的核心推动力。

在国家政策层面,重视对需求侧的刺激,刺激消费、扩大内需成为当前我国拉动经济平稳增长、实现经济转型的一个重要手段。

目前我国已迈入中等收入国家之列,居民的消费需求结构也发生了巨大的变化,并逐渐出现了诸多商品市场需求饱和与高层次消费需求得不到满足的矛盾和即期需求不足与远期需求旺盛的矛盾。为引导消费进一步发展,解决消费需求矛盾,发展消费金融势在必行。

1.1.2 消费金融的发展

1. 探索阶段

我国是在 1997 年亚洲金融危机之后正式提出发展消费金融的。

1998 年和 1999 年,中国人民银行相继发布了《个人住房贷款管理办法》《汽车消费贷款管理办法(试点办法)》《关于开展个人消费信贷的指导意见》,以指导商业银行为主的金融机构开展消费金融业务。

2007 年,广东地区正式试点消费金融。当时银行主要与广东地区的担保公司进行合作,为消费者提供手机电脑的分期付款业务。

2008 年次贷危机爆发后,国家酝酿开办消费金融公司。

2009 年 7 月,中国银行业监督管理委员会颁布了《消费金融公司试点管理办法》,批准北银、锦程、中银和捷信四家试点公司在北京、成都、上海和天津四个城市开展消费金融业务,标志着中国的消费金融行业正式起航。

2. 市场启动阶段

2013 年 11 月 14 日,银监会公布修订完善的《消费金融公司试点管理办法》,降低出资人准入门槛,取消营业地域限制,并将试点城市扩大到 16 个。

2014 年,即有分期、分期乐、趣分期等创业型的消费金融公司在行业中异军突起。

2015 年 11 月 11 日,国务院常务会议部署以消费升级促进产业升级,培育形成新供给、新动力扩大内需，提出将消费金融公司试点推广至全国。

2015年11月23日，国务院印发《关于积极发挥新消费引领作用 加快培育形成新供给新动力的指导意见》再次提出，鼓励符合条件的市场主体成立消费金融公司，将消费金融公司试点范围推广至全国。随着相关政策的落实以及消费金融市场的深化，消费金融公司也将迎来新一轮发展。

1.2 消费金融

1.2.1 消费金融的内涵

消费金融是较新的金融和经济学研究领域，目前尚未形成完整的理论体系，因而也未有一个比较统一的定义。

广义的消费金融是指与消费相关的所有金融活动。

狭义的消费金融是指向各阶层消费者提供消费贷款的现代金融服务方式，具有单笔授信额度小、审批速度快、无须抵押担保、服务方式灵活、贷款期限短等优势。

总体来看，消费金融有两个显著特点，一是贷款申请者是个人或者家庭，不是具有生产性的企业法人、具有公益性的社会团体或者是具有宏观性的政府组织等机构。二是消费金融提供的各种贷款用于满足消费者消费的目的，而不是用于消费者进行个人投资、经营等。

1. 学术界对消费金融的理解

国外常用的与消费金融相关的术语有 Consumer Finance、Personal Finance、Household Finance、Consumer Credit，一般是从消费主体出发来定义消费金融，认为消费金融是指消费者、个人或家庭的消费、储蓄和理财等金融行为。

国内的大多数学者也认为，消费金融不仅指为个人消费行为提供金融服务，因为个人消费行为会同时牵涉到个人或家庭的收入、消费、储蓄与投资、资产配置等问题。

2. 金融业界对消费金融的理解

美联储把消费金融界定为家庭金融的一部分，其消费金融调研报告的主要设置项目包括分期付款、住房信贷和信用卡，其中信用卡不仅包括一般的信用卡，还包括旅游娱乐卡、商店卡等工商企业提供的销售信用。

美国银行家协会把消费金融界定为银行消费贷款，包括汽车贷款、住房贷款、游艇休闲车贷款和个人贷款等。

英国消费金融公司的经营范围十分广泛，其中有汽车金融公司、房屋信贷公司、消费者金融公司以及专门经营"工资日贷款"的消费者信贷公司等。

中国银监会认为消费金融是指向消费者提供消费贷款的现代金融服务方式，其提供商主要包括商业银行和消费金融公司等。

1.2.2 消费金融的分类

消费金融是广义概念，根据不同的标准可以有不同的分类。

基于消费者的购买行为，消费金融包括住房消费金融、汽车消费金融、信用卡以及其他消费品消费金融。

根据贷款期限的不同，又分为短期消费贷款以及中长期消费贷款等形式。

按接受贷款对象的不同，消费信贷又分为买方信贷和卖方信贷。其中买方信贷是对购买消费品的消费者发放的贷款，如个人旅游贷款、个人综合消费贷款、个人短期信用贷款等。卖方信贷是以分期付款单证作抵押，对销售消费品的企业发放的贷款，如 POS 贷款等。

按担保的不同，消费信贷又可分为抵押贷款、质押贷款、保证贷款和信用贷款等。

1.2.3 消费金融的理论基础

1. 有效需求不足理论

有效需求不足理论为消费金融奠定了基础。

19 世纪 20 年代，经济学家马尔萨斯提出，在整个经济发展过程中，有效需求是不足的。

20 世纪 30 年代是美国的大危机大萧条时期，凯恩斯在马尔萨斯理论的基础上认识到，需求不足导致了美国的大萧条。他在紧接着的罗斯福新政中，主张采取积极的财政政策，以刺激国内需求。此政策在一定程度上刺激了居民的需求，美国经济开始迅速增长，就业不足的状况大为改善，人民生活水平不断提高、经济有所增长。消费金融提供的消费信贷能够使居民提前消费成为可能，大大促进了总需求的增加。

2. 预期收入理论

经济学家普鲁克诺提出的预期收入理论得到了普遍认可。

该理论支持银行资产的流动性是由贷款持有者及申请者的未来收入，而不是由贷款的期限长短决定的这一说法。如果贷款者的预期收入较好，具有稳定性，期限即使很长，也能顺利收回，收益性和流动性就会较好；如果贷款持有者在可预见的未来收入差，即使期限非常短，也难以实现收回的目标，如此来看，流动性也是很差的。

根据该理论，银行等金融机构在发放贷款时，应该以借贷者的预期收入为标准，对其稳定性等进行综合评价，建立合理全面的信用体系，使居民顺利、便捷、合理地超前消费。

3. 消费者贷款信用风险评定标准

消费者贷款信用风险评定标准的建立为消费金融提供了新思路。

1941 年，大卫·杜兰特建立了一套综合的评价消费信贷申请者风险的测量表，从年龄、性别、职业、不动产等角度对申请者进行考核和分析，通过进行全面分析和考量，对申请者分别给予不同的分值，最后将申请者的分值加总，确定是否可以对其贷款。

大卫·杜兰特的方法给消费金融的客户选择开创了新的思路,很多机构纷纷效仿,事实证明这套体系具有合理性和科学性,对发达国家消费金融业的迅速发展起到了极大的促进作用。

1.2.4　消费金融对我国经济发展的作用

1. 满足我国居民不断增长的消费信贷需求,提高人民生活水平

随着我国近几十年经济的快速发展,人民生活水平迅速提高,普通居民消费需求也在不断增长。越来越多的人,尤其是接受过高等教育的青年人,越来越倾向于接受在自己实际拥有购买力之前就消费的观念。

我国居民向来以攒够钱再消费为准则,认为"不借钱的人,生活无忧无虑"。所以大部分人是先有钱后消费。所以,去借金融机构的钱来提高自己的生活舒适度,很多人在思想上难以接受。

然而,如今越来越多的人有贷款消费的需求。他们把从银行等机构借来的一定额度的贷款用于购买消费品如房屋、汽车等,及一些其他消费方面的支出如教育、旅游等。可以看出,消费金融迎合了我国居民不断增长的贷款消费的需求,适应我国经济的发展趋势。

下面通过分析消费者效用函数来说明消费金融提供的信贷对消费者效用提高的作用,如图1.1所示。

从图1.1可以看出,在有限的可支配收入下,消费者如果选择I3线,则效用最低;如果选择I2,效用最高,但可支配收入并不能满足此效用。所以消费者只能选择I1,此时在有限的可支配收入下,消费者效用最大化。

而存在消费金融提供的消费贷款的情况下,如图1.2所示,消费者因为可支配收入增加,新的预算线是 A' B',依照效用最大化原则,对应的消费点应该是 E',对应的商品 X 和 Y 的消费量都增加了,此时,效用比在 E 点时大。可见,因为消费信贷的存在,消费者的效用大大地增加了,居民生活水平因此上了一个新台阶。

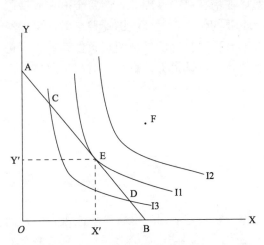

图1.1　有限可支配收入下消费者效用函数分析

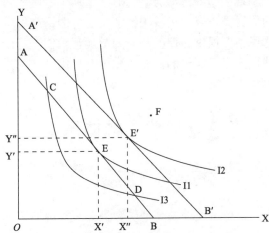

图1.2　消费信贷存在时消费者效用函数分析

如果消费者申请并取得的消费信贷只用于大件消费品，如购房及购车，家庭一般性支出不会使用消费信贷额，则会得出如图 1.3 所示的效用图。在新的预算线下，非耐用消费品的量没有增加，但新获得的贷款会用于增加耐用消费品的消费，消费者的消费点从 E 点移到 E*上，效用同样增加。如果没有消费信贷，消费者即使有消费需求，却没有足够的可支配资金，不能及时满足消费需求，不利于提高幸福感。

2. 有利于扩大内需，带动我国经济的增长

消费金融的迅速发展有利于我国从出口大国转变为消费大国，有效地减轻我国对出口的依赖，从而最大程度地调动消费对我国经济发展的作用。

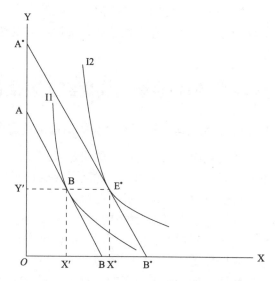

图 1.3　信贷用于耐用品时效用函数分析

在我国，最终消费对 GDP 增长的贡献率一直不高，长期来看呈下降趋势。净出口对经济增长方面的作用常年过大，这对经济的发展是不利的，会加大我国对外部经济的依赖，不利于我国经济迅速、健康地发展。

近几十年，我国居民消费年均增速持续低于 GDP 年均增速。尤其是在 2000 年以后，居民消费增长与名义 GDP 增长之间的鸿沟呈现放大的趋势。内需不足在很大程度上已经成为阻碍我国经济迅速、健康发展的主要制约点之一。

消费是拉动经济增长的三驾马车之一，但从总体上来看，我国居民长期消费不仅较世界水平偏低，而且呈现逐年下滑趋势。这使得我国的经济不可避免地越来越依赖于其他国家和地区的经济形势，无形中增加了我国经济发展的潜在风险。因此，消费金融在刺激国内居民需求、促进我国经济发展方面，越发具有重要的作用。发展我国消费金融，可以给居民消费提供方便，从而为增加消费创造好的外部条件。良好的外部消费条件有助于促进我国家庭、居民的消费，减少对外国经济的过度依赖，降低世界经济波动对我国整体经济的不良影响。

@ 1.3　消费金融体系

1.3.1　法律制度体系

法律制度体系是消费金融健康发展的根本保障，它决定着消费金融市场能否有序、活跃地运行。

在消费金融发展的早期，由于法律制度体系不健全，消费金融市场出现了许多歧视、

违约行为和信息披露不及时、不准确等问题，致使消费金融市场混乱不堪，止步不前。为此，许多国家都建立了符合自己国家状况的法律制度体系。

虽然各国的消费金融法律制度体系不尽相同，但大都涵盖了以下几个原则。

(1) 诚实守信原则。在消费金融市场的运行中，诚实守信是一切交易活动的基础，它规范着消费金融买方的行为，同时要求消费金融卖方严格遵守。

(2) 禁止歧视原则。这一原则规定了消费金融各参与主体的地位，它要求在符合风险标准的情况下，任何消费金融主体不得因为其他主体的年龄、性别、国籍、宗教信仰等理由对其歧视，否则会受到法律制裁。

(3) 公平信用报告原则。信用报告是信用调查机构提供的包括消费者个人特征的调查性信用报告。公平信用报告原则就是要求如实、准确地对消费者的信用进行披露，最大限度地规避消费金融市场风险。

(4) 破产保护原则。破产保护是指当债务人出现资不抵债的状况时，只能通过破产解除所有的债权关系的一种举措。这一原则对消费金融买方提供了有效的法律保护。

1.3.2　个人征信体系

在信用经济的背景下，消费者的信用水平直接决定了消费金融市场风险的大小，因此，个人征信体系的建立和完善势在必行。所谓个人征信体系，就是征信机构对消费者的基本信息和信用信息进行收集、分析、评价和监督的体系。一个完善的个人征信体系应包括信用立法体系、信用中介机构和信用执行机构三个部分。

1. 信用立法体系

在如今发达的信息社会中，消费者的征信信息的安全性受到了严重的挑战，如何保证征信机构获得信息的合法性和防止征信信息的滥用，成为亟待解决的问题。信用立法的目的就是规范征信信息的收集和使用，防止征信机构以不合理的途径和方式获得征信信息，限制征信信息的使用范围，保护消费者的合法权益。因此，信用立法体系的建立是个人征信体系的前提和保障。

2. 信用中介机构

所谓信用中介机构，就是我们所说的征信机构，它是专门从事个人信用资料的收集、整理、分析、制作和售后服务的机构，是信用市场征信产品的主要供给者。

1) 信用资料的收集与整理

信用信息资料数据是形成征信产品的基础，征信机构主要收集消费者的基本信息和信用信息等资料数据，收集完毕后，相关工作人员再把以上信息进行归类，一大类包括消费者的品德、资本、能力和担保品四个方面，称为广度性指标；另一大类包括消费者的职务、工作年限、家庭地址、债务情况、银行开户情况、诚信档案、收入情况等内容，称为深度性指标。

2) 信用资料的分析与信用评估

经整理后的信用信息必须经过比较、计算、分析和评估等处理后，才能最终形成高质量的征信产品。而区分个人信用质量的好坏,就是对收集对象进行信用评估。对个人进行信用评估主要有两种方法,一种是主观评级法,另一种是客观经济计量模型量化法。

3) 信用产品的销售和使用

信用产品的需求者主要有金融机构、商业贸易公司和政府部门等。金融机构只能以提供金融服务为目的购买或查阅消费者的信用资料,同样,商业贸易机构如果想获得消费者的信用信息,只能以提供商业贸易服务为目的。政府部门要获得消费者信用的信息,也必须是出于工作需要,且必须经司法部门允许。

3. 信用执行机构

信用执行机构是维护消费金融市场有序运行的执法部门,它负责制定信用执行法案的具体细则,并按照信用法律的要求对信用中介部门和消费者进行规范和监督,对违反信用法律法规的行为进行惩罚,维护金融市场的正常运行。

1.3.3 消费金融产品体系

在消费金融发展的初期,消费金融产品较少,且类型单一,主要的消费金融产品就是消费贷款,包括住房信贷、汽车贷款和短期消费性信贷等。

随着消费金融的发展,消费金融机构开发出了一系列具有多样性、层次性的消费金融产品,以满足特征各异、阶层不同的消费者的需求。

其中,消费金融产品的多样性主要表现在以下两个方面。

(1) 种类的多样性,例如,消费金融机构开发出了信用卡、分期付款、商店卡、家庭住宅修缮贷款等消费金融产品。

(2) 提供条件的多样性,例如,现在很多消费金融机构推出了许多期限长短不一、还款方式多种多样的消费信贷等消费金融产品。

消费金融产品的层次性是指消费金融机构根据各不同阶层的消费人群开发出具有较强针对性的消费金融产品,例如,针对学生求贷读书的需求而开发出的一系列学生贷款,针对富裕阶层对奢侈品的需求而开发出的游艇贷款等。

消费金融产品主要种类如下。

1. 信用卡分期

信用卡分期,即信用卡分期付款业务,是指信用卡持卡人在进行消费时申请发卡机构一次性向特定商户支付持卡人所购商品或服务的全部款项,再将交易金额平均分成若干期,持卡人根据发卡机构的规定在约定期限内逐期还款,并支付一定的手续费。

2. 住房消费贷款

住房消费贷款是指金融机构提供给消费者用于购买、建造和改造、维修住房的贷款,是住房消费过程中发生的借贷行为。住房消费贷款是房地产金融资金运用业务的一个重要组成部分。

3. 汽车消费贷款

汽车消费贷款是指贷款人向申请购买汽车自用或租赁经营的借款人发放的人民币贷款，借贷双方按照"部分自筹、有效担保、专款专用、按期偿还"的原则依法签订借款合同。

1.3.4 消费金融机构体系及其服务模式

消费金融机构是消费金融市场的主体，是消费金融产品的主要供给者，因此消费金融机构体系是消费金融发展好坏的决定因素。

消费金融机构体系包含以下几个方面的特性。

(1) 多样性。消费金融机构体系应有广泛的消费金融机构参与其中，并共同将其服务范围覆盖广大的地域和各层次消费人群，以尽可能地满足广大消费者对消费金融服务的需求。除了传统上的商业银行和消费金融公司之外，像退休金组织、财务公司、投资公司、证券化信贷资产池机构、大型零售商、石油公司等机构都可以参与到消费金融市场中。

(2) 竞争性。充满竞争性的消费金融机构体系一方面会活跃消费金融市场，降低消费金融服务成本，提高消费金融服务水平；另一方面会促进消费金融产品的创新，满足不同层次消费者的需求。

(3) 层次性。所谓消费金融机构体系的层次性是指，在众多消费金融机构中，不仅要有直接提供消费金融产品的第一层次消费金融机构，也要有专门为第一层次消费金融机构提供保险和担保等服务的第二层次的机构。第一层次消费金融机构的主要职能是满足消费者对消费金融产品的需求，第二层次机构的职能主要是为第一层次消费金融机构规避和分担风险，保持消费金融市场资金的安全性和流动性。

目前，市场上从事消费金融业务的机构可大致分为三类，如表 1.1 所示。

表 1.1 消费金融业务机构分类

类 别		模式特征	代表企业
商业银行		商业银行主要通过信用卡和消费贷款(含抵押消费贷款及信用消费贷款)两大产品为消费者提供消费金融服务	招联消费金融、各行消费金融
持牌消费金融公司		作为一类专业的消费金融服务提供商，向借款人发放以消费为目的(不包括购买房屋和汽车)的贷款，与商业银行的目标客户是错位竞争的关系	北银消费金融、苏宁消费金融
互联网	P2P 消费金融	用户群体面向白领或有固定收入的阶层，核心品类为汽车、装修等大额支出；消费场景含线上及线下，营销方式重视线上，风控方式为纯线上	宜人贷、拍拍贷、人人分期
	电商类消费金融	面向网购用户群，品类方面以电商平台销售商品为主，主要消费场景为体系内电商平台，营销方式为线上站内营销；风控方式为纯线上	京东白条、天猫分期、蚂蚁花呗

第一类是传统消费金融互联网化，主要是商业银行。

第二类是银监会批准成立的消费金融公司，拥有消费金融合法牌照。

第三类是依托于电商平台、P2P 平台的互联网消费金融公司(P2P 小额消费金融、电商系消费金融),虽未获得消费金融公司的营业许可,但从事同质业务。

1. 商业银行

1) 商业银行消费金融的服务模式

商业银行主要通过信用卡和消费贷款(含抵押消费贷款及信用消费贷款)两大产品为消费者提供消费金融服务。

其中,信用卡通过分期和预借现金,简单、快捷地满足持卡人的日常消费需求。

而消费贷款则是由消费者提交个人资料,然后向银行申请消费贷款业务,银行审核客户基本资料后发放贷款,消费者获得贷款之后购买相应的产品或服务。具有金额大、期限长、还款方式多样等特点,给消费者提供了更多的选择。

如图 1.4 所示为银行消费金融基础模式。

2) 商业银行消费金融的特点

商业银行在多年经营中积累、沉淀了很多核心能力,成为发展消费金融的优势所在。商业银行消费金融的特点主要体现为以下四个方面。

(1) 网点优势。网点能发挥线上线下服务综合平台优势,通过线上营销导流客户,线下配合落地,提供综合个人金融服务。

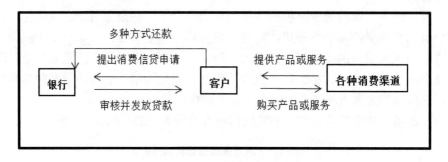

图 1.4 银行消费金融基础模式

(2) 风险控制能力。商业银行 30 年来经历了经济周期变化,发生了数以亿计的借款交易,累积了宝贵的风控经验。

(3) 产品覆盖广度。商业银行消费金融产品及其功能丰富多样,在贷款金额、还款方式、贷款期限、担保方式上不断突破,可以满足各类客户的个性化需求。

(4) 网络投入。近年来,商业银行逐步加大对网络科技的投入力度,在产品智能化、自动化方面不断提升,从而弥补了与互联网公司相比在先天技术方面的不足。

2. 消费金融公司

目前国内主要有两种类型的持牌消费金融公司。从股东背景来看,可以分为银行系和产业系两类。

(1) 银行系消费金融公司。银行系涉足消费金融领域主要是为了完善自身消费信贷层次建设、达到扩大市场份额的目的。银行本身已具备巨大的营销网络(线下网点布局),基于该渠道优势继续开拓新的市场领域有利于其实现范围经济。目前持牌消费金融公司主要是银行系，包括中银消费金融、北银消费金融、华融消费金融、锦程消费金融、兴业消费金融、招银消费金融、湖北消费金融、中邮消费金融等。

(2) 产业系消费金融公司。产业系公司涉足消费金融领域的原因之一在于寻求新的业绩增长点。通过以提供低息信贷的方式刺激消费者的消费意愿，不但可以降低其本身及经销商的库存压力，提升营业利润，同时能够获取消费者行为数据，分析消费者的需求变化，以需定产、产融结合。产业系主要包括捷信消费金融、海尔消费金融、苏宁消费金融、马上消费金融。

1) 持牌消费金融的服务模式

消费金融公司主要通过以下两种方式为消费者提供消费贷款。

(1) 针对卖方的信贷。又称为商户消费贷款或者消费分期业务，公司与商户开展消费金融业务合作，将消费金融的申请、使用环节嵌入消费环境中，贷款资金直接支付给提供商品或服务的公司。

(2) 针对买方的信贷。由消费者直接向公司申请贷款，在完成审核后，贷款资金直接发放到消费者提供的银行账户里。

如图1.5所示为持牌消费金融公司基础模式。

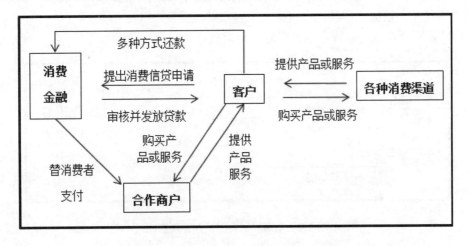

图1.5 持牌消费金融公司基础模式

2) 持牌消费金融的特点

消费金融公司作为一类专业的消费金融服务提供商，向借款人发放以消费为目的(不包括购买房屋和汽车)的贷款，与商业银行的目标客户群是错位竞争的关系。

消费金融公司消费金融主要有以下三个特点。

(1) 小额化。银监会监管规定消费金融贷款上限是20万元，实际上由于消费金融贷款的笔数很多，平均金额远低于监管上限，最小的可能只有几百元。银行则主要做金额较高的消费贷款，如房贷、车贷等。

(2) 大众化。消费金融公司对系统性风险的管控要求与银行有差异，具有更高的风险容忍度，因此在客户群的选择上比银行更为宽松，主要面向广大普通民众提供金融服务。

(3) 便捷化。消费金融公司的专业性和业务线的单一性，使得公司能够专注地围绕消费者的需要定制业务流程，在客户申请、用款的体验上更强调速度快、申请方便，在服务效率和便利性方面具有比较优势。

3. 互联网消费金融公司

互联网消费金融公司主要分为以下两类。

第一类，电商消费金融公司。主要依托于电子商务平台设立的类信用卡产品，可用于购买平台商家商品，如京东白条、花呗。

第二类，互联网分期购物平台(P2P 平台)。主要面向大学生群体，向其提供分期购物、取现、O2O 商户交易、充值等服务，主要消费场景仍为电商平台，如分期乐、人人分期等。

电商消费金融依托自有消费场景，用户在电商消费平台提出信贷消费申请，电商消费金融公司审核用户申请后，用户就可以直接享受产品或服务。

电商消费金融重在消费场景搭建。电商都有自身的销售渠道，小额便利借贷简化了手续，能够尽快地实现交易匹配，效率明显提高。例如，阿里巴巴的借呗与京东白条等都充分利用了电商平台自身的优势，相比于其他传统的金融机构，更加贴近用户，其消费借贷业务也更为简单、快捷、便利，大大提高了客户的接受度。

如图 1.6 所示为电商消费金融公司的基础模式。

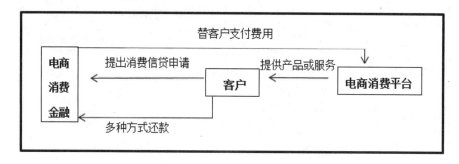

图 1.6 电商消费金融公司基础模式

互联网分期购物平台(P2P 平台)主要针对大学生或年轻群体，如分期乐、人人分期、宜人贷等。从学生时代培养用户的信用消费习惯，并在时间和空间上延展服务场景，最开始只提供在线分期购物与小额现金借款服务，继而推出将消费场景拓展至线下的商户版，覆盖更多的线上线下校园消费场景，未来还将继续渗透到教育培训、出国留学、租房、买车、结婚等各方面，提供更具竞争力的消费金融服务。

分期购物平台并不拥有自己的消费场景，通过与其他消费平台合作，分期购物平台为客户提供消费信贷，消费平台提供产品服务。因为没有搭建消费平台，分期购物公司将更多精力放在了产品的提供上，更精细，同时避免了消费场景的过于单一，抢占了消费金融支付端口，未来可能具有很大的发展潜力。但由于平台目标群体缺乏稳定收入，分期购物平台在坏账率、征信数据获取、客户群体延续性等方面均面临挑战。

如图 1.7 所示为互联网分期购物平台基础模式。

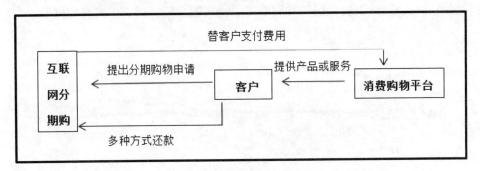

图 1.7 互联网分期购物平台基础模式

1.4 我国消费金融发展现状

1.4.1 消费升级已成必然趋势，国家战略布局力挺支持

随着中国经济进入新常态，消费担当了经济增长的最主要动力。作为引领我国经济发展的头驾马车，消费升级的步伐一直在加快。相比一些发达国家，我国的个人居民消费支出占比还很低，未来有很大的增长空间。

如图 1.8 所示为我国消费支出占比，可以看出，我国个人消费支出占比较低。

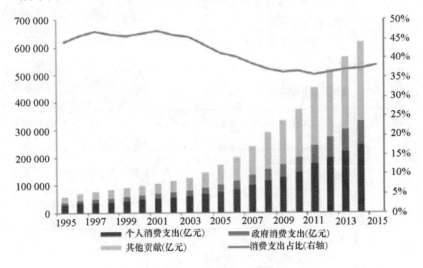

图 1.8 我国消费支出占比

如图 1.9 所示为我国消费支出占 GDP 比重与其他国家的比较。可以看出，我国消费支出占 GDP 的比重大大低于其他国家。

随着我国经济结构的调整，产业转型压力陡增，加之当前全球经济低迷，传统行业产能过剩，三驾马车中投资与出口都呈现疲软之态，未来唯有消费能够独当一面，因此近几年国家出台了多项政策和措施以促进消费升级，而拉动内需、刺激消费成为当下我国经济发展的重要途径，这给消费金融的发展奠定了坚实的基础，提供了宝贵的机遇。

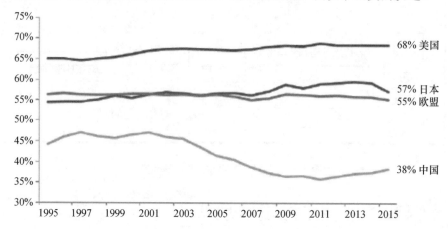

图 1.9　各国消费支出占 GDP 比重

如表 1.2 所示为与消费金融相关的政策及内容。

表 1.2　相关政策内容

时间	部门	文件	主要内容
2015.01	央行	《关于推动移动金融基数创新健康发展的指导意见》	强调通过移动金融发展普惠金融
2015.06	银监会	《非银行金融机构行政许可事项实施办法》修订	允许消费金融公司发行金融债、资产证券化、构建多元化融资体系
2015.06	国务院	国务院商务会议	发展消费金融、放开市场准入、将消费金融公司试点扩大至全国
2015.06	人民银行等十部委	《关于促进互联网金融健康发展的指导意见》	支持有条件的金融机构开展网络消费金融业务
2015.11	中共中央	《关于制定第十三个五年规划的建议》	明确将互联网金融写入五年规划
2015.11	国务院	国务院常务委员会议	决定加大财税金融政策支持，在全国范围内推广和发展消费信贷
2015.11	国务院	《关于积极发挥新消费引导作用加快培育形成新供给新动力的指导意见》	提出优化消费环境，发展消费信贷
2015.11	国务院	《关于加强金融消费者权益保护工作的指导意见》	要求加强金融消费者权益保护，维护国家金融稳定
2016.03	国务院	政府工作报告	在全国开展消费金融公司试点，鼓励金融机构创新消费信贷产品

传统消费金融是指向各阶层消费者提供消费贷款的现代金融服务方式。无论从金融产

品创新还是扩大内需的角度看，消费金融试点都具有积极的意义。适时地出台相关管理办法是适应我国客观经济形势的趋势和需要的。从金融产品创新的角度看，个人信贷业务是传统银行难以全面惠及的领域，建立专业化的个人消费金融系统能够更好地服务于居民个体。

如图 1.10 所示为商城分期付款消费金融模式下，由商家、消费者和资金出借人三者构成的消费金融生态圈闭环。

在互联网金融时代各类消费场景被接入到了消费金融。现在消费金融的内涵更为丰富，即不仅仅是"借钱消费"，更应该是"边消费边赚钱"，借助互联网的高效、便捷和平等，构建投资者、融资者、生产者和消费者的共赢生态圈。

图 1.10　消费金融生态圈

1.4.2　消费金融的机会酝酿于科技进步、消费观念与习惯的改变

互联网的崛起使得人们在消费习惯上出现了许多改变。以淘宝、京东为代表的互联网电商平台的兴起，使得国内消费的整体年龄结构趋于年轻化，促使整个消费群体的消费观念与习惯发生改变。与老一辈传统保守的消费观念与习惯相比，现在的年轻人更加注重生活品质，消费品也逐渐从日常生活用品延拓到更为高端的商品品类。以 80 后、90 后为代表的年轻一代更愿意花部分钱来享受生活，消费习惯也开始学习发达国家，更多地尝试提前消费，"量入为出"的思想已经逐步被淡化。

如图 1.11 和图 1.12 所示分别为 2014—2015 年 18～22 岁和 23～28 岁的人群中购物在各分类商品下的占比。

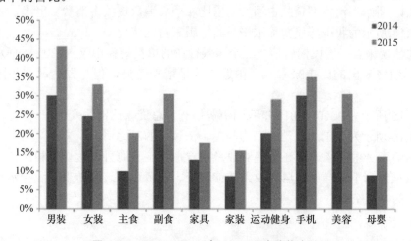

图 1.11　2014—2015 年 18～22 岁购物占比

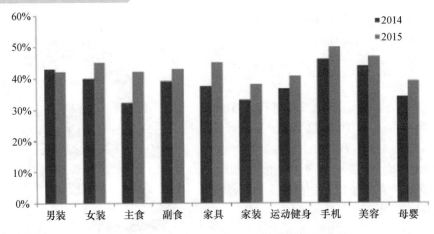

图 1.12　2014—2015 年 23～28 岁购物占比

在政策与消费需求的双重刺激下，消费金融正进入大发展时期。目前消费金融公司主要定位于年轻人等中低端客户人群，这部分人的消费习惯更加开放，也敢于尝试新的消费方式，讲究效率。随着消费观念的升级和消费习惯的转变，消费者对消费信贷的需求也在多样化，消费金融产品的出现正好弥补了个人消费信贷业务的空白。

从京东白条、花呗等消费信贷渠道可以发现，对比以往个人去银行申请贷款还要等审批，在审批下来之前还不知道自己能贷多少额度，现在消费信贷金融产品越来越丰富，服务越来越便捷。与消费金融密切相关的支付领域也迎来科技的变革。未来几年科技给传统金融服务带来的变革，主要集中在消费金融与支付两大领域。

1.4.3　国内居民消费杠杆率低，待挖掘市场空间巨大

从我国个人消费信贷市场的数据来看，居民消费金融市场未来拥有巨大的空间。未来几年每年居民消费信贷规模都将保持在 20%左右的增速，预计 2020 年可以达到 10 万亿级别。

如图 1.13 所示为消费型贷款占消费支出比和个人消费贷款占消费支出比。

如图 1.14 所示为我国居民负债水平与其他国家对比情况。

从占比情况来看，居民消费信贷在全国银行业的信贷规模中仅占 20%；而从消费信贷占居民实际消费支出的比重来看，我国近年来呈增长趋势，但与发达国家相比仍有一段距离。

如图 1.15 所示为 2010—2015 年我国消费信贷占总贷款比例的变化。

如图 1.16 所示为我国居民消费潜力与美、法、日的对比情况。

无论从消费金融的渗透率还是绝对数量来看，我国与海外发达国家相比还有较大的差距。随着政策红利不断释放、居民收入持续增长、消费观念逐渐转变，我国消费金融市场未来有巨大的发展空间。

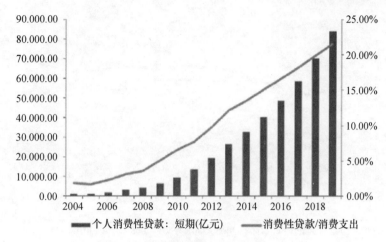

图 1.13 居民消费金融市场仍有较大空间

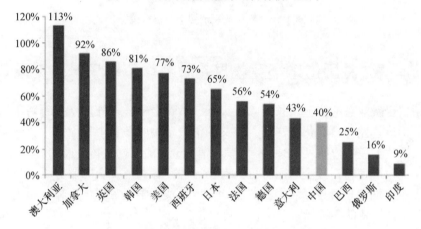

图 1.14 中国居民负债水平低于世界发达国家

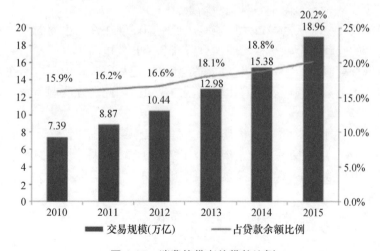

图 1.15 消费信贷占总贷款比例

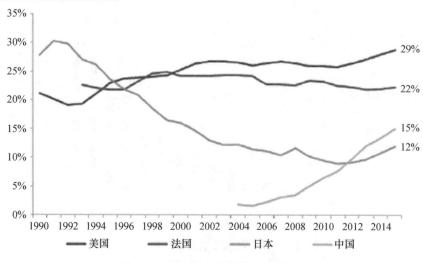

图 1.16 我国居民消费潜力仍待挖掘

1.4.4 消费金融国内市场竞争日趋激烈，应用场景决定成长空间

随着消费金融业务的快速增长，除了银行、消费金融公司外，众多新兴市场参与主体也从各自的角度，发挥自身优势，切入广义的消费金融服务和个人无抵押贷款服务，形成了诸多不同的业务模式。如表 1.3 所示为参与消费金融的不同主体之间的对比。

互联网的发展使得消费金融服务更具有普惠性。各类消费金融服务不再是都市白领的独享，许多中低端用户群包括农民工等流动人口以及大学生等群体更喜欢、也更倾向于这类服务。从生活消费的各种场景分类，也可以衍生出许多细分市场，包括 3C、租房、二手车、装修、婚庆、旅行、教育、农业等。

如图 1.17 所示为消费金融的各种消费场景。

场景创造需求，控制流量端口才可能有成长空间。现在许多电商的互联网消费金融服务是依托于自身的互联网金融平台，面向自营商品及开放电商平台用户的商品，提供分期购物及小额消费贷款服务。最具代表性的就是阿里巴巴与京东，由于电商在互联网金融、网络零售、用户大数据等领域均具有比较明显的优势，因此在互联网消费金融领域具有绝对优势。

近年来，国内线上购物平台发展迅猛，阿里巴巴旗下的淘宝和天猫是其中的最佳代表，阿里巴巴 2014 年线上交易规模全年突破了 2.2 万亿，近两年增速更是始终维持在 40% 以上，线上活跃用户数早在 2015 年初就已经突破了 3.5 亿人，这无疑为阿里发展消费信贷打下了良好的基础。

如图 1.18 所示为消费金融整个产业链的分布概况。

表1.3 不同主体参与消费金融对比

	银行	消费金融公司	电商平台	分期购物平台	P2P平台
典型代表	渣打银行现贷派 花旗银行幸福时贷 工行融e购 建行善融机构	捷信消费金融+合作商户（线下） 马上消费金融（线上+线下）	支付宝花呗〈授信额度〉 京东白条〈授信额度〉 齐家钱包〈与中银合作〉	趣分期+金蛋理财 分期乐+桔子理财	拍拍贷 积木盒子读秒
目标人群	主要针对银行存量客户，特别是信用卡持卡人	主要针对不能获得银行服务的低端人群，或者作为银行之外的补充资金来源	主要针对电商平台本身的消费者。但阿里、京东目前也透过合作方式将客户群扩展至其他电商平台	主要针对分期购物平台本身的消费者。目前大学生市场发展迅速	针对存量P2P信贷客户，反不能获得银行服务的低端人群
风控手段	借用银行原有的征信及审批模式，结合消费金融的产品特点加以改造，坏账率提低，但审批时效较低	接入人行征信系统，审批所需材料相对简单，一般为逐笔审核，时效相对较高，坏账率相对较高	依靠平台的客户消费数据及第三方数据，审批流程较为便捷，效率较高。部分平台采用授信额度的方式，不需要逐笔审核	依靠平台的客户消费数据及第三方数据，但数据手段比较电建，风控率比较高。坏账率相对较高	审批所需材料相对简单，人工审核结合大数据征信，一般为逐笔审核，坏账率较高
资金来源	资金来源主要为自身吸收的存款 资金成本低，资金实力雄厚	主要依靠股东资金、同业拆借及发行金融债券进行融资。资金来源相对广泛，资金成本较低	主要依靠自有资金。阿里通过蚂蚁微贷为花呗提供资金支持。资金来源受限，资金成本较高	主要依靠自有资金。部分平台通过搭建P2P网站，将债权打包后出售给投资人。资金来源限于自身品牌相对有限资金成本较高	将借款人债权打包为理财产品，在P2P平台募资。由于自身品牌一定的影响力，资金来源相对广泛

图 1.17 消费金融的各种消费场景

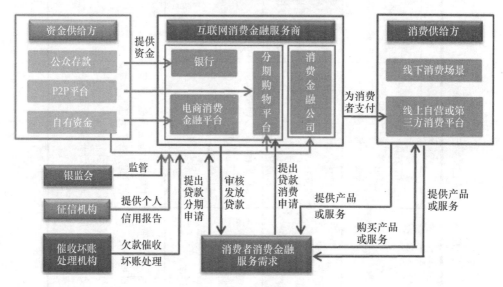

图 1.18 消费金融产业链

1.5 国外消费金融发展经验

国外主要发达国家消费信贷行业的起源远早于我国消费金融行业,其发展也取得了长足的进步,法律建设、制度设计都有相当多可取的地方。国外消费信贷行业的定义外延比我国的消费金融范围要宽,但由于我国消费金融行业的外延可作为消费信贷的子集,因此在基于我国国情之上的前提下,国外消费信贷的行业发展经验基本上可以作为我国消费金融行业发展的参考样本。

1.5.1 美国的风险监管机制

美国的消费信贷产品极其丰富,品种呈现多元化。消费信贷的主要业务是房屋贷款、汽车贷款、个人金融贷款和信用卡等，产品包括奢侈品购买、耐用消费品购买、家庭住宅修缮、二次房屋抵押贷款、学生信贷、个人资金周转信贷、个人债务重组信贷等。除此之外，还有衍生业务，如信贷保险、交费式零售商品会员服务等。

美国消费信贷的供应者较多，商业银行、财务公司、非金融的企业机构都包括在内。美国在消费信贷风险监管的相关制度建设上有突出的经验。

1. 法律框架建设

美国迄今已有十几部信贷风险监管的法律法规，对信用信息的分析、调查、披露、使用和惩罚等环节都有详细的规定。其法律框架以《公平信用报告法》(The Fair Credit Reporting Act，FCRA)为核心，可分为以消费者利益保护为目的、规范和指导融机构的行为、个人消费者破产保护三个类别。

1) 关于消费信贷

主要有《统一消费信贷法典》(The Uniform Consumer Credit Code)和《消费信贷保护法》(Consumer Credit Protection Act)。

1974 年，美国重新颁布了《统一消费信贷法典》，主要内容有：在信用的供给中，鼓励竞争；以法典的形式使法律工作者为消费者提供迅速有效的意见；确认信用授予中的公开制度；规定信用价格的上限，防止债权人随意提高信用价格，提出要把消费信贷作为国民生活的重要因素来看待。

《消费信贷保护法》于 1969 年生效，包括三章：第一章为"放贷真实法案"，包括在提供信贷之时或者之前影响客户公布的事项；第二章是对扣押行为的限制性规定；第三章是"公平信贷报告法案"，规定了信贷报告代理的内容。

2) 关于个人征信

《诚实信贷法》《信用卡发行法》等有关法律规定了对信用数据有关问题的处理，法律规定征信局在收集借款个人信用数据时，即使是涉及个人隐私的信息数据也不宜不经过被收集者的同意进行收集。

《公平信用信息披露法》规定征信局对借款个人信用数据进行登录时必须对当事人进行严格的确认，同时赋予当事人对其信用数据的查阅权、对错误信息的异议权、订正请求权。此外还规定了借款人个人信用数据使用和传播的范围。征信局向授信机构提供个人信用报告时，应事先通告当事人，征信局无权将未经授权的个人信用数据向其他机构或者个人提供。到征信局调用个人的信用资料需要得到被调用人的同意或者司法部门的授权，以防止个人信用资料的滥用。

3) 关于个人破产

美国于 1800 年就制定了第一部《联邦破产法》，但是该法规定个人破产的主体仅适用于商人，1841 年第二部《联邦破产法》则建立了非商人的破产程序，将个人破产的适用主体范围扩大到所有自然人。1984 年，美国国会通过了《破产改革和联邦判决权法案》，提高了个人破产成本，限制个人可以通过破产申请免除的债务数量和种类，禁止债务人的不正当行为，如果法院发现债务人利用破产逃债，即可驳回债务人要求解除债务的请求。1994 年，国会再次对破产法进行了修改，降低了破产的法律成本。这一法案的一个重要的规定是，借款人在被宣布破产当天起，将丧失个人隐私权，其所有的经济活动都要进行报告披露。

2. 风险规避体系建设

1) 个人信用制度

个人信用制度是关于个人信用活动及信用关系的制度安排，即管理和保障个人信用活动的一整套规章制度和行为规范，是对个人信用行为及关系的规范和保证。个人信用制度主要包括个人信用征信机制、个人信用登记制度、个人信用评估制度、个人信用中介机构、个人失信惩戒制度。其中个人信用征信机制是基础。

美国主要从以下几个方面加强个人信用制度建设。

(1) 个人信用征信机制。

美国的个人征信机制是建立在其发达的信息系统上的，发达的信息系统使信息可以高效快速地传递，整个社会形成了一个信息共享的体系。

艾可飞(Equifax)、益百利(Experian)和美国环联公司(Trans Union)是美国三家主要的征信局，它们都建有覆盖全美国的数据库，包含超过上亿消费者的信用记录，形成了三家征信局三足鼎立的局面。

个人信用信息包括三个方面的内容：消费者身份信息、信贷信息、公开信息。美国在进行消费者个人信用调查时，一般将上述信息指标分为两大类，即广度指标和深度指标。广度指标为个人信用分析提供了一般性构架和准则，又称为5C准则。深度指标则是对5C准则的深化，具体包括工龄、信用卡、债务收入比例、银行开户情况、信用档案年限、毁誉记录、职务、住房、现行地址、居住时间、个人收入、公用事业记录等指标。

(2) 个人登记制度建设。

每个人都有一个社会安全号(Social Security Number，SSN)，这个安全号可以把美国人一生几乎所有的信用记录串起来，包括个人的银行账号、税号、信用卡号、社会医疗保障号等都与之挂钩。

自20世纪30年代美国成立社会安全管理局后，联邦政府下令，所有合法公民和居民必须持有有效社会安全号，该号由国家社会安全管理局统一颁布。只要把某个人的社会安全号码输入全国联网的计算机，放款机构就可以查到该客户的背景资料，既包括年龄、性别、出生日期等自然状况，也包括教育背景、工作经历以及与税务、保险、银行打交道时的信用状况，有无犯罪记录，等等。

(3) 个人信用评估制度建设。

个人信用评估有两种方法：主观评级法和客观经济计量模型量化法，其中以FICO信用分最为有名。

目前美国三大征信局都采用FICO信用分来量化个人信用质量和风险。该模型利用高达100万的大样本数据首先将消费者的5C指标具体刻画，5C具体指品德(character，客户偿还借贷款项意愿的特征)、能力(capacity，客户支付到期债务的能力)、资本(capital，客户的财务能力)、条件(condition，客户的社会生活状况)、担保品(collateral，客户无法偿债时可用作抵押的资产的可变现性)，再将深度指标分档计分，加权得出最终总分，这种程序考察某个消费者最近几年的收支情况,以及是否有借款不还、破产等情况。

FICO 评分系统得出的信用分数范围在 325~900 分。分数越高,借款人的信用风险越小。银行通常会将分数作为参考进行贷款决策,并根据自己的贷款标准和具体的贷款种类来决定可接受的信用分数水平。

(4) 其他配套信用相关机构。

一是个人信用中介机构,是对消费者进行信用评估和提供个人信用服务的中介机构,在美国称为信用局,或称为消费信贷报告机构。这类机构专门从事个人信用资料的收集、加工整理、量化分析、制作和售后服务,形成了个人信用产品的一条龙服务。美国的个人信用服务机构实行的是自由的市场运作模式,这些机构都是由私人部门设立的。

二是个人失信惩戒制度。在美国,并没有一个专门的机构来管理信用事务和惩罚不良信用,美国的不良信用惩罚机制是由民间运作并自愿执行的。信用经营机构、信息管理机构、信用管理服务机构列有具有不良信用记录的人的名单和处罚意见,通过信用信息、资信报告等形式公告社会,并载入信用信息数据库,被列入违信黑名单的个人很难再与社会各界进行正常的信用交易。

2) 风险转移机制

(1) 保险和担保制度建设。

美国在银行消费信贷业务中,经保险公司提供保险的个人信贷担保业务占消费信贷的 80%。这种方式将原本由银行一家承担的风险变为由两家金融机构共同承担,并且在贷款的发放中增加了保险公司对私人进行资信评估和偿债能力的考察过程。

保险公司在实际操作中常采用信用保证保险模式,这种模式有两个特点:一是以信用关系作为保险标的,由保险人对信用关系的一方(借款人)因某种原因无法履行合同而使信用关系的另一方(贷款人)遭受经济损失时提供经济补偿;二是公营和私营保险相结合的混合模式。除了公营保险以外,抵押市场上的大量高比例、非常规抵押贷款属于私营抵押保险公司的业务范围,它们提供的保险限于抵押贷款额的 20%~30%。公营和私营保险相结合的混合模式改善了借贷条件,加快了抵押贷款合约的标准化,形成了能够覆盖全社会的抵押贷款保险机制。

(2) 二级市场建设。

美国的消费信贷市场分为一级市场和二级市场。一级市场是商业银行、抵押贷款公司和储贷机构向借款人发放消费信贷的市场;二级市场是相关经营机构通过发行住宅抵押债券等方式筹措资金的市场。

由于住房抵押贷款流动性差,资金来源缺乏,1938 年,美国成立了联邦国民抵押协会(Federal National Mortgage Association,FNMA),开始探索和培育住房抵押二级市场,提高资金的流动性。经过多年的发展,形成了美国住房抵押贷款二级市场三大机构——房利美、吉利美和福利美。

它们经营的核心业务有两种:一是住房抵押贷款组合,即购买并持有贷款机构的住房抵押贷款。在这项业务中,经营机构一方面承担了住房抵押贷款的利率和信用风险;另一方面通过拥有贷款和发行债券的资产组合,赚取利息差价。二是经营机构以住房抵押担保债券(MBS)或资产支撑证券化(ABS)换取贷款机构的贷款,并从中收取费用。

3) 社会保障制度

美国的社会保障制度是从 1935 年颁布的《社会保障法案》开始全面建立起来的，包括就业和失业保障、老年福利保障、健康医疗保障、教育福利保障等。其福利制度渗透到了各个社会阶层，几乎覆盖了所有美国人。

其中，失业保险是美国最早的社会保险措施，健康医疗福利保障是 1965 年开始实行的对 65 岁以上老年人的强制医疗社会保险。良好的社会保障制度使消费者减少了超前消费的后顾之忧，从而能够更好地促进消费。

1.5.2 日本的监管和促进体系建设

1. 法律体系

日本虽然没有专门和统一的消费金融法律，但在长期的消费金融制度建设中制定了一系列相关法律，基本涵盖了整个消费金融领域，发挥着有效的监管作用。

其中，《分期付款销售法》《贷款业法》和《破产法》是三个较有代表性的消费金融相关法律。

1) 《分期付款销售法》

1961 年，日本颁布实施了《分期付款销售法》。在日本的法律体系中，该法是与消费金融关系最为密切的法律，主要针对的是消费信用，可以说是消费信用的一个基本法。伴随着经济环境和生活方式的转变，日本对《分期付款销售法》不断进行修订，比较大的修订是在 1984 年和 2008 年实施的。

(1) 1984 年《分期付款销售法》的修订。

20 世纪 70—80 年代，随着日本经济的增长，分期付款销售也进入扩张时期。伴随着交易量的扩大和市场竞争的加剧，经济纠纷不断增多，极大地扰乱了正常的市场经营秩序，损害了消费者的切身利益。而且，信用卡的普及与消费金融的无担保贷款的增加所引发的多重负债者的激增，在 80 年代初期成为严重的社会问题。

因此，1984 年法律修订的重点是消费者保护，修订内容主要有以下几点。

第一，强化冷却期制度。所谓冷却期制度，是指分期付款销售中，消费者可以在一定期间内单方面取消合同的制度，旨在保护交易信息不对称及商品知识缺乏的消费者一方的利益。法律修订前，冷却期为购买之日起 5 天内，在此期间，消费者可以提出无条件解除合同；法律修订后，冷却期延长至 8 天内。

第二，对分期付款销售斡旋适用消费者保护的规定。旧法是以传统的分期付款销售(小商店与消费者两者之间的合同)为中心制定的，但分期付款销售斡旋(小商店、消费者、信用销售公司三者之间的合同)增加之后，明确制定了在该方式中适用消费者保护的规定。具体来说，要求信贩公司明示交易条件并书面提交。另外，因消费者违约等原因解除合同，损失理赔(损失金、违约金)的上限额度要求控制在债务的年利率 6%以内。

第三，新设消费者停止支付的抗辩权。消费者停止支付的抗辩权表现为，当经营者还未向消费者交付商品、商品有缺陷，或在商品销售过程中经营者通过强迫、误导和欺诈等手段销售商品的情况下(即由经营者所导致的原因)，消费者在经营者没有妥善处理完和解决好上述情况的期间内,可以停止向信贩公司支付贷款。

第四,新设防止过度贷款的规定。分期付款企业共同创设信用信息机构,并通过使用该机构的信息防止产生多重债务者和过度贷款。

(2) 2008年《分期付款销售法》的修订。

2000年,日本经济低迷,伴随着金融机构审查的强化,在企业破产激增、国民收入难以提高的情况下,信用卡和消费信贷的扩大导致多重债务者的激增再次成为社会问题。个人破产件数的增加与《破产法》的修订加大了对债务人保护的呼声。加之业界过度竞争,对老年人进行不合理的高额商品分期付款销售等事件屡见报端,消费者保护的必要性凸显。由于2006年法律修订过程中也讨论过制定严格规制的问题,所以,2008年的法律修订就强化信用规制特别增加了以下几点内容。

第一,调查消费者的支付能力。分期付款销售经营者必须通过信用信息机构对消费者的支付能力进行调查,信贷额不得超过消费者的支付能力。

第二,制定信用信息机构制度。上述调查消费者支付能力的信用信息机构除具备一定条件以外,必须是经济产业省指定的机构(目前,指定的信用信息机构只有CIC,旧称信用信息中心)。

第三,既付金的退款请求权。消费者与销售者解除买卖合同之时,该分期付款销售合同也同时解除,消费者有权要求退还既付金。

第四,强化加盟店管理。分期付款销售经营者有义务对加盟店进行调查,若加盟店有不正当的劝诱行为,分期付款销售经营者应禁止向消费者贷款。

2) 《贷款业法》

20世纪70年代至80年代初期,日本的贷款机构急剧增加,不正当竞争导致消费贷款供给过度,加上交易规则不完善,出现了高利贷、多重债务和强制回收等社会问题,急需完善相关法律。在此背景下,日本制定和实施了《贷款业规则法》(1983),并在后来进行了多次修订。

1990年,消费金融公司的业绩再次扩大,信用卡兑现的规模和消费贷款市场也得以扩大。然而,经济低迷情况下的贷款扩张有限,过度贷款导致多重债务,并引发了个人破产的增加,造成了严重的社会问题。另外,消费贷款经营者未进行正式注册,成为"黑市金融业者",违法贷款的问题开始浮出水面。

由此,金融厅作为监管机构,探讨实施更加严格的规章制度,于2006年12月颁布了《贷款业法》。具体内容主要有以下几点。

(1) 为了防止过度贷款,限定贷款总量,规定消费贷款的总金额不得超过借款人年收入的1/3。

(2) 降低贷款利率上限,原则上规定贷款利率上限为20%,在此之前的贷款利率上限为29.2%,实质上有所下降。

(3) 指定信用信息机构。为了保证上述的贷款总量规定得以执行,金融厅指定了具备一定条件的信用信息机构,要求消费贷款经营者必须使用其指定的信用信息机构。

(4) 强化行业规范。为了使该行业健全发展,规定消费贷款经营者的最低纯资产额为5000万日元。另外,初次规定了加强金融厅的监督科和引入业务改善指令,更强化了对未注册从业者的惩罚制度。

3) 《破产法》

破产法是法人或个人在不能支付之时，规定财产分配规则的法律，是将破产人的所有财产进行对价，根据债权人的优先顺序和债权额对其进行强制分配的程序。

日本的《破产法》是在1922年参照德国法律制定的，于1952年补充了豁免制度(以债务人的一定负担为条件，将其债务归为零的制度)，在财产清算上更加注重破产人的经济再生。2004年，由于经济低迷和消费金融的扩大，无法还债的债务者的个人破产持续增加，因此需要在完善破产程序的同时，促进破产者保护和恢复经济。由此，日本对《破产法》进行了大幅度的修订。修订的内容主要有以下几点。

(1) 统一破产程序和豁免程序。旧法中，处理破产人财产的破产程序和破产人债务偿还的豁免手续是需要分别执行的。新法中，只要申请破产程序，就视为要求豁免程序，从而提高了效率。

(2) 增加破产人手头的自由资产。从促进破产人重生的角度来看，增加了破产人进入破产程序时所持有但不能被查获的财产，具体来说，从旧法的66万日元增加到了新法的99万日元。

(3) 禁止豁免程序中的强制执行。旧法中，进入破产程序后申请豁免的审理期间，债权人能够强制执行债务人的财产。但在新法中，豁免确认前禁止债权人单独强制执行债务人的财产。

2. 日本消费金融市场的特点

日本消费金融市场具有以下几个特点。

(1) 政府在监管中发挥主导作用。

日本政府没有明确制定推动消费金融市场发展的政策，而是通过行政干预间接对消费金融市场的运行进行调控。

日本的消费金融分为消费信用和消费金融，由于这两个市场的组织构造和运营方式不同，其监管部门也有所不同，分别为日本经济产业省和金融厅，企业则根据业务内容接受监管。日本消费金融市场的管理制度较为成熟，政府主要是依据《分期付款销售法》《贷款业法》《破产法》进行监管。但是日本政府对信贷消费市场的过度干预已经造成了不少负面影响，如市场主体缺乏活力和创造力，政府在管理中疲于奔命，管理得过严。

(2) 侧重于对消费者的保护。

从日本消费金融相关法律体系的形成可以看出，日本通过法律的制定或修订来解决消费金融发展过程中的矛盾，并强化了对消费者利益的保护。同时，日本的消费金融主要体现为消费者与放款方之间的契约关系，买卖双方或借贷双方的责任、义务和权利都是通过合同加以确定，合同在消费金融中起着决定性作用。然而，由于种种原因，在消费金融中产生的合同纠纷较多，且受害方大都是消费者。这使得日本在消费金融市场的监管中更侧重于对消费者的保护，对多重债务的处理和个人破产制度也反映出这种倾向。

(3) 行业组织在监管中有较大的影响力。

日本消费金融的市场经营主体行业和部门分成不同的系别，如信贩系、流通系、银行系和消费金融系等。各系别都有一个或数个功能齐全、组织完善且规模庞大的行业协会，对各经营主体的活动实行严格的监管。日本的行业协会组织大都实行会员制，协会的职能除通过制定各种规章制度和市场规则对会员的经营活动进行监管之外，还为会员提供各种经营、管理、融资和人员培训等指导和服务，在约束经营者行为、调整市场交易关系、解决经济纠纷、保障市场活动正常开展等方面发挥着极为重要和不可替代的作用。

目前，日本的消费金融协会组织有消费者金融联合会、日本消费者金融协会(JCFA)、日本消费者金融协议会(CLA)、全国贷款业协会联合会和NIC会等。

3. 基础设施建设

除了上述的制度建设之外，基础设施的建设也对日本消费金融的发展起到了重要的推动作用。

1) 授信管理

过去，日本的各消费金融提供主体(流通业、信贩公司、信用卡公司、消费金融公司等)都独自开发授信，并通过系统精度的竞争提高服务质量。各公司通过研究和积累独家数据收集和分析技术，自行判定客户和授信额度，以此提高了行业全体的授信技术。2013年初，大型消费金融公司的通过率(实际签约人员与新申请人数的比例)约为40%，意味着约60%的消费金融申请者都遭到了拒绝，授信管理的严格程度可见一斑。

2) 债权管理和回收

2000年以前，非银行机构的债权管理和回收是在日本各地的支店进行的。各支店独自管理客户的债权和贷款回收业务。2000年以后，随着日本消费金融市场的成熟，债权管理和回收的效率低下问题凸显，非银行机构的一般性债权管理体制发生了变化。随着网络的普及，客户开始偏好非面对面渠道，促使分散于各支店的债权管理和回收业务集中到电话中心和事务中心，为债权和回收业务的集中管理提供了条件。

现在，一般的客户沟通已变为电话、邮件等非面对面的形式。回收业务的标准也取得了更大进展，不再需要上门回收贷款。例如，对还款拖延者首先是以电话或邮件催促，并在一定期间内通过放宽贷款条件或暂停还款来促进债务人恢复正常。对长时期不还款的人可提请法院按法律程序解决。同时，债务人也被允许主动进行债务处理，个人破产的申请制度也有所完善。

3) 信用担保机制

长期以来，日本消费金融的发展是由非银行机构推动的，而银行为了扩展零售业务，与非银行机构合作获得消费贷款的信贷与回收技术，再融合银行的品牌以及金融实力，开拓消费金融市场。

随后，由日本商业银行发放消费贷款、同时由非银行机构提供"担保"的合作模式得以推广。消费金融领域的担保业务主要是指当银行提供贷款的时候，由消费金融公司、信用卡公司、贷款公司作为担保公司介入其中，收取担保金(如利息收入的50%)的同时，进行融资的信用调查。当发生违约的时候，担保公司向银行代偿残存债务。之后，债务人对担保公司有偿还义务。另外，法律上对银行个人信贷担保业务的准入没有限制。

本章总结

- 广义的消费金融是指与消费相关的所有金融活动。狭义的消费金融是指向各阶层消费者提供消费贷款的现代金融服务方式。
- 消费金融主要以有效需求不足理论、预期收入理论、消费者贷款信用风险评定标准三个理论为基础。
- 消费金融体系包括法律政策体系、个人征信体系、消费金融产品体系、消费金融机构体系。

本章作业

1. 请论述"消费金融"这一概念出现的背景及现实意义。
2. 试以消费者效用函数论述消费金融的作用。
3. 请对几种消费金融机构体系及其服务模式进行对比分析。
4. 请从自身的理解出发,讲述国外消费金融发展经验对我国最有现实意义的几个方面,并对未来消费金融的发展做一个展望。

第 2 章

商业银行消费金融

本章目标

- 掌握商业银行消费金融的三种主要业务
- 熟悉三种商业银行消费金融业务的特点和流程
- 了解我国商业银行消费金融业务的发展现状及其风险管理
- 掌握商业银行消费金融业务的场景化与渠道建设

本章简介

随着我国经济发展水平的不断提高，我国居民的消费需求日益旺盛。在政府大力鼓励扩大内需、促进消费的大环境下，消费金融得到了迅猛的发展。传统的商业银行也纷纷向消费金融业务进军，目前有多家银行成立了消费金融公司，如中银消费、北银消费等。自 2015 年 6 月国务院放开消费金融公司市场准入以来，消费金融市场范围扩大至全国，国内的中小型银行如长沙银行、江苏银行、哈尔滨银行等纷纷向银监会申请成立消费金融公司。消费金融对商业银行的巨大吸引力可见一斑。

本章从商业银行的三个主要消费金融业务(信用卡分期、汽车消费金融、住房消费金融)入手，对这三种消费金融业务的含义、特点、作用进行了概述，接着阐述了三种业务的发展现状以及国内外发展模式，然后详细介绍了商业银行各个消费金融业务的办理流程，并进行了案例分析，最后对三种消费金融业务的风险管理进行了详细的论述。

@ 2.1 信用卡分期

2.1.1 信用卡分期概述

1. 信用卡分期的内涵

大家对信用卡一词都不陌生。从定义上看，信用卡是指商业银行(或信用卡公司)根据个人或单位的信用开出的，使持卡人能在规定的信用额度内从特定的金融机构中存取现金、转账或者在特定商户进行购物消费的电子支付卡片，持卡人要按照约定条件清偿账款并支付一定的手续费。信用卡是一种集信贷、转账、取现、汇兑、结算等功能于一身的金融产品，属于消费者金融的范畴。它分为贷记卡和准贷记卡，通常所说的信用卡指的是贷记卡。

随着我国拉动内需的各项措施的出台以及人们消费需求的扩大，信用卡业务得到了迅速的发展。其中最大的亮点就是信用卡分期付款业务，它目前已经成为商业银行的新的利润增长点。

信用卡分期，即信用卡分期付款业务，是指信用卡持卡人在进行消费时申请发卡机构一次性向特定商户支付持卡人所购商品或服务的全部款项，再将交易金额平均分成若干期，持卡人根据发卡机构的规定在约定期限内逐期还款，并支付一定手续费的业务。这里出现三个角色——持卡人、发卡机构和商户，而发卡机构主要是指商业银行，三者的关系如图2.1所示。

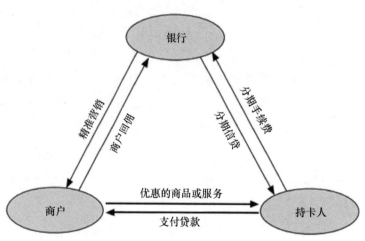

图 2.1 信用卡分期业务中三者之间的关系

该业务实质上是发卡机构为持卡人提供的一种个人消费信用贷款，信用卡由此转变成了一种"信贷卡"。它是一种较为新颖的支付方式，也是一种新的消费理财方法，深受广大 80 后、90 后年轻人群的喜爱。

2. 信用卡分期付款业务的发展背景

信用卡分期付款业务实际上是一种基于信用卡业务之上的分期业务，是信用卡业务和分期业务的有机结合。

1) 信用卡分期业务的起源

分期付款业务起源于 19 世纪的美国。1855 年，当时美国最大的缝纫机公司——I. M. Singer 推出了一个分期付款计划，在 I. M. Singer 公司购买缝纫机的客户只需支付 5 美元作为首付就可以获得所购商品，之后只需每月再支付 3~5 美元直到付清全款。由于当时的生产技术水平低，缝纫机的价格十分昂贵，算得上是一种高档奢侈品，只有少数的富裕家庭才有能力一次性付清全款。这个分期付款计划推出后，立刻受到了消费者的欢迎，缝纫机进入了寻常百姓家，I. M. Singer 公司的业绩也随之大增。这种成功的分期付款业务模式很快就被其他行业复制。

起初分期业务都集中于大宗商品的交易，如高档奢侈品、房地产、车辆等。随着消费金融市场的活跃，小宗商品也被逐渐列入了分期业务的范围，如分期购买手机、电脑、服装、日用品等。同时分期业务也扩展到了服务行业，如教育培训、医疗保健、整形美容等。

信用卡业务萌芽于 1915 年，同样起源于美国。最早发行信用卡的机构并不是银行，而是那些百货商店、饮食业、娱乐业和汽油公司。美国的一些商店、公司为招揽顾客、推销商品、扩大营业额，有选择地在一定范围内发给顾客一种类似金属徽章的信用筹码，后来演变成为用塑料制成的卡片，作为客户购货消费的凭证，顾客可以在这些发行筹码和卡片的商店及其分店赊购商品，约期付款，这就是信用卡的雏形。

有一天，美国商人弗兰克·麦克纳马拉在纽约一家饭店招待客人用餐，就餐后发现忘带钱包，不得不打电话叫妻子带现金来饭店结账。由此麦克纳马拉产生了创建信用卡公司的想法。1950 年春，麦克纳马拉与他的好友施奈德合作投资 1 万美元，在纽约创立了"大来俱乐部"(Diners Club)，即大来信用卡公司的前身。大来俱乐部为会员们提供一种能够证明身份和支付能力的卡片，会员凭卡片可以记账消费。

1952 年，美国加利福尼亚州的富兰克林国民银行作为金融机构首先发行了银行信用卡。1959 年，美国的美洲银行在加利福尼亚州发行了美洲银行卡。此后，许多银行加入了发卡银行的行列。信用卡不仅在美国，而且在英国、日本、加拿大以及欧洲各国也盛行起来。

从 20 世纪 70 年代开始，中国香港、台湾地区和新加坡、马来西亚等发展中国家也开始发行信用卡。中国银行于 1986 年开始在中国范围内发行统一命名的"长城信用卡"，简称为"长城卡"，该卡使用人民币为统一的结算货币，自此我国国内通用的人民币信用卡诞生了。"长城卡"也是第一张在全国范围内发行的信用卡。

信用卡分期付款业务随着信用卡业务逐渐发展起来，具体形成于 20 世纪 80 年代，当时世界经济进入了一段相对稳定的繁荣期。西方国家的信用卡业务在那个阶段发展迅速，逐渐形成了一个比较成熟的信用卡业务体系。为了适应日益增长的消费需求，扩展商业银行的利润增长点，西方的各家商业银行纷纷推出信用卡分期付款业务，取得了良好的效果。目前，信用卡分期付款业务已经成为西方国家大宗耐用商品主要的交易形式。

我国的信用卡分期业务发展于 2003 年，招商银行推出的国内首创的旅游分期免息信用卡分期付款业务开辟了国内信用卡分期业务的先河。此后各家银行纷纷效仿，并不断地推陈出新，将产品服务延伸到购车、日常购物、教育培训等。目前，股份制商业银行已经成为我国主要的信用卡分期业务办理机构。

2) 国内信用卡分期业务迅速发展的动因

虽然我国的信用卡分期业务起步较晚，落后于西方近 20 年，但是发展速度十分迅速，其发展动因如下。

(1) 信用卡业务的迅猛发展。

随着我国居民消费需求的不断扩大和金融市场的迅速发展，我国的信用卡业务取得了很大的进步。中国人民银行的统计数据显示，近几年信用卡的业务规模不断扩大，信用卡发卡量总体上呈上升趋势，如图 2.2 所示。

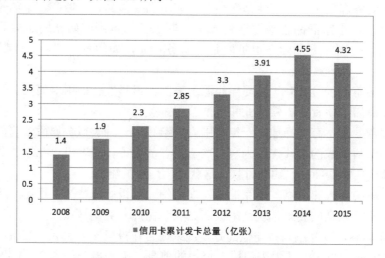

图 2.2 我国 2008—2015 年信用累积发卡总量

值得注意的是，2015 年我国信用卡累计发卡量出现了异常下降。这里或许有两种原因。一方面，2015 年我国经济下行压力较大，一定程度上影响了居民的消费水平和消费需；另一方面，商业银行的信用卡业务受到了新兴的互联网金融平台的冲击。

信用卡业务是信用卡分期业务的发展前提，它的迅速发展给信用卡分期业务带来了庞大的潜在客户群体。

(2) 国家刺激消费政策的出台。

近年来，我国政府一直致力于将我国的进出口导向型经济转为消费导向型经济，并不断地用财政政策和收入政策引导居民消费，这为信用卡分期业务的发展提供了有利的政治环境。

(3) 居民理财观念的变化。

居民生活水平的不断提高使居民的理财观念发生了重要的变化。居民的边际消费倾向不断增加，人均储蓄率逐渐降低，人们提前消费的观念也发生了转变。这在一定程度上为发卡机构开展信用卡分期业务提供了客观的驱动力。

可以预见,未来信用卡分期业务将会成为一种主流的消费模式,信用卡分期业务的春天已经到来。

3. 信用卡分期付款业务的特点

信用卡分期付款业务作为一种崭新的业务模式,具有以下四个特点。

(1) 债权债务关系转移。

在信用卡分期付款业务中,商业银行以及其他发卡机构代替信用卡持有人一次性支付了持卡人所消费商品或服务的全部款项,并规定持卡人在约定期限还清款项并支付一定手续费。这个过程中信用卡充当了融资工具的角色,持卡人所消费的商户在此过程中获得了全部款项。而发卡机构承担了之前商户存在的不能向持卡人收回全部款项的风险,从而实现了风险转嫁。这时发生了债权债务关系的转移,债权债务关系由原来的商户与持卡人之间转移到了发卡机构与持卡人之间。原先商户是债权人,持卡人是债务人,现在变成了发卡机构是债权人,持卡人是债务人。

(2) 增值性。

信用卡分期付款业务具有增值性,它实现了消费者(持卡人)、金融机构(发卡机构)、商户三方共赢。对于消费者而言,该业务将消费者的未来收入转化为即期收入,解决了消费者即期可支配收入与所需消费的价格之间存在的矛盾,提高了消费者的生活质量和生活水平。对于金融机构而言,可以通过信用卡分期业务获得手续费收入,增加利润来源,同时能够优化资产结构,推进多元化经营。对于商户来说,该业务不仅能保证商户收到全部商品或服务的款项,而且能从一定程度上扩大商品或服务的销量,从而提高经济效益。

(3) 信用额度放大。

信用卡持卡人在信用卡分期业务中进行分期付款时,在原来给定的基础信用额度上又增加了分期付款消费的信用额度。实际上持卡人享受了"双重额度",从而使综合的信用额度放大。这一特点增强了消费者的即期消费能力,但同时放大了信用风险。

(4) 便捷性。

信用卡分期付款业务操作简便,手续简单,它直接以给定的信用卡的信用额度为基础,不需要再经过信用申请以及审批过程,减少了烦琐的流程。而且目前已经实现了随时随地办理,在银行网点、部分商品门店等均可办理,另外也可以通过电话热线、网上银行等方式开通信用卡分期业务。随着互联网和通信技术的发展,持卡人可以在手机终端或者电脑端通过软件系统直接进行还款操作,无须实地办理,这给持卡人带来了极大的方便。

此外,它还有灵活的还款方式。一般的信用卡刷卡消费要在约定的到期还款日之前还款,且最长不得超过 56 天,而信用卡分期业务中持卡人可以根据自身收入状况灵活地选择还款金额及还款期数(如 3 期、6 期、12 期甚至 24 期)。这给了持卡人合理安排收支结构的空间。

4. 信用卡分期付款业务的分类

按照信用额度管控方式信用卡分期付款业务,可分为一般分期付款业务和专项分期付款业务。其中,在一般分期付款业务下,当持卡人进行分期付款时,信用额度被占用,但是持卡人在此后逐期偿还时,信用额度可以逐期释放,并可以循环使用。而专项分期业务下的信用额度是额外的专项额度，不可循环使用。

按照业务办理方式分类，信用卡分期业务可分为普通账单分期和特约商户分期两类。普通账单分期不限定商户，只要持卡人消费达到一定的金额，就可以将其消费金额在持卡人信用额度内进行分期偿付。而特约商户分期一般涉及的交易金额较大，发卡银行需要对持卡人的信用额度进行重新审批，客户只能在发卡银行指定的商户通过 POS 机刷卡才能完成分期付款业务。目前这种特约商户分期业务主要集中在家装、教育培训、电器商城等。

按照每期还款额度是否相等分类，信用卡分期业务可分为等额信用卡分期业务以及不等额信用卡分期业务。

按照业务产品分类，信用卡分期业务可分为汽车分期、安居分期、账单分期、商户分期以及邮购分期五类。

(1) 汽车分期。

汽车信用卡分期付款业务，是指当持卡人在发卡的商业银行指定的汽车经销商处购买汽车且同意支付首付款项时，向商业银行申请用其信用卡支付剩余的部分或全部的款项，商业银行审批后将申请的款项直接打入汽车经销商的账户中，同时将此金额分成若干期，规定持卡人按照约定期限逐期还款并支付一定的手续费。一般地，持卡人可以申请的额度为 2 万～10 万左右，偿还期限通常有 12 个月、24 个月、36 个月三种。

与汽车消费贷款不同的是，汽车分期不存在贷款利率，商业银行只收取一部分手续费。此外，汽车分期的审批速度远远快于汽车消费贷款，因此汽车分期提供了一个更加经济实惠的购车方式。目前已经有多家银行开展了汽车分期业务，如中国建设银行的龙卡分期购车业务、中国工商银行的牡丹卡分期购车业务、招商银行的"车购易"业务以及民生银行"购车通"业务等。随着汽车普及率的提高以及人们理财观念的转变，可以预见，在未来推出汽车分期业务的银行将会越来越多。

(2) 安居分期。

安居分期，又称家装分期，是指持卡人使用信用卡在发卡银行指定的家装商户购买产品或服务，经过银行的批准后，持卡人在银行合作家装商户通过专业的分期 POS 机支付家装款项，由发卡银行先行垫付全部的家装款项，而交易款项平均分成若干期，持卡人要在约定的期限内逐期还款并支付一定的手续费，如中国银行的"易家通"、招商银行的"家装易"以及建行的龙卡家装分期等。家装分期是近几年刚刚兴起的信用卡分期业务，随着家装市场需求的扩大，该业务具有极大的发展潜力。

(3) 账单分期。

账单分期，全称信用卡账单分期付款业务，是指信用卡持卡人在进行信用卡消费时向发卡银行提出分期申请，发卡银行审批后先行支付持卡人应付的款项，并将其款项分成若干期，由持卡人按照约定条件逐期还款并支付一定的手续费。如果持卡人用信用卡进行房产、汽车以及家装交易，那就不算入账单分期的范畴。在账单分期下，通常申请金额有一定限额。以建行为例，持卡人的申请金额不得低于 500 元，最高不得超过已出账单中人民币消费总金额(不含取现、分期付款)的 90%。

账单分期与消费分期既有区别又有联系。

两者的共同点是：其一，两者的手续费率基本上都是一致的，但不同的银行规定的费率是不同的；其二，两者的申请途径相同，都会占用信用额度且在申请时立即生效。

不同之处在于：第一，账单分期针对的是一定时间内所有消费账单总额的分期，而消费分期是指进行单笔消费的交易款项的分期，两者是整体与部分的关系；第二，两者申请时效不同，消费分期是在持卡人消费后到出账日前 3 天申请，账单分期是出账后至最后还款日前 3 天申请；第三，两者的起点金额不同，账单分期业务申请的起点金额比消费分期高；最后，收取的手续费不同，账单分期收取的手续费通常要高于消费分期。

(4) 商户分期。

商户分期，又称 POS 分期，是指信用卡持卡人在已与发卡银行合作的商户购买商品或服务时，申请发卡银行先行垫付消费的总金额给商户，再将总金额平均分成若干期，持卡人按照约定条件逐期还款并支付一定的手续费。发卡银行会与商户合作，给商户安装一个专门刷分期付款的 POS 机，持卡人使用 POS 机收单银行发行的信用卡刷卡的同时完成分期交易。

以建行的信用卡举例，建行在节假日通常会和苏宁联手举办活动。建行会给苏宁门店安装 POS 机，消费者在苏宁门店购物满一定金额时(通常是单笔 1000 元人民币以上)，可以用建行信用卡在专用 POS 机上刷卡并办理分期业务。之后签购单上会明确注明交易总金额、首期分期金额、末期分期金额、分期期数、分期手续费，当持卡人确认无误后，签字确认完成交易。

商户分期是近年发展比较快的一种分期方式，目前与发卡银行合作的商户大多为教育机构、大型电器商城、大型超市、连锁商店等。可以看出，商户分期的一个限制就是指定了商户，但是随着发卡银行加大 POS 机业务的推广，和发卡银行合作的商户会越来越多，商户分期业务也会越来越普及化。

(5) 邮购分期。

邮购分期，是指信用卡持卡人在发卡银行指定的商户购买商品或服务后，向发卡银行提出申请，由发卡银行先行垫付全部交易款项，并将所购商品金额平均分成若干期，持卡人按照约定条件逐期还款，在发卡行审核批准后，商户为持卡人提供送货上门服务。

在该业务下，发卡银行会提供一个邮寄目录手册或者提供一个网上分期商城给持卡人，持卡人在限定的商品中选择。邮寄方式的一个与众不同之处在于持卡人可以足不出户地分期购买商品和服务，无须现场刷卡，且能享受送货上门服务。

邮购分期一般无论期数多少都不会单独另收手续费，但值得注意的是，发卡银行所提供的商品的分期价格其实囊括了分期手续费在内的成本，且邮购分期下，订货周期较长且退换货手续相对烦琐。故持卡人应当在消费时多进行比较。

目前已经有多家银行开展邮购分期业务，如中国银行、广发银行、平安银行、浦发银行等。

5. 信用卡分期与传统消费贷款的区别

信用卡分期与传统的消费贷款相比，有诸多的不同之处，主要表现为以下几个方面。

(1) 两者的使用条件不同。

当客户申请办理信用卡时，商业银行会根据客户的收入状况、职业、学历、信用记录等多种因素对客户进行信用评估并根据评估结果授予相应的信用额度。资信状况越好，授予的信用额度越大。信用卡分期业务就是以信用卡持有人的信用额度为基础。而传统的消费贷款通常是以某些特定的财产或者第三方保证作为还款保证的贷款业务，主要是以抵押和担保为主，商业银行根据抵押物品和担保情况的不同而授予不同的贷款额度。从这方面看，传统消费贷款强化了银行的贷款条件，能够减少风险损失。而信用卡分期主要依赖于持卡人的信用，缺乏抵押、担保，当客户出现违约状况时没有抵押品作为补偿，因此信用卡分期业务的风险较高。

(2) 审批程序不同。

传统的消费贷款需要对每一笔业务进行审批，客户要提供每一笔业务的相关材料并办理多种手续，程序上更加烦琐复杂，且需要耗费一定的时间，审批效率低。而在信用卡分期业务中发卡银行只需对持卡人进行初始额度的核定和审批，当银行审批成功后，持卡人只需刷卡即可办理分期业务。与传统消费贷款相比，信用卡分期业务审批程序较为简单，效率更高。

(3) 规模不同。

信用卡分期业务由于受到信用额度的限制，目前只适用于小额的贷款业务，如家装分期、商户分期等。而传统的消费贷款的规模较大，以住房抵押贷款和汽车贷款为主，动辄数十万甚至上百万。

(4) 受理渠道不同。

信用卡分期业务具有多种受理渠道，持卡人可以通过客服热线、银行网点、互联网、部分商户办理信用卡分期业务，具有灵活性和便捷性。而传统的消费贷款只能去银行网点办理。

(5) 计费方法不同。

持卡人申请信用卡分期后，无须支付利息，但要按照规定支付一定的手续费。手续费的计算公式为：

$$信用分期业务手续费总额 = 款项总额 \times 分期手续费率 \times 分期期数$$

案例 2.1：信用卡分期

张先生用某银行的信用卡分期业务购买了一台价值 6000 元的笔记本电脑，分 12 期等额逐月支付，假设分期手续费率为 0.6%。

那么，张先生每月需偿还的分期本金 6000÷12=500 元，同时每月需交手续费为 6000×0.6%=36 元。故张先生每期需向银行支付 536 元。其中产生的手续费总额为 36×12=432 元。实际上张先生购买该笔记本电脑花了 6432 元。

目前各家银行的分期手续费率各不相同。而传统的消费贷款是计息收费，具体的利率根据客户的资信状况以及信用记录在基准利率上进行浮动。

(6) 还款方式不同。

信用卡分期业务更加灵活，持卡人可以根据自身的实际情况灵活选择还款期限和每期还款金额。而传统的消费贷款偿还期限是固定的。

此外，信用卡分期业务采取积分制，持卡人每进行一笔分期业务都可以获得积分，积分累积到一定数目后可以去发卡银行换取礼品。实际上，这是银行鼓励持卡人多使用信用卡的一种手段。

信用卡分期与传统消费贷款的区别如表 2.1 所示。

表 2.1 信用卡分期与传统的消费贷款的比较分析

	信用卡分期	传统的消费贷款
使用条件	信用	抵押、担保
审批程序	只需初始额度、刷卡	逐笔审批
规模	较小	较大
受理渠道	客服、网点、互联网、商户	网点
计费方法	无利息，收手续费	计息收费
还款方式	弹性贷款	固定期限
积分制	有	无

注：弹性贷款是指持卡人可以根据自身需要灵活选择还款期数及每期还款金额。

可以看出，与传统的消费贷款相比，信用卡分期业务具有更多的比较优势，其便捷性和灵活性也更符合现代人的理财需求。

2.1.2 信用卡分期业务发展现状

1. 我国信用卡分期付款业务发展现状

我国信用卡分期付款业务的发展现状包括以下几个方面。

(1) 信用卡分期付款业务日渐占据消费金融市场高地。

近年来，信用卡业务规模迅速扩大，逐渐成为消费金融市场的领跑者。中国人民银行的数据显示，截至 2015 年四季度末，全国银行信用卡累计发卡 4.32 亿张，环比增长 5.02%，信用卡累计发行占比为 11.3%，较上一年末大幅上升。信用卡卡均授信额度为 1.79 万元，授信使用率为 43.77%，较上年末增加 2.08 个百分点。信用卡授信总额为 7.08 万亿元，同比增长 26.43%。信用卡应偿信贷余额为 3.09 万亿元，同比增长 32.05%，占国内居民人民币短期消费贷款比重约为 75%，其发展速度远超其他消费金融产品。

信用卡分期业务与其他消费金融产品相比，具有单笔金额小、需求量大且多样化的特征。首先，在信用卡分期业务下，个人客户消费的金额少则几千元，多则数十万元，都属于小额信贷，然而社会大多数消费者都有小额信贷的需求。其次，信用卡分期付款产品涉及日常居民生活的各个方面，如汽车、家装、购物、教育等，可以满足客户对消费信贷产品多样化的需求。最后，银行可充分利用金融市场共享的信用资质平台以及客户与银行的信息，准确地分析、判断客户的资信状况，减少信息不对称，从而简化审批程序，使客户更快速地获得消费金融服务。

(2) 分期付款业务成为信用卡业务新的利润增长点。

信用卡业务主要有四个收入来源：年费、商户返佣、循环利息以及分期付款手续费。年费收入相对固定，而且随着发卡银行之间的竞争愈演愈烈，为了促进发卡，每家发卡银行都在不同程度上采取了免收年费的政策。在商户返佣方面，我国内地银行卡的刷卡总费率为 0.5%～2%，远远低于国外水平。而且随着我国第三方支付平台的兴起，技术壁垒和市场壁垒都被打破，对信用卡业务产生了巨大的威胁，发卡银行很难在商户返佣方面获得较高的收入。

自 2003 年"信用卡元年"以来，我国的信用卡发卡量、消费交易金额都呈现突飞猛进的态势。理论上说，循环利息收入应该是信用卡业务实现盈利的关键，但实际上我国的信用卡业务利息收入状况并非如此。究其原因，一方面是我国信用卡的日息过高，高达万分之五，年化将近 18%，这种高息对于多数的持卡人来说是不能承受的。另一方面我国的信用持卡人更多的是将信用卡作为一个支付工具，而非循环透支工具。信用卡分期业务在一定程度上解决了这一问题，它不仅避开了消费者不能接受循环利息的消费习惯，而且成功地将消费者支付的循环利息转换为分期手续费，费率大大降低。从客户的心理角度分析，面对同样金额的循环利息和手续费，人们对利息的概念更加敏感，心理上更偏好于支付手续费。而这种手续费收入正逐渐成为国内信用卡业务利润的主要增长点。

(3) 发卡银行之间的竞争愈演愈烈。

在信用卡分期业务刚刚起步的时候，由于受到持卡环境、监管标准、风险管控以及消费者习惯的因素，各家银行的分期业务范围受到了一定的限制，各家银行的侧重点也有所差异。随着近几年金融市场发展环境的改善、市场监管的逐步成熟以人们日益增长的多样化的消费需求，目前我国商业银行推出的信用卡分期付款类产品十分丰富，业务范围涵盖了日常生活的各个方面。现在几乎各家商业银行的信用卡中心都可以办理信用卡分期业务，在汽车、家装、账单、商户以及邮购分期业务上都有所涉及。但这也导致了商业银行之间的激烈竞争，各家银行在信用卡业务方面都在绞尽脑汁地抢夺市场份额。例如，银行纷纷与大型的购物商城进行合作，如苏宁易购、天猫商城、国美电器等。另外，为了拉拢客户，各家发卡银行都在一定程度上给予信用卡年费的减免，甚至打起了手续费之战。2016 年各家发卡银行的信用卡分期业务的手续费率如表 2.2 所示。

表 2.2　中国各大银行信用卡分期手续费率对比(2016 年)

	3 期	6 期	9 期	12 期	18 期	24 期	付款方式
中国银行	1.98%	3.60%	5.40%	7.20%	11.7%	15.00%	一次性收取手续费
工商银行	1.65%	3.60%	5.40%	7.20%	11.7%	15.00%	一次性收取手续费
建设银行	2.10%	3.60%	5.40%	7.20%	10.80%	14.40%	按月收手续费
交通银行	0.93%	0.80%	0.72%	0.72%	0.72%	0.72%	按月收手续费
农业银行	1.80%	3.60%	5.40%	7.20%	-	14.40%	按月收手续费
邮储银行	1.80%	3.60%	5.40%	7.20%	10.80%	14.40%	按月支付
光大银行	2.65%	4.65%	6.45%	8.85%	-	-	按月收手续费
民生银行	2.46%	4.20%	6.03%	8.04%	12.09%	16.80%	按月收手续费
华夏银行	2.01%	4.02%	6.03%	8.04%	12.06%	16.08%	按月收手续费

续表

	3 期	6 期	9 期	12 期	18 期	24 期	付款方式
中信银行	2.16%	3.96%	5.94%	7.32%	12.60%	15.84%	1 万元以下一次性收取手续费，1 万元以上分期支付
浦发银行	2.70%	4.78%	-	8.88%	13.68%	18.24%	按月收手续费
平安银行	2.55%	4.80%	-	9.00%	13.50%	17.28%	按月收手续费
兴业银行	2.40%	3.90%	-	7.80%	11.70%	15.60%	按月收手续费
招商银行	2.60%	4.20%	-	7.20%	-	-	

注：交通银行的手续费率是按月计算的。

从表 2.2 中可以看出，各家商业银行的信用卡分期手续费大同小异。具体而言，传统意义上的"四大行"的信用卡分期手续费率与其他的商业银行相比存在着比较优势，这可能与四大行的规模优势有关。另外，根据央行公布的《2015 年支付业务统计数据》报告，我国主要商业银行的信用卡市场份额占比情况如图 2.3 所示。

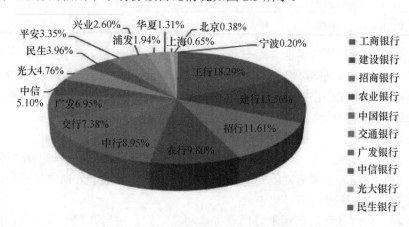

图 2.3　我国主要商业银行的信用卡市场份额占比情况

从图中可以看出，中、农、工、建四大行在信用卡市场中占有相当大的比重，但并非处于高度垄断的地位，招商银行、交通银行、广发银行也在市场中占有一定的分量。股份制商业银行和城市商业银行虽然从单个银行来看市场份额占比不多，但是从总体来看占了将近 40%。

总的来说，信用卡业务发展状况良好，但是竞争十分激烈。而信用卡业务的发展情况在很大程度上影响着信用卡分期业务的发展态势。

2. 国外及我国港台地区的发展路径与可借鉴之处

1) 国外及我国港台地区分期业务发展路径及差别

目前，美国、西班牙、日本、英国等国外的信用卡市场虽然没有明确的信用卡分期付款产品，但通过设置优惠费率，鼓励客户不要将所欠账款一次性还清，实质上是不等额的信用卡分期付款产品。我国港台地区以及新加坡等地的银行均有明确的信用卡分期付款产品。信用卡分期付款在内地与国外及我国港台地区的发展路径存在以下差别。

(1) 大陆的信用卡分期业务以商品、账单分期为主，国外及我国港台地区则深入到现金分期、余额代偿等新兴领域，如表2.3所示。

表2.3 国外及我国港台地区分期付款业务概况

地 区	银 行	账单分期	商户分期	现金分期	余额代偿
美国	美国银行				√
中国台湾	台新银行	√	√		
中国台湾	中国信托	√		√	
中国台湾	玉山银行		√	√	
新加坡	大华银行		√		
新加坡	星展银行		√	√	
中国香港	大新银行	√		√	√
中国香港	东亚银行	√	√	√	√
中国香港	恒生银行	√			
中国香港	花旗银行	√		√	√

大陆商业银行涉及的信用卡分期产品往往以标的物类别及渠道分类，如汽车分期、旅游分期、商城分期、电视购物分期等；国外及我国港台地区的分期付款产品则淡化具体商品，仅列示商品分期或购物分期，同时进一步灵活经营，除购物分期外，还推出集合多家银行信用卡债务的余额代偿业务，使持卡人能够快速获取现金的现金分期。

(2) 大陆以手续费单一定价，国外及我国台湾地区以利息差异化定价。

大陆的信用卡分期业务主要收取持卡人手续费和商户手续费，实质上是对资金占用的利息收入，但基于国内消费者对利息较为敏感，各家银行均基于分期付款总金额收取一定比例的手续费，且几乎没有差异化定价。

国外及我国台湾地区的信用卡分期业务以利息定价。根据客户还款计划，按照分期贷款余额每月收取利息，同时，根据持卡人不同的资信状况，适用不同水平的利息。例如，美国银行信用卡根据客户借款时间长短设置不同的优惠利率，鼓励客户少还钱，从而赚取利息收入。

(3) 大陆信用卡分期付款业务处于成长期，国外及我国港台地区处于成熟期。

国内信用卡分期付款业务从2006年开始出现，客户从以中低收入者为主，逐渐发展到涵盖中高端客户甚至富裕阶层，群体不断扩大。分期业务办理渠道从传统的POS刷卡分期逐步扩展到银行后台分期，并且开始拓展网上分期等新兴业务，整个行业处于高速发展的上升期。在国外及我国港台地区，由于消费者超前消费意识形成较早，信用卡分期付款为大众所熟知，银行可以在各个与持卡人的接触点受理客户分期申请，业务流程相对成熟，整个行业处于成熟期。

2) 大陆信用卡分期付款业务进一步发展的建议

作为一种对商户、持卡人、银行三方都有好处的新型消费金融模式，信用卡分期业务正处于市场需求大、政府大力支持的良好局面。借鉴国外及我国港台地区信用卡分期付款业务的成功经验，发展内地分期业务应注意以下两个方面。

(1) 加大创新力度，满足多样化的市场需求。从分期产品结构上看，现在国内分期付款产品虽然种类繁多，但基本结构大体相同，如收取一定手续费、每月等额还款等。实际上，根据客户需求的多样化，还有许多创新的空间，如不等额分期、推迟首期还款时间、延长还款期限等。

从分期产品种类上看，现金分期产品是对传统信用卡取现业务的突破和延伸，值得大力推广。传统的信用卡取现额度小、价格固定、变化空间小(日取现最多 2000 元，一般最多不超过信用额度的 50%)，难以满足客户临时的小额资金需要，现金分期业务弥补了这一不足。从发达国家的经验来看，现金分期产品具备广阔的市场发展前景。余额代偿业务虽然可以在短时间内提升商业银行的贷款余额，但是对市场上多家银行而言是"零和游戏"，不值得在国内推广。

(2) 健全完善相关法律和监管制度。目前，监管部门对信用卡消费金融的监管倾向于与传统信贷规则一样或相似。例如，虽然《流动资产贷款管理暂行办法》《个人贷款管理暂行办法》《固定资产贷款管理暂行办法》和《项目融资业务指引》，并称"三个办法一个指引"明确指出不适用于信用卡业务，但是不管是外部监管还是内部合规检查都向其靠拢，对于小额、零散、量大的消费金融业务而言，直接加大了其运营成本，限制了业务规模的增长。因此，相关部门急需更新监管理念，鼓励和支持金融创新，建立健全更具针对性的消费金融监管制度体系，促进信用卡分期付款业务的发展。

目前，我国消费金融市场上信用卡发卡机构、汽车金融公司、消费金融公司三足鼎立。汽车金融公司涉及范围相对狭窄；消费金融公司虽然近几年发展迅猛，但是在信贷资金来源、客户资信把握等方面与发卡机构相比还存在很大的差距。虽然我国目前个人征信系统还不够完善，但是客户过往消费记录以及其他与银行发生的交易记录为信用卡发卡机构判断客户资信状况提供了极好的数据支撑。随着新一批更具备理财、透支消费意识的年轻人逐渐成为社会消费的主力军，信用卡分期付款业务必将迎来更加广阔的前景。在这个过程中，既需要信用卡发卡机构推陈出新，不断研发新的业务品种，满足客户多样化的需求，也需要监管部门创新监管理念，鼓励新产品研发。只有二者相辅相成，信用卡分期付款业务才能发挥其促进消费金融发展、进而扩大内需的作用。

3. 信用卡分期业务法律性文件

为切实防范信用卡套现业务风险，2008 年 5 月 19 日，银监会办公厅发布了《关于信用卡套现活跃风险提示的通知》(银监办发[2008]74 号)，要求银行切实加强对信用卡透支额度的管理。信用卡分期付款业务形成的循环信用账户具有资金杠杆作用，且当期账单仅仅反映部分透支金额，应根据对其风险状况的评估进行集中化的银行卡账户最高总授信额度管理，将核定信用额度和单张信用卡分期业务总额度上限进行统一管理，密切关注和监测持卡人对信用卡分期付款业务的使用情况，不能仅根据当期透支金额判断客户是否超过核定限额。对于交纳一定手续费后当月所有透支金额均可分期还款的信用卡业务，应加大信用风险管理力度。

针对一些银行在核定的信用卡授信额度外还对信用卡持有人核定分期付款信用额度，

实际上突破了总体授信额度，削弱了额度控制风险防范作用的问题，2009年4月28日，银监会办公厅发布了《关于进一步加强信用卡业务风险管理的通知》(银监办发[2009]170号)，规定商业银行应加强信用卡业务统一授信管理，信用卡持卡人分期付款额度必须纳入综合授信额度，不得在整体授信额度之外再给予持卡人分期付款额度。

2009年8月1日，人民银行办公厅发布的《中国人民银行办公厅关于贯彻落实<中国人民银行、中国银行业监督委员会、公安部、国家工商总局关于加强银行卡安全管理、预防和打击银行卡犯罪的通知>的意见》(银办发[2009]149号)第二条第(四)款第八项规定，发卡机构要严格控制一人多卡、过度授信的情况。对已在本发卡机构或其他发卡机构大量开户或申卡的持卡人申请办卡，要从严审查，并加强风险控制。要建立对持卡人的综合授信额度，将分期付款业务的信用额度纳入持卡人综合授信额度中计算，谨慎选择办理分期付款业务的客户群体，严格控制授信额度审批流程，防范分期付款业务成为信用卡套现的渠道。

2011年1月13日银监会发布的《商业银行信用卡业务监督管理办法》第五十条规定，发卡银行应当建立信用卡授信管理制度，根据持卡人资信状况、用卡情况和风险信息对信用卡授信额度进行动态管理，并及时按照约定方式通知持卡人，必要时可以要求持卡人落实第二还款来源或要求其提供担保。发卡银行应当对持卡人名下的多个信用卡账户授信额度、分期付款总体授信额度、附属卡授信额度、现金提取授信额度等合并管理，设定总授信额度上限。

2016年4月15日，为完善信用卡业务市场化机制，满足社会公众日益丰富的信用卡支付需求，提升信用卡服务质量，促进信用卡市场健康、持续发展，中国人民银行发布了《关于信用卡业务有关事项的通知》(以下简称《通知》)，并于2017年1月1日起正式施行。《通知》取消了现行统一规定的信用卡透支利率标准，实行透支利率上限、下限区间管理，提升发卡机构信用卡利率定价的自主性和灵活性。同时，发卡机构可自主确定信用卡透支的计结息方式、溢缴款利息标准等，进一步拓展创新空间。另外，《通知》取消了关于透支消费免息还款期最长期限、最低还款额标准以及附加条件的现行规定，由发卡机构基于商业原则和持卡人需求自主确定；取消滞纳金，由发卡机构和持卡人协议约定违约金；取消超限费，并规定发卡机构不得对服务费用计收利息。

从上述法律规范可以看出，为最大限度防控风险，银行应当把分期额度纳入持卡人综合授信额度，谨慎选择办理分期付款业务的客户群体，严格控制授信审批流程。

2.1.3 信用卡分期主要产品流程

上文提到，信用卡分期业务按产品分类分为购车分期、安居分期、账单分期、商户分期、邮购分期五种。而在这五种业务中，购车分期与家装分期是市场上消费信贷需求较为旺盛的两种分期付款业务，也是各商业银行重点推广的消费金融产品。本部分主要介绍购车分期业务和家装分期业务的具体业务流程。

1. 购车分期业务流程

购车分期业务主要有以下几个步骤。

(1) 持卡人要通过电话或者去实地咨询信用卡中心或当地银行网点,了解是否能够办理信用卡分期购车业务。

(2) 若能够办理该业务,持卡人看好拟购车辆后,填写汽车消费贷款申请书、资信情况调查表,连同个人情况的相关证明一并提交贷款银行。持卡人拟购车辆的经销商应是与发卡银行有合作的商户。

(3) 银行进行贷前调查和审批。银行对符合贷款条件的,会及时通知借款人填写各种表格。

(4) 通知借款人签订借款合同、担保合同、抵押合同,并办理抵押登记和保险等手续。

(5) 银行发放贷款(由银行直接转到汽车商的账户中)。

(6) 借款人将首付款交给汽车商,并凭存折和银行开具的提车单办理提车手续。此后,借款人应按照约定条件逐期清偿账款以及支付分期手续费。

这里值得注意的是以下几点。

(1) 购车首付不能用信用卡支付。

(2) 如果提前偿还分期,手续费不予退还。

(3) 信用卡分期付款所购车辆,必须投保机动车辆全车盗抢险和车辆损失险,保险期限与分期期限一致。

为了使购车分期业务的流程更加直观易懂,下面举例说明。假如张先生计划购买一辆家用轿车,得知自己所持有的中国建设银行的信用卡可以进行购车分期,故办理了该业务。张先生整个购车的流程如图2.4所示。

信用卡分期付款购车已经成为汽车贷款的重要渠道之一。信用卡车贷的最显著优势在于贷款利率。单从贷款利率来看,信用卡刷卡分期占有较大的优势。

以中国银行的"车贷通"为例:一般账单分为12期,银行最少收3%左右的手续费,而现在有些车型可以免手续费,也就意味着如果买车贷款10万元,那么就可节省至少3000元的手续费。如果和担保的汽车贷款相比,10万元车贷至少能省1万元左右手续费和利息。除了节省手续费之外,通过刷信用卡,买车的负担也大大降低,因为首付一般只要付30%以上就可以,也就是说原来要付10万全款的车,现在只要首付3万元就能直接把车开回家,然后几万元贷款每月还几千元就可以了。

但是信用卡购车分期业务局限于品牌,每个有信用卡分期购车的银行都有相应的合作品牌和可以享受业务的车型,如果想分期购买其他车型,只能找银行或者汽车金融机构贷款了。因此,有些消费者还是会选择通过办理汽车贷款来购车。在消费者办理汽车贷款时,应该谨防掉入商家布置的陷阱,尤其是所谓的零首付和低利率的"优惠"方式,一些中介机构往往为了促销业绩,对有些优惠会以提高车价、增加手续费来"弥补损失"。

无论用信用卡分期购车还是用汽车贷款购车,购车人还是要"货比三家",量力而行,切勿掉进"优惠陷阱"。在未来,随着商业银行与汽车经销商的合作深度与广度的逐渐拓展,购车分期业务定将成为主流的购车方式。

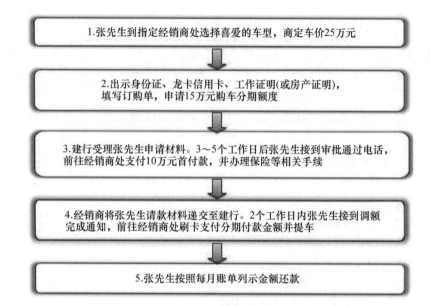

图 2.4 分期购车流程图

2. 安居分期业务流程

对于安居分期业务，每家银行的具体业务流程不同，但通常都包括以下步骤。

(1) 申请：持卡人填写申请表，向银行提交申请材料。

(2) 交易：持卡人获得银行调额通知后，在发卡银行指定的家装商户的专用分期 POS 机上完成交易。

(3) 还款：持卡人根据约定，每月按照对账单所列示的金额还款。

目前，已经开通信用卡安居分期业务的商业银行有中国建设银行、兴业银行、民生银行、招商银行、宁波银行以及中国银行。

安居分期付款业务在一定程度上解决了购房者在支付高额的购房费用后装修款不足的问题，该业务的消费需求因此也非常旺盛。目前，有多家装修公司与商业银行开展了业务合作。

但是，持卡人在选择安居分期业务进行付款时，切记要三思而后行。目前银行提供家装分期付款业务时，持卡人都必须到指定的装修公司签订装修合同，而装修价格涵盖的内容较多，因此持卡人在签约前应当先去装修市场摸一下行情，多比较几家同档次的装修公司，在服务内容相同的情况下了解各家不同的价格。当然，持卡人也可以与准备签约的装修公司先谈好价格，再谈论分期付款的业务，看看中间会不会有差价。

此外，在家装分期付款后，一旦家装过程中出现了工程质量问题，持卡人因为已经全额付款，可能将处于被动的地位。

安居分期和装修贷款各有利弊，安居分期手续简单，免收利息，只收取手续费，但是客户对家装公司的选择也受到了限制。而装修贷款下借款人主要是支付利息，对家装公司的选择面较广，但是需要有抵押物作为担保，审批手续较为复杂。客户可以根据自身状况来选择适合自己的付款方式。

2.2 汽车消费金融

2.2.1 汽车消费金融概述

1. 汽车消费金融的内涵

1) 汽车金融与汽车消费金融

汽车金融(Auto finance),是指在汽车生产、销售、使用过程中,由金融及非金融机构向汽车生产、流通及消费环节提供的融资及其他金融服务,包括对生产商、经销商提供的短期融资、库存融资和对用户提供的消费信贷或融资租赁等,是汽车生产、流通、消费的各个环节中所涉及的资金融通的方式、路径,包括从资金供给者到资金需求者的资金流通渠道。

可以看出,汽车金融是一个广义的概念。它包括汽车消费金融、汽车批发金融、汽车租赁以及二手车金融等,如图 2.5 所示。

$$汽车金融\begin{cases}汽车消费金融\\汽车批发金融\\汽车租赁\\二手车金融\\\cdots\end{cases}$$

图 2.5 汽车金融的覆盖范围

汽车批发金融,是指商业银行、汽车财务公司以及汽车金融公司提供给汽车经销商或者经销商集团的资金融通。

汽车租赁,是指整车厂、经销商以及租赁公司通过租出自己所有的汽车以融通资金或谋利的行为,它包括融资性租赁和经营性租赁。

二手车金融,是指在二手车销售、拍卖或以其他方式处理的过程中对消费者或者经销商所提供的融资及其他金融服务。

汽车消费金融(Auto consumer finance),是指商业银行、汽车经销商或者汽车金融公司等机构向消费者提供的专门用于购车消费的金融服务,这里主要是指汽车消费贷款。提供汽车消费金融服务的机构向申请购买汽车的客户发放人民币担保贷款,再由购车人按照约定分期偿还本金,并支付一定的利息或者手续费。因此,汽车消费金融只是一个相对狭义的概念,只涉及消费环节的资金融通。

汽车消费金融起源于 20 世纪的美国,它的产生对汽车的普及以及汽车行业的发展起到了很大的作用。目前,汽车消费金融在西方发达国家发展水平较高,且各具特色,我国的汽车消费金融发展水平与西方国家相比仍然存在着一定的差距。

2) 汽车消费金融的特点

汽车消费金融具有针对性强、贷方主体多元化、盈利方式多样化的特点。

汽车消费金融具有针对性。首先从汽车生产的供应链上看,汽车消费金融是对终端环节(即消费环节)资金融通,而其他环节上的金融服务并不属于汽车消费金融的范畴。此外,汽车消费金融针对的只是购买汽车的消费者,对资金的用途也作了限定。

从资金供需的角度看,在汽车消费金融服务中,资金需求者是缺少短期资金的汽车消费者。而资金提供者是多元的,不仅仅是商业银行,还包括汽车经销商以及汽车金融公司。这种多元化的贷方主体实际上给予了汽车消费者更多的选择空间。

汽车消费金融的盈利方式多样,现实生活中主要包括以下两种:其一是金融机构或非金融机构发放汽车消费贷款时通过规定固定的或者浮动的利率收取利息作为利润;其二是金融机构或非金融机构在发放消费贷款时规定一定的手续费作为收入。

当然也存在上述两种盈利方式并行的情况,但是随着汽车金融市场的竞争日趋激烈,各个银行、汽车经销商以及汽车金融公司都打起了激烈的价格战,"利息+手续费"的模式目前已经比较少见了。

3) 汽车消费金融的作用

从宏观视角来看,汽车消费金融主要有以下三个作用。

(1) 有利于调节国民经济供需不平衡。

在现代经济条件下,汽车消费金融的发展能够间接地推动国民经济的发展,有利于调节国民经济供需不平衡。汽车消费金融主要是通过调节汽车产业供需矛盾平衡来实现调节国民经济运行中的供需不平衡,汽车消费金融的产生和发展是由生产和消费的矛盾激化产生的。20世纪初,西方的工业化得到了明显的发展,汽车厂商生产的效能越来越高,当时汽车对于私人来说属于奢侈品,很少有人能买得起,而汽车厂商生产的汽车又越来越多。汽车厂商为了解决汽车的销量问题,开始筹建自己的汽车消费金融服务公司,消费者可以借助汽车消费金融公司提供的金融服务提前购买汽车,不必全额付款,从而使得汽车工业与汽车消费金融得到了相互发展。汽车消费金融的产生和快速发展也是汽车工业现代化的必然结果,是其在消费领域和资金融通领域的体现。

(2) 对国民经济产生乘数效应。

汽车产业是国民经济的重要组成部分,汽车产业的健康发展对国民经济的发展有重要的影响。汽车消费金融不仅可以促进汽车产业的发展,还能带动其他相关产业的发展,对国民经济产生极大的乘数效应。汽车消费金融主要从下几个方面对国民经济产生乘数效应:①通过汽车消费金融的促进作用,进而推动制造业的发展,推动国民经济的增加。一般工业增加值率大约在40%~50%,发达国家汽车产业的增加值率仅有30%左右,而我国汽车产业的增加值率只有22%左右。②汽车消费金融在推动汽车产业发展的同时,也推动了其他产业的发展,进而推动国民经济的发展,对国民经济产生乘数效应。汽车消费金融在为汽车购买者提供金融服务的同时,也带动其他产业的发展,如保险业、与法律咨询相关的服务业。数据显示,汽车工业的一定投入,可以导致主要相关服务业增加30%~80%的收入。

(3) 汽车消费金融的发展有助于提高就业。

就业机会的增加是经济发展和社会稳定的标志之一。汽车消费金融支持发展汽车工业有正效应,同时有利于社会增加就业岗位。汽车金融的发展能促进汽车维修业、汽车保险业等相关产业的发展,具有较强的就业能力解决。在2007年,德国的汽车工业直接向社会提供的就业岗位就达到 500 万个，中国汽车工业在 2007 年达到了 300 万人的就业。截至目前，由于汽车产业的快速发展，其为社会提供的就业机会已经远远超过了这一数据，汽车消费金融的发展大大促进了社会的就业，维护了社会稳定。

从微观视角来看，汽车消费金融主要有以下四个方面的作用。

(1) 对消费者的作用。

消费者需求是汽车行业发展的动力，汽车消费金融对消费者的主要功能是为消费者的消费提供消费贷款，除此以外，汽车消费金融还为消费者提供租赁融资、维修融资、保险等业务。汽车属于消费品，而非投资产品。高的折旧率又是汽车的一大主要特性。汽车消费者如果以一次性付款的方式购买汽车，不仅要承担折旧率的损失，而且可能会承担投资回报率大于贷款利率的损失。在汽车消费金融发达的国家，消费者在一般情况下即使有充足的资金也不会在购车时采用全额付款的方式来购车，而主要通过消费贷款的方式来购买汽车。随着生产技术的发展，汽车的重置价格不断降低，汽车金融的出现同时为消费者承担了一定的机会成本。

(2) 对汽车经销商的作用。

汽车消费金融能够让购车者通过获得贷款的方式一次性向汽车经销商支付购车款项，保证了汽车经销商的营业收入和稳定经营。汽车经销商在运营过程中投入的资金量较大，因此安全及时的主营业务的资金流入对于汽车经销商来说极为重要。

此外，汽车消费金融通过牺牲未来收入的代价增加了购车者的即期收入，增强了消费者对汽车的购买力，激发了消费者的购车需求，从而扩大了汽车经销商的销量。

(3) 对汽车生产企业的作用。

汽车消费金融对汽车生产企业的作用是间接的。从理论上看，消费总是滞后于生产，消费与生产之间有一定的时滞，而这种时滞是无效率的，它增加了汽车生产企业的库存成本和时间成本。由于汽车消费金融刺激了汽车的消费需求，推动了即期消费，从而反作用于生产，从长期上看推动了汽车供应链上的"生产—分配—交换—消费"的良性循环，提高了汽车生产企业的经济效益。

(4) 对商业银行及汽车金融公司的作用。

汽车消费金融业务中，资金供给者主要是商业银行与汽车金融公司。对于商业银行而言，汽车消费金融业务的开展有利于提高商业银行的利润增长点，降低经营风险，调整商业银行的资产负债结构，提高资产质量。长期以来，我国商业银行的资金供给偏向于国有企业和集体企业，使得商业银行形成了单一的资产结构和信用结构，若企业方出现了生产和经营的困难，就会使政府与企业债台高筑，不利于经济的良性发展。而汽车消费金融具体而言是居民的购车消费，使商业银行的资金供给一定程度上向商品需求方转移，从而分散了商业银行的风险。另外，汽车消费金融有着可观的收入，该业务的推广有利于增加商业银行的效益。

汽车金融公司是在汽车行业大发展的情况下产生的。汽车消费金融是汽车金融公司的主营业务收入，汽车消费金融的发展当然也有助于汽车金融公司的经济效益。另外需要了解的是，一般意义上的汽车金融公司不仅仅从事汽车消费金融业务，还涉及之前提到的汽车批发金融、汽车租赁以及二手车金融等，它从事的是"汽车金融"。但是从目前国内外的汽车金融公司来看，其主要业务就是向消费提供汽车消费金融服务。

2. 汽车消费金融的发展历程

1) 国外汽车消费金融的发展历程

国外汽车消费金融业务发展至今已有 100 多年的历史，归纳起来大致可分为以下四个阶段：

第一阶段：起始阶段(1907—1929 年)。

第二次工业革命后，西方国家尤其是美国汽车制造行业迅猛发展。1907 年，美国首先出现了分期付款购买个人汽车的方式。1913 年，美国的福特公司发明了汽车装配流水作业线使得汽车的生产能力进一步扩大。由于当时汽车售价较高，在普通民众中未得到普及，为了能够快速地将汽车销售出去，激活汽车行业，汽车厂商纷纷采取分期付款等方式促进销售。美国政府为了给汽车行业营造良好的市场氛围，1916 年正式颁布《统一小额贷款法》，从而使消费信贷正式化、合法化。1919 年美国通用汽车票据承兑公司的成立标志着汽车消费信贷服务正式产生。1920 年以前，大多数美国人的消费观念还是保守的，较少认同负债购车，经过汽车厂商 10 多年的积极宣传和政府鼓励，美国汽车消费者才逐步认可并接受汽车消费金融服务。

第二阶段：低谷阶段(1930—1946 年)。

随着全球金融危机的爆发以及第二次世界大战的打响，全世界的消费者均减少了消费，汽车行业一度跌入谷底。1930 年，德国大众汽车公司针对本公司的甲壳虫汽车首次推出了购车储蓄计划，向有意购买甲壳虫汽车的消费者募集资金。由此，汽车消费金融服务体系初步形成。

第三阶段：调整发展阶段(1950—1990 年)。

第二次世界大战结束后，为了摆脱战争带来的萧条，各国开始加大力度发展国内经济。战后的美国发展最为迅速，随着国民收入的增加，消费需求也大大增加，汽车行业进入繁荣发展阶段。美国居民的消费观念发生了较大的转变，对于汽车消费，更加倾向于使用信贷消费，由此汽车消费金融进入了快速发展阶段。

此后，世界各大汽车公司纷纷设立自己的汽车金融服务公司。由于汽车消费信贷的发展空间较好，各国的商业银行也开始介入这一领域，由此展开了汽车金融公司和商业银行相互竞争的局面。由于商业银行拥有雄厚的资金实力，到 1960 年，美国的商业银行在汽车消费金融领域占据 56%的市场份额，与汽车金融公司形成了激烈的竞争格局。不过，随着国际经济形态的不断调整，市场环境不断变化，商业银行在汽车消费信贷领域所占比例逐年下降。此后，由于汽车金融公司是汽车厂商设立的，与汽车生产商保持着亲密的利益关系，因此汽车金融公司的先天客户群优势逐渐显现出来。同时，为了解决资金问题，汽车金融公司开始发行商业票据和公司债券等。

第四阶段：成熟阶段(1990 年至今)。

汽车消费金融发展至今已有 100 多年的历史，发达国家的汽车消费信贷体制已经相当完善。目前，发达国家的汽车金融服务公司为了满足客户需求，开展多元化汽车服务，以汽车消费信贷为主，以一系列汽车服务衍生品为辅，主要包括汽车保险、汽车租赁等服务。不过，由于受到金融危机等外部环境和欠缺内部管理约束的影响，商业银行的汽车消费贷款坏账率不断上升，因此部分商业银行开始减少汽车消费信贷业务。与此同时，受助于汽车生产厂商的汽车金融公司的市场地位逐年攀升。在美国，截至 1998 年，商业银行所占比例已经下降至 35%，到 2010 年底，商业银行所占比例只占两成左右；而汽车金融公司已经占据了汽车消费信贷的领导地位。

2) 国内汽车消费金融的发展历程

我国汽车消费信贷服务发展时间较短，归纳起来大致可分为以下四个阶段。

第一阶段：萌芽阶段(1993—1998 年)。

1993 年，北方兵工汽车首次提出的分期付款购车模式开启了我国汽车消费金融的序幕。1995 年，当美国福特汽车金融服务公司将海外市场拓展到中国时，我国的汽车消费信贷市场才逐步拓展。同时，各大汽车生产厂商为了扩大市场，联合国内大型国有商业银行为汽车消费者提供汽车消费金融服务。不过由于这一时期的商业银行缺乏汽车信贷的相关知识以及风险管控较差，坏账率较高，因此经营不到两年的汽车消费金融业务在央行的命令下停办。又经过两年的内部整顿，1998 年 10 月，中国人民银行出台了《汽车消费信贷管理办法》，国有商业银行才恢复对个人发放汽车消费信贷。

第二阶段：爆发阶段(1999—2003 年)。

由于受到 1998 年东南亚经济危机的影响，我国政府为了拉动经济，将目光转向国内强大的消费市场，央行和银监会于 1999 年开始先后制定了《关于开展个人消费信贷的指导意见》《汽车金融公司管理办法》《汽车金融公司管理办法实施细则》。在政府的大力扶持下，汽车消费信贷一度升温，在长三角和珠三角地区，汽车消费金融出现井喷式增长。其中，主要的经营主体依旧是国有商业银行。保险公司为了扩大市场份额，也纷纷加入到汽车消费信贷服务的队列中，针对汽车消费信贷业务提出了车贷险，并捆绑销售汽车商业险，这也为商业银行汽车信贷业务提供了保障，由此形成了商业银行、保险公司、汽车经销商三者联合的局面，极大地推动了汽车消费信贷业务的高速发展。

第三阶段：萎缩低迷阶段(2004—2006 年)。

2004 年开始，由于部分车型国产化以及汽车生产线规模化，各大汽车厂商对汽车的定价不断降低，加之我国的个人征信体系尚不健全，汽车消费信贷出现了大量坏账，保险公司要为这些坏账买单。我国保监会为了保护保险公司的利益，叫停车贷坏账赔偿，商业银行也蒙受了巨大的损失。为了保护自身利益，部分商业银行减少或停止发放汽车消费信贷。我国汽车消费信贷业务进入萎缩低迷阶段。为拯救萎缩低迷的汽车消费金融市场，央行和银监会于 2004 年 10 月出台了《汽车消费信贷管理办法》。而后银监会先后批准了各大汽车生产厂商的汽车金融服务公司在我国从事汽车消费信贷业务。从此，我国开启了汽车金融服务公司主导汽车消费信贷的时代。

第四阶段：稳步发展阶段(2007 年至今)。

2008 年 1 月 30 日，我国银监会出台新的《汽车金融公司管理办法》，对我国汽车金融公司的准入条件、业务范围和风险管理等作出了较大修改和调整，为汽车金融公司在有效控制风险的前提下又好又快地发展提供了重要的法律保障。不过，由于我国汽车金融起步较晚，汽车消费金融市场有效性不足，个人信用制度欠缺，担保和保险制度不完善，汽车金融公司在我国的发展必定不会一帆风顺。因此,深入分析汽车金融公司的风险并提出解决的对策对于我国汽车消费信贷业务的发展具有重大意义。

2.2.2 汽车消费金融发展现状

1. 国外汽车消费金融发展现状及特点

1) 提供汽车消费金融服务的公司呈多样化态势

(1) 公司的设立方式多样化。

以美国为例,美国是金融比较发达的国家,也是金融自由化程度很高的国家,对汽车消费金融公司方面没有太多的限制。例如,关于资金的来源及股东的资格等,美国政府规定银行、工商企业和个人只要达到规定的条件,均可参加发起设立汽车消费金融服务公司,只要符合汽车消费金融公司设立的程序即可。

美国汽车消费金融的设立方式主要有下列几种方式:

一是由汽车制造商自身发起的汽车消费金融公司。其最初的目的是基于汽车生产技术的发展,生产效率大大提高,而汽车的单价又比较高,为了解决汽车生产与销售之间的矛盾,故为消费者提供汽车消费信贷,以推动汽车的销售。二是由一些实力较强的机构或者联合成立的汽车金融服务公司,一般主要是由大银行或者大的财务公司等单独或联合成立,为汽车产业提供一系列的金融服务,其中就包括汽车消费金融服务网。三是汽车消费金融公司的设立与制造商和银行等金融机构没有太大的关系,以股份制的形式设立,是一种独立型的企业。一般说来,这种公司规模一般较小,股东来源较广泛。但这种公司不是为特定的汽车品牌提供金融服务,而是为多种汽车品牌提供金融服务,运作模式相对比较灵活。美国汽车消费金融的各经营主体情况如图 2.6 所示。

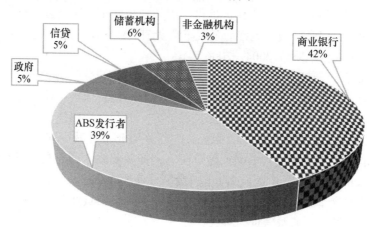

图 2.6　美国汽车消费金融市场各经营主体份额

(2) 资金来源的多样化。

汽车消费金融公司由于设立方式的多样化,导致其资金来源的多样化。汽车金融公司虽然属于金融机构,但不能像商业银行那样向公众吸收存款,它的资金来源很大程度上只能依靠自有的资本金。除此之外，资本市场和银行信贷也是其资金的来源渠道之一，但占的比重相对较小。一般来说，规模较小的汽车金融公司的融资方式主要是从商业银行和其他金融机构贷款，与之相对应的大型汽车金融公司如通用、大众成立的汽车金融公司因信用等级较高，抗风险能力也较强，可获得资金的方式也比较多。大型汽车金融公司还可以从从事实业的母公司得到资金支持。随着市场的扩张和竞争的不断加剧，汽车金融的发展方向在不断地变化，主要体现为融资对象的多元化、服务对象的多元化和业务的国际化。随着金融业务的不断创新和金融改革的不断推进，汽车消费金融市场的发展不断趋于完善，汽车消费金融向行业自律的方向不断发展。

2) 汽车金融公司收益稳定增长，监管体系规范

(1) 监管体系完善。

完善的监管体系是一个国家金融发展的主要标志之一。汽车金融发达的西方国家已经建立了完善的监管体系。例如，美国的金融监管体系十分完备，其金融体系的设计反映了市场经济中金融发展的一般规律，主要体现在金融运作模式和监管方式的选择等方面。美国的金融运作模式也是一步步发展起来的，从最初的分业经营模式到后来的混业经营模式、存款保险制度的建立与完善、利率的市场化等，一系列金融发展的举措构成了美国完善的金融体系。汽车消费金融能够在美国迅速发展，除了美国自身是一个金融自由化程度很高的国家外，其完善的监管体系是又一必要条件。

为了明确汽车消费金融公司的专业特性，避免与其他金融机构产生激烈的竞争而导致市场风险的扩大，政府在相关政策、法律中对汽车消费金融服务公司规定了明确的职能。政府等机构为汽车金融公司提供良好的市场环境及相关的配套设施，例如，通过建立良好的信用机制，使汽车消费金融公司能够在良好的信用环境下运行，有利于汽车消费金融公司融资渠道的多样化，使汽车消费金融公司直接进入资本市场，进而获得较多的资金支持。通过建立资信评级体系，为汽车消费金融公司提供完善的资信评级服务，促使其能够良性运作。由于汽车消费金融公司是由实体产业衍生而来的服务业，一般与汽车制造母公司都有这样那样的联系，所以其风险要小于商业银行等金融机构。

虽然国外的金融自由化程度很高，但是金融监管当局对汽车金融公司的监管也比较严格。在监管体系上，国外通常的做法是进行单独的监管，即将对于汽车金融的监管从银行业的监管体系中分离出来，但汽车消费金融公司是商业银行等金融机构发起设立的附属企业除外。美国政府将汽车金融服务公司主要置于所在州制定的法律的监管下，不同的州的监管法律不尽相同。同时，不同州的监管法律体系在某些方面必须受联邦法律体系的管制，但是在这种情况下，联邦法律对不同州的影响比较小。政府没有设立专门的监管机构来监管汽车金融公司，主要是通过行业自律的方式来进行监管。

(2) 专业优势明显且发展迅速。

汽车消费金融公司同商业银行等其他金融机构相比没有太多的优势。特别是在资金与网络方面，汽车消费金融公司不可能有像商业银行那样庞大的资金支持，也没有较多的客户营销网络。但是汽车消费金融公司从诞生的那天起，就一直快速发展，这是由其自身特点所决定的。汽车消费金融业务比较专业化，具有独特的优势，它的快速发展是利用了各

方面优势的结果。随着金融自由化程度的加深，汽车消费金融公司的融资渠道更加多元化。汽车消费金融公司可以通过直接发行商业票据和企业债券来获得资金。汽车消费金融公司大多是汽车工业母公司发起设立的，与汽车制造商有或多或少的联系，对汽车制造商比较了解，这些从事汽车金融服务业的人员往往来自汽车制造企业，同时汽车消费金融公司与客户、经销商直接联系，对其比较了解，并可以保持密切的关系。这些条件帮助汽车消费金融服务公司逐渐获得了极强的竞争优势，体现了专业化分工的威力，对汽车消费金融公司和汽车制造商都有极大的好处：一方面，汽车消费金融服务公司为汽车消费客户提供消费贷款，汽车消费者能够在资金不足的情况下购买汽车，方便了汽车消费者购车。对汽车制造企业来说，汽车消费金融公司在帮助消费者购车的同时，为汽车制造企业增加了更多的销量。另一方面，汽车制造企业又进一步加大了对汽车消费金融服务公司的支持力度，使得汽车消费金融服务公司能够快速稳定地发展。汽车消费金融公司是汽车产业发展到一定阶段的产物，二者是一个相互促进、相互发展的关系。

(3) 收益比较稳定。

汽车消费金融公司由于其迅速的发展态势及广阔的市场前景，其收益比较稳定。汽车消费金融的主要收入来源是放贷的利差及相关的服务费用，除此之外，随着竞争的不断加剧，汽车消费金融公司也开始办理一些高风险、高收益的业务。对一些信用状况不好的个人也发放购车贷款，这类业务属于次级款业务，其利率一般相对较高。汽车消费金融公司通过专业化的服务手段吸引众多的客户，以灵活的方式开展业务，再加上与客户关系比较紧密，为大多数的消费者所欢迎，取得了可观的收益。

2. 国内汽车消费金融发展现状及特点

目前，我国的汽车消费结构发生了很大的变化，私家车消费日益成为我国汽车消费的主流。2009 年我国成功地成为全球第一大汽车消费市场。2009 年后我国汽车销售量也一直走高，截至 2014 年，我国的汽车销售量达到 2300 万辆。汽车工业在我国的快速发展催生了相关配套产业的发展，在一定程度上促进了我国汽车金融业的发展。经过多年的发展，我国汽车金融业走过了从萌芽到稳步发展的时期，然而，与国外汽车发展强国相比，我国的汽车金融业仍处于起步阶段，其发展现状及特点主要表现为以下几个方面。

1) 商业银行占有大部分市场份额

目前，我国从事汽车金融服务业务的机构主要有银行类金融机构和非银行类金融机构两种。我国是银行主导的金融体系，在各种金融业务方面都有天然的优势，国内以中国银行、农业银行、工商银行、建设银行、交通银行为代表的商业银行最早涉足我国的汽车金融服务业，四大国有和股份制商业银行几乎垄断了我国的汽车金融业务。如图 2.7 所示，从信贷主体来看，目前我国发放汽车消费信贷的主体还是商业银行，大约占汽车消费信贷市场总量的 67%左右，其次的市场份额则是由从事汽车金融服务业务的汽车金融公司所占领。美国商业银行在汽车金融业务的市场份额只占一小部分，约为 30%，其他的大部分市场份额则是由像汽车金融公司那样从事汽车金融业务的非银行类金融机构主导。可见，我国商业银行在汽车金融中占绝对的主导地位。

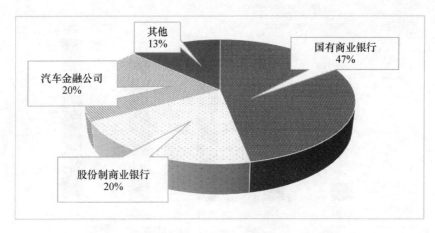

图 2.7　我国各机构在汽车消费金融市场的份额情况

2) 政府政策，法律法规的不断放开

我国自加入世界贸易组织以来，一直都在有序、稳健地推动相关金融政策、法律法规的放开。相关的政策法律法规也一一出台，2004 年 10 月 1 日，银监会出台了新的《汽车贷款管理办法》，用以取代 1998 年出台的旧的《汽车消费信贷管理办法》，其目的是为了适应新的金融环境，进一步规范汽车消费贷款业务。随着金融环境的不断变化，2008 年 1 月 30 日颁布了《汽车金融公司管理办法》，在 2004 年出台的《汽车贷款管理办法》的基础上，比较全面地规范了汽车消费金融业务，从政策上来说，也是对汽车消费金融业务的进一步放开。2005 年 4 月，中国人民银行和银监会根据金融市场的需求，对信贷资产证券化作出了规定，颁布了《信贷资产证券化试点管理办法》，由此信贷资产证券化有了政策指导。新办法对信贷资产证券化的性质、结构安排、相关机构职责及资产支持证券的发行与交易等各项内容作了初步规定，从而奠定了我国个人消费信贷资产证券化的基础。

我国根据国外汽车金融资产证券化的成功经验，结合国情在一些大的机构进行试点。目前，我国的汽车金融公司资产证券化已经在上海通用汽车公司试点，它标志着我国传统的资产证券化的主体已经发生改变，从银行等金融机构扩展到非银行业金融机构，金融资产证券化的品种也开始发生改变，多样化起来。

3) 汽车贷款率低

目前，我国从事汽车金融的相关主体的主要汽车金融业务是汽车消费贷款的发放，而对其他汽车金融业务的开展力度不大。衡量一个国家的汽车金融发达程度的指标很多，汽车贷款率是其中最为重要的指标。西方汽车金融发达国家居民的消费习惯已经改变，通过信贷和租赁买车是汽车销售的主要方式。欧美国家的汽车消费贷款比率普遍为 70%～80%，甚至更高。不仅欧美等汽车发达国家大量使用汽车消费贷款，实际上，消费能力有限的发展中国家才是贷款购车的主体，而我国的汽车贷款率低于 20%。在汽车金融发展低潮期，贷款比率甚至在 10%以下，远远低于国际平均水平(如图 2.8 所示)，因此，我国的汽车消费金融还有很大的发展空间。

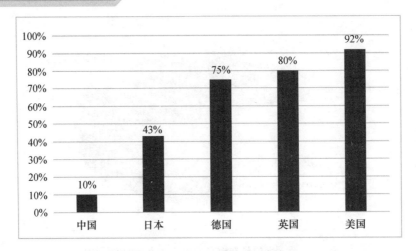

图 2.8　各国汽车贷款比率情况

3. 中美汽车消费金融发展比较

从上述的国内外汽车消费金融发展现状可以看出，我国与美国的汽车消费金融的发展情况有所不同，与美国相比，表现为以下几个方面。

(1) 汽车消费金融的发展水平不同。

美国的汽车消费金融处于相对成熟阶段，而我国的汽车消费金融则处于发展中阶段。

具体来说，首先，汽车消费金融在信贷业务中的比例不同。在美国的汽车销售量中，约八成的消费者都采用汽车消费金融的方式购买车辆，而在我国，只有不到三成的消费者选用消费金融的方式购买车辆。

(2) 汽车消费金融的法律完善程度不同。

有关消费金融的法律是否完善是一个国家消费金融业务发展的根本保障，因此汽车消费金融能否持续健康地发展的关键在于本国的法律环境。在美国，有关汽车消费信贷的法律十分完善。美国政府于 1919 年颁布《统一小额贷款法》，1968 年颁布《诚实贷款法》，1968 年颁布《消费者信用保护法》，1970 年颁布《公平信贷报告法》，1974 年颁布《平等信贷机会法案》，1977 年颁布《公平债务归还法案》，1978 年颁布《破产改革法》，2003 年颁布《公平准确信用交易法》等。这些法律的颁布使得汽车消费信贷在每一步骤都有章可循、有法可依。

我国关于汽车消费金融的法律法规还相对较少，只有 1994 年出台的《汽车工业产业政策》，1998 出台的《汽车消费信贷管理办法》和《企业集团财务公司管理办法》，1999 年下发的《关于开展个人消费信贷的指导意见》，2003 年颁布的《汽车金融公司管理办法》和《汽车金融公司管理办法实施细则》，2004 年出台的《汽车产业发展政策》和《汽车贷款管理办法》以及 2008 年出台的新的《汽车金融公司管理办法》。这些法律法规中没有明确的条款保障操作各方的权利和义务，因此为了汽车消费信贷的健康持续发展，我国政府部门有必要尽快完善相关的法律法规。

(3) 汽车消费金融的社会服务体系不同。

具有完善的个人征信体系是汽车消费金融业务健康、可持续发展的另一个关键要素。美国有专门的信用调查机构，这些机构掌握着几乎所有美国人的信用信息，这些信息来源于银行、法院等，并且每个月都有更新。因此，汽车消费金融的经营主体只要了解购买借款人的个人征信信息即可决定是否发放贷款。这既减少了搜集信息的成本，又降低了信贷风险。而在我国，只有中国人民银行建立了个人信用档案，由于建立时间较短，个人的信息搜集仅仅来源于商业银行，更新较慢，所以个人征信体系建立得并不完备。并且我国针对汽车消费金融的法律法规尚不完善，对于失信者的惩戒力度不够，因此，我国汽车消费金融中拖欠贷款的事件时有发生。

(4) 汽车消费金融的服务机构不同。

在美国，汽车消费金融的经营主体主要包括商业银行、汽车金融公司、汽车经销商和信贷联盟等，其中主要的汽车消费金融服务机构为汽车金融公司，约占汽车消费金融业务总量的一半，信贷联盟约占汽车消费金融业务的一成左右，其余四成由商业银行等其他金融机构共同完成。

我国商业银行仍然占据着汽车消费金融业务的主导地位。商业银行拥有雄厚的资金基础，不过由于汽车行业的专业性较强，商业银行很难对汽车进行全方位的评估。而汽车金融公司的最大优势就是依托于汽车生产厂商，它拥有专业的汽车服务技能加上汽车经销商的支撑，先天优势突出。在我国，汽车金融公司由于受到资金限制和利率等方面的影响，发展受限。

(5) 汽车消费信贷的风险控制体制不同。

美国的汽车消费信贷机构具有一套严密的风险管理程序，其中包括严格的贷前审查、贷中追踪、贷后复核等。我国由于汽车消费信贷的法律法规不健全，个人征信体系不完善，骗贷现象时有发生。此外，一些业务人员素质不高，审查不严，放贷后的监督检查又跟不上，一旦发现风险不能及时采取补救措施，致使消费信贷的潜在风险增大。

中国汽车消费信贷发展走过了一个起步发展、快速发展、调整发展、稳步发展的过程。与国外汽车消费信贷相比，中国还存在欠缺之处，如消费信贷法律法规不完善、信用体系不健全、风险控制不理想、缺少专业人才等。

2.2.3 汽车消费金融经营模式

1. 国外汽车消费金融的主要经营模式

国外的汽车消费金融模式主要分为美国模式、德国模式、日本模式三种。

1) 美国模式

在美国，从事汽车消费金融业务的经营机构主要是汽车金融公司、商业银行以及信贷联盟等。其中，最为主要的是汽车金融公司。

1919 年 3 月，美国的通用汽车公司以当时的《纽约银行法》为依据，注册了 GMAC(通用汽车金融服务公司)，它目前是世界上最大的汽车消费信贷公司之一，在 40 多个国家和地区设有分公司，共有近 3 万名员工，拥有 800 多万客户。

GMAC 的核心业务就是提供汽车消费金融服务,该业务侧重于向通用汽车的特许经销商出售给客户的汽车提供服务。它在全球以富有竞争力的利率向客户提供多种汽车贷款方式,方便客户购买各类新、旧汽车,优惠的利率不仅巩固了客户群体、扩大了市场占有率,也确保了客户的综合满意程度。

汽车消费金融公司的分期付款业务,使汽车在 1920 年以后在美国得到了迅速的普及,汽车由奢侈品转为一般大众的必需消费品。在 GMAC 大获成功之后,美国的银行终于认识到了开展汽车消费金融业务的必要性,故加紧脚步开始推行各自的汽车消费金融业务,为购车用户提供购车分期服务。GMAC 由于抢占了市场先机,其融资能力和盈利能力不断扩大,业务的开展面也越来越宽,以至于目前 GMAC 的大部分业务不仅仅局限于汽车消费。根据美国《商业周刊》的报道,2003 年通用集团的总利润中有七成来源于 GMAC。而目前,通用汽车在美国新车销售量的 49%是由 GMAC 提供融资的。美国的汽车金融公司在汽车消费金融市场的地位可见一斑。

由于银行业重组以及经营成本扩大等原因,美国银行业逐渐退出了汽车金融市场。例如,海军银行在 1989 年将其在美国的汽车金融业务卖给福特信贷;新英格兰银行 1990 年底退出汽车金融领域;花旗银行在 1994 年 4 月将其 9.3 亿美元汽车融资的应收账款出售给通用汽车金融;美洲银行在与国民银行合并后,在 2000 年 8 月宣布将汽车的贷款和租赁业务减少 50%。这些都说明在汽车信贷方面汽车金融公司的存在有其明显优势。

信贷联盟也是美国汽车消费金融的经营主体之一,它是由有共同利益或共同点的会员共同发起的,旨在提高会员的经济和社会地位,并以公平合理的利率为其会员提供金融服务的一种非营利性信用合作组织。信贷联盟可以对其会员发放生产信贷、汽车消费信贷等,信贷联盟对会员发放贷款一般有数额及期限上的限制条件。此外,汽车金融服务是目前也是信托公司经营的主要业务之一,信托公司通过信用评级和风险管理对消费者发放汽车消费贷款。但是信贷联盟和信托公司在美国汽车消费金融市场的占有率并不是很高。

美国的汽车消费金融服务模式主要有两种,即直接融资和间接融资。直接融资是由银行或者汽车金融公司、信用合作社等直接贷款给用户,用户使用贷款向经销商购买汽车,然后按照分期付款的方式归还贷款并支付一定的费用。间接融资是用户同意以分期付款的方式向经销商购买汽车,然后经销商把合同卖给商业银行或者汽车金融公司。据统计,在美国,直接融资的比例约为 42%,间接融资的比例占 58%。此外,银行在该领域的占有率逐年下降,目前的主体是各大汽车制造商建立的汽车金融服务公司,美国模式下的汽车消费金融业务流程如图 2.9 所示。

美国的汽车分期付款体系通过完善的社会服务系统和先进的电子计算机系统来完成。政府对用户分期付款融资的规定非常详尽,以保障用户的合法权益。例如,联邦法令规定汽车分期付款销售合同必须说明利率、利息费用、月付款数额。美国有完善的国家信用体系,这为汽车金融服务公司的正常运作提供了良好的社会信用保障的条件,也有利于公司进行风险管理。健全、科学的资信评级体系能够为汽车金融服务公司提供完善的中介服务,保证汽车金融服务公司的良性运作。在美国,信用机构是 IT 技术应用得最为彻底的金融类机构,高度的货币电子化为个人消费信用档案登记提供了极大的便利,个人收支状况都可以通过发达的信息网络反映出来,银行和资信机构可以通过互联网获得比较全面的资料。目前一次信用查询的在线答复时间不超过几秒钟。

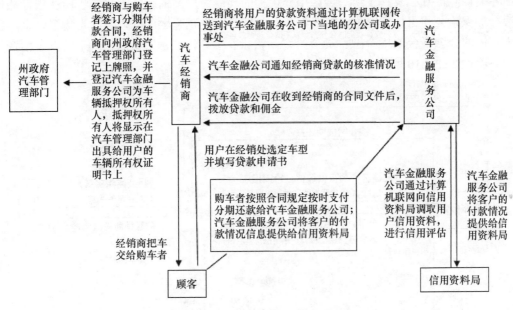

图2.9 美国模式下的汽车消费金融

2) 德国模式

德国几乎是紧随美国之后全面提供汽车金融服务的国家,主要的汽车消费金融机构是汽车金融公司及商业银行等。最著名的"五马克信贷"计划就是当时大众汽车金融服务股份公司为了促进"甲壳虫"汽车的销售而量身定做的。

在德国,汽车消费金融是司空见惯的消费方式,以该方式购车的比例占全德国每年汽车总销售量的70%左右。

德国模式的代表公司为大众汽车金融服务股份公司(VWCREDITING.),成立于1949年。大众汽车金融服务股份公司目前是欧洲最大的金融服务企业,在全球融资或租赁的车辆有193万辆的保有量。大众汽车集团新车销售的1/3是由大众汽车金融服务股份公司提供融资或租赁服务的。公司目前的总资产为150亿欧元,相当于大众汽车集团总资产的30%左右。其下属的大众汽车银行属于其全资银行,它所提供的金融业务是只与汽车相关的金融业务。大众汽车金融服务公司设立了市场中心,在市场中心下面分为4个部分,包括个人客户、大客户和车队、经销商。大众汽车银行属于市场中心管辖的范围,大众汽车的用户可以直接在大众汽车银行进行购车储蓄。大众汽车金融服务股份公司的一般做法是为经销商和进口商提供贷款、租赁等服务。如果客户需要买一辆车,他就可以到经销商那里进行咨询,然后当他决定购买的时候,经销商会向其推荐不同的租赁和贷款合同,并把客户介绍给大众汽车金融服务公司,由金融服务公司向客户提供各种服务。租赁和贷款合同的期限平均为36个月。

目前,德国的汽车金融服务机构有开始走全能银行路线的趋势。现在经常提到的"银行",是指吸收存款和发放贷款的金融中介机构,在美国称为"商业银行"。而在德国,银行实际上是全能的金融中介机构,不仅为客户提供交易服务和贷款,还提供相互基金服务和各类保险,几乎发挥了所有金融中介机构的功能。广义的全能银行等于商业银行加投资银行加保险公司再加非金融企业股东。全能银行首先是金融中介,其次是集多种金融业务于一体的金融平台或"金融百货公司",意味着综合性经营。德国模式下的汽车消费金融业务流程如图 2.10 所示。

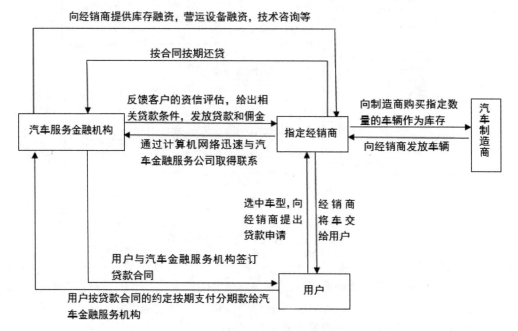

图 2.10　德国模式下的汽车消费金融

德国的汽车税费在欧洲地区处于较低的水平。德国高速公路四通八达,而且不会加设关卡,一般也不对车辆加收任何费用。为了提高人们的环保意识,德国从 1997 年 7 月起,还对排放量少、环境污染轻的汽车实行减税政策,凡是达到"德国三级排放标准"以上的汽车都可减税。减税优惠政策使消费者在购车时更倾向于选择环保车型,另一方面也促使汽车制造商更加重视环保汽车的制造和开发。

3) 日本模式

日本虽然国土狭小,却是仅次于美国的世界第二大汽车拥有国,汽车密度居世界前列。汽车分期付款在日本始于 20 世纪 50 年代初,60 年代得到了普及和推广。开始阶段,主要是以银行为主体来开展这项业务。到了 20 世纪 60 年代前期,由于美国要求日本开放汽车市场的呼声日益高涨,为了与美国汽车进行竞争,日本汽车工业协会提出了通过充实分期付款销售内容增加对国产车需求的建议,并提出应创办专业的汽车金融服务公司。以此为契机,各汽车制造商纷纷成立了自己的金融公司来开展汽车信贷等服务。如今,日本 50%以上的汽车用户通过分期付款的方式购车。

日本汽车消费金融的方式有以下三种。

(1) 直接融资(传统式贷款)。

通常是用户直接向银行贷款购车，并以购买的汽车作为贷款的担保品，然后向银行分期付款。

(2) 间接融资。

流程与美国的间接融资大致相同，即经销商先将愿意以分期付款方式购车的用户资料交给专属于汽车制造商的汽车金融公司进行信用评估；通过评估后经销商再将与用户签订的分期付款合同转让给汽车金融公司；最后，汽车金融公司才将贷款和佣金拨给经销商。

(3) 附担保的代理贷款。

即金融机构(通常是保险公司)给用户提供购车贷款，但整个贷款的作业从信用核准到贷款后的服务以及催收均由信托公司处理。信托公司保证在客户不付款时要代替客户向金融机构支付贷款，信贷公司则向提供贷款的金融机构收取一定的报酬。这是日本采取的独具特色的一种做法。它的好处在于，金融机构(银行或保险公司)对用户的贷款通过专业信托公司的管理及对贷款的担保，可以把贷款风险降到最低限度。

日本模式下的汽车消费金融业务流程如图 2.11 所示。

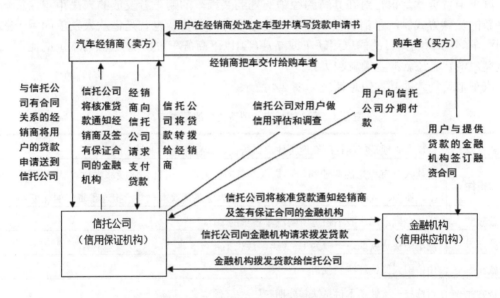

图 2.11　日本模式下的汽车消费金融

专业信托公司参与汽车金融服务领域是日本模式最大的与众不同之处。

在日本，汽车金融市场的主体由信托公司、银行、汽车制造商专属信贷公司和经销商构成。其中，专业信托公司承担的业务量最大，所占比例最高，且有逐年上升的趋势，而银行占总业务量的比例则明显呈下降趋势。另外，日本的信托公司不针对特定的汽车厂品牌融资，而是面向所有的汽车品牌进行融资，以达到规模经济的目的。

由于汽车密度过高，日本政府规定在汽车购买、保有和实用阶段都要纳税，税金比例远高于欧、美各国的水平。日本的汽车税赋主要有年税、一次性税、燃油税。随着轿车登记(排量)的增加，汽车税率也相应提高，分为 10 个等级。政府为了引导人们购买和使用节能型、占地少的小型汽车，在地方汽车税收中，对小排量汽车给予了较多的优惠政策。另外对于环保型汽车如天然气汽车也同样实行税费优惠政策。金融厅是日本金融监管的专职机构，其前身为金融监督厅，成立于 1998 年 6 月 22 日，下设总务企划局、检查局和监督局。金融厅的主要职能是对民间金融机构进行严格的检查和有效的监管；根据法律直接参与处理金融机构破产案件；准确把握金融实情和动向，维护信用秩序；以及金融制度的建立和金融行政的计划和立案等工作。

2. 国内汽车消费金融的主要经营模式

目前，我国国内汽车消费金融的经营模式主要有商业银行模式、经销商模式、汽车金融公司模式三种。此外还有一种新兴的模式——互联网汽车金融平台。

1) 商业银行主导模式

之前说到，商业银行是我国汽车消费金融最主要的经营主体。具体来说，我国商业银行的经营模式主要包括两种，一种是商业银行提供给消费者的汽车消费贷款，另一种是商业银行推出的信用卡分期购车业务。

(1) 汽车消费贷款(又称直客式汽车消费贷款)。

汽车消费贷款是银行对在其特约经销商处购买汽车的购车者发放的人民币担保贷款的一种新的贷款方式。汽车消费贷款利率就是指银行向消费者也就是借款人发放的用于购买自用汽车(不以营利为目的的家用轿车或 7 座(含)以下商务车)的贷款数额与本金的比例。利率越高，消费者还款的金额就越大。

汽车消费贷款的基本信息情况如表 2.4 所示。

表 2.4　商业银行汽车消费贷款的基本信息

贷款对象	借款人必须是贷款行所在地常住户口居民、具有完全民事行为能力
贷款条件	借款人具有稳定的职业和偿还贷款本息的能力，信用良好；能够提供可认可资产作为抵、质押，或有足够代偿能力的第三人作为偿还贷款本息并承担连带责任的保证人
贷款额度	贷款金额最高一般不超过所购汽车售价的 80%
贷款期限	汽车消费贷款期限一般为 1～3 年，最长不超过 5 年
贷款利率	由中国人民银行统一规定
还贷方式	可选择一次性还本付息法和分期归还法(等额本息、等额本金)

商业银行的汽车消费贷款的业务流程如下。

① 客户申请。客户向银行提出申请，书面填写申请表，同时提交相关资料。

② 签订合同。银行对借款人提交的申请资料审核通过后，双方签订借款合同、担保合同，视情况办理相关公证、抵押登记手续等。

③ 发放贷款。经银行审批同意发放的贷款，办妥所有手续后，银行按合同约定以转账方式直接划入汽车经销商的账户。

④ 按期还款。借款人按借款合同约定的还款计划、还款方式偿还贷款本息。

⑤ 贷款结清。贷款结清包括正常结清和提前结清两种。正常结清指在贷款到期日(一次性还本付息类)或贷款最后一期(分期偿还类)结清贷款；提前结清指在贷款到期日前，借款人如提前部分或全部结清贷款，须按借款合同的约定，提前向银行提出申请，由银行审

批后到指定会计柜台进行还款。

贷款结清后，借款人应持本人有效身份证件和银行出具的贷款结清凭证领回由银行收押的法律凭证和有关证明文件，并持贷款结清凭证到原抵押登记部门办理抵押登记注销手续。

由于商业银行良好的形象在我国居民的印象中根深蒂固，因此商业银行提供的汽车消费贷款在当下仍然是最为普遍的一种车贷方式。目前绝大多数商业银行如中国银行、中国工商银行、招商银行以及平安银行等提供汽车贷款业务。

(2) 信用卡分期购车业务。

信用卡分期购车业务，又称"分期购车"或"购车分期"，是指信用卡持卡人在购车时根据其持有的信用卡向发卡银行提出申请，由发卡银行先行垫付资金，之后持卡人按照约定逐期向持卡人偿还本金，并支付一定的手续费。由于信用卡分期购车业务具有便捷性、灵活性、零利率等特点，目前越来越被人们所接受，在汽车消费金融市场中，该业务的比重呈上升的趋势。

商业银行模式下的汽车消费金融业务，以中国银行为例，中国银行既开展了汽车消费贷款业务，同时也开展了信用卡的分期购车业务——"车贷通"，"车贷通"是中国银行根据申请人的资信状况，授予信用卡大额专用分期额度，以满足申请人购置爱车需求的一种新型的汽车贷款模式。

中国银行车贷通业务流程如下。

① 客户在与中国银行有合作的汽车经销商处挑选心仪的汽车。相中后要支付购车的首付款。

② 已开通中银车贷的客户提出中银车贷通申请，申请贷款金额与约定还款期限。

③ 银行根据客户的资信状况进行审核，若客户的资信状况良好则准予审批。

④ 客户办理车辆抵押手续并进行刷卡分期交易。

⑤ 客户提车并在之后按照约定逐期还款且支付一定的手续费。

中国银行信用卡分期购车"车贷通"无最小还款额，即最低还款额。每月需按照信用卡账单要求偿还欠款；且目前中国银行信用卡分期购车"车贷通"业务无车型限制，因此中国银行的车贷业务普遍受大众欢迎，在汽车消费贷款市场中占据着较高的市场份额。

案例2.2：商业银行主导的汽车消费金融

老王为了接送孩子上学，想购置一辆小汽车。经过与夫人的多次讨论与商定，最终相中了标价为20万元的"哈弗H8"式运动型多用途汽车。他去几家商业银行咨询了有关汽车消费信贷的情况。由于老王是中国银行的老客户(且拥有最高等级的信用卡)，他最终选择了在中国银行办理车贷。

中国银行给老王提供两种汽车消费金融产品：一种是传统的汽车消费贷款，以等额本息方式还款，还款期限为4年，贷款月利率为0.5%；另一种是通过信用卡分期购车(老王资信状况良好，信用额度满足要求)，期限为48期(每月一期)，手续费每期为0.4%。两种产品的首付最低支付比例不得低于30%。

老王计划首付先支付全款的30%，即通过银行获取14万元的汽车贷款。这时，就应该好好计算一下各个消费金融产品所产生的费用了。

当使用汽车消费贷款方式购车时,老王向商业银行支付的费用实际是利息,等额本息还款法的公式如下。

$$R = \frac{Pi(1+i)^n}{(1+i)^n - 1} \tag{3.1}$$

公式 2.1 中,n 为还款期限(还款月数);R 为每月还本付息额;i 为贷款利率;P 为贷款本金。

将上述已知条件代入可得

$$每月还款额 = \frac{140\,000 \times 0.5\% \times (1+0.5\%)^{48}}{(1+0.5\%)^{48} - 1} \approx 3288 元$$

故老王采用分期付款方式的情况下,每月所支付的本息和约为 3288 元。

若老王采取信用卡分期购车方式,那么每月所需要偿还的本金为 $140\,000 \div 48 = 2916.667$ 元,每月需支付的手续费为 $140\,000 \times 0.4\% = 560$ 元。

因此,老王在信用卡分期购车方式下,每月需偿还的本息和为 3476.667 元。

可以看出,该案例中,汽车消费贷款方式所产生的费用小于信用卡分期购车方式所产生的费用。老王若出于经济考虑会选择汽车消费贷款方式购车,但是这种方式需要借款人做出担保,且申请、审批程序既缓慢又复杂。若老王想尽快拿到贷款提车,则可以选择信用卡分期付款的方式购车,但代价是要支付更高的费用。

2) 经销商主导模式(又称间客式汽车消费贷款)

这种模式是购车人"先买车,后贷款",由汽车经销商向购车人提供全程担保,并负责对购车人进行资信调查、帮助其向银行申请贷款、代银行收缴车款本息。购车人不需和银行进行接触,而是由经销商作为中介办理各项事宜,间接和银行发生借贷关系,故又称"间客式"。

该模式的特点是:由经销商负责为购车者办理贷款手续,经销商以自身资金为客户承担连带保证责任,并代银行收取贷款本息。在这种模式下,购车者实际上享受到了经销商的代办汽车消费贷款的服务,大大减少了贷款审批的时间,提高了效率。由于汽车经销商在这个过程中承担了风险并付出了一定的人力物力,所以经销商要收取一定的管理费,一般是贷款金额的 2%~4%左右。在这一模式中,经销商成为主体,它与银行和保险公司达成了协议,负责汽车消费金融有关的一切事务,客户只需要跟经销商打交道。此时,风险由汽车经销商和保险公司共同承担。

在这种模式下,汽车经销商、商业银行、购车人之间的关系如图 2.12 所示。

目前,这种以经销商为主体的间接模式又有了新的发展,原来购车客户必须购买与经销商有合作的保险公司的保证保险,现在随着经销商经济实力的增强,客户无须再向保险公司购买保险,经销商独自承担全部风险。北京亚飞汽车连锁总店就是一个典型的例子。

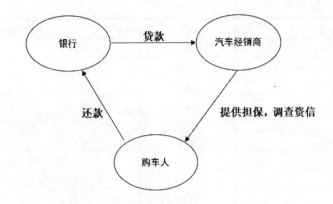

图 2.12　经销商主导模式下三者之间的关系

案例 2.3：经销商主导的汽车消费金融

李先生是一个私企的总经理，收入可观。但由于单位事务繁忙，每天都要加班。为了能在家多休息，不再挤一个小时多的地铁，李先生打算购置一辆代步汽车。他好不容易抽出时间去北京亚飞汽车连锁总店看了看，相中了标价为 30 万元的沃尔沃 S60L 款式的汽车。经销商向他推荐了代办汽车消费贷款的服务，李先生想自己实在没有时间往银行跑，也想尽快拿到车，最终选择了经销商提供的服务。李先生首付支付了全价款的 40%，申请还款期限为 3 年，贷款月利率为 0.5%，选择等额本息还款方式。而申请汽车消费贷款的一系列的流程由经销商负责，但经销商额外收取贷款金额 2%的手续费。

那么，李先生每月偿还贷款的还本付息额为：

$$\frac{180\,000 \times 0.5\% \times (1+0.5\%)^{36}}{(1+0.5\%)^{36}-1} \approx 5476\text{元}$$

此外，还需要一次性支付给经销商的手续费为 180 000 × 2%=3600 元。

可以看出，在经销商模式下，购车者得到了极大的方便，不用亲自去银行办理业务，不需要耗费太多的时间和精力。不过这种简便的成本是经销商收取的手续费。该种汽车消费金融方式适合收入水平较高但平时工作很忙的消费群体。

3) 汽车金融公司主导模式

自我国出台《汽车金融公司管理办法》及《汽车金融公司管理办法实施细则》之后，各个国际汽车公司纷纷在国内设立或筹备设立汽车金融公司，争夺汽车信贷市场份额。目前，中国银监会审批设立的专业合资汽车金融公司有上汽通用汽车金融公司、大众汽车中国金融服务公司、丰田汽车消费金融中国有限公司、福特汽车消费金融有限责任公司等。目前我国的汽车金融公司如表 2.5 所示。

表 2.5　我国主要的汽车金融公司

企　业	成立时间	股权属性
上汽通用汽车金融	2004	中外合资
大众汽车金融(中国)	2004	外商独资
丰田汽车金融(中国)	2005	外商独资

续表

企　　业	成立时间	股权属性
福特汽车金融(中国)	2005	外商独资
东风标致雪铁龙汽车金融	2006	中外合资
沃尔沃汽车金融(中国)	2006	外商独资
东风日产汽车金融	2007	中外合资
奇瑞徽银汽车金融	2009	奇瑞汽车+徽商银行
宝马汽车金融(中国)	2010	外商独资
三一汽车金融	2010	三一集团+湖南省信托+华菱钢铁
广汽汇理汽车金融	2010	广汽集团+东方汇理
一汽汽车金融	2011	一汽财务+吉林银行
北京现代汽车金融	2012	中外合资
瑞福德汽车金融	2013	江淮汽车+桑坦德消费金融

汽车金融公司提供的是类似于银行按揭贷款的消费信贷，主要针对最终用户(购车人)，其实质也是分期付款，客户要支付汽车价款的 20%～30%作为首付。但与银行不同的是，汽车金融公司提供的是一种"一站式"的金融服务，即购车者可以在 4S 店一次性完成"购车""按揭""投保"等手续。还款期限最长为 5 年，办完全部手续只需要 2～3天，在便利度上与商业银行所提供的汽车消费贷款相比有极大的提高。另外，汽车企业进入汽车消费金融市场后，就可以从购车款到修车、保养一条龙、全系列地向消费者提供服务，汽车企业有了优惠放贷的经营权后，不仅可以从汽车本身的价格上来向消费者让利，还可以在利率、还贷期等方面给消费者更多的优惠，从而使汽车产品在中国的全寿命周期的费用有一个总的降低。

汽车金融公司所提供的汽车消费金融业务的流程如图 2.13 所示。

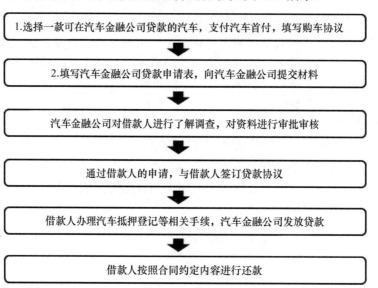

图 2.13　汽车金融公司的贷款流程

案例 2.4：汽车金融公司主导的汽车消费金融

赵先生是一家民营企业的老板，出于工作需要欲购置一辆奥迪 A6 型号的汽车，价格为 60 万元。正巧赵先生的好朋友孙先生在大众汽车金融公司工作(奥迪是大众的旗下品牌之一)。孙先生知道赵先生的购车需求后积极地向赵先生推荐公司的汽车消费金融业务，赵先生听了之后感到比较满意，同意向汽车金融公司借款购车。赵先生首付了价款的 50%，以等额本息的方式还款，车贷的月利率是 1‰，约定还款期限是 3 年。

那么，赵先生每月需要偿还的本息和为：

$$\frac{300\,000 \times 0.1\% \times (1+0.1\%)^{36}}{(1+0.1\%)^{36}-1} \approx 9965 元$$

汽车金融公司的相继成立运营使生产商可以获得更多优势。《汽车金融公司管理办法》明确规定，主要出资人须为汽车企业、非银行金融机构，这就为有实力的汽车企业进入汽车信贷领域铺平了道路。而且，汽车企业在金融业务上的可操作范围放宽，使其能更方便地向经销服务商提供资金支持。但是，由于汽车金融公司的资本金有限，融资渠道较为狭窄，其融资能力及资金量无法和商业银行相提并论，故资金问题成为制约其业务发展的主要因素。所以汽车金融公司给出的贷款利率普遍偏高。

4) 异军突起——互联网汽车金融平台

随着互联网应用技术的迅速发展，近年来国内掀起了一波"互联网+"的巨浪。2013 年被称为我国的互联网金融元年，在这一年，互联网金融得到了"井喷式"的发展。传统的金融机构面对这波浪潮纷纷入网，开始了线上加线下的新模式，这个大浪潮也催生出了许多前所未有的互联网金融平台，P2P、众筹、第三方支付等新的金融模式大批量地涌现出来。当然，也不乏从事汽车金融的平台。

目前，从事汽车消费金融的新型互联网金融平台主要以 O2O 模式为主，如第一车贷、易鑫车贷、车果网等。

O2O(Online to Offline)，又称离线商务模式，是指线上营销、线上购买或预订(预约)带动线下经营和线下消费。O2O 通过打折、提供信息、服务预订等方式，把线下商店的消息推送给互联网用户，从而将他们转换为自己的线下客户。这种模式有三个特点：交易是在线上进行的、消费服务是在线下进行、营销效果是可监测的。O2O 目前已经渗透到了各行各业，如餐饮(饿了么)、家政(阿姨帮)、医疗(春雨医生)、教育(爱学习)等。

O2O 的优势在于把网上和网下的优势完美结合，把互联网与实体完美对接，实现互联网落地。让消费者在享受线上优惠价格的同时，又可享受线下贴身的服务。同时，O2O 模式还可实现不同商家的联盟。

将购车消费与 O2O 相结合，是一个有智慧的创新。该种模式利用了 O2O 的特点，给予用户特殊的体验。以易鑫车贷为例，该公司的网页界面既简洁又美观，客户操作起来十分简单，如图 2.14 所示。

车贷 O2O 模式的业务流程普遍一致。以易鑫车贷为例，该公司的业务流程如图 2.15 所示。

(1) 提交汽车贷款需求。购车者在易鑫车贷官网上填写欲购买的车辆、贷款金额、期限以及自己的有关信息等。

消费金融与供应链金融

图 2.14　易鑫车贷网页界面

贷款流程

图 2.15　易鑫车贷贷款流程

(2) 电话沟通汽车贷款需求。易鑫车贷会根据客户提供的手机号码与客户进行电话沟通，确定客户本人以及了解客户的基本情况与汽车贷款需求。

(3) 资金经理线下服务。在电话拜访后，易鑫车贷会为客户匹配一个资金经理，为客户提供私人化、个性化的服务。资金经理在了解客户的具体情况后可能会进行实地拜访并收集客户的资料。根据所购车辆的价格的不同，要求购车者提供的资料也不同。10 万元以下的有快速审批快速通道；10 万～30 万元区间搜集资料会更多一些，要了解真实的居住地、基本生活情况等；30 万元以上的豪华品牌如超跑可能采取一定的家访，同时需要补充一些资料，如身份证、相关银行流水、银行征信等。

(4) 等待贷款发放。在资金经理实地拜访后，客户等待易鑫车贷公司的贷款审批。一般情况下只需要一天就可以得到结果。

(5) 线下提车。如果易鑫车贷公司审批成功，就会在不久后发放贷款给客户，客户便可以在线下指定的 4S 店提车。

(6) 购车人根据约定履行还本付息的义务直至贷款清偿完毕。

与传统金融机构相比，通过互联网汽车金融平台申请车贷更加便捷，且准入门槛较低。消费者可以线上填写信息，上传资料，在足不出户的情况下办理汽车贷款业务；只需要征信审核通过，无须第三方担保和抵押。获批后放款速度快，普遍在一两天内能到账。另外由于互联网汽车金融平台一般放款至消费者个人账户，因此对申请车型没有限制。但是车贷利率与商业银行、汽车金融公司来说相对较高。

这种新型的互联网汽车金融平台目前处于起步阶段。我国的车贷平台屈指可数，大多数购车者还是会倾向于向商业银行借款。但是该业态的出现已经使汽车消费金融市场焕然一新。相信在未来，这种新颖的车贷模式会有很大的发展前景。

2.3 住房消费金融

2.3.1 住房消费金融概述

1. 住房消费金融的内涵

住房消费金融(housing consumption finance)，又称住房消费贷款，是指商业银行或其他金融机构向个人提供的用于购买、建造、改造以及维修住房用途并分期贷款。金融机构在此过程中收取一定的费用作为业务收入，一般是收取一定的利息。住房消费金融是消费金融的重要组成部分之一。

住房消费金融是相伴于房地产经济而生的。它起源于美国，距今已经有将近 200 年的历史了。1831 年，在美国宾夕法尼亚州的兰克福德小镇里，一个点灯人获得了第一笔住房抵押贷款，掀开了美国乃至世界住房金融历史的第一页。随后住房消费金融在西方国家逐渐开始流行。西方国家的住房消费金融起步较早且发展水平较高。尤其在第二次世界大战之后，西方发达国家进入了和平发展时期，战后的经济社会重建以及国民收入的迅速增长强有力地推动了房地产行业以及金融行业的发展，住房消费金融也在此期间得到了高速的发展。而我国则起步较晚，直到 1988 年的住房体制改革以后，住房消费金融才经历了一个从无到有、从小到大的过程。现在它已经成为我国商业银行的主营业务之一。根据零壹财经和 PINTEC 最新发布的《消费金融技术驱动报告》的数据，2015 年，我国个人住房消费贷款余额高达 141 800 亿元，占我国总体个人消费信贷业务的 74.8%。住房消费金融对商业银行的重要性可见一斑。

2. 住房消费金融的分类

从不同的角度出发，可将住房消费金融进行如下分类。

按照资金来源划分，包括商业银行住房按揭贷款、住房公积金贷款以及两者相结合的住房组合贷款。

按照资金的用途划分，可分为购房贷款、住房装修贷款以及农村自建房贷款。购房贷款，是指商业银行或其他金融机构提供给个人用于购买住房的贷款。住房装修贷款，是指商业银行或其他金融机构提供给个人用于装修房屋用途的贷款。农村自建房贷款，是指金融机构(主要指农村信用社)向农村居民提供的用于建造、改造房屋的贷款。

按照住房交易形态划分，住房消费金融可分为新建房个人住房贷款、个人再交易住房贷款和个人住房转让贷款。新建房个人住房贷款，俗称个人新房贷款，是指银行向符合条件的个人发放的、用于在一级市场上购买住房的贷款。个人再交易住房贷款，俗称个人二手房住房贷款，是指银行向个人发放的、用于购买在住房二级市场上合法交易的各类型个人住房的贷款。个人住房转让贷款，是指当尚未结清个人住房贷款的客户出售用该贷款购买的住房时，银行用信贷资金向购买该住房的个人发放的个人住房贷款。

按照贷款利率的确定方式划分，又可分为固定利率住房消费贷款和浮动利率住房消费贷款。

另外，根据偿还贷款的方式划分，住房消费金融主要有四种还款方式，即等额本息还款法、等额本金还款法、等比例还款法以及比例还本法四种。其中前两种是我国目前主要的计算还款的方法。

3. 住房消费金融的经营模式

1) 国外的住房消费金融的经营模式

西方国家住房消费金融的发展水平较高，随着全球房地产行业的迅速发展，逐渐演变出三种典型的经营模式，即美国模式(资本市场型)、德国模式(互助型)以及新加坡模式(强制储蓄型)。这三种住房消费金融的模式各有特色。下面对三个经营模式进行详细的介绍。

(1) 以美国为代表的资本市场型的住房消费金融模式。

该模式是一种发展水平较高的住房消费金融模式。以美国为例，美国将房地产与资本市场紧密衔接，使住房抵押贷款得以证券化。把一级市场、二级市场以及抵押贷款保险担保市场者相结合，实现了在以土地所有权或使用权以及房屋所有权作为还本付息保证的基础上，利用资本市场筹集和运用住房金融资金来支持住房消费。这种模式下融资迅速且非常灵活，能在较短的期间内筹集到大量的资金，风险也可以通过资本市场实现分散化。目前许多发达的西方国家均采用这种模式。

(2) 以德国为代表的互助型的住房消费金融模式。

该模式一般包含住房储蓄银行和住房合作社两种形式。其中，住房储蓄银行是指为集体自助而建立的一个封闭、合同制的储蓄体系，旨在通过共同储蓄来帮助存款人筹措资金获取住房；住房合作社则是一种互相帮助、共同建房的非营利性团体，属于集体合作性质。两者具体形式虽有所差异，但运行机制基本一致，由潜在购房者与指定机构(通常为住房合作社)签订资金存贷合同，约定定期到指定机构储蓄，当储蓄额达到一定时间和数额后，便自动取得从该指定机构获得与储蓄利率和数额相挂钩的住房抵押权利。具有"互帮互助""存贷结合(存贷款的数额挂钩、利率挂钩)"以及"封闭运行(与资本市场脱钩)"的特征。该模式相对稳定，受资本市场波动的影响较小。

(3) 以新加坡为代表的强制储蓄型的住房消费金融模式。

该模式是一种政府为维护居民基本的住房需要而通过强制储蓄手段筹集住房消费资金的制度安排。其基本原理为政府凭借国家权威和信用，通过法律、行政法规等强制性手段，要求雇主和雇员将员工收入的一定比例定期交存指定机构，该机构负责该项资金的经营管理，而雇员则在发生与住房有关的支出时，可以以优惠贷款的方式获得资金支持。其基本特征是资金稳定性强、存款期限长、筹资数额大、融资成本低、利率与市场挂钩或固定。

三种西方国家的住房消费金融模式的特点如表 2.6 所示。

表 2.6　三种典型的西方住房消费金融模式比较

	资本市场模式	互助模式	强制储蓄模式
定义	通过资本市场融资	通过契约融资	政府用强制手段融资
代表国家	美国、加拿大、丹麦	德国、英国、日本	新加坡、巴西
贷款机构	住房按揭贷款公司	住房合作社、信用合作社	中央公积金局，就业保障基金会
资金来源	资本市场	股份收入、储蓄	工资收入
特征	通过资本市场平衡存贷	存短、贷长	通过强制手段达到存贷平衡
利率	市场化	低进低出，相对固定	与市场利率挂钩或固定
政府作用	较弱	较强	强
运作特征	开放式	封闭式	封闭为主，开放为辅
市场作用	强	弱	较强
发展趋势	利用资本市场	多样化	打破封闭运行

2) 我国的住房消费金融的经营模式

我国住房消费金融起步较晚，但是发展速度快，势头良好。我国住房消费金融市场的发展历程如表 2.7 所示。

表 2.7　我国住房消费金融市场发展历程

阶段	时期	具体特征
业务启动阶段	1988—1993 年	初步确立了住房金融业务经营管理体制，明确了住房金融服务住房制度改革的经营方向。根据《关于在全国城镇分期分批推行住房制度改革的实施方案》的精神，建立与现阶段房改与房地产市场相适应的住房金融经营管理体制，即政策性业务实行"三自两单"，自营性业务充分发挥金融机构积极性，支持房改和住房建设
初步发展阶段	1994—1997 年	以 1994 年下发《建立住房公积金制度的暂行规定》为标志，在全国范围内建立住房公积金制度；同时，由中国人民银行牵头，会同有关部门对政策性和自营性住房信贷业务进行了区分界定，并于 1997 年颁布了《个人住房担保贷款管理试行办法》，为住房消费信贷发展提供了政策依据
不断完善阶段	1998 年至今	以 1998 年《关于进一步深化城镇住房制度改革加快住房建设的通知》的下发为标志，房地产金融体系建设开始启动。之后，《个人住房抵押贷款管理办法》《住房置业担保管理试行办法》《住房公积金管理条例》等文件的印发，不断推动、促进我国住房消费金融业务的规范发展

自 1988 年启动住房体制改革以来，随着国内经济以及金融市场的迅速发展，住房消费及供应结构的巨大变革使得为提高居民购房支付能力的个人住房消费信贷得以出现，并随着住宅及房地产市场的形成和快速发展而不断壮大，逐步形成了当前"以住房按揭贷款为主，住房公积金为辅"的商业性与政策性相结合的住房消费金融模式。目前，住房消费金融的经营主体主要是商业银行，银行体系成为我国住房消费金融的资金和服务的主要提供者。

我国住房公积金制度是借鉴了新加坡的经验，由国家动用法律手段、经济手段和行政手段，对住房基金进行强制性储蓄，并由政府集中支配，定向用于住宅建设和住宅融资的管理制度，这一制度已成为我国住宅金融体系的重要基础。住房公积金的管理实行住房公积金管理委员会决策、住房公积金管理中心运作、银行专户存储、财政监督的原则。住房公积金成为我国住房消费金融市场的又一资金来源，起着补充性的作用。

2.3.2　住房按揭贷款

1. 住房消费金融的内涵

按揭，指以房地产等实物资产或有价证券、契约等作抵押，获得银行贷款并依合同分期付清本息，贷款还清后银行归还抵押物。"按揭"一词是英文 Mortgage 的音译，最初起源于西方国家，本义属于英美平衡法体系中的一种法律关系，后于 20 世纪 90 年代从香港引入内地房地产市场，先由深圳建设银行在当地试行，之后逐渐在内地流行起来。

住房按揭贷款(home mortgage loan)，是指由商业银行或其他机构发放的，购房者以所购住房做抵押并由其所购买住房的房地产企业提供阶段性担保的个人住房贷款。

二手房按揭贷款(second-hand house mortgage loan)，是指个人在购买售房人具有房屋产权证、能在市场上流通交易的住房或商业用房时，自己支付一定比例的首付款，其余部分以要购买的房产作为抵押，向合作机构申请的贷款。这种按揭贷款模式下房屋的所有者是个人而不是房地产企业。

另外，我们会经常听到与住房按揭贷款相似的一个词，即住房抵押贷款。住房抵押贷款，是指借款人基于银行认可的明确用途的资金需求，将名下或征得第三方同意将第三方名下房产抵押给银行获得贷款资金。

但值得注意的是，住房按揭贷款与住房抵押贷款是有区别的，两者并不是一个概念(在香港回归之前两者的概念是相等的)。二者的区别体现在以下几个方面。

(1) 两者的法律关系主体不同。

从两者的定义可以看出。在住房抵押贷款中，若债务人即抵押人，则只有两个法律关系主体即抵押权人和抵押人。而在住房按揭贷款中，最少应有三个法律关系主体，即按揭人(银行)、按揭人(买方)、第三人(原房屋所有人)。

(2) 两者的贷款性质不同。

虽然两者都存在着抵押的行为，但是，在住房按揭贷款下，借款人虽然已经拥有了对住房的使用权，但是未具有住房完整的所有权，房屋并未完全属于产权人，等到贷款全部还完后购房者才拥有房屋的所有权；而在住房抵押贷款下，借款人在借款前就拥有该房屋的使用权和所有权,只是为获得贷款将房屋产权进行抵押。

(3) 两者的资金用途不同。

住房按揭贷款建立在房产交易的基础上,贷款用途用于支付买房人的购房款,因而在提供资料时需提供卖家的相关资料及签署相关文件。而房产抵押贷款并是不建立在房产交易的基础上,贷款用途可以是生产经营装修消费等,但按银监会规定贷款不能用于购房及有价证券的投资。

(4) 贷款年限及利率不同。

住房按揭贷款的贷款期限最长可达 30 年,而房产抵押贷款的贷款期限最长为 10 年;利率方面,住房按揭贷款利率可以打折,也可以上浮,或按照基准利率执行,而房产抵押贷款时一般都在基准利率基础上上浮。

(5) 两者的贷款手续不同。

申请住房按揭贷款时借款人需要提供首付款证明、购房合同等材料,而办理房产抵押贷款时借款人需要提供房产证、国有土地证、贷款用途等材料。

(6) 两者受到的政策限制不同。

住房按揭贷款受楼市限贷限购政策的影响,而房产抵押贷款只受银行贷款政策的影响。

2. 住房按揭贷款的特点

一般认为,住房按揭贷款具有如下几个特点。

(1) 贷款金额大。

住房的价格较为高昂,故其相应的消费金融服务所涉及的金额相对较大,就我国而言,贷款金额少则数十万元,多则达上百万元,甚至数千万元。一般地,以数十万元居多。

(2) 还款期限长。

住房按揭贷款业务中所涉及的贷款金额较大,而借款人普遍短期还款能力有限,故还款期限一般较长,大多为十几年、二十几年,最长期限可达 30 年。就我国而言,贷款购房者普遍选择 10~20 年作为还款期限。所选择的还款期限越长,意味着要支付的贷款总利息就越高;选择的还款期限越短,那么每期的还款额就越高。因此,贷款购房者应该合理衡量自身目前以及未来的收入状况,选择适当的还款期限。

(3) 以抵押为前提建立的借贷关系。

金融机构开展住房按揭贷款业务时,贷出的金额较大,基于风险管理的角度考虑,会将抵押作为建立借贷关系的前提。一般会以借款人所购买的住房或者已有的住房作为抵押。这就是平常所说的"房屋按揭"。当借款人实在无力偿还本息时,贷款机构可处置变卖借款人所抵押的房屋,其收入归贷款机构所有。

3. 住房按揭贷款的分类

住房按揭贷款根据贷款人的不同,分为商业银行住房按揭贷款以及住房公积金贷款两种。

4. 住房按揭贷款的作用

住房按揭贷款具有以下几个方面的作用。

(1) 住房按揭贷款能够提前甚至超前实现对住房的消费需求，从而在实际上增加了一定时期对住房的购买力，有利于提高居民的生活水平。由于房产的价格昂贵，如果单凭居民的储蓄积累来购买房产，很多人需要几年、十几年甚至更长的时间。换句话说，对很多人来说购买房产是很多年以后的事情。但是住房按揭贷款的产生提供了新的可能。住房按揭贷款使购房者可以用自有资金首付部分房款，其余房款通过贷款解决。这样就使许多购房者能够大幅度地提前购买房产，提前甚至超前实现对住房的消费需求。在市场经济中，现实消费需求是以实际购买能力为条件的。如果没有住房按揭贷款，许多住房的消费需求在现阶段就没有实现的条件。显然，住房按揭贷款实际上增加了一定时期的住房消费购买能力，使一些房产的提前购买成为可能。这一方面有助于加快改善人们的居住条件，另一方面，又使一定时期的社会消费购买能力出现巨大的增长。

(2) 住房按揭贷款能够促进一定时期房产和与房产相关的商品销售，从而对经济增长具有极大的促进作用。在市场经济中，销售是商品价值得以实现，从而使资本增值得以实现的重要环节。它决定着市场经营主体是扩大还是缩小生产经营规模，决定着市场经营主体能否持续经营。因此，"以销定产"是市场经济的普遍规律。但商品特别是消费资料能否销售出去，从根本上说取决于全社会的消费购买能力。在住房消费贷款之外的普通消费信贷也有促销作用，但其促销作用比较小。因为普通消费信贷的数额一般不大，而且平均期限很短，其主要功能是方便消费。因此，普通消费信贷对于一定时期全社会消费购买能力的实际影响不大。但房贷与普通消费信贷不同。由于房贷能使一定时期的社会房产消费购买能力出现巨大增长，相应地又会带动与房产相关的商品的销售，因此，房贷能够切实地增加一定时期社会商品的销售总额，从而也就切实地对经济的增长具有极大的促进作用。

(3) 住房按揭贷款大大增加了商业银行的业务收入，创造了可观的利润，而它对银行信用的扩大会产生超过房贷自身规模的作用。首先，住房按揭贷款具有贷款金额大、还款期限长、以抵押为前提的特点。这些特点使得该业务能为商业银行带来未来稳定的现金流以及可观的利息收入。即使借款人出现无法偿还的情况时，也可以用所抵押的房屋弥补损失。其次，从银行的角度讲，住房按揭贷款本质上是一种消费信贷，本身就是银行信用的组成部分。因此，房贷规模的扩大肯定会使银行信用的规模扩大。不仅如此，住房按揭贷款规模的扩大还会引起生产经营性信贷规模的扩大。这并不奇怪，如上所述，住房按揭贷款能够在实际上增加一定时期的社会消费购买能力，从而能够增加一定时期房产和与房产相关的商品销售，这也就必然会促进房地产及相关行业的增长。与这种增长相伴随的是对用于房地产等行业的生产经营性信贷的需求增加。这样一来，由房贷扩大引起的银行信用扩大就会超出房贷自身扩大的规模。在房贷成为消费信贷的主要部分之前，消费信贷是银行信用中不被重视的部分。在房贷成为消费信贷的主要部分之后，对消费信贷的作用需要重新认识。需要注意的是，一种银行信用的扩大会引起另一种银行信用的扩大，这里隐含着发生失控的可能性。

同时，应该看到住房按揭贷款也存在着一定的不利影响，主要体现为以下几个方面。

(1) 住房按揭贷款在一定程度上降低了购房者对于其他商品的消费水平，同时增加了购房者还款的精神压力和心理压力。相对于我国的居民收入水平而言，我国的住房价格过高，因此住房消费贷款对于借款人来说是一笔巨额债务，虽然采用了分期付款的形式，但是每一期所需要支付的本金以及利息也是较大的。由于还款时间较长，综合算来所需要支付的利息也是极大的。在我国的实际经济生活中，通过住房按揭贷款方式购房所产生的利息总和普遍大于购房者支付的首付款，这对于购房者而言会产生一定的心理压力。另外，我国固定收入者占绝大多数，而且收入增长的速度较慢。每一期(每一月)所需偿还的住房消费贷款本息挤占了借款人的消费支出，在一定程度上降低了借款人的消费水平。

(2) 住房按揭贷款所提供的杠杆化的交易方式为炒房者提供了契机，这大大增加了房地产市场的不稳定性，疯狂的炒房行为激发了楼市泡沫，不利于房地产市场价格的理性回归。

(3) 住房按揭贷款以经济和社会的稳定发展为条件，同时会对经济和社会的和谐稳定产生重大的影响。住房消费贷款的还款期相当长，每次还款的数额大致相同。显然这是以经济社会长期稳定发展为前提条件的。经济发展的波动和社会环境的不稳定都会极大地提高贷款购房者不能按期还贷的几率。由于住房是人们最基本的生活条件，住房的不稳定会对经济和社会发展带来很大的负面影响。由于房贷对银行的风险较小而对贷款购房者的风险较大，会使购房者比较容易从银行得到贷款。但与此相对应的是，一旦贷款购房者无力按时还贷，住房就要归银行，他们就会因此而失去住房。这无论对个人还是对家庭都是难以承受的结果，会严重影响经济的发展和社会的稳定。我国社会主义经济制度的性质和宗旨更需要特别防止这种情况的出现。

资料

当代汉语新词汇——"房奴"

房奴(mortgage slave)一词是教育部 2007 年 8 月公布的 171 个汉语新词之一。"房奴"意思为房屋的奴隶。"房奴"是指城镇居民抵押贷款购房，在生命黄金时期中的 20~30 年，每年用占可支配收入的 40%~50%甚至更高的比例偿还贷款本息，从而造成居民家庭生活的长期压力，影响正常消费。购房影响到自己的教育支出、医药费支出和扶养老人等，使得家庭生活质量下降，甚至让人感到奴役般的压抑。

现如今"房奴"这个名词已经越来越成为我们社会所共同关注的热点。此类家庭因为负债率较高，已经影响了家庭生活的正常品质。按照国际通行的看法，月收入的 1/3 是房贷按揭的一条警戒线，越过此警戒线，将出现较大的还贷风险，并可能影响生活质量。对很多人来说，购房已不是个人行为，甚至是一个家庭、一个家族在供房。有人用"六一模式"概括全家供房的情景：六个人——青年夫妻、男方父母、女方父母用多年的积蓄共同出资，在城市里买一套房。

很多国家将整套房屋总价与家庭年可支配收入的比例作为度量住宅市场的重要指标。但是目前我国大中城市房价收入比大多已超过了 6 倍，其中北京、南京、青岛等城市的比率超过了 10 倍，房价显然偏高。房价上涨导致生活满意度下降的群体不仅是低收入者，

而且波及到了中等收入人群。

房价像坐上云霄飞车一样飙升，一涨再涨。"房奴"——一个闪现着智慧光芒、也透着辛酸的新词汇开始在坊间流传。据某房地产网的一项最新调查，我国32.18%的人月供占到了收入的50%以上，成为名副其实的"房奴"。他们在享受有房一族的心理安慰的同时，也承受着"一天不工作，就会被世界抛弃"的精神重压，生活质量大为下降。很多按揭买房的人自称为"蜗牛"一族，不敢轻易换工作，不敢娱乐、旅游，害怕银行涨息，担心生病、失业，更没时间好好享受生活。他们常常戏称自己正在坚定地叩响"忧郁症"的大门，甚至一只脚已经迈了进去。

从本世纪初开始到2003年前后，我国迎来第一波房贷高潮。有媒体说"首代房奴"即将"翻身得解放"。实际上所谓的"首代房奴"应该被称为"第一代贷款购房人"，他们中的绝大多数早已经提前还完款，也享受到了资产爆炸式增长带来的财富，他们只能被称为"最幸福的房奴"，以70后为主。真正的"房奴"多数集中在80后，90后则是最为"潇洒"的一代房奴。从这三代"房奴"的买房故事中，不仅能一窥房子带给中国社会三代人的巨大影响，更能看到一路前行的中国房地产业发展中的一轮轮博弈。

从上世纪末，国家大面积实行住房货币化政策，同时银行开始对居民住房贷款"开闸"办理。从本世纪初开始到2003年前后，我国才迎来第一波房贷高潮。当时的住房贷款期限基本以10~15年居多，如今10年过去，很多首批房贷族也将进入无债一身轻的状态。

与城里人不同的是，农村的"房奴"既不会贷款也无法按揭，而是将四季的劳作都牢牢地绑定在房子上。外出打工挣钱，然后回农村盖房子，这成为许许多多的农村"房奴"一生的生活轨迹和奋斗目标。

(资料来源：百度百科词条——房奴)

2.3.3 商业银行住房按揭贷款

1. 商业银行住房按揭贷款的内涵

商业银行住房按揭贷款，是指由商业银行发放的、购房者以所购住房做抵押并由其所购买住房的房地产企业提供阶段性担保的个人住房贷款业务。

商业银行二手房按揭贷款，是指个人在购买售房人具有房屋产权证、能在市场上流通交易的住房或商业用房时，自己支付一定比例的首付款，其余部分以要购买的房产作为抵押，向商业银行申请的贷款。这里主要是指由商业银行发放的住房按揭贷款和二手房按揭贷款，强调贷款人的主体是商业银行。

2. 商业银行住房按揭贷款的具体内容

1) 商业银行住房按揭贷款的申请条件

申请商业银行住房按揭贷款需具备以下条件：

(1) 具有城镇常住户口或有效居留身份；

(2) 具有稳定的职业和收入，信用良好，同时具有按期归还贷款本息的能力；

(3) 具有所购住房全部价款 20%以上的自筹资金,并保证用于支付所购住房的首付款;

(4) 具有银行认可的资产作为抵押或质押,或有足够代偿能力的单位或个人作为偿还贷款本息并承担连带责任的保证人;

(5) 具有购房合同或协议,所购住房价格基本符合银行或银行委托的房地产估价机构的评估价值;

(6) 银行规定的其他条件。

2) 商业银行住房按揭贷款当事人所需提供的资料

表 2.8 给出了商业银行住房按揭贷款当事人所需提供的资料。

3) 商业银行住房按揭贷款的贷款额度

银行发放的个人住房按揭贷款数额不高于房地产评估机构评估的拟购买住房的价值或实际购房费用总额的 80%(以二者低者为准)。

4) 商业银行住房按揭贷款的贷款期限及利率

贷款期限最长不超过 30 年。通常,贷款最终到期日借款人年龄不超过 65 周岁,如有共同借款人的,可以年龄较小者为基准计算贷款期限。利率方面,中国人民银行规定,最低按相应档次基准利率 0.9 倍的下浮利率执行,可以在规定的区间内上浮和下调。2016 年央行确定的房贷基准利率如表 2.9 所示。

表 2.8 商业银行住房按揭贷款当事人所需提供的资料

购房人应提供的资料	房主应提供的资料	
①夫妻双方身份证、户口本,外地人需暂住证和户口本 ②结婚证/离婚证或法院判决书/单身证明 2 份 ③收入证明(银行指定格式) ④所在单位的营业执照副本复印件(加盖公章) ⑤资信证明:包括学历证、其他房产、银行流水、大额存单等 ⑥如果借款人为企业法人的,还必须提供经年检的营业执照、税务登记证、组织机构代码证、企业章程、财务报表	原房主为企业时(主要是指房地产商)	①法人身份证 ②营业执照正副本 ③组织机构代码证 ④董事会出售决议 ⑤公司章程 ⑥授权委托书 ⑦受托人身份证 ⑧收款账户证明 (以上资料都需要加盖公章) ⑨房产证
	原房主为个人时(多指二手房交易)	①夫妻双方身份证、户口本、结婚证 ②房产证

表 2.9 房贷基准利率表(2016 年)

贷款期限	年利率/%
1 年以内(含 1 年)	4.35
1~5 年(含 5 年)	4.75
5 年以上	4.90

3. 商业银行住房按揭贷款的业务流程

1) 原房主为房地产开发商

原房主为房地产开发商时,住房按揭贷款的业务流程包括以下几个步骤。

(1) 房地产开发商向商业银行提出按揭合作的意向。

(2) 商业银行对房地产开发商的开发项目、建筑资质、资信等级、负责人品行、经营状况、财务情况进行调查,并与符合条件的开发商签订按揭贷款合作协议。

上述两点是办理住房按揭贷款业务的前提条件,只有房地产开发商与商业银行建立按揭合作关系时才能进行指定银行指定房屋的住房按揭贷款业务。

该种情况下住房按揭贷款的业务流程如图 2.16 所示。

(3) 购房人选择房产。购房人选择想要购买的房产,办理按揭贷款时,还应进一步确认开发商开发建设的房产是否已获得银行的支持,以保证银行按揭贷款流程的顺利。

(4) 办理按揭贷款申请。在确认自己选择的房产得到银行按揭支持后,购房者应向银行或银行指定的律师事务所了解银行关于购房者获得按揭贷款支持的规定,准备有关法律文件,填报《按揭贷款申请书》。

(5) 银行对购房者进行资格审查。银行受理购房者的贷款申请后,要从民事主体资格、资信状况、还款能力等方面对购房者进行资格审查,以确认是否符合规定条件。如果在未取得银行按揭支持确认的情况下,购房者盲目地与开发商签订购房合同,在不符合银行条件时,就无法获得按揭贷款,会造成资金上的被动,被迫选择其他付款方式,从而影响自己的资金安排,甚至放弃购房,造成定金的损失。

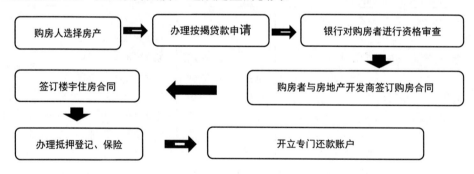

图 2.16 商业银行住房按揭贷款流程图(原房主为房地产开发商)

(6) 签订购房合同。银行收到购房者递交的按揭申请和有关法律文件,经审查确认购房者符合按揭贷款的条件后,发给购房者同意贷款通知或按揭贷款承诺书。购房者即可与开发商或其代理商签订《商品房预售、销售合同》。

(7) 签订住房按揭合同。购房者在签订购房合同并取得交纳房款的凭证后,持银行规定的有关法律文件与开发商和银行签订《楼宇按揭抵押贷款合同》,明确按揭贷款数额、年期、利率、还款方式及其他权利义务。

(8) 办理抵押登记、保险。购房者、开发商和银行持《楼宇按揭抵押贷款合同》及购房合同到房地产管理部门办理抵押登记备案手续。对期房,在竣工后应办理变更抵押登记。通常情况下,由于按揭贷款期间相对较长,银行为防范贷款风险,要求置业者申请人寿、财产保险。置业者购买保险,应列明银行为第一受益人,在贷款履行期内不得中断保险,保险金额不得少于抵押物的总价值。在贷款本息还清之前,保险单交由银行保管。

(9) 开立专门还款账户。置业者在签订《楼宇按揭抵押贷款合同》后,按合同约定,应在银行指定的金融机构开立专门还款账户,并签订授权书,授权该机构从该账户中支付银行与按揭贷款合同有关的贷款本息和欠款。银行在确认置业者符合按揭贷款条件、履行《楼宇按揭抵押贷款合同》约定义务并办理相关手续后,一次性将该贷款划入开发商在银行开设的银行监管账户,作为置业者的购房款。

2) 原房主是个人(即办理二手房按揭贷款)

当原房主是个人时,住房按揭贷款的业务流程如图2.17所示。

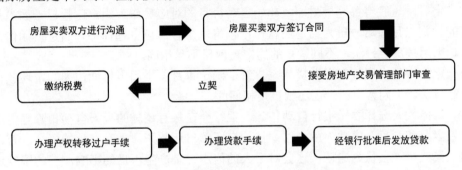

图 2.17　商业银行住房按揭贷款业务流程(原房主是个人)

(1) 房屋买卖双方进行沟通。买卖双方建立信息沟通渠道,买方了解房屋整体现状及产权状况,要求卖方提供合法的证件,包括房屋所有权证书、身份证件及其他证件。

(2) 房屋买卖双方签订合同。如果卖方提供的房屋合法,可以上市交易,买方可以交纳购房定金(交纳购房定金不是商品房买卖的必经程序),买卖双方签订房屋买卖合同(或称房屋买卖契约)。买卖双方通过协商,对房屋坐落位置、产权状况及成交价格、房屋交付时间、房屋交付、产权办理等达成一致意见后,双方签订至少一式三份的房屋买卖合同。

(3) 接受房地产交易管理部门审查。买卖双方共同向房地产交易管理部门提出申请,接受审查。买卖双方向房地产管理部门提出申请手续后,管理部门要查验有关证件,审查产权,对符合上市条件的房屋准予办理过户手续,对无产权或部分产权又未得到其他产权共有人书面同意的情况拒绝申请,禁止上市交易。

(4) 立契。房地产交易管理部门根据交易房屋的产权状况和购买对象,按交易部门事先设定的审批权限逐级申报审核批准后,交易双方才能办理立契手续(注:现在北京市已取消了交易过程中的房地产卖契,即大家所俗称的"白契"。)

(5) 缴纳税费。税费的构成比较复杂,要根据交易房屋的性质而定。例如,房改房、危改回迁房、经济适用房与其他商品房的税费构成是不一样的。

(6) 办理产权转移过户手续。交易双方在房地产交易管理部门办理完产权变更登记后,交易材料移送到发证部门,买方凭领取房屋所有权证通知单到发证部门申领新的产权证。

(7) 办理贷款手续。贷款的买受人与卖方签订完房屋买卖合同后,买卖双方共同到贷款银行办理贷款手续,银行审核买方的资信,对双方欲交易的房屋进行评估,以确定买方的贷款额度。

(8) 待双方完成产权登记变更、买方领取房屋所有权证后，银行将一次性把贷款发放到购房者名下的指定银行账户上。

3) 还款注意事项

(1) 借款人办理商业银行住房按揭贷款后，银行需要进行对借款人及其资料进行审核、对业务进行风险评估等一系列的工作，因此借款人获得贷款需要一定的时间，一般在一个月左右。

(2) 贷款的还款日期是由借款人和商业银行通过贷款合同进行约定的(也称"约定还款日")，通常有按户定日和统一定日两种方式。

按户定日，一般将每笔贷款期限起始日在每月的对应日作为约定还款日，如当月没有对应日的，则当月最后一日为约定还款日；也可以由客户自主选择每月固定日期作为约定还款日。采用按户定日法，不同客户的约定还款日不尽相同。

统一定日，是由银行对所有贷款账户统一确定每月一个固定日期作为约定还款日。采用统一定日法，不同客户的约定还款日是相同的。

(3) 若借款人选择委托银行自动扣款，银行会在每月还款的当天自动扣除当月应当偿还的贷款本金和利息。借款人应当保证在约定还款日还款账户上有充足的资金。否则商业银行扣款失败可能会认为逾期，这会对个人的信用记录产生不良的影响，有的银行还会收取滞纳金。滞纳金收取与否以及收取多少取决于借款人与商业银行的合同约定。

(4) 若借款人短期资金非常充裕，又想减轻未来的还款压力，可以向贷款银行申请提前还贷。但提前还贷需要满足下列条件。

① 借款人须在按月正常偿还贷款本息 6 个月后，方才可提出首次提前偿还部分贷款或全部贷款。

② 贷款机构为严肃贷款管理，对提前偿还部分贷款规定了最低限额，一般需 1 万元以上。

③ 借款人提前还贷一般需提前 10 天或 15 天告知贷款机构，并须持原借款合同、银行还贷储蓄卡、每月还资本金利息表、本人身份证等资料向贷款机构提出书面申请，并须经其审核同意。

④ 借款人在当月仍需要偿还原定的月贷款本息还款额，同时再将需要提前偿还的贷款金额存入银行储蓄卡内。

提前还贷主要包括两种形式：一种是提前偿还部分住房按揭贷款，另一种是提前偿还全部住房按揭贷款。其中前者又包括以下三种方式。

① 提前偿还部分贷款，剩余的贷款保持每月还款额不变，将还款期限缩短。
② 提前偿还部分贷款，剩余的贷款将每月还款额减少，保持还款期限不变。
③ 提前偿还部分贷款，剩余的贷款将每月还款额减少，同时将还款期限缩短。

在贷款时间相同的条件下，等额本息还款法所要支付的利息高于等额本金还款法。但是在提前还款的情况下，等额本金不一定合适，因为等额本金提前还款后月还款本金不变，造成月还款额下降，还款年限延长，利息反而升高，因此，如果打算提前还款，要根据提前还款额计算、对比哪种贷款方式更合适。

另外，借款人提前偿还商业银行住房抵押贷款实质上是一种违约行为，有的银行会在与借款人签合同时规定提前还贷要收取一定的违约金或者加收利息。

案例 2.5：商业银行住房按揭贷款案例

吴先生在一家事业单位工作，工作稳定，收入不错。今年，吴先生计划结婚，为了能有一个真正属于他们自己的家，他决定通过银行按揭贷款买下早已看中的一处房子。已知该套房子总价为 100 万元，吴先生欲支付 30 万元作为首付款，其余的用 A 银行的按揭贷款补足。已知 A 银行的房贷利率是 5%，还款期限为 15 年。

那么，吴先生若用等额本息还款法还款，他每月所需支付的本息和为：

$$R = \frac{700\,000 \times 5\% \times (1+5\%)^{180}}{(1+5\%)^{180} - 1} = 5535.56(元)$$

思考题：

吴先生成功地用按揭贷款方式买房，但是在 4 年后由于工作调动不得不在别处安家，故吴先生想要直接卖掉现在的房子并在别处买套新房，他的想法能实现吗？

2.3.4 住房公积金贷款

1. 住房公积金的内涵

住房公积金(housing fund)，是指国家机关、事业单位、国有企业、城镇集体企业以及其他性质的企业、社会团体及其在职职工缴存的用于住房用途的长期储备资金。它实际上是一种住房保障制度，是住房分配货币化的一种形式。

西方国家并没有住房公积金这一概念，住房公积金是中国特色社会主义的产物。住房公积金的发展与我国社会主义市场经济的发展相适应，它有利于提升职工住房支付能力，缓解我国职工的住房难题。住房公积金制度充分地证明了中国特色社会主义不可比拟的优越性。

理解住房公积金，需要注意以下几点。

(1) 只有城镇地区实行住房公积金制度，农村没有实行该制度。

(2) 只有在职的职工才享有住房公积金。无工作的城镇居民、离退休职工没有住房公积金。

(3) 住房公积金由两部分组成，一部分由职工所在单位缴存，另一部分由职工个人缴存，职工个人缴存部分由单位代扣后，连同单位缴存部分一并缴存到住房公积金个人账户内。

(4) 住房公积金缴存的长期性。住房公积金制度一经建立，职工在职期间必须不间断地按规定缴存，除职工离退休或发生《住房公积金管理条例》(以下简称《条例》)规定的其他情形外，不得中止和中断。这一规定体现了住房公积金的稳定性、统一性、规范性和强制性。

2. 住房公积金的特点

住房公积金具有以下几个特点。

(1) 普遍性。

只要是城镇在职职工，无论其工作单位性质如何、家庭收入高低、是否已有住房，都必须按照《条例》的规定缴存住房公积金。

(2) 专款专用。

住房公积金是职工按规定存储起来的专门用于住房消费支出的个人住房储金，不得用于其他用途。

(3) 强制性(政策性)。

单位不办理住房公积金缴存登记或者不为本单位职工设立住房公积金账户的，住房公积金管理中心有权责令其限期办理，逾期不办理的，可以按《条例》的有关条款进行处罚，并可申请人民法院强制执行。

(4) 福利性。

除职工自己缴存的住房公积金外，单位也要为职工交纳一定的金额。住房公积金贷款的利率低于商业性贷款；另外，住房公积金免交个人所得税，企业为职工缴纳的，可以在税前扣除。

(5) 返还性。

职工离休、退休，或完全丧失劳动能力并与单位终止劳动关系，户口迁出或出境定居等，缴存的住房公积金将返还职工个人。

3. 住房公积金的存取

1) 住房公积金的缴存

住房公积金的缴存范围如图 2.18 所示。

住房公积金的缴存范围
- 1．国家机关、事业单位
- 2．国有企业，城镇集体企业，城镇私营企业
- 3．外商投资企业，港澳台商投资企业及其他城镇企业或经济组织
- 4．民办非企业单位、社会团体
- 5．外国及港澳台商投资企业和其他经济组织常驻代表机构

图 2.18　住房公积金的缴存范围

除了上图所列入的范围之外，城镇个体工商户、自由职业人员也可以申请缴存住房公积金(但并不是每个社区城市的住房公积金管理中心都允许城镇个体工商户、自由职业人员交纳住房公积金，具体情况请咨询当地住房公积金管理机构)。

住房公积金逐月缴存，职工所在的单位会给职工开设住房公积金账户，每月在规定日期将职工工资的一定比例以及单位缴存的一部分一并放入公积金账户中。公积金缴存的基础等于职工的上一年度的月均工资，这一缴存基础也叫做住房公积金的工资基数。缴存的最低比例为工资基数的 5%，也可以根据实际情况上调缴存比例，但不得超过工资基数

的 15%。

住房公积金的缴存公式如下：

住房公积金的月缴存额=职工本人上一年度月平均工资(即计算住房公积金的工资基数)×(单位缴存比例)+职工本人上一年度月平均工资×(个人缴存比例)。

案例 2.6：住房公积金按揭贷款案例

某职工上一年度月平均工资为 2500 元，单位和个人的缴存比例各为 8%，则该职工的月缴存额为：2500 元×8%(单位缴存部分)+2500 元×8%(个人缴存部分)=400 元。

住房公积金是计付利息的，其结息日是每年的年中(6 月 30 日)。按照存量、增量两部分分别结息。存量部分按 3 个月整存整取利率计息，增量部分按照同期活期存款利率计息。

2) 住房公积金的使用

住房公积金的使用范围是受到严格限定的，只能用于缴存人购买住房、自建楼房、装修、改建等方面，不得用于其他用途。

另外，公积金在提取及贷款两项需求得到很好保证的前提下，获得房管会的批准后，公积金管理中心可以用收缴的住房公积金购买国债，但不能以住房公积金为其他任何主体提供担保。住房公积金所获得的收益应该存储于专门的收益账户，以作为风险准备金、管理费以及廉租房建设的补充资金。

3) 住房公积金的提取

目前，只有满足下列条件时职工才能提取住房公积金余额。

(1) 购买、建造、翻建、大修自有住房的。
(2) 离休、退休的。
(3) 完全丧失劳动能力，并与单位终止劳动关系的。
(4) 到国外或我国港澳台地区定居的。
(5) 偿还住房贷款本息的。
(6) 被纳入本市城镇居民最低生活保障范围并支付房租的。
(7) 职工在职期间被判处刑罚、职工住房公积金转入集中封存户两年后仍未重新就业、职工户口迁出本市、非本市户口职工离开本市并与所在单位终止劳动关系的。

此外，住房公积金提取的规定次数也根据不同的情况而不同，表现为以下几个方面。

(1) 采取一次性付款购买自住住房，每年可支取一次。
(2) 采取贷款或分期付款方式的，每季可支取一次。
(3) 房租超出家庭工资收入的规定比例的，每年 3、4 月办理支取。

4．住房公积金的发展历程及现状

我国的住房公积金制度是在借鉴新加坡公积金制度的基础上建立起来的，1991 年在上海试点，1994 年推向全国。住房公积金制度是政策性住房金融的制度安排，经过 20 多年的发展，住房公积金制度目前已成为我国住房金融体系的重要组成部分。住房公积金的发展主要分为以下三个阶段。

1) 试点阶段(1991—1994年)

1991年5月,上海借鉴新加坡公积金制度的成功经验,结合我国国情,率先建立了有中国特色的住房公积金制度。1992年,北京、天津等城市相继建立了住房公积金制度,全国各地随之逐步推行。

试点阶段主要有以下几个特点。

(1) 住房公积金与房改工作紧密联系,处于从属地位。

(2) 住房公积金缴存比例较低,月缴存额较少。

(3) 管理机构不健全,业务操作不很规范。管理机构大部分跟房改办合署办公,一套人马两块牌子,并且工作人员大多也是临时借用的。

2) 全面推进阶段(1994—1998年)

1994年7月,在部分大中城市试点经验的基础上,国务院发布了《国务院关于深化城镇住房制度改革的决定》(国发[1994]43号文件),明确提出要全面推行住房公积金制度,住房公积金制度进入全面推进阶段。

全面推进阶段的主要特征如下。

(1) 住房公积金业务迅速发展,其独特性逐渐显现。1994年11月23日,国家出台了《建立住房公积金制度的暂行规定》等一系列方针、政策,消除了人们对建立住房公积金制度的疑虑,社会各界不再把建立住房公积金制度当作地方政府自己的"土政策"。《建立住房公积金制度的暂行规定》对推动住房公积金事业的发展起到了关键作用,使住房公积金事业出现了迅猛发展的态势,资金归集量与资金使用量逐年上升,住房公积金业务大有超过房改业务发展之势。

(2) 管理机构得以规范,专职人员成为工作主体。国务院住房制度改革领导小组《关于加强住房公积金管理的意见》由国务院办公厅转发后,各地纷纷意识到建立住房公积金制度将是今后一项长期稳定的工作,随之管理机构有了正式编制,正式工作人员成为工作中的主体,业务工作从此得以迅猛发展。

(3) 资金运用以政策性住房建设项目的委托贷款为主。虽然个人购房贷款不多,但住房公积金的社会效益和经济效益得到了初步展现。

(4) 缴存比例和月缴存额逐渐提高。随着政策宣传的力度加强,人们对住房公积金制度的认识逐渐变得清晰起来,住房公积金缴存比例逐步提高。

住房公积金制度进入全面推进阶段后,对促进城镇住房建设、加快城镇住房制度改革\提高城镇居民的居住水平发挥了重要作用。

由于缺乏统一的法律规范,住房公积金制度在推行过程中存在着许多问题和隐患:①一些单位缴存随意性较大,不缴或少缴现象严重;②有些地方挪用现象时有发生,侵害了所有者利益;③决策机构、管理机构的职责不明确,特别是管理中心的管理制度不健全,隐含着许多风险;④管理中心对逾期不缴或少缴行为无行政执法权,执法力量很弱。

3) 发展新时期(1999年至今)

1999年3月17日国务院第15次常务会议通过了《住房公积金管理条例》(以下简称《条例》),同年4月3日,国务院总理朱镕基签署第262号国务院令,正式发布了《住房公积金管理条例》,对住房公积金的缴存、提取、使用、管理、监督、处罚等环节加以规范，保证了住房公积金制度持续、健康的发展。《条例》的发布实施，标志着住房公积金管理进入法制化和规范化轨道。

2002年3月24日，国务院根据全国住房公积金的发展情况，在总结各地经验的基础上，对条例做了相应的修改，以《国务院关于修改<住房公积金管理条例>的决定》(国务院令第350号)(以下简称《决定》)，进一步扩大了缴存范围，将民办非企业单位、社会团体也纳入住房公积金归集范围，完善了相关的管理机构。《条例》与《决定》的实施，使得住房公积金具有较为完善的制度保障。

发展新时期主要有以下几个特点。

(1) 法制化和规范化。①《条例》对缴存、提取和使用的条件和程序都作了详细规定；②明确了决策机构、执行机构、监督机构的职责和运作程序；③建设部(现为住建部)《关于加强和住房公积金服务工作的意见》和《住房公积金服务指引(试行)》(建金[2011]9号)，对所有住房公积金业务的办理场所、流程、要件、时限都作了标准化的规定，用制度化推进业务管理规范化、业务流程优化，促进服务制度健全和服务质量提升。

(2) 管理机构走向独立。2002年，国家建设部等九部委发布《关于调整住房公积金管理机构的意见》，将管理机构定格为隶属于同级人民政府的不以营利为目的的独立的事业单位，实现了机构的规范和独立。

(3) 管理科学化信息化。①电算化、信息化和互联网技术的广泛应用，促进了住房公积金管理的科学化。②《建设部关于进一步规范住房公积金管理信息公开工作的意见》(建金管[2007]222号)对政策法规、规章制度、办事流程和信息查询等信息公开行为作了明确的规定，规范了信息公开行为，加强了住房公积金管理工作的透明度，维护了住房公积金缴存人的知情权和监督权。

(4) 功能日益明显。住房公积金在支持个人购买住房、活跃房地产市场方面起到了积极的作用。住房公积金的独特作用、地位、性质、特点，越来越为广大人民群众所接受和认可，成为在职职工建房、购房的主要支撑点，凸现其强大的生命力。

2.3.5 住房公积金贷款

1. 住房公积金贷款的内涵

住房公积金贷款(housing public accumulation funds loan)，指由各地住房公积金管理中心运用职工以其所在单位所缴纳的住房公积金，委托商业银行向缴存住房公积金的在职职工和在职期间缴存住房公积金的离退休职工发放的贷款。根据住房性质的不同，住房公积金贷款可分为公积金新房贷款、公积金二手房贷款、自建住房贷款、住房装修贷款、商业性住房贷款转公积金贷款等。

相对于商业银行住房按揭贷款，住房公积金贷款具有以下几个特点。

(1) 利率较低。

由于住房公积金贷款是一种政策性的制度，旨在提高职工的住房支付能力，其利率由中央银行专门设定，因此利率较低。与商业银行住房按揭贷款相比，住房公积金贷款利率会低一到两个百分点。

(2) 还款方式灵活。

用住房公积金按揭贷款购买住房，银行的还款方式会比商业贷款购买住房更加灵活，借贷人可以自己确定每个月的还款额，但前提是每个月的还款额不低于银行规定的最低还款额，这样一来，借贷人就可以根据自己的经济实力制订合理可行的还款计划，方便借贷人安排自己每月的经济支出。对于公积金按揭贷款的提前还款，借贷人可以提前偿还部分或者全部的贷款本金和利息，并且不需要支付任何的违约金。

但是如果借贷人选择的是商业贷款，银行贷款的偿还方式可就没有这么灵活了。对于商业性的贷款，提前还款的方式只有两种：一种是一次性提前还清，另一种是以万的倍数提前偿还。

(3) 购房限制小。

目前各大商业银行对于二手房贷款的限制条件比较多，房龄过高、房产地段不好、房产变现能力差的二手房在银行是很难申请到住房贷款的。但如果是以公积金贷款购房，银行对二手房房龄的限制就相对较少，二手房的房龄和住房贷款的年限加起来不超过 50 年就可以申请公积金按揭贷款。

2. 住房公积金贷款的作用

住房公积金贷款有以下几个方面的作用。

(1) 有利于提高职工的住房消费能力。

由于住房公积金具有强制储蓄、长期累积的特点，且住房公积金的贷款利率优惠，降低了职工的购房成本，提高了职工的住房支付能力，有利于解决中低端等收入家庭的住房难题，提高职工的住房消费能力。

(2) 有利于转变企业职工的住房观念。

我国的住房制度已经由计划分配变为货币化分配，但是部分职工依靠国家、依靠企业解决住房的"等、靠、要"的观念仍然存在。住房公积金贷款有利于帮助职工树立自食其力的观念，从而使其适应市场化的经济。

(3) 有利于拉动社会消费，扩大内需。

住房公积金实际上减少了职工的住房支出，使职工有更多的收入用于其他方面的消费，从而增加社会消费，推动经济发展。

(4) 有利于推动房地产行业以及相关产业的发展。

近年来，政府高度重视改善人民群众的居住条件，把住房条件的改善作为提高人民群众生活质量的重要标志。住房公积金管理部门作为政策性住房金融机构，肩负着住房保障的重要职责，帮助和支持城镇中低收入、低收入居民家庭改善住房条件。通过发放住房公积金贷款，能有效地推动房地产、建材、家电、家具等相关行业的发展。此外，住房公积金的净增值收益可以为廉租住房建设提供资金支持，为最低收入居民家庭提供住房保障。

3. 申请住房公积金贷款的基本条件

申请住房公积金贷款需满足以下几个方面的要求。

1) 申请条件

(1) 城镇职工个人与所在单位必须连续缴纳住房公积金满一年。

(2) 借款人购买商品房的,必须有不少于总房价 30%以上的自筹资金作为房屋首付款。

(3) 借款人有稳定的经济收入、信用良好、有偿还贷款本息的能力。

(4) 夫妻双方都正常足额缴存住房公积金的,只允许一方申请住房公积金贷款。

(5) 一个家庭同一时间只能申请一次住房公积金贷款购买一处住房。

(6) 贷款人须有本省(市)城镇常住户口或有效居留身份。

(7) 同意用所购住房做抵押。

2) 申请人需准备的材料

(1) 借款人及配偶(如有)的有效身份证明、户口簿(第二代身份证需要复印背面页,户口簿应复印扉页、户主页、借款人及配偶页)。

(2) 婚姻证明:未婚的由户口所在地婚姻登记处开具单身证明;离婚的提供离婚证明及未再婚证明(离婚证、法院判决书或裁定书,未再婚证明由户口所在地婚姻登记处开具);已婚的提供结婚证。

(3) 借款人与售房单位签订的购房合同原件。

(4) 借款人本人及其配偶(已婚的)共同填写的借款申请表、单位开具的缴存住房公积金证明、工资收入证明、借款人银行卡最近一年的流水。

(5) 借款人先行交付给售房单位的不低于协议规定的首付款收据。

4. 办理住房公积金贷款的业务流程

办理住房公积金贷款的流程如图 2.19 所示。

(1) 咨询:购房者先向公积金管理中心咨询有关业务办理的状况,以得到一些详实的信息。

(2) 初审:由住房资金管理中心对申请人提交的材料进行初步审查,包括申请人资格、贷款额度、贷款期限,初审合格以后,由中心出具《抵押物审核评估通知单》。

(3) 评估:申请人持《抵押物审核评估通知单》到中心指定的评估机构,对所购买的房屋价值进行评估。经济适用房不需要评估。

(4) 审核:申请人持评估机构出具的《评估报告》以及中心要求的初审材料到中心进行贷款审核。如果合格,中心开具《住房资金管理中心担保委托贷款调查通知单》。

(5) 办理担保手续:申请人持《住房资金管理中心担保委托贷款调查通知单》,按照自己选择的担保方式办理担保手续。如果选择"抵押+保证"的方式,保证人应该出具书面的担保函;如果选择"抵押+保险"或第三人保证的方式,应该到保险公司投保或到担保机构办理委托担保手续。

(6) 签订借款合同。

(7) 住房资金管理中心与受托行签订委托贷款协议。

(8) 借款人直接向住房资金管理中心提出贷款申请,受托行业可根据需要,代为收集借款人申请资料,统一交住房资金管理中心审核、审批。

(9) 住房资金管理中心对每笔贷款金额、期限、利率审批同意后,与受托行签订委托贷款合同。

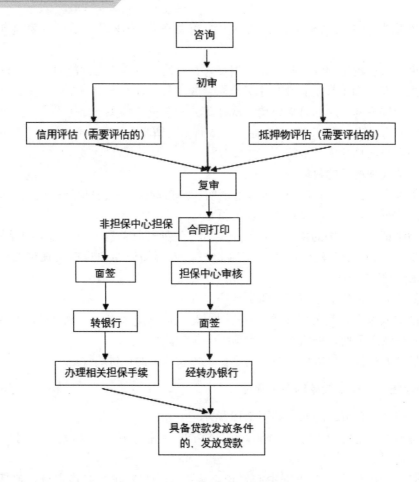

图 2.19　办理住房公积金贷款的流程

(10) 受托行按照委托贷款合同约定,与借款人分别签订《住房公积金委托贷款抵押合同》《住房公积金委托贷款质押合同》《住房公积金委托贷款保证合同》后,办理借款手续。

(11) 受托行将贷款直接划入售房方在受托行开立的指定账户。

5. 住房公积金贷款额度的确定

1) 住房公积金贷款额度的规定

公积金贷款额度按级别规定,A 级最高能贷 80 万,AA 级最高能贷 92 万,AAA 级最高能贷 104 万。公积金贷款年限为最高 30 年,以夫妻双方年龄大的为准,年龄加上贷款年限不能超过 70 年,且与楼龄有关系,砖混结构的楼龄加上贷款年限不能超过 47 年,钢混结构的楼龄加上贷款年限不能超过 57 年。

具体贷款额度如下。

(1) 不得超出个人还款能力,即:借款人月缴存额÷借款人公积缴存比例+借款人配偶公积金月缴存额÷借款人配偶公积金缴存比例之和×50%×12(月)×借款期限;

(2) 购买首套普通自住房,不得超过所购住房价款的 70%(套型建筑面积在 90 平方米(含)以下的,不得超过所购住房价款的 80%)。

(3) 借款人(含配偶)要具备偿还贷款本息后月均收入不低于本市城乡居民最低生活保障的能力。

公积金贷款年限:住房公积金贷款的最高年限为 30 年。借款人的年龄与申请贷款期限之和原则上不得超过其法定退休年龄后 5 年,即男职工可贷到 65 岁,女职工可贷到 60 岁。

2) 住房公积金贷款额度的计算

公积金贷款额度的计算,要根据还贷能力、房价成数、住房公积金账户余额和贷款最高限额四个条件来确定,四个条件算出的最小值就是借款人最高可贷数额。计算方法如下。

(1) 按还贷能力计算:

{(借款人月工资总额+借款人所在单位住房公积金月缴存额)×还贷能力系数-借款人现有贷款月应还款总额}×贷款期限(月)。

使用配偶额度的:{(夫妻双方月工资总额+夫妻双方所在单位住房公积金月缴存额)×还贷能力系数-夫妻双方现有贷款月应还款总额}×贷款期限(月)。其中还贷能力系数为 40%。

月工资总额=公积金月缴额÷(单位缴存比例+个人缴存比例)。

(2) 按房屋价格计算:

贷款额度=房屋价格×贷款成数。

其中贷款成数根据购建修房屋的不同类型和房贷套数来确定。

职工家庭(包括职工、配偶及未成年子女,下同)贷款购买首套住房(包括商品住房、限价商品住房、定向安置经济适用住房、定向销售经济适用住房或私产住房),且所购住房建筑面积在 90 平方米(含 90 平方米)以下的,应支付不低于所购住房价款 20%的首付款,贷款额度不高于所购住房价款的 80%;所购住房建筑面积超过 90 平方米,应支付不低于所购住房价款 30%的首付款,贷款额度不高于所购住房价款的 70%。

职工家庭贷款购买第二套住房的,应支付不低于所购住房价款 50%的首付款,贷款额度不高于所购住房价款的 50%。

职工家庭贷款购买第三套及以上住房的,暂停发放个人住房公积金贷款。

购买私产住房的,房屋价格和评估价格不一致时,取二者低值核定额度。

购买定向安置经济适用住房的,贷款额度还应不高于所购住房全部价款与房屋补偿金的差价。

具体的贷款额度金额还要同时考虑单笔贷款最高额度、最高可贷款额度、最低首付款和信用等级。

(3) 按账户余额计算:

职工申请住房公积金贷款的,贷款额度不得高于职工申请贷款时住房公积金账户余额(同时使用配偶住房公积金申请公积金贷款的,为职工及配偶住房公积金账户余额之和)的 10 倍,住房公积金账户余额不足 2 万的按 2 万计算。

(4) 按最高限额计算：

使用本人住房公积金申请住房公积金贷款的，贷款最高限额 40 万元；同时使用配偶住房公积金申请住房公积金贷款的，贷款最高限额 60 万元。

使用本人住房公积金申请住房公积金贷款，且申请贷款时本人正常缴存补充住房公积金的，贷款最高限额 50 万元；同时使用配偶住房公积金申请住房公积金贷款，且申请贷款时本人或其配偶正常缴存补充住房公积金的，贷款最高限额 70 万元。

申请贷款时职工或其配偶正常缴存按月住房补贴的，参照正常缴存补充住房公积金的规定执行。

计算出的贷款额度数值保留到千位，千位以下不为零的千位加一。

6. 住房公积金贷款的偿还

住房公积金贷款的主要还款方式与住房按揭贷款相同，有两种，即等额本息法和等额本金法。

值得注意的是，一年期以内的住房公积金贷款，应当于到期时一次还本付息；一年期以上的住房公积金贷款，应当按月偿还贷款本息。

当然，住房公积金贷款可以提前偿还，只要提前一个月向银行申请就行了。具体到各地各银行规定或合同中约定的不一样，就可能稍有不同，例如，有的银行规定，提前还贷还需支付一定的违约金，有的就不需要。

案例 2.7：住房公积金贷款案例

李先生看中了一套 80 平米的住房，房价是 4000 元/m^2，总价款为 320 000 元。李先生付了 30%的首付款，其余的款项通过住房按揭贷款与公积金贷款补足。贷款期限为 10 年，按月等额还款。李先生及妻子每人每月缴纳住房公积金 200 元，且两人正好 30 岁。根据《个人住房贷款管理办法》的规定："公积金贷款额度最高不得超过贷款家庭成员退休年龄内所交纳的住房公积金数额的 2 倍。"因此，李先生能够申请到的住房公积金最高额度为：

$$200 \times 12 \times 55 \times 2 = 264\,000 (元)$$

因此，李先生需要贷款的金额为 320 000×70%=224 000(元)，该金额并未超过规定的最高额度。出于经济考虑，李先生可以用住房公积金贷款的方式贷款 224 000 元，已知公积金贷款的年利率是 4.8%(月利率为 0.4%)。

那么 224 000 元公积金贷款的每月还款额为：

$$每月还款额 = \frac{贷款本金 \times 月利率 \times (1+月利率)^{还款月数}}{(1+月利率)^{还款月数} - 1}$$

$$= \frac{224\,000 \times 0.4\% \times (1+0.4\%)^{120}}{(1+0.4\%)^{120} - 1}$$

$$= 2354.03(元)$$

因此，李先生每月需偿还的住房公积金贷款额为 2354.03 元。

2.3.6 住房装修贷款

1. 住房装修贷款的内涵

住房装修贷款(housing decoration loan),是指商业银行或其他金融机构发放给借款人的用于自有住房装修用途的贷款。它以借款人的信用状况、一定的质押品或抵押品或者第三方的保证作为担保。目前该业务的主要经营主体是商业银行和消费金融公司。

1999 年,《中国工商银行个人住房装修管理暂行办法》出台,对住房装修贷款业务进行了界定和规范。该办法实施后,北京、上海等大城市的各家银行纷纷开展自己的住房装修贷款业务并取得了很好的成效。在短短 5 年内,住房装修贷款业务以每年将近 20%的速度飞速发展。目前,住房装修贷款仍是各家商业银行主推的贷款业务之一。

2. 住房装修贷款的特点

住房装修贷款具有以下几个特点。

(1) 贷款期限长。

住房装修贷款相对于普通的消费贷款来说,还款期限较长,最长可达 8 年。

(2) 办理速度快。

住房装修贷款业务的办理与住房按揭贷款相比快得多,一般贷款审批只需要 1~3 个工作日。

(3) 担保方式多样化。

住房装修贷款可采取借款人信用状况、抵押、质押及保证等多种担保方式。

此外,住房装修贷款的额度是根据借款人的还款能力、担保状况及资金需求状况核定的,其贷款利率在中国人民银行规定的贷款利率范围内浮动。

3. 住房装修贷款的方式

目前,住房装修贷款主要有个人消费贷款、信用贷款、信用卡分期贷款、住房公积金贷款四种方式。

1) 个人消费贷款(持证抵押贷款)

该方式下,商业银行会以借款人或第三人具有所有权或依法有权处分的财产、权利作为抵押物或质押物,或由第三人为贷款提供保证,并承担连带责任作为担保。这种情况下,商业银行的风险相对较小,因为当借款人出现违约时商业银行可以通过抵押物、质押物与第三方的保证弥补损失。目前多家银行都有这项业务,所以对于消费者来说,有很大的选择空间。

2) 信用贷款

该方式下,商业银行是以借款人的信用状况作为发放贷款的基础,无须任何抵押和担保。其贷款额度大小根据借款人的信用状况而定,信用状况越好,贷款额度越大。信用贷款无抵押、无担保,对消费者的要求较高,或是高高筑起资产证明的门槛,或是规定特定行业的人士、VIP 客户、公司高级管理人员才能申请,均要严格考察申请者的工作性质、所处行业、收入状况等细节。较受消费者青睐的有宁波银行、渤海银行、渣打银行、花旗银行等银行的个人信用贷款产品,这些银行信用贷款额度一般是月收入的 5～8 倍,当然利率也会较高。

3) 信用卡分期贷款

有些银行为了更好地满足消费者家装分期的需求,推出了信用卡家装分期的业务,它其实是信用贷款的一种延伸,是一种基于信用卡业务之上的住房装修贷款,也被叫做"家装分期"或"安居分期"。该业务针对的是居住在大中型城市、刚刚购买新房、无钱装修、信用记录良好的人士。一般额度上限为 10 万～20 万,个别产品最高分期额度为 50 万。但有一点需注意,需要申请者是公务员、老师、银行的正式员工、在注册资金 3000 万以上的公司担任中高层管理人员。这种方式具有灵活简便、还款方式灵活、免利息等特点,是一种近年来新兴的业务。

4) 住房公积金装修贷款

住房公积金装修贷款是指具有住房公积金的借款人向公积金管理中心申请将其缴存的与所在单位缴存的公积金用于装修用途的贷款。由于住房公积金是一种保障性的住房补贴措施,因此这种方式下的贷款利率相对优惠。

4. 住房装修贷款的业务流程

1) 个人消费贷款(持证抵押贷款)

该模式的业务流程,如图 2.20 所示。

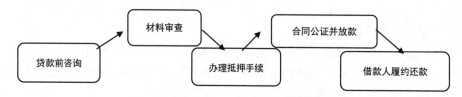

图 2.20　商业银行持证抵押装修贷款流程

(1) 贷款前咨询。借款人先填写贷款申请书,并将借款人所在单位出具的借款人固定经济收入证明、借款担保人的营业执照和法人证明等资信证明文件,以及借款人具有法律效力的身份证明、符合法律规定的有关住房所有权证件或本人有权支配住房的证明等贷款银行要求提供的其他文件或材料提交给银行。

(2) 材料审查。商业银行对借款人的申请、购房合同及相关协议及有关材料进行审查。

(3) 办理抵押手续。借款人将抵押房产的产权证书及保险单或有价证券交银行收押。

(4) 合同公证并放款。借贷双方担保人签订住房抵押贷款合同并进行公证。公证之后商业银行将贷款发放到借款人指定的银行账户中。

(5) 借款人履约还款。商业银行发放贷款后,借款人按照约定如期还款。

2) 信用贷款

(1) 借款人提出贷款申请,填写贷款申请审批表并上交身份证、职业收入证明、居住地证明以及银行规定的其他资料。

(2) 银行对借款人提交的申请资料进行审核,并根据资料对借款人的信用状况进行评估，确认借款人的信用额度。

(3) 银行审核通过申请资料后，双方签订借款合同。银行将贷款以转账的形式发放到借款人指定的账户中。

(4) 放款成功后，借款人将贷款用于装修用途并履约按期还款。

3) 信用卡分期贷款

由于该模式是基于信用卡之上的贷款方式，所以要以借款人事先持有信用卡为前提。

(1) 申请：持卡人填写申请表，向银行提交申请材料。

(2) 交易：持卡人获得银行调额通知后，在发卡银行指定的家装商户的专用分期POS机上完成交易。

(3) 还款：持卡人根据约定，每月按照对账单所列示的金额还款。

4) 住房公积金装修贷款

(1) 公积金装修贷款申请人向住房置业担保公司提出借款申请，同时交验有关证明和资料。

(2) 银行对借款人交验的证明和资料审查通过后，借款申请人据此与装修公司签订装修合同并将合同正本交给银行。

(3) 借贷双方签订《借款合同》和相应的担保合同。以住房作抵押的借款人应办理《个人住房抵押合同》的公证、抵押住房保险和房地产抵押登记手续。

(4) 银行办妥借款担保手续或收押《房地产其他权利证明》后办理放款手续。

(5) 银行受借款人委托，按照借款合同约定的时间以支付装修用款的名义将贷款以转账的方式划至装修公司指定的银行开立账户。

案例2.8：住房装修贷款

黄先生想要申请住房装修贷款5万元，用来装修今年用按揭贷款方式购买的房子，计划还款期限为24个月。目前黄先生是政府机关公务员，月收入在6000元以上，4500元打卡，办过信用卡，无不良信用记录。根据已知条件，试问黄先生可以运用哪种方式办理住房装修贷款？

分析：根据所描述的情况来看，黄先生可以选择的贷款方式为个人信用贷款或信用卡家装分期。信用贷款无抵押、无担保，主要考察的是借款人的工作性质、所处行业、收入状况等细节。黄先生收入水平较高，且是政府公务员，信用基础良好。因此可以选择信用贷款这一方式。该方式下黄先生需要支付一定的利息，且其贷款利率比抵押装修贷款方式要高。

此外，由于黄先生持有无不良信用记录的信用卡，因此也可以通过信用卡分期形式解决装修费用问题。该方式效率较高，还款方式较为灵活，无须支付利息，但是要收取一定的手续费。

最后，值得注意的是，黄先生是不能用新购的房子直接做抵押获得装修贷款的。因为按揭方式下黄先生并未完全拥有该房屋的产权，不具备抵押的条件。

2.3.7 住房消费金融创新模式

1. 住房反抵押贷款

1) 住房反抵押贷款的内涵

住房反抵押贷款(housing reverse mortgages)，又称"倒按揭"，是指达到一定年龄且拥有房屋所有权的老人(借款人)在保留居住权的前提下，将住房抵押给金融机构，金融机构经过一系列的综合评估后，将其房屋的价值化整为零，按月或按年支付现金给借款人，一直延续到借款人去世。当借款人去世后，其房屋产权由金融机构获得，可以将其用于出售、出租或者拍卖以偿还贷款本息，同时享有房产价值的升值部分。它是"以房养老"的一种新方式。

住房反抵押贷款最早起源于荷兰，当初只是将住房抵押贷款与人寿保险相结合，由客户投保，旨在解决住房问题。但它在美国得到了发展，现代的住房反抵押贷款产品就是在美国联邦的支持下于 1986 年发行的。之后，欧洲各国、澳大利亚、新加坡、加拿大、日本等国家也先后尝试发展这种融资模式。国际经验表明，住房反抵押市场具有很大的发展空间。它能够有效地整合和发挥房地产市场、保险市场和金融市场的优势，使老年人的房产可以同时发挥居住、养老和投资的三重功能，为各国传统的养老保障体系提供了有益的补充。

住房反抵押贷款与住房抵押贷款虽然只有一字之差，但是两者有很大的区别，主要表现在以下几个方面。

(1) 还贷方式不同。

住房抵押贷款需要用借款人的住房抵押，并要在规定的时间内偿还贷款本息；而住房反抵押贷款虽然也用借款人的住房作抵押，但是它不需要在借款时间还贷，而且能从金融机构获得一定的流动资金，它的还款方式是当贷款期限到期的时候，用住房作为还贷方式进行还贷。

(2) 房子的归属方式相反。

住房抵押贷款在抵押之后，必须在还款期限内清偿本息才能赎回自己的房产；而住房反抵押贷款并非如此，在该业务中借款人的住房产权在逐渐地流逝，到还款期限到期时，住房的产权已经转移到了商业银行等金融机构。

(3) 借贷的对象不同。

住房抵押贷款的对象主要是年轻人，因为年轻人大多有购置新房的需求，他们抵押的房产一般是自己购置的新房。而住房反抵押贷款的贷款对象是老年人。

(4) 风险不同。

住房抵押贷款在贷款时就已经明确了贷款的具体数目，相对而言风险是较少的；而住房反抵押贷款的贷款数量往往不是确定的，贷款数量的多少一般与借贷人的寿命长短挂钩，而且不确定的因素较多，因此风险较大。

住房抵押贷款与住房反抵押贷款的对比如表 2.10 所示。

表 2.10 住房抵押贷款与住房反抵押贷款对比

	住房抵押贷款	住房反抵押贷款
借款人	以年轻人为主	老年人
贷款用途	居住	以房养老
贷款发放	一次性整体放贷	贷款期内分期放贷
贷款归还	贷款内分期归还	贷款到期一次性归还
产权流向	借款人	贷款人
贷款期限	定期	一般不定期
还款方式	货币	住房
业务属性	经济属性	政策属性
经营风险	较小	较大

不过，住房抵押贷款和住房反抵押贷款也有相同之处：①两者的属性是相同的，都是属于抵押型的贷款模式；②两者的抵押物是相同的，所抵押的产品都是住房，而且借贷人在短期内是不会丧失自己的居住权的；③两者借贷的目的基本上是一样的，都是为了进行融资，都是通过抵押房产来获取一定量的流动资金；④两者实现利润的方式是一样的，金融机构通过回收贷款的本金或者利息来实现利润。也就是说，两者都需要借款人按时归还借贷的本息。

从上述比较可以归纳出，住房反抵押贷款具有客户群体特定、产权转移、风险较大等特点。

2) 住房反抵押贷款的作用

住房反向抵押贷款产品不仅仅是一种以房养老的工具，同时也在社会、金融、房地产、家庭理财等领域发挥着不同作用。

(1) 强化社会养老保障。

我国目前的养老保障水平还比较低，退休老人所拿到的养老金仅能维持基本的生活需要。此外，老人的儿女受到现代生活压力、思想观念变化等因素影响，或是心有余而力不足，或是孝敬意识变得淡薄，一般无法给予老人足够的养老保障。通过开展住房反抵押贷款业务，可以把住房资产变为现金资产，从而增加老人的收入来源，补充养老金，同时不会丢掉栖身之所。这种新型养老模式既使老人自己能够安度晚年，又避免了养老难带来的诸多社会问题，可谓一举多得。

(2) 推动金融创新。

住房反抵押贷款是一系列房地产金融产品的集成创新，涉及房屋抵押、资产评估、保险业、担保等。合理的制度设计和产品改进将使住房反抵押贷款成为金融机构的优质业务，对于促进银行、保险公司、担保公司等金融机构培育房地产、金融、保险、养老等混合态业务增长点具有积极的意义。

(3) 家庭理财的功用。

住房反抵押贷款可以使老年房主在继续拥有对自有住房消费权的前提下，把固化在房屋资产中的巨大价值释放出来，从而能够使家庭资产在人的生命周期里被合理分配和利用，在实现房屋养老保障功能的同时，也充分获得了房屋的资本性。房屋的消费性和资本性功能被交叠发挥，由此盘活了住房资产，达到了家庭理财的功用。

3) 住房反抵押贷款的模式

住房反抵押贷款的模式主要有以下三种。

(1) 完全市场化运行模式(以英国、新加坡为例)。

英国最早的住房反抵押贷款产品出现于20世纪60年代，它是由私营的金融机构设计发行的，叫做"资产释放计划"，但是该产品存在严重的缺陷，它规定老人将房屋抵押之后会得到一笔债券，而金融机构将获得的资金投资到股票市场上，这种模式存在着极大的风险。果然后来由于英国经济下行，股市下跌，该产品被政府取缔。后来英国又重新推出了资产释放计划，但它仍由私营的金融机构设计运营，由于相关缺乏法律法规以及监管的约束，发展十分缓慢。直到英国金融服务管理局接手了住房反抵押贷款项目，放弃了完全市场化的运营模式，住房反抵押市场才得到良好的发展。

新加坡走的也是市场化运行的道路，最典型的代表是私营保险公司职总英康保险合作社推出的住房反抵押贷款产品，由于该产品合同要求过于苛刻，产品并不是很受欢迎。2006年华侨银行也推出了自己的住房反抵押贷款产品，但仍然附加了很多苛刻的条件。这两种产品逐渐失去了市场，被迫于2009年完全退出。

由此可见，完全市场化的运行模式并不是一个理想的选择。究其原因，主要有三点：①该模式下产品设计不规范，对借款人的利益缺乏保障。②产品的约束条件过多，私营的金融机构出于风险考虑，会通过增加各种附加条件以提高客户质量并压低借款的金额，这一方面提高了门槛，缩小了客户群体范围，另一方面降低了产品的吸引力。③缺少相关法律法规和监管约束，这使各方出现矛盾纠纷时造成维权的困难。

(2) 政府主导运营模式(以新加坡为例)。

同样以新加坡为例，新加坡在2009年推出了由政府主导的、新加坡建屋发展局负责的住房反抵押贷款项目，称为"屋契回购计划"。该计划的对象是住在政府组屋内的低收入者，该计划的主要内容是：年长的组屋屋主将组屋产权出售给建屋发展局，对于申请成功者，建屋发展局将一次性给予10 000新元的养老津贴，其中5000新元以现金的形式发放给屋主，其余的5000新元以及屋主出售屋契所得将存入公积金终身入息计划(CPF Life)；在签订合同的30年内，屋主每月将从公积金终身入息计划获得一定的现金用于生活和消费；如果屋主在30年内死亡，剩余的公积金将退还给其继承人，如果少数高寿屋主在30年后仍然健在，其仍可以在终身入息计划下领取生活费用，政府仍会为其提供住所，但不一定是原来的组屋，如果屋主购买的长寿保险足够支付租金，则可以继续住在原来的租屋。政府主导运行模式弥补了完全市场化运行模式的缺点，产品设计更加合理、政府支持、大众认可度更高、监管更加完善。但同时也存在一定的弊端，如增加政府的财政压力以及人力成本等。

(3) 政府与市场混合运行模式(以美国为例)。

美国是住房反抵押贷款发展水平最高的国家。其住房反抵押贷款产品是政府与市场混合运行的模式，最典型的代表是房产价值转换抵押贷款(HECM)计划。HECM计划由房屋与城市发展部(HUD)负责设计，由其下属的联邦住房管理局(FHA)负责具体的运营。HECM计划对住房反向抵押贷款申请人的资格、贷款机构的资格、抵押房产的类型、贷款金额、支付方式、费用、运作流程等都有明确的规定。发行住房反抵押贷款产品的金融机构必须经过联邦住房管理局(FHA)的授权，这些机构可以是银行、抵押贷款公司以及其他私人金融机构等。符合条件的老人需向这些经过授权的金融机构提出住房反抵押贷款申请，经这些机构审核后决定是否发放住房反抵押贷款。在贷款发放后，贷款机构可以将其所发放的HECM卖给联邦国民抵押贷款协会(Fannie Mac)，由其购买并在二级市场流通。

　　美国的住房反抵押贷款市场之所以发展得最为成功，除了其完善的风险分散机制外，还与美国政府在法律规范、政策支持、监管机制建立等方面的积极参与分不开。首先，美国建立了关于住房反抵押贷款的详细法律规范，使住房反抵押贷款的发展有法可依。其次，美国政府制定了多种风险分散措施，分散借款人和贷款人的风险。再次，美国政府建立了完善的监管机制，对反抵押贷款工作展开监管。

　　该种模式结合了政府主导模式与市场化运行模式的优势。首先，政府为市场制定了有针对性的法规和监管政策，使市场的运行有法可依，各市场主体能够各司其职，政府的监管措施使得处于弱势的借款人的合法利益得到了有力的保护，市场运行更加规范高效。其次，当政府提供保险时，既保证了借款人能够得到应得的贷款，也保证了提供贷款的金融机构不会面临损失，是一种福利型的保障，为参与市场的各方分担了风险，能够明显地提高各方参与住房反向抵押贷款市场的积极性。再次，可以充分利用金融机构的人才和资金优势。各营利性金融机构拥有众多的金融专业人才和雄厚的资金实力，政府引导金融机构参与到住房反向抵押贷款市场中来，可以充分发挥金融机构在这方面的优势，缓解了政府的财政压力，弥补了政府专业人才的不足。

　　但是，该模式也存在一定的问题。首先，金融机构可能会利用相关扶持政策为自己谋取不正当利益。住房反抵押贷款业务作为一项养老的补充手段，政府为了鼓励其发展，必然给予提供贷款的金融机构一些优惠，而相关机构可能利用这一点来为自己谋取不正当的利益，如通过虚报损失来获得政府的补贴等。其次，监管的成本相对较高。相对于完全由政府主导的模式，混合模式下为了保护借款人的利益，政府要监管各个金融机构、中介服务机构和政府相关部门，监管的成本相对较高。

　　总的来说，运用政府引导、金融机构参与的混合模式利大于弊，结合了完全市场运行模式与政府主导运行模式的优点，避免了各自模式的缺点，使住房反抵押贷款市场的运行更加有效。

4) 我国住房反抵押贷款市场的实践

　　住房反抵押贷款在本世纪初引入国内，被学者们广泛探讨和研究，并对其在国内实施抱有很大期望。然而由于人们的传统观念一时难以转变、相关法律法规欠缺、市场准备条件不足等一系列障碍，住房反抵押贷款一直未能在国内大规模推广，因此目前也没有形成一种特定的运行模式。尽管如此，基于其社会养老功能的属性和诱人的发展前景，在国内陆续有一些试点项目开展。

(1) 南京留园老年公寓"以房养老"项目。

2005年4月，南京汤山留园老年公寓在全国首次推出"以房养老"产品。该园规定细则为：在本市拥有 60m² 以上的自有住房、年龄在 60 岁以上的孤残老人，可在详细了解产品相关信息后自愿将其房产抵押给留园，房屋由留园进行出租并获得房租收益，以上行为经公证后，老人入住留园老年公寓，终身免交包括衣、食、住、行、医等一切费用。在老人去世后，房屋产权归养老院所有。但由于人们在观念上难以接受，加之操作细则不够具体，双方都面临巨大的经济和信任风险，"温泉留园"的试水效果并不理想，与之签约的老人寥寥无几，最终以闹剧收场。时隔 7 年之后，南京政府有关部门再次将"以房养老"摆上桌面。有专家调查后指出，政府之所以重提以房养老，是因为不少老人尤其是孤寡老人确有这一需求。

(2) 上海公积金管理中心"以房养老"项目。

2007 年，上海市公积金管理中心推出"以房养老"试点产品——"以房自助养老"。其产品有两种可选类型：一种是 65 岁以上的老年人将自有产权房屋出售给市公积金管理中心，并选择在有生之年仍居住在原房屋内，房屋出售所得款项在扣除房屋租金、保证金及相关交易费用后全部由老人自由支配使用；另一种是"倒按揭"模式，即投保人将房屋产权作抵押，按月从金融机构领取现金直到亡故，相当于金融机构通过按月付款的方式，购买投保人的房屋产权。为降低业务风险，产品的门槛设置较高，真正符合条件的申请人很少，这也导致上海市不得不在 2009 年暂停了这项业务。除了公积金管理中心外，上海市的一些商业机构也曾陆续向老年人群抛出"倒按揭"式以房养老绣球，不过接球的老人很少，相关业务也相继不了了之。究其原因，老人们的抵触心理以及双方牵扯的高风险，是该试点业务失败的根本原因。

(3) 中信银行"以房养老"按揭业务。

2011 年 10 月，中信银行于北京、上海启动了"以房养老"按揭业务，推出面向老年客户的专属借记卡"信福年华"。该业务面向拥有两套或两套以上住房的年满 55 周岁的老人，老人可以单独申请，也可以与自己年满 18 岁的法定赡养人一起申请。老人可每月获得一笔不超过 2 万元的贷款，按揭期限最长为 10 年，总贷款额不超过房屋评估价值的 60%。申请该项业务的老人在贷款期内只需根据市场基本利率按月偿还利息或部分本金，贷款到期后再一次性偿还剩余本金。如果到期后无力偿还本金，将以所抵押房产变现处置后的资金来偿还银行贷款。同时也对贷款资金的用途作了明确规定，一般用作日常生活费用支出、医疗、其他改善性生活支出等。由于该产品是由银行机构推出，且业务操作细则明确，无苛刻的申请限制条件，具有宽松灵活的还款方式，因此受到有此需求人群的广泛关注，中信银行也计划在其他城市陆续开展此类业务。

2. 住房收益权抵押贷款

住房收益权抵押贷款，是指购房者已经通过银行办理住房按揭贷款，但住房已经租出，将每月出租住房的租金收益作为抵押进行的融资。这是一种新的融资模式，是住房消费金融的又一创新。目前，住房收益权抵押贷款仍处于概念阶段。

住房收益权抵押贷款有以下特征。

(1) 该贷款下借款人(购房者)已经办理了住房按揭贷款。
(2) 借款人(购房者)放弃了按揭房屋的居住权。

(3) 借款人(购房者)将住房的租金收入作为抵押品进行贷款。

住房收益权抵押贷款在未来具有良好的发展前景。随着国内经济水平的提高与房地产行业的发展，越来越多的人热衷于"炒房"，住房已经成为我国居民最主要的投资手段。尤其是在我国的北京、上海、广州、深圳等城市，炒房的人蜂拥而至，将房价抬升，催生了巨大的房地产泡沫。一线城市由于房价过高，很多人选择租房住。相反，一些二、三线城市住房供大于求，许多炒房的人由于不能及时卖掉自己购买的住房而不得不将房屋出租出去以获得租金收入。租金收入是一种稳定的收益，当房主紧缺资金时可将其租金收益作抵押向商业银行申请贷款，这是一种较为理想的住房消费金融的创新。

@ 2.4 商业银行消费金融风险管理

2.4.1 信用卡分期付款的风险管理

1. 信用卡分期付款的风险分析

随着信用卡分期业务的迅速发展，其存在的风险也日益暴露出来。信用卡分期业务风险是指在信用卡分期业务的进行过程中，由于客户的偿债能力或者还款意愿因客观因素发生变化，致使发卡银行遭受直接或间接的经济损失的可能性。从实质上看更近似于消费信贷风险，它除了具备金融风险的一般特点之外，还具有隐蔽性、滞后性、复杂性和分散性的特点。根据产生风险的来源，信用卡分期业务风险主要包括信用风险、欺诈风险、市场风险、操作风险以及法律风险等。

1) 信用分险

由于信用卡分期业务无须抵押和担保，只是以持卡人的资信状况和信贷记录为基础，因此信用风险是信用卡分期业务最主要的风险。具体而言，它包括两种形式：①无意逾期风险，是指持卡人在申请分期付款后由于自身的经济状况或者社会环境发生变化而无法如期还款的风险。这种情况下往往是由于持卡人遇到了特殊情况，如短期资金周转失灵、突发性重大变故等，导致持卡人需要经过一段时间后才可补交分期账款。在这种情况下，银行可以额外获得逾期透支利息收入。②恶意逾期风险，是指持卡人以非法占有为目的，主观上故意不履行逐期还款的义务，且经银行多次催收无效的风险。由于信用卡分期业务实际上放大了持卡人的信用额度，因此信用卡分期业务的恶意逾期违约风险相对较大，其产生的损失也较大。

在所有的信用卡分期业务中，安居分期的信用风险尤为突出。一方面，它表现为持卡人不能按照约定条件逐期清偿账款；另一方面，它也表现为商户的信用风险。由于安居分期是银行根据持卡人的资信状况以及签约的装修合同将装修预算先行垫付给指定的家装公司，家装公司虽然已经收到全部账款但没有向持卡人提供完整的服务，在这种情况下会存在一个空白期，一旦家装公司在这个期间携款而逃或者恶意停工，持卡人就得不到完整的家装服务。在现实生活中，也存在家装公司在收到垫付账款后还会以某种名义向持卡人索要现金才继续服务。而持卡人遇到此种情况后往往不愿向银行逐期还款，但是债权债务关系已经转移到了发卡银行和持卡人，持卡人很可能将装修公司的行为与银行的行为等同起来，因此银行必然会受到损失。

2) 欺诈风险

欺诈风险，在信用卡分期业务中包括两个方面，一方面是指持卡人与银行指定的分期商户为了非法利益串通起来向发卡银行套取现金的风险。一般在这种情况下，持卡人会与分期商户签订假合同、假协议，以套取银行信用卡分期付款的资金。这种风险在家装分期业务上亦尤为突出，有的家装商户把控不严、操作不当，导致部分工作人员与持卡人伪造装修合同，联合骗取资金。这是一种典型的恶意欺诈，以非法占有为目的，最终往往会导致恶意逾期。银行应当对此加强防范并加大打击力度。

欺诈风险的另一方面是指非持卡人冒用持卡人的信用卡或以伪造涂改等非法手段办理信用卡分期业务的风险。这种情况的发生往往是由发卡银行审核不严所致。这种行为会导致发卡银行的直接资金损失，同时也会影响到自己的声誉。

3) 市场风险

市场风险，在金融学上的定义是指在证券市场中因股市价格、利率、汇率等的变动而导致价值未预料到的潜在损失的风险。而在信用卡分期业务中，它主要包括两个方面。一方面，是指利率的变化导致其资金的使用成本上升，使发卡银行面临利率风险。因为信用卡分期业务下发卡银行替发卡人先行支付了全部款项，同时约定了还款期限及还款金额，发卡银行对此业务只收取手续费，其直接收入与利率脱钩。在还款期间若利率发生变化，将会使银行的资金使用成本提高，从而无法覆盖利率风险。实际上银行蒙受的是一种间接的损失。

而另一方面，是指商品价格的异常变动加大了持卡人的还款风险。持卡人办理分期付款业务时就已经确定了商品的价格并据此确定还款期限及金额，若分期付款后，该商品价格面临大幅度下跌，持卡人可能会放弃对所购物品的继续支付。这种情况下主要集中于购车分期业务和商户分期业务，其涵盖的产品主要包括汽车、手机、电脑等易贬值的商品。

4) 操作风险

操作风险是指由于发卡银行内部程序、人员、系统的不完善或失误，或外部事件造成的直接的或间接损失。目前，在信用卡分期业务中，操作风险主要包括两种：①发卡银行的员工没有严格遵守规章制度、操作流程以及风险管控做得不到位，例如，没有认真地对持卡人进行资格审查、资料核实、身份确认等，导致发卡银行蒙受损失。②发卡银行为了争抢客户以及扩大市场份额，放松审批审核条件，甚至不顾风险向持卡人增加分期额度。这已经成为发卡银行之间主要的竞争手段，结果是使信用卡持有人的套现能力上升，很容易通过大宗商品消费分期付款以较小的成本套取银行资金。

5) 法律风险

法律风险是指在信用卡分期业务的进行过程中各个环节可能出现的因为法律纠纷或者因为法律不完善而产生的纠纷所导致的风险。例如，在购车分期业务中，由于持卡人所购买车辆的质量问题而引起纠纷，由于购车业务涉及的金融数目较大，当持卡人、银行、商户三方不能协调一致时，可能要走法律程序。这种情况下发卡银行往往会由于分散精力而遭受间接的经济损失。目前我国国内还没有比较完善的对信用卡催收方面的法律法规，难以对信用卡分期业务中所涉及的三方进行有效的约束和规范，存在着一些持卡人钻法律漏洞而谋取不正当利益的行为(如用信用卡分期业务洗钱、套现等)，加大了发卡银行的风险。

2. 信用卡分期付款业务风险的度量方法

风险具有可度量性，因此，掌握科学合理的风险度量方法对风险管理来说至关重要。一般情况下，风险的大小由预期损失(expected loss)来表示，而预期损失则通过发生损失的概率以及损失金额的具体大小两个变量来表示。具体的计算公式为：

预期损失=损失的概率×(损失数额÷给定损失发生)

对于信用卡分期付款业务来说，常用的风险衡量指标有以下两个。

1) 信用卡分期不良率

信用卡分期不良率=信用卡分期不良透支余额÷未清偿信用卡分期透支总额

信用卡分期不良透支余额=次级透支余额+可疑透支余额+损失透支余额

其中，透支余额是指信用卡持卡人在额度内已经消费的额度，它和持卡人的可用余额是相对而言的，公式表示为：

信用总额度=透支余额+可用余额。

例如，小明原本所持有的信用卡的总额度是5000元，他现在用信用卡买了一部手机，消费2000元，剩余3000元。那么消费的2000元就是透支余额，剩余的3000元就是信用卡的可用余额。

次级透支余额是指信用卡持卡人在办理信用卡分期业务后，按照正常的经营收入已经无法足额逐期逐笔偿还的透支余额，持卡人不得不重新进行融资或者用拆东墙补西墙的办法(如通过变卖资产、用其他方式融资、循环信贷等方式)来清偿账款。

可疑透支余额具备次级透支余额的所有特征，只是程度更加严重。它是指信用卡持卡人在办理某笔信用卡分期业务后，其偿还能力出现了严重的问题，发卡银行注定会发生一定损失的透支余额，但是具体损失的金额还不确定。

损失透支余额是指信用卡持卡人在办理信用卡分期业务后，发卡银行无论采取什么样的措施都无法挽回损失，或者持卡人所消费的透支余额只能偿还极少部分，甚至出现了完全损失的情况。这种情况是信用卡分期业务最严重的情况，也是发卡银行最不愿意看到的情况。在这种情况下，银行只能在履行必要的程序后立即予以冲销。

信用卡分期不良率越高，代表资产信用质量越低。这种指标非常适合用来将本行的情况与同业的不良率或者整体的平均不良率进行对比，从而可以看出本行资产信用质量与行业水平之间的差异。值得注意的是，它只是衡量了资产的信用质量，并不能反映资产的受益质量。一般情况下，风险越大，受益的潜力就越大，不良率就越高，但这并不代表着利润率就越低；反之，不良率低也并不意味着利润率就越高。

2) 拖欠率

拖欠率=逾期拖欠一周以上的透支余额÷未清偿的信用卡分期透支余额总额

拖欠率越高，说明信用卡分期客户的信用风险越大，发卡银行收回款项的难度越大。与不良率相比，拖欠率更加强调信用卡分期风险的预警功能。因为当银行的呆账已经发生时，清收的难度会大大增加，其成本也会上升。但是在信用卡分期客户刚刚出现拖欠的情况时，发卡银行可以及时主动地采取措施，如电话催收、上门催收、冻结账户、司法警告以及处理抵押物以减少损失。

值得一提的是，上述这两种风险指标不能完全准确地衡量出信用卡业务分期的风险。两种指标的简单使用可能会低估发卡银行的坏账率。坏账率是指企业的坏账额由于债务人破产、解散以及其他各种原因而使应收账款无法收回所造成的损失占总赊销额的比率。

坏账额是指由于借款人破产、解散以及其他各种原因而使应收账款无法收回所造成的损失。总赊销额是指贷款人借给借款人的账款总额。

具体到信用卡分期业务，坏账率是指坏账透支余额占未清偿透支余额总额的比率。由于它是比率的概念，其大小跟分子分母有关。从动态的角度分析坏账率的分子分母，我们不难发现问题：分子方面，从信用卡分期业务刷卡开始到坏账的产生需要一定的时间，而且这个时间段是不确定的。信用卡持卡人可能在刚开始具有逐期清偿账款的能力，但是在还款期间持卡人由于主观原因(如恶意拖欠)或者客观原因(财务收支恶化、重大变故等)无力偿还账款从而导致坏账产生，因此分子的增长具有一定的时间滞后。而分母方面，未清偿透支余额总额随着信用卡分期业务的开展会保持迅速增长，从而使分母变大。这种情况下，从表面上看，信用卡分期业务的总不良率并不高，但是如果信用卡分期业务发展较慢，导致未清偿透支余额总额增加放缓，这时，风险很可能就暴露了出来，不良资产的增长超过了总资产规模的增长，从而会影响银行的经济效益。

为解决该问题，发卡银行可以对不同时间段办理信用卡分期业务的客户进行坏账率和拖欠率的同步跟踪，时间段可以按照月度、季度划分。这样未来的未清偿透支总额的增长就不会对分母产生影响，从而能够更准确地衡量风险。

3. 信用卡分期付款业务风险防范措施

1) 明确客户群体，规范准入机制

对于信用卡分期业务的风险管理，首要的就是要明确客户群体，规范准入机制。

首先是要甄别客户。目标客户的选择对信用卡分期业务产品的发展非常重要，目标清晰，定位明确，就能够事半功倍。发卡银行在设计信用卡分期业务产品时，要做好市场调研以及客户数据的分析，同时要做好风险收益的预测以及投入产出的分析，进而确定适合所设计产品的客户群体。银行的营销人员在开展业务的过程中，应当以这些目标客户群体作为切入点。目前商业银行的信用卡分期产品种类繁多，商业银行要防止产品功能的趋同而导致目标客户群体的重叠，从而影响整体的利润。

其次，要规范准入机制。发卡银行的工作人员在信用卡分期业务的办理过程中一定要亲力亲为，严格遵守审批制度，加强征信的审核。坚持"三坚持"和"三不见"制度，即坚持非目标客户不营销，坚持与客户本人当面沟通、当面签字，坚持贷前调查、合规操作，杜绝违章作业；坚持亲见本人、亲见签名和亲见身份证原件，从源头上控制风险，保证发卡质量。对那些没有较高收入能力、外籍人士、无财产的人要严格把关，原则上不接受担保公司、小额贷款公司等中介机构介绍来的客户。

2) 严格授信管理，监督资金流向

发卡银行要科学地核定信用卡分期额度。这里的分期额度有两种，一种是发卡银行在发信用卡时给予持卡人的信用额度，另一种是信用卡的已有信用额度之外的专项分期额度。前者在持卡人的合理承受能力之内，故风险较低。而后者如果额度过高，超出持卡人的承受能力，很可能会导致资产管理能力差、过度透支消费的持卡人在分期付款之后没有能力偿还所欠账款，故存在较大的风险。因此，在核定信用卡分期额度时，要做到客户信用等级和分期产品风险两者兼顾。

一般地，客户的资信状况越好，信用等级越高，那么分期业务的风险越低，发卡银行可以适当地增调信用额度。但是如果一个客户的资信状况不佳，信用等级低，那么该客户的分期业务风险较大，银行在办理该业务时要审慎处理。另外，对于分期产品的风险，一般认为额度越大的分期付款业务的风险越大，如购车分期以及安居分期业务；额度越小的分期付款业务风险越小，如账单分期、商户分期、邮购分期业务。

要重点审查客户的第一还款来源，根据客户的资信状况、收入水平以及偿还记录等合理地确定其信用额度，严禁向资信状况较差、负债较多、收入低且不稳定、财务状况恶化的客户办理信用卡分期付款业务。

此外，发卡银行还应加强对分期付款额度使用情况的监测，加强资金用途监管，严格保证授予持卡人的信用分期额度能够"专款专用"。例如，授予持卡人分期额度购买笔记本电脑，那么持卡人只能将其额度用于购买笔记本电脑，不得用于购买手机、支付家装费用等。否则，发卡银行一旦发现这种情况发生，应当立即采取相关措施，追讨透支资金。另外，发卡银行要与合作的商户保持信息的畅通，确保分期资金进入分期专户。

3) 加大合作商户管理，建立准入退出机制

商业银行应当加强对合作商户的管理，建立有效的准入退出机制。首先要严格控制商户准入，优先选择那些经营状况良好、信用记录良好、交易量大、知名度高的商户；审慎介入经营不规范、信用记录差、交易量低的商户。在开始合作之前要对商户做一系列科学的风险评估。其次，发卡银行要进行日常的风险监测，对已有合作的商户要进行跟踪，保持密切的联系，尽可能了解合作商户的经营情况和财务状况。此外，要定期对每个商户的准入资格进行审查，要让那些违法经营、财务状况恶化的商户尽早退出。准入退出的门槛可以根据商户所处行业的不同而量化成不同的标准，并根据该标准严格执行。

4) 改善审批模式，实施贷后管理

目前，信用卡分期业务由信用卡与电子银行部实施调查、审查、授信，分管信用卡与电子银行部的副行长审批，发卡、分期资金的使用以及偿还由信用卡和电子银行部负责。信贷部门在此过程中只是出具意见，未能实现各个环节的相互制约。因此，发卡银行应当改善审批模式，实行受理调查和审查审批部门的分离，并将审批流程和担保管理纳入信贷管理系统，并严格进行贷后管理，防止信用风险。

5) 清晰划分责任权力，减少纠纷和资金损失

由于信用卡分期业务具有债权债务关系转移的特点，债权债务关系由持卡人与商户之间转移到持卡人与发卡银行之间，因此发卡银行应当严格明确持卡人与商户之间的责任权力，避免产生纠纷。

(1) 由于商户的产品质量问题导致的持卡人与银行之间的纠纷，应当由持卡人与商户进行协商解决，发卡银行实际上没有连带责任。对于部分特殊的商品，银行应当与商户进行协商，以保证当商品出现质量问题时，商户可以妥善处理，从而避免持卡人因商品的质量问题产生负面情绪，将错误归咎于发卡银行；此外，商户在送货时要认真查看持卡人的

重要信息，如身份证件以及信用卡，并要求客户在签收单上签字，从而免除发卡银行对商户承担的商品在运输途中出现意外的相关责任。

(2) 当持卡人在进行分期付款业务后无法偿还账款时，商户可承担对商品的回购责任，回购责任的范围约定为覆盖持卡人所欠的信用卡余额和利息。

2.4.2 汽车消费金融风险管理

1．汽车消费金融风险分析

1) 信用风险

信用风险也称为违约风险，具体到汽车消费金融业务而言，是指已办理汽车消费金融业务的购车者不能履行还本付息的责任从而使商业银行等机构遭受损失的可能性。它是金融风险的主要类型，也是商业银行最为重视的风险之一。根据受信者不同的心理态度，可将受信者信用风险分为过失信用风险和过错信用风险。

过失信用风险是由于受信者对待信用、贷款合同的不负责任的态度或者是对于未来收入情况的过于乐观的预测而产生的。这部分受信者对未来抱有过于乐观的预期且信用观念单薄，在申请贷款时并未充分考虑并权衡自身的经济实力、预期收入水平和预计偿债能力，以至于到了履约的时候，无法偿还贷款，而造成信用风险。对于汽车消费金融业务来说，此种情况大多发生在年轻人身上，出于虚荣、攀比或者出于对未来生活的美好憧憬，这些年轻人往往不考虑自身的实际情况和偿债能力，用贷款的方式购买汽车，提前消费、提前享受，当这部分受信者获得贷款的时候，新的信贷风险也就随之产生了。

过错信用风险则是指在申请贷款之前就怀有恶意骗贷的心理，这部分受信者在申请贷款时就根本没有考虑偿还贷款，甚至为了能够取得贷款而不惜采用虚假信息，由此形成了过错信用风险。

无论是过失信用风险还是过错信用风险，其发生原因主要是由信息不对称导致的，信息不对称将会导致逆向选择和道德风险。道德风险在汽车消费上反映得尤为突出。汽车作为易消耗品，其价值随着车辆的使用和磨损而不断降低，即使是新车零公里过户也会发生贬值。此外，我国汽车市场正处在由新兴市场向成熟市场转变的过程中，其主要标志就是汽车价格趋于合理化，此"合理化"是相对于目前我国汽车市场汽车价格的不合理而言的。众所周知，虽然入世以来我国逐渐降低了汽车的进口关税，由 120%～180%下调到了 25%，但目前汽车价格仍处在虚高的位置上，汽车价格的下降将是我国汽车市场的必然走向。同时，汽车市场新产品层出不穷，产品的更新换代极为迅速，老款车型被新款车型淘汰而价格下跌也是自然现象，这就会出现部分受信者在根据贷款合同的要求按期还款一段时间后，发现其贷款余额甚至高于市面上新车的价格，因而拒绝继续还款的情况，而这正是信贷双方签订贷款合同时无法预计，且在贷款合同执行的过程中授信者无法及时掌握的信息。

2) 操作风险

操作风险，指的是因不完善或者有问题的内部操作过程、人员、系统或者外部事件进而导致的直接或者间接损失的风险。这是由巴塞尔银行监管委员会给出的操作风险的正式定义，它包含了法律风险。对于从事汽车消费金融业务的机构而言，操作风险则是指汽车金融公司在内部控制程序方面存在着不周全的考虑，使得不规范操作者有可乘之机，进而导致了预期外损失。

汽车消费金融业务中操作风险的成因具体体现在如下几个方面。

(1) 对信贷风险的认识不足。2009年以来，我国政府加大了对于汽车产业的投入和支持，使得我国汽车市场呈现爆发式增长的态势，面对着年产销量均过千万辆的市场，各商业银行、汽车集团以及汽车金融公司对于信贷风险的警惕之心已被眼前巨大的商机所掩埋，为了抢占市场、促进销售，它们纷纷降低贷款条件，大幅下调首付款的比例，一些汽车金融公司甚至推出了"零首付、零利率"的活动，在行业内造成了恶性竞争。同时，为了争取更多的客户、加快办理贷款速度、缩短放款周期，放松了对于受信者的审查，有时不能够对所购车辆的真实价值加以确认，甚至没有做到贷后实时跟踪检测，受信者、担保人等的经济情况在贷款期间出现变化时基本处于失控的状态，这些都给不良贷款造成了可乘之机。

(2) 从业人员在数量和素质上都存在欠缺。除了对信贷风险缺乏足够的认识外，我国消费金融从业人员的欠缺也是其中的一个方面，从业人员的欠缺不仅体现在人员配备数量上的欠缺，还体现在人员素质上的参差不齐。在人员素质方面，由于我国消费金融业务起步较晚，缺乏专业的人才。汽车消费金融领域需要的是汽车与金融复合型人才，而我国的教育方式偏偏是培养专业人才的，这使得汽车金融人才稀缺，特别是管理层人才更为匮乏。目前几乎全部从业人员或是来自于其他金融系统或是来自于汽车经销商，缺乏汽车金融行业及风险方面的系统知识，增加了隐性风险。

(3) 贷款审批人的主观判断。我国目前尚未建立起一个完整有效的个人征信系统，汽车金融公司判断贷款申请人信用风险主要依据我国现行的个人征信系统和与它们有合作关系的商业银行内部信用信息系统，但是当这两个信息来源都无法确切地提供信用信息时，判断贷款申请者信用风险就只能建立在贷款审批人员的主观判断之上，由此产生了操作风险。

3) 流动性风险

流动性风险是指汽车消费金融的经营主体无法及时获得或者无法以合理的方式获得充足的资金，以偿付到期债务或其他支付义务、满足资产增长或其他业务发展需要的风险。流动性作为金融机构的生命线，一直被商业银行所重视。当商业银行向购车者提供汽车消费金融服务时，商业银行就成为汽车贷款的债权人，若是购车者不能按照约定支付本息，就会影响商业银行的资金流入。如果商业银行大规模开展汽车消费金融业务，在经济下行或者汽车价格出现大幅度贬值时，借款人不愿意继续偿还贷款，那么风险也随之扩大，最终使商业银行的资产负债状况出现急剧的恶化。

2. 汽车消费金融风险防范措施

对于汽车消费金融存在的风险，应当积极采取以下几种措施。

1) 完善征信体系建设，优化风险管理环境

随着我国市场经济的发展，征信在经济中的作用也日益重要。对于汽车消费金融业

务，机构可以通过征信取得客户的信用状况，从而能在事前进行较为准确的判断，减少信用风险。我国的征信体系建设目前已取得了很大的进展，但是仍然存在一定的问题，表现为以下几个方面。

(1) 信息数据条块分割，信息共享难。
(2) 我国征信法律法规建设尚不完善。
(3) 我国征信机构技术落后，征信产品研发创新不足。
(4) 我国征信业行业自律不足，缺乏行业协会管理。

针对以上情况，我们可以借鉴国外经验逐步完善我国的征信体系。目前在国际上征信机制模式有三种，包括市场模式、中央信贷登记模式及政府监管模式。对于政府而言，应在中国人民银行个人信息系统基础上灵活变通，在立法倾向、监管模式、征信机构的法律地位、信息的有效性等方面综合权衡，不断补充个人信用记录，建立个人信用总账户、有效的信用评估制度和失信行为的惩罚机制。

首先，应通过数据库的完善，从价值和信用角度对客户的历史信用记录进行量化，并通过计算机模型予以评级，从而给汽车消费金融发展予以外在的有力支持。

其次，在信用评分过程中对失信行为确定合理的惩罚尺度，并根据违约造成的后果，予以记录，达到约束、惩罚的效果。

再次，要加强各部门、各行业之间的征信信息共享，推动个人信用信息的横向交流，从而减少信息不对称，降低信息资源的获取成本。国家有关部门应该积极研发征信共享技术，为各信用信息供应机构创建广阔的信息共享平台，同时应制定数据采集、加工、录入的统一标准与口径，以便于信息共享时的数据对接。并且在共享信息的同时，各个行业及部门应该不断完善、更新自身的数据库，健全信用数据档案，提高信息数据的质量。要积极研发数据挖掘及分析软件，充分发掘信息数据库内涵，研发更专业、更深层次的征信产品。

另外，我们应该借鉴发达国家的宝贵经验，建立征信行业自律组织，充分发挥行业协会的作用。强化行业协会的职能，开展信用信息的管理与研究工作，提供征信立法的意见与建议，协调行业与政府之间的关系，研究行业发展规划，制定行业从业标准，促进行业内部的技术与文化交流等。

2) 规范汽车经销商的行为，推动业务流程合规化

有的汽车经销商为了提高商品的销量，对于购买者所提供的信息并没有进行认真的调查，更有无良商家直接为其提供虚假证明，在获取从汽车消费金融业务所获得的资金之后便消失不见。所以，应加强对经销商的监管力度。首先要查看经销商是否符合国家要求，是否具有国家颁发的经营许可证；其次，对于经销商的商品来源渠道和主要针对人群也都要做详细的了解；同时，还要了解经营者的能力水平以及市场口碑等。对于专业从事汽车消费金融的公司，选择的也必须是具备汽车销售、后期维修、汽车配件等实力较强的公司。为了保障经销商提供信息的准确性，在购车业务过程中，经销商、银行以及保险机构可以共同制定一套标准，以此来约束彼此的行为，将各个环节的风险概率降至最低，避免后期危机的产生。很多银行将信用调查的工作交由经销商来负责，如果经销商能够很好地完成这一工作，很多危机也能够因此而避免。所以，经销商作为贷款第一环节的执行者，

对待工作就需要更加认真严谨,以保障后续环节的平稳进行。当申请者因为突发状况而没有能力继续还款时,其所造成的损失应由三方来共同负责。申请者所买的汽车是由经销商所提供的,经销商必须保证汽车品质;同时,申请者的信用状况也是由经销商调查提供的,当申请者不能按时偿还时,经销商也必须承担相应的损失。在购车贷款过程中,经销商也占据着非常关键的地位,因此,银行在选择经销商时必须慎重,对信用不佳、能力缺乏的经销商要取消其资格,选择有实力、有口碑、有市场的合作伙伴。

3) 完善机构内部自身体系,强化风险预警及管控

(1) 要提高风险意识。正所谓"生于忧患,死于安乐",商业银行、汽车金融公司、汽车经销商要明确内部风险控制目标,保证其提供的汽车消费金融业务符合国家相关法律法规的要求;同时,确保公司的持续经营能力,采取规范业务操作、查错防弊、堵塞漏洞等方法,确保公司具有持续经营的能力;另外,要通过风险转移的方法把风险控制在合理的范围内,例如,可以通过购买"车贷履约险",减少风险发生时所带来的损失。

(2) 要提高从业人员的素质。对从业人员开展定期培训,其内容应该包括汽车金融的运作、风险构成及识别风险、国家相关政策信息及员工职业操守等。凭借持续、全面的培训,使领导层和员工都能对我国汽车金融市场存在的各种风险有充分的认识,明确他们在企业、在内部控制系统中的地位及角色,并在主观上进行防范,将控制风险转变为防范风险。

(3) 要明确从业人员的权利和责任,将每个环节的工作都落实到每一个人。如此一来,操作性风险就可以及时的避免。汽车消费金融的流程可以概括如下:当前期的资格审查通过之后,再向保险机构购买相应的保险,最后银行等机构批准这一申请。在这一流程之中,对各方的职责应有明确的说明,商业银行等机构必须在事前针对申请者的信用状况进行调查与评估。为了保障结果的准确性,银行也可以将其交由保险机构负责,但是必须就其结果进行重新核实,或者由银行和保险机构共同聘请社会专业机构来负责,其费用可以协商解决。为了保障贷款流程的顺利进行,还要不断地完善内部规章制度,准确地掌握每一个环节的变化,便于对问题及时进行处理。同时,要注重和保险机构的关系,确保每一个环节可以顺利进行,尽量缩短时间。

(4) 商业银行等机构在贷款发放后应密切关注购车人还款能力的变化,主要关注借款人个人基本账户和收入来源。按照国际惯例,借款人每月的还款额不应超过实际收入的1/3。可利用售后服务体系,结合家访、车辆维修、理赔等环节,了解购车人的收入情况,对授信的信用等级进行动态变更,如果车辆价值突然不具备抵押品资格,必须加强关注或补充信用证明。要设立符合实际的风险预警机制,并不断对其风险预警机制进行完善,将存在的风险因素准确地量化。按照其风险承受能力和业务特点,对于不同业务、不同受信者制定相应的监控指标和风险阈值,并确立一个统一的系统,实时掌握并监督每个受信者的状况,分析和衡量业务运作中的风险,把实际值与风险阈值的大小进行比较,并以此对受信者的风险等级作出判断,在发现异常时能够及时采取相应的应急措施。

4) 完善相关法律法规,避免监管真空及法律漏洞

除完善公司内部风险管控和外部信用体系之外,对公司的市场监管由法律来约束。法律能够反映一个时代的经济环境,具有强制性、权威性及惩戒性的特点,对维护市场上的

交易秩序、监督和规范市场交易主体的行为发挥着非常重要的作用。如果在汽车金融市场中没有法律的保障，交易主体的行为也就失去了硬性的约束，进而使汽车金融市场的风险扩大。由于我国汽车金融的发展时间较短，尽管《汽车金融公司管理办法》和《汽车金融公司管理办法实施细则》已经搭建起了汽车消费金融市场发展的法律法规框架，但仍然需要继续完善其他配套的法律规范，以进一步明确交易双方的权利、义务以及违约时的处罚措施。

我国应尽快建立并完善征信法律制度，以保障和支持汽车消费金融的发展，确保征信制度在全社会建立的强制性和实施的有效性。同时加快修订《破产法》的速度，确立个人破产制度。第三，不断完善我国与个人汽车信贷有关的现行法律，包括《担保法》《经济合同法》《民法通则》《抵押登记管理办法》《商业银行法》《个人信用征信法》等。

另外，我国要尽快完善互联网金融相关的法律法规。近年来我国互联网金融发展迅猛，相比之下我国的法律法规严重滞后。大批 P2P 公司跑路事件给我国的法律体系建设以及金融市场敲响了警钟，新型的互联网汽车金融平台也存在极大的风险。虽然《互联网金融监管细则》已经出台，但是法律漏洞仍然存在，对互联网汽车金融这一新业务缺乏有效的法律约束，因此要尽快将互联网金融写入国家的法律，上升为法律层面，同时要明确监管主体。

2.4.3 住房消费金融的风险管理

住房消费金融的发展与房地产的兴衰息息相关。由于房地产行业属于资金密集型行业，房地产的开发、建造以及销售都离不开金融机构提供的资金支持，同时住房消费金融为住房消费者提供的金融服务也对房地产行业的发展起着十分重要的作用。住房消费金融为商业银行创造了丰厚的收入，但也存在一定的风险，主要包括信用风险、市场风险、操作风险等。下面就对占据主导地位的商业银行住房按揭贷款业务以及住房公积金贷款的风险管理进行详细的描述。

1. 商业银行住房按揭贷款潜在的风险

1) 信用风险

信用风险一直都是我国商业银行所面临的最主要的风险，它直接影响到商业银行的效益，关系到商业银行自身的生存和发展。当信用风险发生时，借款人不按约履行还款义务，使商业银行不能得到之前合同约定的预期收益而遭受一定的损失。

信用风险是一种难以测量和管理的风险，具有隐蔽性、积累性、突发性和综合性的特点。当下，我国个人征信体系初步建立，信用信息不够完整，借款人的信用风险是比较大的，根据导致产生风险的原因，可以分为主动违约风险、被动违约风险以及欺诈风险。

(1) 主动违约风险。

主动违约风险是指借款人主观上故意赖账、恶意不还款等，其产生的原因可能有以下几个方面。

① 信用观念差，虽然没有逃废借款债务的故意，却有不认真对待合同的过错，若不及时催收，很可能变成拖欠。

② 赖账行为起因于种种原因,如按揭后对质量不满意,或者延期交房、产权证未办妥等外生矛盾,或者借款人改变购物意愿而有意制造纠纷。

③ 夫妻离婚,或者未离婚但感情破裂,导致借款人不愿意履行还款义务,甚至转移财产。

④ 借款人因违规、违法行为受到处罚,如账户被司法机关冻结、营业执照被吊销、货物被没收等,都会影响借款人按期偿还贷款。

(2) 恶意违约风险。

客观上看,借款人被动违约的客观原因主要是借款人收入不稳定、经济状况恶化或者其他不可抗力因素。例如,借款人因失业、伤残、死亡等原因,导致个人收入下降。这种被动违约的情况在经济危机引发通货紧缩时比较多见,紧缩加大了借款人个人收入总量减少的幅度,造成借款人还贷能力降低,最后导致贷款银行本息受损。这种违约对银行来说风险较大。

(3) 欺诈风险。

这里的欺诈风险主要是指借款人通过提供虚假材料向商业银行申请住房按揭贷款骗取资金的行为。欺诈风险中最典型的就是假按揭(fake mortgage loans),是指开发商为套现资金,将手中的存量住房以虚构的买房人(内部职工、开发商亲属或素不相识的人)的名字购买,从银行套取购房贷款,并向虚构的买房人支付一定的报酬。假按揭严重影响商业银行的贷款质量,对信贷资金的安全来说是一个极大的威胁。

2) 市场风险

这里的市场风险指的是指宏观经济形势、利率、政策变化等非银行因素导致商业银行不能及时或者不能如数收回住房按揭贷款及其利息。对于商业银行来说,这是一种外部性的风险。

办理住房按揭贷款的借款人,其还款的能力受到宏观经济形势的影响。当经济势头良好时,借款人的收入增加,购房需求量增加,房屋交易量上升,这时商业银行和购房人对经济发展趋势都保持良好的预期,借款人一般会有履约还款的能力。但是当经济下行时,借款人的收入水平下降,这对其还款产生了严重的影响,借款人难以保证履约还款。此外,经济衰退会导致房地产交易量萎缩,住房的价格下跌,即使商业银行在借款人实在无法偿还的情况下获得抵押的住房,房屋价值也打了大大的折扣,注定要蒙受一定的损失。而且住房的流动性下降,加大了变现的难度。

此外,利率的变化也会产生一定的风险。针对住房按揭贷款而言,当利率上升时,由于按照目前的规定,商业银行住房按揭贷款利率必须到次年初才能调整,在未调整期间,银行利息收入减少,导致效益下降。另外,在商业银行以提供固定利率住房按揭贷款的情况下,市场利率的上升降低了商业银行的利差,从而影响商业银行的效益。而市场利率的下降虽然增加了商业银行的利差,却使借款人蒙受了损失,在一定程度上加大了借款人的信用风险。

同时,政府的政策也会对商业银行的住房按揭贷款业务产生一定的风险。例如,各地区政策法规不统一,这使银行推出产品和出台制度规定无法完全顾及地区差别,导致出现贷款风险。又如,各地对抵押登记的规定不尽相同,有的地区房产、地产分开办理抵押登记手续,操作十分不便,容易形成贷款风险。有的地方政府出台一些不合理的政策规定,导致借款人不还款或银行无法处理抵押物,例如,在小城镇发放经济适用房贷款,一旦借款人不还款,地方政府出于地方保护主义等原因,片面强调社会稳定,银行很难处置抵押物并收回贷款。

3) 操作风险

商业银行住房按揭贷款中潜在的操作风险主要表现在以下几个方面。

(1) 银行基层部门获得下放的贷款审批权后,可能不按规矩做事,滥放贷款或超额度放款,造成贷款的风险损失。

(2) 银行员工在办理住房按揭贷款过程中不注意贷前调查、贷中审查和贷后检查,对贷款的使用或偿还不能做到定期或不定期地检查和跟进,使贷款大量逾期,未能及时催收,导致贷款风险失控。

(3) 信贷人员的法律保护意识淡薄,在签署借款、担保合同时主要条款出现疏漏或合同要素不全、追偿已过时效等,导致银行的合法债权得不到有效的保护。

(4) 银行部门档案管理不够规范,对住房按揭贷款合同、借款人的重要资料信息未能做到妥善的保管,出现工作失误或使不法分子有机可乘。

(5) 银行内部人员利用职权以贷谋私,发放人情贷款或降低贷款条件为关系人贷款,导致贷款损失。银行人员为了自身利益或明哲保身,对他人损害信贷资产质量的违规行为不反映、不报告。还有银行人员与借款人合谋或直接作案骗取银行贷款。

(6) 银行管理层在战略决策、发展方向、产品设计等方面的失误而带来损失的可能性。

2. 住房公积金贷款潜在的风险

住房公积金贷款虽然是一种国家的福利保障政策,但是仍然存在一定的风险。与住房按揭贷款不同的是,承受风险损失的主体是住房公积金管理中心,而非商业银行。住房公积金管理中心作为国家的事业单位、福利部门,其风险管理也十分重要。

1) 信用风险

住房公积金潜在的信用风险表现为:很多低收入的借款人偿还能力相对较差,人员流动性也大,企业和社会劳动制度不断变化等,都让公积金管理机构很难作出正确的预判。如果抵押人存在失业或患重大疾病等情况,偿债能力会大大下降,可能会无力按时、足额偿还贷款。还有一些借款人的素质低下,对公积金贷款故意不履行还款义务,拖欠公积金贷款,也在一定程度上成为个人住房公积金贷款的风险。

2) 市场风险

住房公积金贷款的市场风险主要表现为利率风险。由于住房公积金是一种强制性储蓄,资金封闭运行,专门用做住房保障,在日常经济活动中,存在着许多不确定性因素,因为只要利率发生波动上涨或下跌,就会引发金融市场的多种变化。如果利率上升,原合同签订的低利率会增加基金管理中心的机会成本,可能会面临零收益微利状态,例如,2007年央行再次调整个人住房公积金贷款利率后,公积金贷款利率首次出现倒挂的现象。

维护和加强住房公积金的第二大风险是购买力的价值，个人住房按揭贷款的长周期，决定了一旦发生通货膨胀，实际利率将上升，借款人的还款计划、公积金管理机构都将受到影响。除此之外，社会和自然不可抗拒和预知的风险因素主要包括职工死亡、企业破产、担保人失业导致的收入下降，甚至没有收入来源，或者因为生病、事故、火灾造成工作损失，或借款人因残疾缺少能力或死亡，而无法偿还贷款。

3) 操作风险

操作风险主要包括以下两种。

(1) 住房公积金管理中心的内部操作风险。住房公积金产生损失的原因是，住房公积金管理机构的管理不完善，内部工作人员存在违规操作的行为，如果公积金管理中心在确保职工按规定使用公积金贷款的前提下不能提供足够的公积金，对于职工来说是一个损失，同时会使公积金管理部门遭受一定的信贷损失。另外，住房公积金管理部门的员工以及受托银行职员素质不高，责任心不强，没有正确理解或了解借款人和贷款计划的偏差，以及一些违规操作，都会导致贷款损失。有些内部员工出于私利，帮助职工或者中介机构非法套取公积金的行为，也会导致住房公积金的资金池的损失。

(2) 在公积金的运用管理方面的操作风险。政府的一些行政手段，可能会导致住房公积金的损失，主要包括强行挤占和挪用住房公积金。例如，有些地方政府运用行政手段干预住房公积金的用途，将住房公积金作为"准政府性基金"使用，这种行为是违法的，使住房公积金管理机构的"管理"缺乏有效的弥补措施，造成住房公积金的损失。

3. 住房装修贷款潜在的风险

住房装修贷款的潜在风险主要是贷款被挪用的风险。此贷款一旦被挪用经营用途，就会增大贷款的风险。例如，借款人以虚假的装修用途与装修单位勾结，套取银行资金。

4. 住房反抵押贷款潜在的风险

住房反抵押贷款潜在的风险主要有寿命风险、利率风险以及房产价格波动风险等。

(1) 寿命风险是指当借款人的寿命越长时，商业银行所需向借款人支付的年金期限就越长，由于每年支付的年金都是相等的，故支付的年金总额也越大。这导致借款人获得的本息和超过变卖房屋的收入的可能性越大，商业银行因此蒙受的可能性越大。

(2) 利率风险是指市场利率与住房反抵押贷款合同规定的贷款利率不一致时导致商业银行蒙受损失的可能性。由于住房反抵押贷款合同的有效期长达几十年，故利率风险尤为突出。根据计息方式的不同，住房反抵押贷款的合同利率可分为以固定利率计息和浮动利率计息两种。

当合同以固定利率计息时，在市场利率上升时，会导致商业银行的应计利息增加，这导致住房反抵押贷款终结时本息和增加，商业银行的利润降低，甚至出现亏损。而市场利率会使商业银行的应计利息下降，这增加了反抵押贷款业务的预期收益。但是借款人可以在低利率环境下进行融资，来代替反抵押贷款的作用，从而在违约成本较低的情况下提前结束贷款合同，最终导致商业银行的收益降低。

当合同以浮动利率计息时，商业银行可以根据市场利率的情况对合同利率进行适当的调整，从而避免利率波动带来的风险。一般地，商业银行会根据市场利率确定一个合理的利率浮动区间，超过这个区间时才会进行调节，这种情况下存在着与固定利率相同的风险。此外，利率的调整并非是完全灵活的，浮动利率的调节本身存在一定的时滞，商业银行因此难免蒙受一定的损失。

(3) 房产价格波动风险是指当住房反抵押贷款终结时住房价格与原来的价格不一致，导致商业银行蒙受损失的风险。这种风险主要指的是贷款终结时住房的价格下跌，这大大地减少了商业银行处置房产所获得的收入，而原先向借款人支付的年金是根据当时住房的价格确定的，加大了商业银行蒙受损失的可能性。

5. 住房消费金融风险防范措施

防范住房消费金融风险，应从以下几个方面着手。

(1) 严控借款人信用风险，对借款人的借款资格和债务偿还能力进行严格的审查。

商业银行在提供住房按揭贷款或住房装修贷款时，要对借款人的资信状况、财务状况、偿还能力等多方面进行仔细的、严格的贷前审查。具体而言包括三种措施：①要审查借款人是否有稳定的资金来源，根据借款人的工作性质、收入状况、文化程度、专业技能等多方面综合平衡后作出判断，并据此评定个人的信用等级，作为是否允许贷款以及贷款额度判定的依据；②要审查借款人先前是否有债务，若有要了解清楚详细的情况，若借款人负债过多，有逾期尚未偿还的贷款或者不良的信用记录，则拒绝提供贷款；③虽然目前可以通过人民银行的征信系统查询借款人的基本情况，但是借款人的借款动机是不确定的，要重点核实借款人的实际的经济状况，防止借款人虚报家庭收入情况、以低报高等行为。要对借款人提供的申请资料认真核对检查，防止借款人通过提供虚假资料进行虚假按揭贷款。

此外，银行内部在贷中审查时，要加强内部管理，强化审批条件，通过严格的业务规范排除不合格的借款人。对于同一单位购房人批量申请住房消费信贷和同一购房人申请多套房贷的，银行要特别予以关注，注意审查申请资料、还款记录、还款来源等情况，若发现有假按揭特征，即密切观察，采取措施。

住房公积金管理中心要加强对住房公积金的贷款审查。住房公积金的用途只能用于购买、建造、改造、大修自住住房。应检查现有的住房状况和新的采购、施工、改造、大修住房情况，以验证公积金贷款是用于职工购买、建造自住住房。

(2) 加强贷款后的管理，保持对借款人的动态跟踪。

商业银行或者住房公积金管理中心在放出贷款后，要注意每笔业务办理后的档案资料保存，务必保管好抵押权属证书，以免资料遗失给银行带来不必要的麻烦。对相关档案资料的保管要尽量做到纸质档案和电子档案相对应；要建立储存专库，由专人进行保管，实行责任制；要建立、健全档案交接制度，交接手续要完整、清楚。同时，在放款之后要实时衡量借款人的偿债能力，一旦借款人的财务状况出现问题时，要及时地对借款人进行提示和催收。

另外，银行放出住房按揭贷款后，要及时办理抵押物的抵押登记手续，避免因抵押登记办理拖沓而使抵押权迟迟无法落实，给银行后期实现抵押权带来障碍。对于现房信贷，银行应首先督促购房人办理好抵押登记权属证书，再发放贷款，如果贷前没有办理抵押登记的，贷后应及时催促购房人配合办理，信贷人员务必转变贷款放出即任务完成的心态，避免因接手其他工作而忽视前笔贷款抵押权的落实；对于期房信贷，银行在放出贷款后，要密切留意工程进度，项目一旦完工即督促开发商和购房人办理房屋产权证书并落实房屋抵押登记。

(3) 提高员工的工作素质，加强内部控制制度建设以防范操作风险。

在贷款过程中，无论是商业银行还是住房公积金管理中心，首先要明确各部门业务岗位的职责与权力，规范业务办理程序，做到各环节的权责统一。此外，为防止员工发生道德风险，应该从授权管理、风险警示、不良贷款目标控制、员工培训等方面加强建设。要通过各种业务培训，对内部工作人员进行业务培训与职业道德教育，增强员工的职业道德建设。同时贯彻落实奖惩制度，对合法守规的员工进行一定的奖励，对非法操作的员工加以严厉的惩罚。

其次，要优化业务办理流程，通过有效的过程控制防范风险。过程控制是打造风险防范长效机制的基础，而合理的岗位设置则是实现有效过程控制的前提。通过对岗位设置的细化和明确，在促进有限的人力资源最优配置的同时，将贷前、贷中、贷后各环节责任到岗，落实到人，提高贷款调查、审批、发放、贷后管理等主要环节的专业化程度，实现业务操作流程的无缝衔接，确保贷款调查、抵押登记、贷款放行等不相容岗位人员的有效分离与制衡，避免贷款"一手清"。

(4) 加强对经济形势的研究和预测，尽可能地减少市场风险带来的损失。

市场风险是一种系统性的风险，作为住房消费金融的经营主体，要尽可能地对宏观的经济形势进行研究和分析，要对利率、房地产价格波动、政府政策等保持高度的敏感性。商业银行要积极引进专业的技术人才和研究人才，从而为产品设计与开发、产品定价、营销管理、风险管控等各方面提供有力的智力支持。

(5) 加大金融创新力度，推动住房消费金融的产品多样化。

目前我国住房消费金融的一大缺陷就是贷款品种单一，贷款利率缺乏灵活性。为此，商业银行可以通过对不同消费群体的细分，确定等额、递增、递减等不同的还款方式。根据市场细分的原则，通过对不同居民收入、住房消费现状、居民信用等级的划分，确定多样化的贷款品种和不同的贷款乘数；对不同抵押房屋类型细分或担保方式细分，确定不同的利率调幅范围和贷款额度。例如，针对年轻人或目前收入较低但增长潜力较大的借款人，可以提供渐进的住房消费贷款，使每月还款额与收入的增加同步；针对中老年人或目前收入较高但有减少趋势的借款人，可以采用递减的贷款方式，使其每月还款额与其收入的减少相一致。另外，可以学习西方经验，积极探索推动住房抵押贷款证券化，将住房消费金融的风险转移到其他的投资者身上。

(6) 建立健全风险转嫁机制，减少风险带来的损失。

可以借鉴国外的经验，将住房消费金融产品与保险公司的产品组合起来运作。通过加强与保险公司的合作,开发设计住房消费金融还款保证保险产品,推出真正的还款保证保险。商业银行在发放贷款时,可以要求借款人必须购买这种保险,一旦借款人发生意外无力偿还时,由保险公司支付一定的保险赔偿金,从而保证银行的贷款本息不受损失。这既使贷款机构的经营风险在一定程度上得以化解,又能推动银行和保险行业的双赢。

2.5 商业银行的消费金融场景化建设

2016年4月1日,中国人民银行、银监会联合发布了《关于加大对消费领域金融支持的指导意见》,鼓励有条件的银行业金融机构围绕新消费领域设立特色专营机构,推进消费金融公司的设立常态化。消费金融市场的爆发,吸引我国的商业银行纷纷入局。据不完全统计,截至2016年12月,经银监会批复成立或正在筹建中的银行系消费金融公司已有18家。此外,P2P在趋紧的《互联网金融监管细则》的约束下纷纷转型进军消费金融市场。同时互联网企业也逐渐加大了对消费金融业务的开发力度。消费金融行业已然从"蓝海"变成"红海",竞争异常激烈。与互联网企业(阿里巴巴、京东、趣分期等)相比,商业银行的消费金融业务在场景和渠道上存在着不可忽视的短板,一些银行系消费金融公司依然处于照搬银行信贷产品的阶段,缺乏创新,并没有充分应用到场景化服务,也缺乏有效的展业渠道。因此,商业银行针对消费金融的场景化和渠道建设至关重要。

1. 商业银行消费金融场景化

场景,是指在特定的时间和空间下人物活动组成的画面。当场景与购物、娱乐、社交等互联网应用相结合时,便实现了互联网应用的场景化。

在互联网时代大背景下,商业模式最重要的就是塑造场景化,即完成体验、连接、社群、数据四个要素的完美契合,用场景不断重构传统商业模式中的产品、营销、渠道、定价策略以及流量获取等模型。从场景的视角来看,产品不再是一个静态的产物,而是人们在一个具体化之下的消费,只有真正找准了日常生活中的高频次场景,并加以开发利用,才能在行业中占领优势的地位。

将场景的概念应用到金融领域,就是指人们在某一活动场景中的金融需求体验。商业银行通过消费金融场景化,将消费金融的需求与各种场景的实现结合起来,可以实现信息流的场景化、动态化,让风险定价变得更加精准,使现金流处于可视或者可控状态。目前,消费金融的场景以电商为主,同时也有教育、美容、医疗、旅游、娱乐等。

对于商业银行来说,场景化十分重要。在银行参与的很多场景活动中,虽然表面只是单一的用户场景需求,其实背后涉及多个产业及场景的整合,例如,最简单的网购行为背后就涉及场景平台、支付平台、供应商、物流等多个场景制造参与者,而银行提供的金融服务自始至终都会贯穿于整个场景应用的背后。所以商业银行如何利用好场景,将消费金融产品及服务与场景有效地融合,是摆在眼前的重要的课题,也是未来银行夺取消费金融市场高地的关键所在。

如图2.21所示为商业银行消费金融场景化逻辑图。

商业银行消费金融 第 2 章

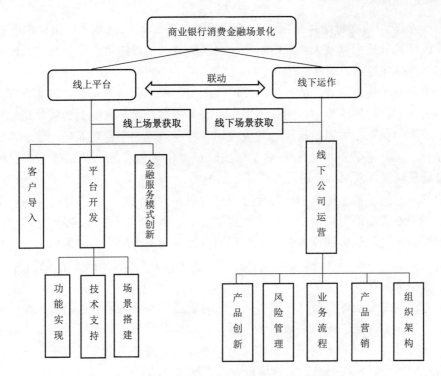

图 2.21 商业银行消费金融场景化逻辑图

消费金融场景化是一个系统性工程，需要正确的逻辑思维进行指导。场景化分为两个部分来建设，一个是线上平台，另一个是线下的运作。利用线上线下所衍生出来的场景，在潜移默化当中服务客户，引导客户发现并认识消费金融服务；再通过线上的场景平台与线下相互配合，可以打造线上线下联动模式。线下的客户导入到线上的场景服务，反过来线上场景所引致的消费金融需求再通过线下实现。对于线上平台模块，主要从平台搭建、客户导入、产品创新服务的角度进行阐述，在线下的运营模块，从产品创新、风险管理、产品营销等方面进行支持服务，更好地配合场景金融的应用工作，将场景所带来的大量成果切实有效地转化为行内可以获得的利润收入。

1) 线上场景获取

线上方面，商业银行可以通过开发自己的场景金融平台，并将自己所拥有的商户资源、客户资源、支付平台、信息技术等进行有效的利用与结合，形成一个完整的线上消费金融平台，营造一个良好的线上消费场景。目前，绝大多数线上的消费金融场景是以电商平台为载体，互联网电商巨头(阿里、京东、苏宁等)正是利用自身的场景优势发展消费金融业务，如阿里的"蚂蚁花呗"、京东的"京东白条"等。而我国有的商业银行也在积极布局消费金融的电商场景，在打造自己的电商平台的同时推出自己的消费金融业务。例如，工商银行推出的"融 e 购"，平安银行打造的"橙 e 网"，农业银行的"e 购天街"等。

场景平台的搭建离不开技术的支持。一般地，消费金融经营机构会以移动互联服务端为接口，将整个场景应用平台分为数个大的服务集群，每个大的服务集群下面包含数个具体支撑的子系统,如支付结算系统、业务管理系统等。同时也会选择面向服务的体系架构,再通过引入云技术以及大数据的运用,将消费金融场景的用户体验与信息服务质量、风险控制等都提升到新的高度。

整个线上的场景搭建好之后,可以使用线上线下相结合的方式等,将客户导入线上的平台,即引入创建好的场景中,通过线上平台服务将客户再导入线下的实体银行服务当中去。对于场景的获取,可以积极探索各类应用,将所搭建的平台功能进一步丰富化、精细化、体贴化,通过各色的线上服务满足居民的日常生活需求,以此搭建出大量的交易场景,通过场景连接互联网与金融,发挥场景的魅力。

在依靠大量的场景所衍生出来的金融需求背后,肯定需要大量丰富的金融产品和服务来满足这种快速灵活的金融需求,而多数的消费金融服务和产品尚不能满足这一点,这就需要机构结合自身的优势和特点开发出符合消费者金融需求的产品和服务,如消费金融评分管理、消费金融信用积分管理、客户奖励等,努力提升场景应用中的产品服务。

2) 线下场景获取

线下方面,商业银行需要充分发挥线下的场景建设与金融服务的基础工作,通过良好的线下运作来积累大量的场景需求。一方面,可以将客户导入到所搭建的线上场景环境当中去;另一方面,可以通过线下的渠道向消费者提供直接的消费金融服务。这样一来,便可以将客户牢牢地锁定在创造的大量场景中,增加客户的黏性。

在线下场景的搭建过程中,宣传推广的作用至关重要。商业银行可以通过举办各种线下的活动,将本行的消费金融业务推广给客户并获取大量即时的应用数据,在活动推广的同时,结合自身客户经理的线下营销,将场景的影响力迅速扩展出去。例如,商业银行可以赞助所在地区的比赛活动,如广场舞比赛、马拉松比赛、球类运动比赛等,在扩大自身知名度的同时,也可以开发潜在的消费金融客户。此外,商业银行还可以与大型商场进行合作,在商场举办活动期间设立消费金融业务临时办理点,通过抽奖、返现、奖券的方式吸引客户。

线下场景的搭建离不开商业银行后台运营的支持。围绕场景本身,商业银行的财务部门应当对场景搭建的成本进行合理的安排和核算,在保证取得最优的场景搭建效果的同时最大化地压缩成本;研发部门也要对产品和服务进行创新,抓住消费者的需求;同时,业务部门要对消费金融业务流程进行规范和培训,根据实际情况采取最优的营销策略。此外,风险管理部门要对场景搭建过程中存在的风险以及场景内客户潜在的风险进行科学评估和管理,从而降低风险发生时所带来的损失。

做好商业银行消费金融场景化,要做到以下几点。

(1) 要坚持以客户为中心,优化消费金融服务。

事实证明,注重客户体验的公司往往能够颠覆传统,屹立于市场之巅。互联网金融时代,客户通过互联网对各种场景进行相关体验,并提出对场景的交互数据,互联网则根据这些交互数据分析客户的满意度并据此分析产品是否存在改进的空间。同时,基于客户对产品和服务的信息反馈,互联网仍会继续对产品进行不断的更新与迭代,满足客户的不同需要。商业银行在互联网金融平台的冲击下,面临客户资源不断流失的威胁。相较于互联网平台产品而言,传统银行同质化十分严重,系统响应速度较慢,提供的场景较少,界面布局不够人性化,导致客户黏度非常低。为改变这种局面,未来银行应当从客户的实际需求出发,加快转变服务意识,摒弃原有的推销式经营模式。

(2) 发挥商业银行自身优势,争夺消费金融市场。

互联网电商企业虽然拥有庞大的客户群体,但由于它们并不是专门从事金融业务,因此风险管理水平较差。而对于其他派系的消费金融公司来说,业务的单一性和风险管理能力的不足使其消费金融产品的定价较高,故采用定价转移的方式补偿潜在的风险损失。相比之下,传统的商业银行具有雄厚的资金以及较强的风控能力、较完善的管理体系,可以利用自身优势一方面加强推广、扩大客户群体,另一方面打价格战吸引客户。

(3) 学习互联网企业经验,改善用户场景体验。

目前,大部分商业银行开发的场景应用更多地起到了交易渠道的作用,系统较为封闭,场景应用体验感不佳,用户界面与互联网企业(淘宝、京东等)存在较大的差距,导致客户的渗透率非常低,效果并不是很理想。为此商业银行应该学习互联网企业的成功经验,加大与第三方平台的合作,建立场景应用平台,以解决各方痛点、提供优质服务为出发点,帮助商户拓宽销售渠道、做大客户群,同时为客户提供优质、便捷、安全的服务。同时要加大对场景体验的建设,优化线上平台场景界面,尽可能地简化业务流程。

(4) 引进消费金融人才,加强员工培训及教育。

实现商业银行消费金融的场景化,高素质的消费金融人才是关键。而从目前各个高等院校对金融专业学生的教育来看,仍是侧重于传统的金融理论、投融资管理以及商业银行管理方面的知识,缺乏对消费金融有关知识的教育。在商业银行方面,由于一直以来将存贷业务放在首位,因此在员工培训及教育上偏重于传统的信贷业务。但今非昔比,消费金融业务是传统的商业银行纷纷投入的重点,人才是企业的核心竞争力。因此,商业银行应当在校园招聘时偏向于研究消费金融、对消费金融感兴趣或是有过相关实习经历的人才,社会招聘方面应当偏向于有过消费金融公司经历、具备丰富的消费金融知识以及管理能力的成熟人才。对消费金融人才要提供高水平、差异化的薪资待遇,一方面可以防止人才流失,另一方面可以建立一个薪资激励机制,提高消费金融人才的工作积极性。另外,在员工培训上,可以通过聘请专业教授讲座、公司内部培训人员培训、培训知识考试等方式提高员工的专业知识及职业素养,为场景化建设提供良好的技术条件。

2. 商业银行消费金融渠道建设

商业银行开展消费金融业务离不开业务渠道的建设,目前渠道建设主要分为线上渠道建设以及线下渠道建设两个方面。线上渠道分为两种,一是自己开发电商平台,二是与其他线上平台进行合作。线下渠道主要是指商业银行与商户之间的合作渠道。

渠道的核心议题是多渠道整合,即客户能够自由选择在何时通过何种渠道获得怎样的金融产品和服务,其背后是机构的不同渠道在产品和服务、流程、技术上的无缝对接。这一点对于拥有较多的实体渠道资产的传统金融机构来说尤为重要,需要通过以下两方面的转型来实现。

(1) 渠道定位从"以我为主"向"以客户为主"转型：以往的渠道更多的是将网点的流程电子化、网络化，仍是从金融机构流程管理的角度进行设计，而非从客户需求和便利的角度进行改造。因此，金融机构多渠道整合的难点并非技术，而是思维的转变。

(2) 实体渠道功能和布局的转型：虽然实体渠道对金融机构来说是重资产、高成本，但在可预见的未来，客户对实体渠道的心理依赖，尤其是针对复杂产品和服务的面对面交流的需求不会消失，因此实体网点有其存在的必然性。但实体网点需要转型，比如更多地将目前低价值的简单交易(如现金存取、转账汇款等)转移到ATM和电子渠道中，从而使网点人员有更多的时间来从事销售和咨询工作。

此外，网点的整体规划和布局也需要适当调整，将目前单一的大网点业态逐步调整为多种业态相互配合的布局。例如，通过"区域中心综合网点+大量便捷网点"的形式以较低的成本覆盖更广泛的区域，或结合周边市场设立专业网点(如专业小微金融网点、专业财富管理网点)以提升服务针对性等。

本章小结

- 商业银行消费金融业务主要分为三种：信用卡分期业务、汽车消费金融以及住房消费金融等。

- 信用卡分期，即信用卡分期付款业务，是指信用卡持卡人在进行消费时申请发卡机构一次性向特定商户支付持卡人所购商品或服务的全部款项，再将交易金额平均分成若干期，持卡人根据发卡机构的规定在约定期限内逐期还款，并支付一定手续费的业务。按照业务产品的分类，可分为汽车分期、安居分期、账单分期、商户分期以及邮购分期五类。

- 汽车消费金融，是指商业银行、汽车经销商或者汽车金融公司等机构向消费者提供的专门用于购车消费的贷款，其经营主体主要包括商业银行、汽车金融公司、汽车经销商以及互联网汽车金融平台等。我国汽车消费金融的经营主体以商业银行为主，但汽车金融公司、汽车经销商的市场份额正在不断扩大。

- 住房消费金融，又称住房消费贷款，是指商业银行或其他金融机构向个人提供的用于购买、建造、改造以及维修住房用途的分期贷款。主要包括住房按揭贷款、住房公积金贷款以及住房反抵押贷款等。其中，住房公积金是我国特有的住房分配货币化的一种形式。

- 商业银行消费金融风险主要包括信用风险、操作风险、市场风险等。由于在消费金融业务中消费者人数众多且分散，增加了风险发生的可能性，因此信用风险的管理尤为重要。

- 目前消费金融市场竞争激烈，与专业的消费金融公司、互联网电商企业、产品供应商等相比，商业银行虽然有良好的风险管理水平及风控体系，但在场景搭建与渠道建设上存在一定的短板，所以应当将重点放到场景和渠道上来。

本章作业

1. 请论述"消费金融"这一概念出现的背景及现实意义。
2. 试以消费者效用函数论述消费金融的作用。
3. 请对几种消费金融机构体系及其服务模式进行对比分析。
4. 请从自身的理解,讲述国外消费金融发展经验中对我国最有现实意义的几个方面,并对未来消费金融做一个展望。
5. 商业银行的消费金融业务主要包括哪几种?它们的含义分别是什么?
6. 试述信用卡分期业务的特点、主要分类及作用。
7. 请简要说明一下信用卡分期业务的风险以及风险的防范措施。
8. 试述汽车金融与汽车消费金融的联系与区别。
9. 试述住房抵押贷款和住房反抵押贷款的区别。
10. 什么是住房公积金?住房公积金有什么特点和作用?住房公积金的办理流程是什么?
11. 请简要说明一下什么是住房消费金融,目前的发展现状如何,如何防范住房消费金融业务中存在的风险。

第 3 章

消费金融公司概述

本章目标

- 掌握消费金融公司的特点
- 掌握消费金融公司的运作方式
- 了解我国消费金融公司的现状

本章简介

　　消费金融公司是消费金融市场最重要的参与者。本章从消费金融公司的定义出发,介绍其小额化、大众化和便捷化的特点,在此基础上比较消费金融公司与其他金融机构的异同点,重点分析消费金融公司的运作方式。在学习本章的过程中,要重点掌握消费金融公司运作的特点及消费金融生态圈的建设,结合国内外消费金融公司的发展现状,学习与借鉴国外消费金融的发展经验,分析我国消费金融公司在发展过程中所面临的问题。

3.1 消费金融公司概述

3.1.1 消费金融公司的定义与特点

1. 消费金融公司的定义

消费金融公司是指经中国银行业监督管理委员会批准,在中华人民共和国境内设立的,不吸收公众存款,以小额、分散为原则,为中国境内居民个人提供以消费为目的的贷款的非银行金融机构。

2009 年,我国宣布启动消费金融公司试点。2010 年,我国首批 4 家消费金融公司获批成立,分别是北京银行发起的北银消费公司、中国银行发起的中银消费金融公司、成都银行发起的锦程消费金融公司以及全外资的捷信消费金融公司。

消费金融公司的准入条件:消费金融公司出资人可以为境内外金融机构。2014 年颁布实施的《消费金融公司试点管理办法》,对消费金融公司的出资人规定了严格的准入条件:具有 5 年以上消费金融领域的从业经验,资产总额不低于 800 亿元人民币,连续两个会计年度盈利,3 年内不转让出资等。境外金融机构还必须符合在中国境内设立代表处两年以上,且所在国家或地区金融监管当局已与银监会建立良好的监管合作机制等。消费金融公司的最低注册资本为 3 亿元,资本充足率不得低于 10%,另外还有不低于 100%的资产损失准备充足率以及不高于资本总额 100%的同业拆借资金比例。

2. 消费金融公司的经营特点

消费金融公司具有"小额化、大众化、便捷化"等特点。

1) 小额化

《消费金融公司试点管理办法》规定,消费金融公司向个人发放消费贷款不应超过客户的风险承受能力,且借款人贷款余额最高不得超过人民币 20 万元。而实际上,由于消费金融贷款的笔数很多,平均金额远低于监管上限,最小的可能只有几百元。而银行则主要做单笔金额较高的消费贷款,如房贷、车贷等。据统计,至 2015 年年末,我国消费金融公司累计发放 5 万元以下贷款 989 万笔,占比 94.05%。

《消费金融公司试点管理办法》对消费金融公司的借款上限作了明确规定,明确消费金融公司应坚持小额分散化的经营原则。

"小额分散"在风险控制方面有如下好处。

"分散"在风险控制方面的好处。即借款的客户分散在不同的地域、行业、年龄和学历等,这些分散独立的个体之间违约的概率能够相互保持独立性,因此同时违约的概率会非常小。例如,100 个独立个人的违约概率都是 20%,那么随机挑选出其中 2 人,同时违约的概率为 4%($20\%^2$),3 个人同时违约的概率为 0.8%($20\%^3$),4 个人都发生违约的概率为 0.016%($20\%^4$)。如果这 100 个人的违约存在相关性,比如在 A 违约的时候 B 也会违约的概率是 50%,那么随机挑出来的这两个人的同时违约概率就会上升到 10%($20\% \times 50\% = 10\%$,而不是 4%)。因此保持不同借款主体之间的独立性非常重要。

"小额"在风险控制上的重要性,则是避免统计学上的"小样本偏差"。例如,消费金融公司一共做10亿的借款,如果借款人平均每个借3万,就是3.3万个借款客户,如果借款单笔是1000万的话,就是100个客户。在统计学上有"大数定律"法则,即需要在样本个数数量够大的情况下(超过几万个以后),才能越来越符合正态分布定律,在统计学上才有意义。因此,如果借款人坏账率都是2%,则放款给3.3万个客户,其坏账率为2%的可能性要远高于仅放款给100个客户的可能性,并且这100个人坏账比较集中,可能达到10%甚至更高,这就是统计学意义上的"小样本偏差"的风险。

消费金融公司采取的是无抵押、无担保的信用贷款,风险自然高于有抵押、有担保的贷款,这也是监管层规定消费金融公司应坚持小额分散的原因所在。

2) 大众化

消费金融公司对系统性风险的管控要求与银行有差异,也具有更高的风险容忍度,因此在客户群的选择上也比银行更加宽松,面向广大普通民众提供金融服务。消费金融公司践行普惠金融的理念,提升金融服务的可得性。消费金融公司行业基本客户定位为传统金融体系较少覆盖的中低收入群体,包括蓝领工人、低收入白领、职场新人、大学生等,客户平均年龄集中在25~35岁,平均月收入在5000元以下,工作岗位相对不稳定,工作流动性较大,且其中有相当一部分客户没有个人征信记录。在我国城镇化过程中,这部分群体增长迅速,消费潜力巨大,但其消费需求与收入及融资能力之间存在较大差距,这就需要消费金融公司来填补空白。消费金融公司通过提供额度小、门槛低的金融产品,提升中低收入者的消费能力,满足其在传统消费、教育进修、租房、健康医疗等多领域的信贷需求。

3) 便捷化

消费金融公司的专业性和业务线的单一性,使得公司能够专注地围绕消费者的需要定制业务流程,在客户申请、用款的体验上更强调速度快、申请方便,在服务效率和便利性方面具有比较优势。客户只要信用记录良好,就可在短时间内获得贷款,最快一笔业务只需半小时。

如表3.1所示是北银消费金融公司主要产品介绍。可以看出,消费金融公司在目标客户方面选择比较广,申请流程简单,而且还款相对便捷。

表3.1 北银消费金融公司信贷产品

产品名称	目标客户	申办条件	便捷之处
电器贷	需购买电器的消费者	出具有效身份证明和收入证明,即可申办无担保贷款	40分钟之内即可办理完毕
助业贷	已取得用人单位聘书(签署三方协议)的应届毕业大学生	出具有效身份证明和收入证明	在3个月"宽限期"内只交利息,在获得工资收入前,可以满足生活之需
新婚贷	即将步入或已步入婚姻的年轻伴侣	出具有效身份证明和收入证明	提供涵盖婚庆消费的一系列贷款产品

续表

产品名称	目标客户	申办条件	便捷之处
名师贷	在北京高等院校、中小学任职的正式教职工	凭本人身份证、教师证或工作证、收入证明等相关材料	贷款期限为6个月至3年,提供贷款利率折上折优惠
应急贷	个体工商经营者	凭身份证、营业执照、柜台租赁合同、近3个月流水单或完税证明等相关材料	还款方式有随借随还和分期还款两种

3.1.2 消费金融公司与其他消费信贷主体的区别

过去我国的消费信贷主体过于单一,主要是商业银行、汽车金融公司、典当行和小额贷款公司。随着我国经济的发展和人民收入水平的提高,银行的消费信贷已经满足不了所有的资金需求了,急需一种全新的金融机构向不能从银行得到贷款的客户提供融资业务。在这样的背景下,消费金融公司应运而生。消费金融公司的出现,对于满足不同群体的不同层次的需求有重要的意义,能够为商业银行服务的盲区提供产品和服务,也有利于扩大内需。

消费金融公司的贷款虽然与商业银行的个人消费贷款、信用卡分期、典当行的消费贷款和小额贷款公司有类似之处,但消费金融公司在目标人群、贷款额度、贷款期限、贷款流程等方面与其他消费主体还是存在一定的区别。

1. 与商业银行个人贷款的区别

传统商业银行和专业消费金融公司是消费贷款的两大提供商,但两者在目标客户、申请条件、提供的产品以及风险管理模式等方面存在诸多差异。另外,目前商业银行也陆续开始了个人消费贷款业务方面的创新,但出于政策和自身风险利益方面的考虑,银行无担保信用贷款的发展还很有限,专业消费金融公司是商业银行的重要补充之一。

消费金融公司与商业银行个人贷款的区别主要体现在以下几个方面。

(1) 目标客户群体方面。

消费金融公司主要发放耐用消费品贷款和一般用途消费贷款,因此目标客户主要是中低收入阶层;商业银行发放的个人消费贷款主要是房贷和车贷,目标客户的收入水平一般高于消费金融公司的目标客户。

(2) 流程方面。

消费金融公司的贷款审批比较简便,需要的材料和证件较少,审批时间短。而商业银行的个人消费贷款需要申请人提供身份证明材料、工作证明材料、担保证明材料、贷款用途证明材料以及收入证明材料等,由银行审批并与申请人签订合同后予以发放。贷款用途有严格限制,审批程序复杂,审批时间长。

(3) 贷款额度方面。

消费金融公司具有小额化的特点,贷款授信额度小,不得超过消费者月收入的5倍,而商业银行的个人消费贷款授信额度较高,例如,一项房贷可能高达数百万元。

(4) 贷款期限方面。

消费金融公司的贷款期限较短,最长 3 年;而商业银行的贷款期限较长,可达二三十年。

(5) 贷款利率方面。

《消费金融公司试点管理办法》明确规定了消费金融公司能够收取的贷款利率上限为中国人民银行贷款基准利率的 4 倍,高于商业银行的个人消费贷款利率水平。此外,消费金融公司的贷款利率"因人而异",贷款人贷款次数越多、信用记录越良好,利率就会越低。而每个初次贷款者的利率也并不一致。就算是以同样的贷款期限贷款购买同一种商品,也会由于贷款人的特征、提供的收入证明等信息而产生不同的利率。消费金融公司一年期贷款利率最低为基准利率,即 5.31%;最高为基准利率的 4 倍,即 21.24%。

(6) 风险控制方面。

消费金融公司贷款无担保、无抵押,风险高于商业银行的有担保或有抵押的贷款。

在消费金融公司试点之前,境内已经有一些银行推出了所谓"无担保、无抵押"的小额贷款业务。现今个人信贷消费意愿非常强烈,为迎合这一需求,不少银行通过旗下产品抢占个人消费类无担保信贷市场。如渣打银行的"现贷派"和花旗银行的"幸福时贷"。和消费金融公司客户贷款的目的相同,商业银行个人消费贷款也是用于小额个人或是家庭消费,如结婚、装修、旅游、进修、购置家电等。在申请条件方面,商业银行个人贷款产品都要求客户在央行信用记录良好,同时对客户的收入也有要求。相比之下,消费金融公司的优点在于未对消费者的月收入进行硬性规定,而是巧妙地将月收入与贷款额度联系在一起。在融资成本方面,这些看上去没有更多附加条件的商业银行个人消费贷款产品需要客户支付较高的利率,虽低于消费金融公司贷款,但服务费率也很高:"现贷派"与"幸福时贷"都采用固定利率,并按月收取 0.49%的账户管理费。

2. 与银行信用卡透支业务的区别

消费金融公司与银行信用卡透支业务十分相似,明显"同质化"使得两者在相同的客户群体上存在市场竞争。但两者在操作方式、贷款额度、贷款利率、贷款期限等方面都有区别。

(1) 操作方式方面。

信用卡消费本质上是透支消费,消费者可以随时任意消费银行允许的额度,然后在银行规定的期限内偿还透支的额度。而消费金融公司贷款分为两个阶段,第一阶段,消费者向消费金融公司申请贷款,消费金融公司综合考察借款者的信用状况后,如果审核通过,则把款项直接划给借款者需要支付的商家;第二阶段,如果消费者在消费金融公司内有良好的信用记录,当其再次向消费金融公司申请贷款时,消费者可以直接从消费金融公司取得贷款,并且自由支配。

(2) 办理流程方面。

信用卡申请人需提供身份证明和工作证明文件,工作证明包括工作证、工资证明和社保卡等,如果提供学位证明、资产证明等,还可加大相应的申请额度。填写申请表之后,向银行提供上述文件，银行将文件寄送给信用卡中心，审核通过后予以发卡，审批条件较严格。消费金融公司贷款要求申请人无不良征信记录，有些产品可在线申请贷款，审批条件没有信用卡那么严格。对于大多数参加工作不久、收入水平不高的年轻人来说，消费金融公司的贷款业务可能更具优势。

(3) 贷款额度方面。

商业银行发放的信用卡的消费额度有较大的差异，少则几千元，多则几百万元；而消费金融公司对向消费者发放的贷款的额度有较大的限制，即不能超过消费者月收入的5倍。

(4) 贷款期限方面。

信用卡持卡人在进行购物消费的时候，可以选择将购买的商品或者服务的总价平均分成 3 期、6 期、12 期或者 24 期等若干期数(月份)分期支付；消费金融公司的还款期可以根据消费者的需求而定，但不能超过 3 年。

(5) 贷款利率方面。

对于信用卡，如果消费者在规定的免息期内还款是不收利息的，对于逾期未还款的用户，信用卡还有手续滞纳金、超限费等一系列费用，收取的罚息较高；消费金融公司发放的贷款根据消费者不同的信用状况收取不同程度的利息，但最高不能超过同期银行基准利率的 4 倍。

(6) 风险控制方面。

信用卡免担保、免保证金、免担保品，容易产生信用风险，还有欺诈风险等，同时，办理信用卡的审批条件越来越严格，需要客户提供的材料也越来越多，而且信用卡放贷一般依托于银行系统已有的征信体系和客户的银行流水状况，相对于同样免担保抵押的消费金融公司贷款而言，信用卡的风险要小一些。

3. 与典当行的区别

典当行(Pawnshop)，亦称当铺，是专门发放质押贷款的非正规边缘性金融机构，是以货币借贷为主和商品销售为辅的市场中介组织。用户把自己具有一定价值的财产交付典当机构实际占有作为债权担保，从而换取一定数额的资金使用，当期届满，典当公司通常有两条营利渠道：一是当户赎当，收取当金利息和其他费用营利；二是当户死当，处分当物用于弥补损失并营利。消费金融公司与点当行的区别主要体现在以下几个方面。

(1) 目标客户方面。

典当行贷款期限可以按照天或月计算，到期后不必还款就能续当，这对那些只是短期有资金周转需求的人是再合适不过的。消费金融公司的目标客户主要为中低收入群体，即使没有抵(质)押品也可取得贷款。

(2) 办理流程方面。

典当行需要借贷的人把抵押品交由典当商估价，典当商以估价的某个百分比借出款项，并在借单的限期内保管借贷者的财物。如果借贷者能够偿还借款并缴交手续费，就可以取回抵押品，反之典当商会没收抵押品并变卖，也可以收买方式取得抵押品，然后即时卖出。典当行小额贷款没有烦琐的手续，普通类当品十几分钟就可以拿到现金。小至首饰、礼品、手机，大至汽车、房产等高价值的物品都可以在急需用钱时拿去典当，一旦资金周转回来就去赎当，整个过程相当方便。消费金融公司贷款不需要申请人提供抵押品，凭申请人信用即可申请贷款。

(3) 贷款额度方面。

消费金融公司根据申请人的收入水平和信用状况确定授信额度；典当行小额贷款根据资金需求者的抵(质)押物质量来确定贷款额度。

(4) 贷款期限方面。

消费金融公司的贷款期限一般是 1 年，最长不超过 3 年；典当行小额贷款的最佳贷款期限是 3 个月。

(5) 贷款利率方面。

典当行收费一般分为两部分，一是按贷款基准利率收取的利息；二是月综合管理费，不同类型的抵(质)押物月综合管理费的收费标准各不相同，大致可分为三类：车、古玩、珠宝等动产质押，月综合管理费最高不得超过 4.2%；商铺、住宅、写字楼等不动产抵押，最高不得超过 2.7%；股份、债券等财产权利质押，最高不得超过 2.4%。例如，万高国际典当行的房屋和车辆抵押贷款分别按照 2.5%和 4.0%的月管理费、月利率均为 0%的标准计息。

(6) 风险控制方面。

由于典当行小额贷款需要客户提供抵(质)押物，且在申请人无法到期还本付息时可以处分当品，因而在一般情况下比无抵押担保的消费金融公司贷款的风险水平低。

4. 与小额贷款公司的区别

小额贷款公司是指在工商行政管理部门注册登记，并经省级人民政府监督管理部门批准取得经营放贷业务许可，经营放贷业务但不吸收公众存款的机构。小额贷款公司一般是由自然人、企业法人与其他社会组织投资设立、不吸收公众存款、经营小额贷款业务的有限责任公司或股份有限公司。小额贷款公司和消费金融公司在多方面都有相似之处，发放贷款都坚持"小额、分散"的原则，但两者在目标客户等方面依然存在一些区别，主要表现为以下几个方面。

(1) 目标客户方面。

消费金融公司所面对的人群主要是在城市工作的中低收入居民，并没有将融资大门朝中小企业和涉农企业敞开。与之相比，小额贷款公司贷款范围更广泛。小额贷款公司的贷款对象重点放在从事种植业(如蔬菜大棚)、养殖业、林果业、农副产品加工业(如玉米和果脯深加工)、农村流通业(如物流、运输业等)的生产者和经营者身上。在经营范围方面，小额贷款公司不得跨区县经营，而消费金融公司不得在注册地所在行政区域之外开展业务(经银监会批准可设分支机构)。

(2) 贷款额度方面。

小额贷款公司根据申请人的信用状况和申请的贷款用途不同，发放贷款的额度也有所不同，但其经营遵循"小额、分散"的原则，同一借款人的贷款余额不得超过小额贷款公司资本净额的 5%。消费金融公司贷款根据借款人的收入等状况确定贷款额度，不得超过月收入的 5 倍，如果需要更高的授信额度，则需要借款人提供房产等抵押文件。

(3) 贷款利率方面。

小额贷款公司按照市场化原则进行经营，贷款利率上限放开，但不得超过司法部门规定的上限，下限为人民银行公布的贷款基准利率的 0.9 倍；消费金融公司贷款利率的上限为不超过同期银行基准利率的 4 倍。

(4) 注册资本金规定方面。

小额贷款公司的注册资本全部为实收货币资本，由出资人或发起人一次足额缴纳，它不进行任何形式的内外部集资和吸收公众存款。有限责任公司的注册资本不得低于 500 万元，股份有限公司的注册资本不得低于 1000 万元。单一自然人、企业法人、其他社会组织及其关联方持有的股份不得超过小额贷款公司注册资本总额的 10%，这些指标都低于消费金融公司。

(5) 风险控制方面。

《非存款类放贷组织条例(征求意见稿)》中规定，小额贷款公司主要运用自有资金从事放贷业务，也可以通过发行债券、向股东或银行业金融机构借款、资产证券化等方式融入资金从事放贷业务。在贷款方式上多采取信用贷款，也可采取担保贷款、抵押贷款和质押贷款。消费金融公司一般采用无担保无抵押的信用贷款，对于一些授信额度较大以及贷款方式为抵押类的贷款，还需要申请人提供房产等抵(质)押或担保文件。

另外，与小额贷款公司中比较常见的高利贷形式相比，消费金融公司贷款不但在利率上有优势，而且在法定地位上也有优势。消费金融公司直接受银监会监管，而小额贷款公司的监督管理部门是经省级人民政府授权负责对非存款类放贷组织具体实施监督管理措施的部门，相对而言，消费金融公司的监管更为正规。另外，在催款方式上，高利贷作风一贯被指粗暴，但在银监会的《消费金融公司试点管理办法》中，明确提到金融消费金融公司"不得以威胁、恐吓等手段催收贷款"。

如表 3.2 所示为消费金融公司与其他消费信贷主体的区别。

表 3.2 消费金融公司与其他消费信贷主体的区别

	贷款利率	适合人群	使用方向	授信额度	期限
消费金融公司	不超过央行同期贷款利率的 4 倍	申请人信用记录良好即可，不需任何抵押担保	贷款只能用于消费，不得用于投资或经营	每笔额度不得超过借款人月收入的 5 倍	最多不超过 3 年
商业银行个人贷款	名义年利率 8%～9%，实际利率更高	收入较高的白领、有一技之长的技术性人士	有明确用途的个人贷款、消费、经营等	差别较大，最高可达 50 万	6 个月～4 年

续表

	贷款利率	适合人群	使用方向	授信额度	期限
信用卡	透支利息按每日百万分之五计算，分期业务按期数收取手续费	审批条件越发严格，一般需要提供个人收入证明，申请人需具备稳定工作，个人信用记录良好，一些银行还要求申请人提供社保卡	可用于日常一切有POS机的消费	根据个人资产及收入水平制定，普卡一般额度不超过5万元，一些白金卡、钻石卡额度可达几十万元	最长56天免息期或按期还款
典当行小额贷款	一是按贷款基准利率收取的利息；二是月综合管理费一般年利率为42%～60%	适合各种短期有资金周转需求的人	无明确使用方向要求，可用于各种资金需求	授信额度依客户抵(质)押的财产和资金需求而定，经协商可申请续当	最佳贷款期限是3个月，超过3个月后融资成本快速增加
小额贷款公司	一般为银行贷款基准利率的4倍以下	有资金需求的本地区中小企业及个人	用于个人消费、企业、个体经营等	个体户一般不高于50万，企业一般不高于100万	1～3年

@ 3.2 消费金融公司分类

从股东背景来看，消费金融公司可以分为三类：银行系消费金融公司、产业系消费金融公司和电商系消费金融公司。

3.2.1 银行系消费金融公司

银行系消费金融公司是指由银行主导或参股的消费金融公司。尽管包括银行、电子商务平台、第三方支付公司、P2P公司等在内的多类机构都纷纷开始申请消费金融公司牌照，但现已获得正式牌照的绝大多数还是以银行系为主。截止到2015年底的统计数据显示，在已经获得消费金融牌照的15家消费金融公司中，由银行主导或者银行参股的消费金融公司高达12家。

1. 银行系消费金融公司的股东结构

从股东结构来看，银行系金融消费公司基本可以分为以下几种。
(1) 商业银行与线下商贸类企业合作。

商业银行通过与线下商贸企业合作设立可以最大程度地结合双方的优势，银行负责产品设计、风险管理、负债端资金，商贸企业消费金融公司，则可以带来线下应用场景，如中银消费金融、招联消费金融。

在产品设计方面，银行的零售业务，包括信用卡、分期，甚至个人按揭贷款业务，都可归属到消费金融领域。银行在消费金融的产品设计、渠道延伸、客户定位方面已经具备一定的经验。在风险管理方面，风险识别以及定价能力是消费金融公司的核心竞争力，银行在风险控制方面的优势远远超过其他非金融企业。在负债端资金方面，消费金融公司的资金实力是拓展业务的前提，银行股东是消费金融公司主要的资金来源。例如，成都银行2013年、2014年提供给锦程的资金分别占到负债余额的67%、30%。商贸企业由于自身的场景优势，能够在消费场景中融入金融要素，使个人消费贷款具有商品载体，即给客户提供的贷款实质为商品。商业银行负责产品、资金和风险要素，而线下商贸企业负责消费场景，使得消费金融公司在从产品设计和销售到资金回笼的一系列操作中均在最大程度上结合了两者优势。

(2) 商业银行与外资金融机构合作。

国外银行在消费金融领域的丰富经验能够为国内消费金融公司的发展带来益处，如北银消费金融、锦程消费金融。以锦程消费金融公司为例，四川锦程消费金融公司由成都银行与马来西亚丰隆银行联合组建，注册资本为3.2亿元人民币，其中成都银行持股51%，马来西亚丰隆银行持股49%。作为一家地方性银行，成都银行对成都的消费市场有很好的理解。成都银行和丰隆银行在新生的消费金融公司上的合作，能够利用投资双方的专业知识建立营利性的商业，并加强双方的长期战略合作关系。长期来看，这一投资对于成都银行发展个人银行业务也有益。在风险管理方面，丰隆银行在消费金融领域具有丰富的经验，可利用各种分析工具了解申请者的特征以及还款能力，从而避免过度贷款，同时，运用贷款专家建立的信用评分系统可帮助做出贷款决定。商业银行与外资机构合作的方式，使消费金融公司在吸收和借鉴国外金融机构优秀管理经验的同时，结合商业银行对本地消费金融市场的把控，更好地立足于发展自身的消费金融业务。

2. 银行系消费金融公司的优势和不足

(1) 银行系消费金融公司的优势。

银行系消费金融公司的优势明显。银行系消费金融公司的核心竞争力在于资金优势、风险识别及定价能力。银行系消费金融公司在同业拆借等方面可以获得低成本资金。因此，在培育期方面，银行系消费金融公司实现盈亏平衡较为容易。

从政策层面来说，央行和银监会都积极鼓励有条件的银行涉足消费金融领域。《中国人民银行、银监会关于加大对新消费领域金融支持的指导意见》中提出，要积极培育和发展消费金融组织体系，鼓励有条件的银行业金融机构围绕新消费领域，设立特色专营机构，完善环境设施、产品配置、金融服务、流程制度等配套机制，开发专属产品，提供专业性、一站式、综合化金融服务。

从银行自身来说，银行系涉足消费金融领域主要是为了完善自身消费信贷层次建设，达到扩大市场份额的目的。银行本身已具备巨大的营销网络(线下网点布局)，基于该渠道优势继续开拓新的市场领域有利于其实现范围经济。银行的零售业务中有很大一部分就是消费金融业务，银行本身有做消费金融业务的经验。银行把这一块业务独立出来运作有各方面的优势,不仅可以发挥既有的业务优势,也能让新的组织结构、管理体制变化的优势得到进一步展现。在征信数据方面,银行系统内有大量消费者的历史数据积累,如信用卡使用、个人借款等信息。银行主导或者参股的消费金融公司,可以通过这些有利条件更好地把握客户的消费行为,筛选出信用状况良好、风险控制能力和消费能力较强、符合目标客户要求的群体。

(2) 银行系消费金融公司的不足。

目前银行系消费金融公司在经营方面存在一些亟待解决的问题:产品的同质化比较严重,产品的设计能力和创新能力不足。另外,风险管理水平也有待提高。很多银行系的消费金融公司以前百分之七八十都是做抵押贷款,但传统的银行信贷的一些做法并不能完全套用于无抵押、无担保的消费金融,定价水平和能力有待提升。

3.2.2 产业系消费金融公司

产业系消费金融公司是指由实体企业资本为主要股东的消费金融公司,典型企业如马上消费金融、海尔消费金融、湖北消费金融等。从出资人条件来看,对非金融企业的门槛相对较高。例如,要求非金融企业主要出资人最近 1 年营业收入不低于 300 亿元人民币或等值的可自由兑换货币(合并会计报表口径);且最近 1 年年末净资产不低于资产总额的 30%(合并会计报表口径)。此外,消费金融公司至少应当有 1 名具备 5 年以上消费金融业务管理和风险控制经验、并且出资比例不低于拟设消费金融公司全部股本 15%的出资人。从审慎监管的角度出发,由于金融业的外部性比较强,一旦发生大的风险,容易影响社会稳定,监管部门对产业系消费金融公司设立高门槛也符合审慎监管的原则。

产业系公司涉足消费金融领域的原因之一在于寻求新的业绩增长点。通过提供低息信贷的方式刺激消费者消费意愿,不但可以降低其本身及经销商库存的压力,提升营业利润,同时能够获取消费者行为数据,分析其需求变化,以需定产、产融结合。产业系消费金融公司通常将消费金融业务作为促进其主业发展的重要环节,例如,海尔消费金融公司通常在自身家电消费分期业务方面,提供比其他消费金融公司或平台更加优惠甚至为 0 的利率。产业系消费金融公司在利用股东资源的同时,把控消费第一入口(这也是为什么众多产业系消费金融公司背后都有大型商业公司的原因),通过消费场景的丰富完成"消费-分期付-还款"的闭环。产业系消费金融公司的优势在于其与股东的业务紧密结合,商业零售类公司参股的消费金融公司将具备线下综合场景优势。

场景化是消费金融公司最重要的特点。无论是从风险控制方面还是从经营管理方面出发,消费金融公司都不得不重视场景化的发展方向。场景化也是消费金融公司在未来发展方向上与商业银行最大的不同点和最具核心竞争力的方面。关于消费金融公司场景化的经营运作方式,将会在本章第四节中作详细说明。

3.2.3 电商系消费金融公司

电商系消费金融公司是以各大互联网电商平台为主导的消费金融公司,如蚂蚁花呗、蚂蚁借呗、京东白条、趣分期、分期乐等。

电商自营消费金融服务的最强核心竞争力在于场景的丰富程度和征信体系的建设。一方面，近年来，电商巨头不仅获取线上资源与场景，更是通过 O2O 丰富线下生活服务布局。例如，近年来阿里通过投资已布局了包括电商购物场景、旅游场景、租车场景、教育场景、校园场景、医疗场景等在内的多元线上线下资源，而苏宁也在线上+线下的场景丰富等层面进行深度布局，这些场景资源未来都能够以消费金融相连接，既增强了消费金融的盈利能力，又促进了消费的提升。另一方面，有会员用户海量的交易数据，基于大数据风控模型，电商相比传统金融机构能够以更低的成本、更高的精度来度量用户的风险水平。电商的主要优势在于场景把控下拥有的海量客户、累计的客户全方位的消费数据等，且其服务的过程是直接对接消费者消费的动作，场景应用能力最强，在如今的消费金融市场上，电商已成为重要的参与者。

如图 3.3 所示为银行系、产业系和电商系消费金融公司的核心优势及比较。

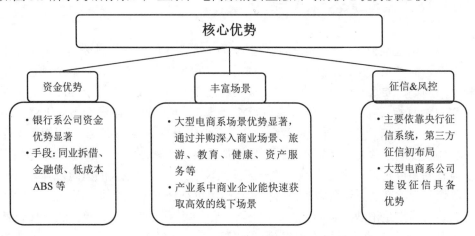

图 3.1　银行系、产业系、电商系消费金融公司核心优势及比较

如表 3.3 所示为截至 2016 年 10 月我国已获牌照的消费金融公司。

表 3.3　我国消费金融公司一览表

公司	地区	股东背景	注册资本（亿元）	持牌日期
北银消费金融	北京	北京银行 35.29%、桑坦德消费金融 20%、利时集团 15%、万达集团 5%、联想控股 5%等	8.5	2010.01.06
中银消费金融	上海	中国银行 51%、百联集团 30%、陆家嘴金融发展有限公司 19%等	8.89	2010.01.06
锦程消费金融	成都	成都银行 51%、马来西亚丰隆银行有限公司 49%	3.2	2010.01.06
捷信消费金融	天津	派富集团有限公司(PPF Group N.V.)100%	33	2010.02.12
招联消费金融	深圳	永隆银行(招商银行旗下)50%、中国联通 50%	20	2014.08.28
兴业消费金融	泉州	兴业银行 66%、福建泉州市商业总公司、特步、福诚	3	2014.10.14

续表

公司	地区	股东背景	注册资本（亿元）	持牌日期
海尔消费金融	青岛	红星美凯龙 25%、海尔集团 30%、浙江逸荣投资 16%、北京天同赛伯 10%	5	2014.12.03
苏宁消费金融	南京	苏宁云商集团 49%、南京银行 20%、法国巴黎银行个人金融集团 15%、洋河酒厂 10%、先声再康 6%	3	2014.12.11
湖北消费金融	武汉	湖北银行 50%、武商集团 15%、TCL 集团 20%、武汉商联 15%	3	2014.12.16
马上消费金融	重庆	重庆百货 30%、秭润商贸 20%、重庆银行 18%、阳光财险 12%、小商品城集团 10%、物美控股 10%	13	2014.12.30
中邮消费金融	广州	中国邮政储蓄银行 61.5%、星展银行 12%、渤海国际信托 11%、拉卡拉 5%、广百股份 3.5%、海印股份 3.5%等	10	2015.01.06
杭银消费金融	杭州	杭州银行、BBVA、生意宝、海亮集团等	5	2015.07.07
华融消费金融	合肥	华融资产管理 55%、合肥百货 23%、新安资产管理 10%、华强资产管理 12%	6	2015.10.23
晋商消费金融	太原	晋商银行、美特好连锁超市等	5	2016.01.14
盛银消费金融	沈阳	盛京银行 60%、德旭经贸、顺峰投资	3	2015.11.03
陕西长银消费金融	西安	长安银行 51%、汇通信诚融资租赁、意德辰翔投资等	3.6	2016.06.16
哈银消费金融	哈尔滨	哈尔滨银行 59%等	5	2016.09.13

3.3 消费金融公司的运作方式

3.3.1 与商户合作

消费金融公司通过同零售商户建立合作关系，布局耐用消费品市场，将消费场景与信贷产品无缝衔接，在个人消费环节提供即时分期服务。一般大型商场、互联网销售平台、家电或者电子产品连锁销售机构都可以是消费金融公司选择的合作商户。选择合作商户的重点考量因素是商户的网点布局、产品种类等；选择线上合作商户主要考虑其知名度、客户流量等。

1. 场景化的运作方式

依托消费场景，即客户在消费金融公司合作商户购买商品或服务时申请贷款，消费金融公司给借款客户实际提供的是商品或服务(车、手机等)而非现金，由消费金融公司与合作商户进行现金结算，借款客户的贷款目的更为明确且真实。初期主要是通过实体商户的门店向客户推介消费分期；随着电子商务的不断发展和现今人们消费方式和消费观念的转变,消费金融公司积极响应国家"互联网+"发展战略,着力探索利用互联网技术服务消费信贷新模式,通过手机 APP、网上直销、电子商务平台等渠道,逐步构筑线下网点和线上渠道互为补充的业务网络体系,提升金融服务的便利性。场景化是消费金融发展的趋势。伴随"互联网+消费"模式的不断完善,各种各样的消费场景被勾画出来。这种场景化趋势使金融和生活的边界日渐模糊,金融服务开始渗透到各种消费场景之中。

消费金融早已百舸争流,未来的竞争仍将体现为对消费场景的把握,消费金融公司自身拥有的场景以及潜在的场景扩展空间成为其占据市场的重要优势。而对消费金融风险把控适度是消费金融可持续发展的根本,分期业务办理流程的顺畅程度同样成为各家消费金融机构竞争的关键。随着互联网渗透到各行各业,线上线下消费场景将会逐步搭建完善。消费金融融入具体消费场景,实现消费与信用随时随地对接成为可能。随着消费者观念的转变和消费行为的升级,消费金融公司必须向更多的消费场景扩展,以满足人们全方位的消费需求。

2. 消费金融生态圈

案例 3.1:苏宁消费金融生态圈

苏宁消费金融有限公司是经中国银行业监督管理委员会批准成立的,由苏宁云商集团股份有限公司、先声再康江苏药业有限公司、南京银行股份有限公司、法国巴黎银行个人金融集团 (BNP Paribas Personal Finance)和江苏洋河酒厂股份有限公司五家企业共同出资申请设立的非银行金融机构。公司注册资本 6 亿元,总部设在南京,是江苏省首家持牌的消费金融机构,也是全国首家以互联网零售企业为主发起人的消费金融公司。

苏宁消费金融作为受银监会批准成立的持牌消费金融机构,自 2015 年 5 月上线时起,就率先在各细分消费领域做出准确的产品定位。苏宁消费金融在家装、租房、教育、旅游、电信合约机等多个垂直领域的矩阵产品均取得了实质性进展,以用户消费为中心的消费生态圈初具雏形。

如图 3.2 所示为苏宁消费金融公司的运作方式。

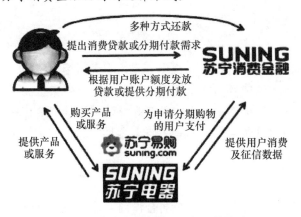

图 3.2 苏宁消费金融公司的运作方式

苏宁消费金融公司产品基本情况如表 3.4 所示。

消费金融公司概述 第3章

表3.4 苏宁消费金融公司产品

产品	产品简介	产品案例	申请流程	合作商户
购物分期	客户在线上苏宁易购和线下苏宁门店购物时，使用任性付即可享受购物分期服务	以在苏宁易购购买西门子KM40FS50TI 为例。西门子KM40FS50TI 苏宁易购售价为14 588元，使用任性付购买时，需要注册认证后获取额度，并选择分期期数，如12期，需每月支付1215.66元起，每月还款额=商品原价÷贷款期数+每月手续费	注册、实名认证—提交申请—申请成功并获取额度—分期商城选定商品—选择分期期数—任性付分期支付—支付完成	苏宁易购（线上）、苏宁门店（线下）
全网通任性付	全网通任性付是针对电信合约机推出的小额消费信贷产品。客户在电信购买合约机时可使用任性付支付并享受首付、零利息、零手续费的"三零分期"贷款，客户需按月缴纳套餐	以16G苹果6S手机为例，苏宁门店手机零售价为5088元，参加"全网任性付"活动后，全网通任性付提供3192元现金优惠，即1896元可购得手机。此外，1896元的购机款也可使用任性付按期还款，客户逐月按期还款	现场申请—办理电信合约机—通过易付宝还款	中国电信
教育分期（任性学）	任性学是针对指定教育分期合作平台的用户推出的教育分期付款产品。客户在任性付分期付款时，可享受相关优惠活动		选择学校及课程—申请额度—额度审批通过—获得额度—按期还款	新世界教育、樱花日语
旅游分期（任性游）	任性游是针对指定旅游分期合作平台的用户推出的旅游分期付款产品。客户在任性付分期付款时，可享受相关优惠活动		选择旅游服务平台及旅游产品—确认订单—选择任性付支付方式进行支付—按期还款	一块去旅行网、我趣旅行网等

续表

产　品	产品简介	产品案例	申请流程	合作商户
租房分期	任性租是针对指定地区的客户群推出的三零分期的消费贷款产品。客户可使用任性租按月分期偿还房租。任性租有房金分期业务及租后生活服务一体化的租金分期业务模式，是循环额度加专项额度的个性化信用产品	用户实际体验——初到上海的王小姐看中某套房子，月租4000元，房东要求"押一付三"，第一个月16 000元的现金租让王小姐有些吃不消。后来，她通过盈家生活签订了1年的租房合同，并使用"任性租"支付房租。同样是4000元的房租，王小姐首月通过任性付向租房公司支付8000元(押金+房租)，其后按月支付宝还款即可	选择租房平台→房屋申请额度→审批通过→获得额度→支付押金及首月房租→按期还款	盈家生活
家装分期	任性美家产品主要针对信用记录良好、在当地拥有房产且与指定装修公司签订装修合同的家庭，最高可授信40万元的12期零首付、零手续、零利息的"三零分期"装修贷款。目前已经在南京和广州两座城市进行试点	消费者通过PC端或者手机端进行线上申请，并提供当地房产证明、身份证明材料以及方装修公司的门店苏宁消费金融公司的现场办理贷款，最快10分钟放款。该产品支持夫妻双方共同申请，如果是夫妻两人以家庭为单位同时申请，可获得最高40万元的贷款额度。如果选择12期分期消费者仍然有还款压力，贷款期限最长可达60期。即便申请超过12期分期贷款，自第13个月开始，仍然可以享受前12期的免息。贷款利息最低为0.498%	选择装修公司及方案→申请额度→审批通过→获得额度→按期还款	标点家装网等

从趋势上看，金融产品与消费场景和上游产业链的结合进一步加深，消费金融对金融产业链的渗透正在由获客渠道深入信审风控等各个环节。消费金融未来制胜的关键在于把握用户交易数据和足够的消费场景。在"互联网+"模式下的消费金融行业整体还处于起步阶段，渠道和场景是必争之地。

苏宁消费金融坚持 O2O 开放平台理念，培养自有生态系统，在线上设立金融门户，线上通过苏宁易购导流；在线下，则依托苏宁全国近 1700 家门店，设立家庭财富中心，形成较为完整的 O2O 闭环体系。苏宁消费金融的 O2O 模式对消费者来说就是：在苏宁易购线上线下购物时，可以直接在线或现场申请任性付，资信良好的情况下，通过简单便捷的操作，快速获得额度，购物后 30 天免息付款，还可以选择 3~24 期分期付款，消费者根据自身的信用情况可以获得最高 20 万的消费信用贷款。此模式突破了线上线下的界限，打通了线上线下的各个服务环节。

苏宁生态圈提供丰富的应用场景、覆盖更广的客户，为苏宁金融提供多元化的金融服务场景和持续增长的客户资源。拥有 1.3 亿个人会员和 5 万个企业客户，客户基础雄厚，个人客户数量不亚于一家全国性大行，企业客户数量不亚于一家中型商业银行。苏宁已经在金融业务线上布局了多个上游中游业务点，在上游，苏宁有面向供应商的小额贷款公司和商业保理公司；在中游，苏宁有为苏宁售后、物流等服务商提供保险计划的互联网保险销售业务。

如图 3.3 所示为苏宁消费金融生态圈。

图 3.3 苏宁消费金融生态圈

案例 3.2：互联网 BAT 三巨头金融生态圈

中国消费金融市场的广阔前景吸引各行业资本流入这一领域，随着移动互联网技术和人工智能的发展，互联网巨头 BAT 也开始把自己的技术优势和庞大的资本积累投注于开发消费金融，并将其作为搭建互联网金融一站式生态圈的主战场。其中，BAT三大巨头的消费金融战略部署最受关注，阿里巴巴组建蚂蚁金服进军信贷领域，腾讯成立微众银行，推出微粒贷小额信贷产品。2015年12月，百度宣布成立金融服务事业群组，整合百度原有的金融团队，并将金融上升为战略级位置，其中消费金融是重点业务之一。

消费金融是一片蓝海，但事实上，这部分客户目前并没有得到真正满意的服务。在中国经济向消费拉动型转变的大背景下，随着互联网金融的崛起，将致力于打造消费金融领域生态。BAT三巨头能够从消费金融市场脱颖而出，关键在于数据和场景。

首先，没有场景，消费金融根本"玩"不起来。因此互联网巨头在消费领域布局，重点挖掘和构筑场景。以百度为例，不同于蚂蚁金服依托淘宝等电商平台，百度以百度钱包为串联，依托百度糯米、手机百度、百度地图、Uber、爱奇艺等超级流量入口，深入消费场景，构建闭环的消费信贷生态。其次，在数据层面，随着互联网经济的深入推进，消费者的交易行为和特征都将逐渐数据化，使得未来消费金融服务从客户准入、预授信再到审批和风险控制的全部流程都将通过数据驱动。在这方面，BAT三巨头有着天然的优势，百度积累了大量基于用户行为的搜索数据，阿里巴巴平台上则是大量的消费数据，腾讯拥有的是用户社交数据。这些数据所带来的优势将能够使得消费金融真正引发变革。

总体来看，发展消费金融，BAT有天然的优势——阿里有电商闭环，腾讯有社交利器，百度有入口和场景优势。三家做消费金融都是顺水推舟，不需要主动出击，就已经拥有了与客户更紧密的联系。从安全和简单性来看，除了传统的风控手段之外，BAT还掌握着用户的购物记录、支付记录和评价记录，能确切掌握用户的消费能力，从而对用户的信用做出评估。这种方式简便且安全、可靠，因为结合消费场景将风险前置，可以有效地降低风险。

监管时代的到来，促使整个互联网金融行业进入发展的快车道。2016年，随着一系列监管政策的出台和实施，互联网金融行业正式进入监管时代，而一众单一渠道的P2P网贷平台等中小互联网企业则面临日益严格的监管细则及准入门槛，加之不断高涨的资金成本，在退出机制健全之后终将销声匿迹。与之对应的，是实力雄厚的传统金融机构与互联网巨头支持的各家平台发展将更为迅猛，包括蚂蚁金服、百度金融、京东金融、陆金所等主流平台已经纷纷开始升级转型，消费金融很有可能成为主战场，而以前的一站式金融服务平台将向金融服务生态圈悄然转变。

以阿里、腾讯、百度、京东等为代表的互联网科技公司结合自身优势，逐步将金融深度植入各类生活场景之中，如百度的流量延伸、腾讯的社交金融、阿里的长尾用户，这些产品在提升用户体验的同时，也在不断构筑各家的闭环生态系统。在跑马圈地的过程中，各家不仅迅速地抢占牌照资源和流量资源，也注重在相关的领域与传统的金融机构之间及相互之间展开战略合作。百度与中信银行成立百信银行，腾讯与阿里、平安联合成立了首家互联网保险公司——众安在线，这在巩固各自的竞争优势的同时，也让互联网金融投资领域精彩纷呈。随着金融准入政策不断松绑和技术门槛的降低，与衣食住行、教育、健康等相关的各类交易场景天然融合的金融需求将更加容易被满足。通过将金融流程和产品围绕交易进行重构，实现信息流、物流和资金流的交易场景化，将极大地提高效率，降低成本。而通过与场景的融合，金融将更加有温度。打造消费金融平台生态圈将会成为未来的一个主要趋势，BAT三巨头在这场未来的交锋中无疑已经站到了前列。

3.3.2 直接贷款

消费金融公司也向优质低风险客户发放额度相对较大的一般消费用途贷款。由于此类贷款没有消费场景，贷款用途较难把握，风险相对较高，因此消费金融公司尤其是银行系背景的消费金融公司充分借鉴银行个人贷款模式，较为审慎地开展该类业务。传统业务渠道包括驻点、自助机具载体等。随着客户的积累和风险管理能力的提升，消费金融公司逐步依托互联网和移动通信等技术，通过自建贷款平台，为消费者提供线上贷款申请渠道。消费金融公司发放个人消费贷款在风险控制方面主要依靠央行的征信数据。

下面以北银消费金融为例，说明消费金融公司的两种运行方式。

消费信贷客户在与北银合作的线下商户或线上消费平台购买产品或服务时，可以向北银申请个人消费贷款，办理消费金融分期，北银审批通过后，客户直接享受商户提供的商品或服务。在这一运作方式中，北银消费金融公司替客户垫款，将费用支付给商户，客户在整个消费场景中并没有直接发生现金交易；在直接贷款运作方式下，消费信贷客户向北银消费金融公司提出消费贷款或分期付款申请，北银审核客户材料和征信数据之后发放贷款，这一方式跟商业银行个人消费贷款相似。

如图3.4所示为北银消费金融公司的运作方式。

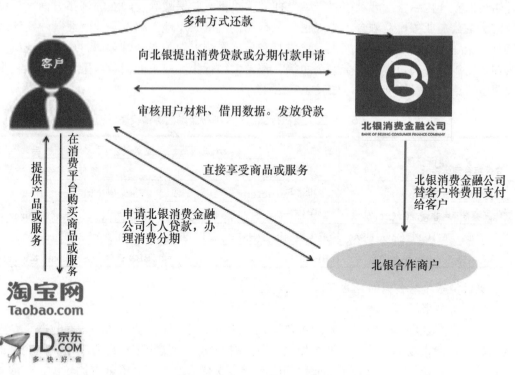

图3.4　北银消费金融公司运作方式

3.4 消费金融公司的发展情况

3.4.1 国外消费金融公司的发展情况

1. 美国消费金融公司的发展状况

美国是消费金融公司的发源地。美国消费金融产业兴起于第二次世界大战之后，伴随着战后人口膨胀、消费观念的转变、居民可支配收入的增长、科技创新进步以及法律监管和配套措施的成熟，美国消费金融实现了极为高速的发展，持续推动经济实现稳步增长。在过去几十年期间，美国消费金融发展主要是受益于居民收入与消费的增长以及消费金融领域不断创新这两方面。历史上，美国有三类金融公司，第一类是消费金融公司，主要经营个人消费信贷资金的发放，用于购买个人消费品；第二类是销售金融公司，主要是通过分期付款融资方式给销售商，让其向消费者提供汽车等消费品；第三类是商业金融公司，涉及的经营业务主要是向消费品生产企业或销售企业提供短期融资，短期融资主要有存货、应收账款或者将设备作为抵押品等。三类金融公司各司其职，共同繁荣了美国的消费金融市场。但是，进入 20 世纪 80 年代以后，随着金融混业趋势的发展，金融公司也开始尝试多样化经营，涉及信用卡、抵押贷款、租赁、保险等金融业的许多方面，三种类型的金融公司业务日益融合，界限也越来越模糊，进一步地，随着企业间兼并收购活动的盛行，金融公司的规模日益庞大，形成具有全球影响力的消费金融公司，如美国花旗金融公司、富国金融公司、汇丰金融公司等，都是大银行集团旗下的消费金融子公司，从事涉及范围广泛的消费信贷业务，如表 3.5 所示。

表 3.5 美国主要银行集团开展消费金融业务情况表

银行集团	开展消费金融业务的部门	
	核心银行	消费金融子公司
花旗集团(CitiGroup)	花旗银行(Citicorp)	花旗金融(CitiFinancial)
富国集团(Wells Fargo Group)	富国银行(Wells Fargo Bank)	富国金融(Wells Fargo Financial)
汇丰美国控股(HSBC Group USA)	汇丰美国银行(HSBC Bank USA)	汇丰金融(HSBC Financial)
BB&T Corporation (BB&T)	BB&T 银行(BB&T)	BB&T 金融(Lendmark Financial)

美国消费金融公司的经营有以下几个特点。

(1) 资金来源方面。

美国消费金融公司的资金来源主要依赖于股东出资认缴的资本金、留存收益、金融机构贷款、证券市场融资等。另外，如果消费金融公司是隶属于银行控股或是大型企业的子公司，那么它还可以从母公司处取得相应的资金支持，但这部分资金占比较少，一般不超过资金来源总额的 15%。

(2) 风险控制方面。

美国的消费金融公司将市场定位于收入水平较低、工作不太稳定、信用水平不高、难以获取银行贷款的中低端客户群。虽然美国消费金融公司的服务对象成为银行无法惠及到的客户的有益补充，但因其提供的经营业务主要涉及信用贷款和次级贷款等存在较高违约率的领域，所以，美国的消费金融公司面临较高的经营风险。

(3) 金融监管方面。

美国国会或政府对消费金融公司的监管较为宽松，在股东来源方面未作限定，银行、工商企业以及个人都可以成为消费金融公司的股东。监管部门也并未对金融公司的业务范围、产品品种以及服务对象进行详细的规定，只是要求金融公司遵循所在州有关某类业务的具体运作细则。

在美国，具有代表性的消费金融公司要数美国的花旗金融公司，它是花旗集团的子公司。作为美国消费金融业的先驱，花旗金融公司在美国消费金融市场上具有举足轻重的地位，其发展和进步对美国消费金融市场具有深刻的影响。美国花旗消费金融公司成立于 20 世纪初，最初经营商业贷款，在 1918 年加入了汽车消费分期付款的业务，汽车消费分期付款业务的巨大成功使得公司开始将其他金融消费品也逐步纳入分期付款的业务范围。目前，花旗消费金融公司的业务范围主要涉及个人贷款、按揭贷款或居民家庭再融资贷款以及房屋贷款等多个方面。

花旗消费金融公司发展历史悠久，规模庞大，因而在同类市场中拥有较高的知名度和较强的品牌力量，在其发展过程中也积累了丰富的经验。在组织机构设立方面，花旗银行零售业务部门与花旗控股的消费金融机构进行花旗集团消费金融业务活动的开展。其中花旗银行零售业务不是花旗银行的一个事业部，而是独自进行核算和经营相关业务活动，但经营的花旗集团消费金融业务量较少，只有 7%左右；花旗金融集团(CitiHoldings)控股的消费金融机构有 Primerica 与花旗财务公司等，它们主要是提供汽车按揭贷款、信用卡业务以及房地产抵押贷款等金融服务，占据了花旗集团消费金融业务量的 93%。美国花旗金融集团作为全球金融服务的领先者，采用面对面式的直接服务，拥有遍布北美地区的上千多家分支机构，凭借其方便、快捷、高效的消费信贷申请服务，在美国甚至海外拥有庞大的客户群，客户满意度的极高。在风险管理模式上，花旗消费金融公司有一整套的贷款风险评估方法。依托完善的社会信用信息体系，对客户进行细分，针对不同风险的客户，采用差异化审核流程以及多样化的催收方式保证贷款的回收率。对于自身无力收回的贷款往往打包销售给专门的催收公司。在产品供应方面，花旗消费金融公司利用自身分支机构、耐用消费品销售点、邮局网点构建分销网络，通过提供 POS 销售终端贷款和信用现金贷款等方式进行服务。

2. 欧盟国家消费金融公司的发展状况

在欧洲国家和地区，消费金融公司的出现要晚于美国，其产生可以追溯到 20 世纪六七十年代。在经历了近半个世纪的发展后，欧洲国家的消费金融公司已经发展成为向消费者提供消费信贷资金的主要部门和机构，消费金融公司的完善和发展有效地填补了商业银行等金融机构在消费信贷市场上的空缺，在积极完善消费信贷市场的同时，也推动了金融创新的发展。欧盟地区已经成为仅次于美国的全球第二大消费金融市场。

欧盟消费金融公司的经营有以下几个特点。

(1) 业务经营模式。

欧盟消费金融公司主要是采用全面的产品营销模式，在拓宽自身业务领域的同时，特别注重发展潜在的消费客户群，以及业务、产品等方面的延展性服务。另外，欧盟消费金融公司在经营业务时，也非常重视与生产销售企业以及银行等金融机构保持密切联系，建立良好的合作关系，以利于消费金融公司业务的顺利开展。

(2) 贷款审批。

欧盟消费金融公司对消费信贷资金的发放有着严格的贷款审批程序及贷后追踪管理机制。消费信贷资金发放后，消费金融公司需要对贷款客户的相关账户进行实时监控，持续更新客户的资料库，做到及时、准确地掌握客户的最新动态，从而将贷款风险降到最低。

(3) 信贷模式。

欧盟消费金融公司主要实行以金融机构为主体的直接销售模式和以产品零售商或批发商为主体的间接销售模式。

欧盟具有代表性的消费金融公司当属 Cetelem 公司，它是欧洲地区首家向消费者提供消费信贷资金的金融服务机构，是法国巴黎银行的全资子公司，成立于 1953 年，现已发展成为一家包括信用卡业务、分期付款业务汽车贷款及个人贷款等多种金融产品业务的大型跨国集团，通过许多大型零售商、批发商的合作经营方式，为全球近 30 个国家和地区的消费者提供包括销售点终端信贷、信用卡、分期付款、个人贷款等多样化的消费信贷产品。

Cetelem 公司的业务范围涉及面比较广泛，有个人贷款、抵押担保贷款、信用卡业务以及援助类业务等。个人贷款业务涉及摩托车贷款、汽车贷款、房屋装修贷款、旅游贷款等个人耐用品项目贷款；抵押担保贷款业务的种类主要是指与房屋建筑相关的贷款，可以分为购房贷款、房屋装修贷款、房屋租赁贷款等相关贷款；信用卡具有循环信贷功能，因而信用卡具有方便快捷的特性，是一种比较便捷的短期贷款方式；援助类业务主要是指消费金融公司为客户提供的用于聘用律师等专业法律顾问的相应贷款，用来帮助客户解决生活中出现的各种矛盾。

3. 日本消费金融公司的发展状况

日本的消费金融业已经有几十年的发展历史，因其起步早，所以日本的消费金融市场发展成熟度要高于我国。日本是亚洲地区消费金融起步较早的国家，二战后的 50 年代末至 60 年代出现了日本信贩、三洋商事等对工薪阶层小额贷款的非银行融资公司。20 世纪 60 年代末至 70 年代末，民间金融公司开始向一般消费者发行信用卡，20 世纪 70 年代末，美国等外国消费金融公司涌入日本，日本人的消费观念发生变化，信贷业市场迅速发展。日本在 20 世纪 80 年代就已经进入了大众消费时代，消费信贷规模不断增长，在 1982—1990 年的 9 年间，日本消费信贷的年平均增长率超过 18%，远远高于同期工商业贷款将近 9%的高增长率水平，而此时，以电视机、洗衣机和电冰箱的迅速普及为标志，消费金融业务蓬勃发展起来。此外，日本的消费金融业由于受美国及欧盟国家的影响较为深刻，因而在业务范围、经营模式及组织方式等方面非常广泛，经营灵活。日本的消费金融公司采用与银行相结合的方式，二者通力合作，利用对方的专业、人才与市场优势，通过彼此进行交叉销售的方式，进行相关产品的营销，这种营销模式的优点在于消费金融公司可以借助银行的品牌效应进行业务的迅速扩张,从而更好地带动日本消费金融公司的发展。

日本消费金融公司的业务类型经历了由最初的汽车贷款、电子产品贷款,发展到房屋、家具、教育、婚庆、旅游以至服装消费贷款项目,贷款涉及的范围十分广泛。另外,消费贷款种类也由一开始的指定消费品或服务贷款发展到不指定用途的一般消费贷款。日本消费金融业的繁荣和快速发展对于刺激日本国内消费需求、促进生产起到了积极的作用,在一定程度上支持了日本在 20 世纪六七十年代的经济腾飞。然而,日本消费金融公司的过快发展也给自身及消费群体带来了一些问题:由于贷款消费行为的急剧增长,使得部分信贷资金的借入者面临负债过高、难以偿还的问题,一方面加重了借款人的生活负担,也使得消费金融公司面临贷款难以收回的风险;另一方面,消费金融机构的快速增长使得消费贷款的竞争日益激烈,呈现恶性竞争的局面,从而使整个金融系统面临不稳定因素的影响。

日本消费金融公司的经营有以下几个特点。

(1) 设立方式。

日本的消费金融公司通常隶属于大型企业或银行等金融控股公司,并作为这些大型集团业务的一部分。

(2) 设立主体。

日本消费金融公司的设立主体十分广泛,可以是商业银行,也可以是企业集团,或者是其他符合相关规定的金融机构等。

(3) 经营模式。

采用与银行相结合的方式,二者通力合作,双方利用对方的专业、人才与市场优势,通过彼此进行交叉销售的方式,进行相关产品和服务的营销。

以日本武富士消费金融公司为例。武富士金融公司曾是日本消费金融业的巨头,在当时的日本消费信贷市场上具有举足轻重的地位。其最初业务主要是向普通百姓家庭提供小额消费贷款,用于日常生活用品的购买,类似于我国的高利贷。到 20 世纪 60 年代以后,随着日本消费金融业的快速发展,欧美一些消费金融企业逐渐涌入日本,进一步推动了日本消费金融业的繁荣。此时的武富士消费金融公司由于得到国外企业的注资,获得了较快的发展,取得了较高的利润。但是,由于武富士消费金融公司发放消费贷款的利率较高,外加物价上涨等外部因素的影响,使得大量贷款无法按期归还,甚至有些根本无法收回,另外,由于有些催收贷款手段不规范,使得武富士消费金融公司产生了很多负面的社会影响。到 2006 年,日本政府为了规范金融市场的运行,对消费信贷行业进行了全方位的改革,这些改革的落实以及 2008 年全球金融危机的打击,使得武富士消费金融公司陷入了前所未有的困境。武富士消费金融公司在 2010 年 9 月底向东京地方法院申请了破产保护,随后在东京交易所的股票摘牌退市,正式退出了日本的消费金融业。

3.4.2 我国消费金融公司的发展情况

1. 发展概况

为了扩大内需,减轻国际金融危机对我国经济增长的影响,2009 年 7 月,银监会公布《消费金融公司试点管理办法》并正式启动消费金融公司试点审批程序。2009 年,银监会

消费金融与供应链金融

在对国际、国内消费金融市场充分调研的基础上，报经国务院批准，在北京、天津、上海、成都四地分别试点设立一家消费金融公司。2013年9月，新增12个试点城市，试点范围进一步扩大。2015年6月，国务院召开常务会议，决定将消费金融公司试点扩大至全国。截至2016年9月，全国已有17家消费金融公司开业。

最初获批的消费金融公司试点之时有诸多限制条件，例如，出资人最低持股比例为50%，消费金融公司只能在注册地所在行政区域内开展业务等。不过，上述限制条件并没有阻碍消费金融公司的发展速度，4家消费金融公司在试点初期均实现了盈利。

北银消费金融公司于2010年3月1日成立，成立初期由北京银行独立注资3亿元，2013年6月完成增资，引入西班牙桑坦德消费金融公司，以及利时集团、联想控股、大连万达等国内知名民企，股东数量达到10家，注册资本增至8.5亿元。截至2013年10月末，北银消费金融公司贷款规模突破70亿元，客户数量突破12万户，人均创利近百万元。2013年1月1日至6月27日，北银消费净利润为人民币7018万元。在天津地区试点的捷信消费金融公司在天津地区累计服务客户达18万人次，在前两年均实现了贷款总额翻倍。捷信消费金融的数据显示，2012年共发放近296万笔贷款，总金额为77亿元，整体盈利约5000万元。四川锦程消费金融有限责任公司2012年年报显示，2012年年末，公司总资产为32 925万元，净资产为32 429万元，贷款余额为30 609万元，2012年度实现净利润为920万元。2012年11月27日举行的天津消费金融论坛上披露消费金融公司经营状况时指出，中银消费已实现盈利。

消费金融公司试点运营以来，主要发起人及股东由首批的以银行系为主，逐步拓展到家电制造企业、零售百货企业、运营商和电子商务企业等。伴随发起人和股东的多元化，业务模式日趋多样。银行系消费金融公司借助股东银行的优势，依托银行的优质客户资源，逐步扩展产品范围、下沉业务渠道，形成"自上而下"的业务模式；外资消费金融公司秉承母公司小额消费信贷国际经验，依托零售商户网点资源，建立广泛、稳定的客户基础，业务拓展"自下而上"。随着互联网技术的快速发展及传统消费模式线上化的转变，具有零售商背景和众多客户资源的消费金融公司开始积极探寻线上、线下互动的业务模式，为客户提供可任意切换的全渠道服务场景，全面提升客户体验、完善消费金融服务体系。

2. 发展面临的困境

消费金融公司在我国诞生之时，被赋予"促进国内消费""丰富金融机构类型""满足不同层次消费需求"的使命。这几年的发展取得了一定的效果，但在业务开展中也存在不少的问题，加之宏观层面受经济新常态的影响较大，内外双重因素制约了消费金融公司在我国的发展，消费金融公司在发展过程中面临以下几个问题。

(1) 传统的消费观念和尚不完善的社会保障体系限制业务需求。消费金融的发展可为消费增长提供动力和杠杆，但居民收入增长和社会保障制度完善是消费提升的核心所在，也是促进消费金融的基础性力量。我国居民长期保持着量入为出、重物质性消费、轻服务性消费的消费理念。虽然近年来贷款消费的观念逐渐被接受，但分期借贷消费的观点还未深入人心。与此同时，人均收入水平仍然较低，社会保障体系不完善，教育、住房价格高企也助推了预防性储蓄的需要和行为。这些因素造成消费金融快速发展的基础难以在短时期内形成。

(2) 同业间替代效应引发激烈的市场竞争。随着国内消费市场的不断发展，商业银行逐步搭建起"大零售"的组织框架，将消费信贷业务从原来的信贷业务中独立出来，成立专门的部门从事和管理消费贷款。信用卡业务已抢占了消费金融大部分市场。相比于银行个贷、信用卡这类门槛较高的消费信贷业务，近年来兴起的小额贷款公司、网贷公司等新兴金融业态同样涉及个人消费信贷业务。这类机构以小额、分散为原则，面向中低收入群体发放消费信用贷款，与消费金融公司业务同质性极强。相比之下，小贷公司、网贷公司所处的监管环境更为"宽松"。小贷公司由地方金融办负责审批，市场准入门槛较低。形成了小贷公司、网贷发展迅猛而消费金融公司规模有限的现状。与传统银行业和新兴金融业相比，消费金融公司处于相对弱势的地位，面临着极为激烈的市场竞争。

(3) 个人信用体系不完善加大经营风险。消费金融贷款快速审批、无须抵押和担保的独特优势，对个人信用体系提出了更高的要求。目前我国可用于参考个人信用信息的数据库只有央行征信系统、公积金以及社保等，且这些数据库只提供基本信息，没有个人信用评价指标和评级，给消费金融公司短时间内甄别个人信用情况带来困难。消费金融公司投入更多的资金和精力建设征信系统，依赖自身去搜集众多的个人信用信息，以做好贷前信用评价，防范信贷风险。

@ 3.5 国内外消费金融公司典型

3.5.1 国外消费金融公司典型企业

1. 西班牙桑坦德消费金融公司

桑坦德消费金融有限公司(Santander Consumer Finance，S.A)作为全球最大的消费金融公司，是西班牙桑坦德银行有限公司的全资子公司，也是桑坦德集团消费金融业务的主体公司，于 1963 年在西班牙成立。作为欧洲地区领先的消费金融零售商，桑坦德消费金融公司的主要业务包括汽车金融(新车和二手车)、个人贷款、信用卡、租赁、耐用消费品贷款和其他业务。

(1) 业务模式："漏斗式"的营销模式。

桑坦德消费金融公司主要通过与遍布全国的汽车经销商和零售商密切合作的方式开展贷款业务，采取以汽车经销商和零售商为对象的间接营销与以个人客户为对象的直接营销相结合的模式，进一步优化配置信贷资源与风险成本。

在这种模式中，汽车经销商和零售商既是客户，也是渠道。桑坦德消费金融公司通过与遍布全国的汽车经销商和零售商合作，将办理贷款的场所直接放在经销商和零售商的营业网点，借助这些商家积累多年的口碑与声誉，由经销商和零售商负责对个人客户进行营销，初步获取客户，在短时间内打开市场，进一步积累品牌效应。随后，公司根据经销商和零售商所收集的个人客户信息和付款记录，建立个人客户资料数据库，采取"漏斗"模式，基于一定的条件筛选目标客户群，通过营销邮件、电话呼叫与短信等方式，进一步将其转变为直接个人贷款客户,不断扩大客户群。这种独特、高效的销售模式和渠道管理可以帮助其主动寻找和吸引目标客户,而不是被动地等待未知的客户上门。

(2) 风险控制:自动化的信贷管理模型。

桑坦德消费金融公司利用自动化的贷款审批系统,根据标准化的客户信息输入即可完成快速审批,并能够有效地控制有关风险,识别防范欺诈行为。

公司通过自动化与高集成度的评分卡系统集中处理贷款申请,对客户进行贷款审批。公司日常业务中,87%的汽车贷款和98%的耐用品贷款审批都通过评分卡进行,剩余的贷款则进入风险审批中心由分析师人工审批,较大程度地避免了人工处理的操作风险。公司的客户数据库能够自动地对不同合约的信息进行相互匹配,如发现不匹配的情况将发出警报。公司设立的反欺诈委员会将会对发出识别警报的申请人信息进行监测与分析,及时发现污点申请人并采取相应的措施,从而有效地避免信贷欺诈行为。在催收上利用客户细分技术,结合还款行为特征和预期损失风险评分对客户进行细分,并根据评分情况采取不同的催收手段,以确保催收效率的最大化。目前,公司针对 90 天内逾期债务进行电话和现场催收,对 90 天以上逾期债务采取法律诉讼,对其中一些仍有还款可能的逾期贷款则由专家组提供综合的再融资及整改方案。

2. 美国运通

美国运通公司(American Express)是国际上最大的旅游服务及综合性财务、金融投资及信息处理的环球公司。美国运通公司创立于 1850 年,总部设在美国纽约,在信用卡、旅行支票、旅游、财务计划及国际银行业占领先地位。2015 年苹果公司联手美国运通公司在全球推广"苹果在线支付"。在美国运通公司提供的众多的金融及旅游产品和服务中,美国运通卡为知名度最高的产品。自 1958 年美国运通卡首次发行以来,以不预设消费限额及提供高水准服务而享有世界第一流消费卡声誉,为千百万美国运通卡会员及全球绝大多数跨国公司采用,在《财富》杂志所列的 100 家全球最大跨国公司中有 90 家采用美运通公司卡及商务旅行服务。美国联邦政府系统也全面采用美国运通公司卡及商务旅行服务。

在中国,包括酒店、餐厅、商店、航空公司等众多窗口行业都接受美国运通卡签账。资料显示,美国运通卡占外来信用卡在中国消费的 45%,此外,外国游客使用美国运通产品在中国旅游消费约占中国旅游外汇收入的 15%。随着中国出境旅游的增加,美国运通还为中国公民提供了美元公司卡。

20 世纪 50 年代,发展信用卡的不仅有大莱和运通两家,而且有许多运通模式银行。但除了美洲银行卡后来演变为 Visa 的前身之外,其他的银行信用卡都失败了。例如,大通银行也是 20 世纪 50 年代开始推出信用卡的,但到了 1962 年就因不堪亏损重负而卖掉了信用卡业务。关键原因是,当时的美国银行法禁止跨州银行业务。由此,这些银行卡无法用于最需要信用卡、也是最早接受信用卡的行业——旅游业,使其在银行法允许的区域范围内,很难达到经营信用卡所必要的规模效益。大莱和运通当时发行的都是签账卡,其实也要提供短期信贷,以在持卡人每月付账之前支付商户。但因算作"支付业务"而非信贷业务,因此不受银行法的地域约束。所以,大莱和运通从一开始就是面向全国市场发展的业务,并积极拓展国际业务,能很快达到规模经营。

1966 年,两大银卡联盟的成立突破了银行法的地域限制,使银卡业的格局发生了根本的改变。从那时起，所有的银行都可以加入银卡联盟。因此，VISA 和 MasterCard 集所有银行的实力与大莱和运通卡竞争，它们后来居上并进而称霸银卡市场的大趋势几乎是不可避免的。虽然两大银卡联盟从一开始就受到反垄断法诉讼的挑战，但它们初起时力量都不大，没有市场影响力，而且没有它们，银行无法突破银行法的地域限制，所以它们多次胜诉。究其原因是因为它们已经太强了，有明显的市场影响力。而且美国银行法对跨州经营银行业务的禁令已经取消，银卡联盟已经失去了作为唯一的补偿体制缺陷的机制功能。

运通从 1986 年就推出了循环信用卡。它的旗舰产品仍然是签账卡。随着运通交换网络向其他发卡公司开放，运通卡的产品结构组成和网络运行模式都有可能发生根本的改变。因此，运通卡近半个世纪树立起来的运通模式到底还能维持多久，还是一个问题。

3. 日本乐天

乐天株式会社是日本最大的电子商店"乐天市场"经营者，1997 年 2 月 7 日由三木谷浩史创办。日本乐天株式会社和马云的阿里巴巴集团一样都从电子商务起家，最后做到了在国内获得了巨大市场份额的互联网服务公司。

乐天株式会社自 2000 年开始便积极地进行并购。作为乐天集团从电商互联网服务走向互联网金融的第一步，2003 年 11 月，乐天收购了 DLJdirect SFG 证券公司(现为乐天证券)。乐天希望收购的证券业务可以与乐天集团电商等业务相互促进，使证券业务为乐天带来更多的会员，让乐天在线零售平台"乐天市场"积累的大量会员转化为证券业务的消费者，通过互联网的方式，让证券投资变得更为方便，从小众变得逐渐普及，并通过提供金融服务扩大集团的业务范围，夯实乐天集团的发展基石，增加收益机会。

2004 年 9 月，乐天以 74 亿日元收购信用卡贷款公司"AOZORA 卡"，2005 年 6 月又以 120 亿日元收购信用卡发卡公司"国内信贩"，开始发行信用卡"乐天卡"。乐天的信用卡业务不仅可以线上支付，也可以线下支付。在日本，由于信用体系较为完善等原因，日本在线零售市场前三位的支付手段是信用卡、货到付款、银行转账。第三方支付工具目前几乎没有什么市场(日本经济产业省的统计结果)。对 7 成交易都是通过信用卡来支付的"乐天市场"而言，信用卡是把控消费资金来源的重要支付手段，与电商业务关系紧密，信用卡于乐天而言就好比支付宝在阿里的位置一样重要而不可或缺。同时，消费者在"乐天市场"的消费记录可以成为发行信用卡的授信依据；信用卡业务将为乐天带来手续费收入等营收增长点；另外，信用卡不仅可以在线上消费，也可以在线下消费，线上线下消费获得的积分可以共通使用，一张卡片打通了线上和线下的消费场景，成为乐天 O2O 部署的利器之一。乐天将"乐天信用卡"作为其金融发展的绝对核心，投入了大量的资源。

2009 年 2 月乐天收购了日本第二个网络银行 eBANK Corporation(现为乐天银行)。银行吸储功能为乐天带来了大量资金，存款资金池里面的钱可以源源不断地为乐天的业务拓展补充能量。使用乐天银行提供的服务获取的积分可以用于在线购物等其他服务，通过其他服务获取的积分也可以支付银行手续费。乐天银行 2009 年 4 月推出的"超级贷款"是面向个人的融资信贷产品，申请人可以是消费者，也可以是个体户。乐天银行不提供面向法人的融资贷款，但是法人代表可以以个人的身份向乐天银行申请贷款。"超级贷款"不限制用途，最高可以获取 500 万日元的贷款，对除了个体户和法人代表以外的一般消费者，200 万日元以下的贷款不需要提供收入证明，借款人无论是否有正式工作，都可以从乐天获取贷款。乐天集团曾于 2006 年与"东京都民银行"达成合作协议，面向中小企业和个人提供贷款，开设"东京都民银行乐天支店"，但该业务于 2008 年底关闭。

2010 年 1 月，乐天集团收购了 bitWallet 公司(现为乐天 Edy 公司)，乐天 Edy 公司提供了电子货币技术。Edy 的名字意味是希望成为欧元(Euro)、美元(Dollar)、日元(Yen)之后的第四基准货币。Edy 电子货币在日本充值方便、支付便捷，便利店、电器店、药妆店、餐馆、酒店等都可以使用，甚至在机场基本上都可以消费。

2012 年 12 月，日本乐天株式会社推出首个移动支付系统，定名为 Smartpay，目前该服务仅针对日本市场。该项服务使用硬件连接到设备读取卡，可用于 iOS 和 Android 设备。

3.5.2 国内消费金融公司典型企业

1. 北银消费金融公司

1) 公司简介

北银消费金融公司作为我国第一家消费金融公司，是北京银行独立注资的全资子公司，2010 年 1 月 6 日获得中国银监会的批准，开始筹建，并于当年 3 月 1 日起正式营业。在成立初期，北银消费金融公司的经营对象主要定位于具有稳定收入来源的年轻人以及年轻家庭或者中低收入群体。

从目前来看，北银消费金融公司的主要经营业务有两种：个人耐用消费品贷款以及一般用途贷款。个人耐用消费品贷款资金只能用于申请购买家具、家电等耐用消费品，一般用途消费贷款项目主要用于房屋装饰装潢、旅游消费以及婚庆等。另外，公司还推出了别具特色的产品助业贷与应急贷等品种。这些特色产品的推出，可以有效地满足特定消费群体多样化的消费需求。

2) 经营特点

北银消费金融公司在产品和服务开发过程中秉承立足市场、服务百姓的经营理念，积极凸显消费金融业务"无担保、金额小、审批快"的特点，最大限度地满足百姓的消费需求。在目标客户方面，北银消费金融公司将主要经营对象定位于具有稳定收入来源的年轻人以及年轻家庭或者中低收入群体。消费者可以依据自身实际情况，决定选择分期还款方式还款，但还款期不得超过 3 年。还款时，客户只需将相应还款金额按月存入北京银行的借记卡账户中，也就是通过北京银行卡来完成客户对贷款金额的偿还。

3) 主要产品

北银消费金融公司的主要产品包括以下几种。

(1) 直接支付类产品。

直接支付类贷款产品是由客户申请通过后，由北银消费金融公司直接将一定额度的贷款发放到客户指定的账户上，以供客户用于消费使用。

产品特点：①受理平台广，可通过互联网、移动终端、北银消费金融公司营业厅、自助机具、人工电话等平台进行贷款申请。②申请金额大，根据个人信用记录最高申请额度可达 20 万元。

产品种类包括：①线上互联网：轻松 e 贷、极速贷；②线下营业点：轻松贷、白领贷、惠农贷、尊享时贷、助业贷等。

(2) 受托支付类产品。

受托支付类贷款产品是由客户在北银消费金融公司合作商户店面购买商品或服务时，通过申请北银消费金融公司个人贷款，办理消费分期，由北银消费金融公司替客户将费用支付给商户，客户直接享受商品或服务的产品。

产品特点：①审批速度快，平均 30 分钟可完成贷款审批。②还款更灵活，客户可通过任意一张带有银联卡标识的借记卡进行还款。③选择多样化，北银消费合作商户遍布全国多个省份，覆盖了众多行业。

产品种类：轻松付、易分期。

(3) 循环信用类产品。

循环信用类贷款产品是由北银消费金融公司根据客户的信用情况，向客户提供一个可以循环多次使用、提取现金的贷款产品。客户可以根据消费习惯选择使用实体卡或者虚拟卡。

产品特点：①一次审批，循环使用。②按日计息，随借随还。③取款便利，使用自由。

产品种类：Mini 循环消费贷、循环时贷。

如表 3.6 所示为北银消费金融公司主要产品介绍。

表 3.6 北银消费金融公司主要产品介绍

产品名称	特 点	申请条件
轻松付	用于购买电器等耐用消费品，贷款款项直接汇入合作商户账户	年龄在 18～65 周岁；具有稳定的职业或收入；具备良好的信用记录；客户具备还款意愿；持有北京银行或农业银行借记卡
轻松贷	用于日常购物、旅游、婚庆、装修、培训等消费事项，贷款额度不超过 20 万元，贷款款项直接汇入借款人指定账户，无须提交资金使用凭证	
极速贷	用途及资金划转路径与"轻松贷"相同，借款期限不超过 3 个月，允许提前还款，无须提交资金使用凭证	
Mini 循环消费贷	小额循环信用产品，借款人持 Mini 卡可在北京银行柜台和 ATM 机取款，但无法进行刷卡消费。额度最高为 1 万元，无须提供资金使用凭证	
助业贷	针对迎接毕业生发放，可用于购买家电、家具、教育、旅游等各类消费支出。贷款额度本科 6 千元，硕士 1 万元，博士 1.5 万元	

4) 风险控制

在有效防范和化解信用风险方面，北银消费金融公司在 2013 年 6 月与第二大股东——西班牙桑坦德消费金融公司签署了全面战略合作协议。通过与国外股东公司的战略合作，并依托先进的技术，北银消费金融公司建立了消费信贷管理系统、业务分析管理系统、欺诈拦截平台、客服中心系统等多个平台，更加科学地对客户的信用等级进行评判，并由此确立客户的授信额度和贷款利率，确保了贷款在整个前、中、后端的业务平台上顺利办理，有效地提前预防了客户的欺诈风险和信用风险，并为公司业务的大力发展提供了强有力的科技支撑。

在防范和化解操作风险方面，北银消费金融公司通过招聘和筛选，不断精进个贷业务及风控管理方面的业务人才，从我国台湾地区聘请经验丰富的专业人士作为中层领导干部，不断提升公司内部员工的整体素质。与此同时，积极进行业务训练，增强每个员工的整体素质和业务能力，避免在业务操作方面出现失误，减少犯错的概率。目前公司内部经过各种培训，队伍逐渐强大，在营销、审批、风控和运营以及客服等方面均已达到了专业的素质水平。

2. 中银消费金融公司

1) 公司简介

作为国内首批试点的消费金融公司，中银消费金融有限公司于 2010 年 6 月在上海浦东正式挂牌成立。作为中国银行的控股子公司，其资产主要来源于中国银行、百联集团以及上海陆家嘴金融发展有限公司的合力注资。虽然中银消费金融有限公司的经营业务与中国银行的经营业务是相互独立、互不干涉的，但在一些资源的共享上，中银消费金融公司受到中国银行以及百联集团等股东单位的支持与帮助。

2) 经营特点

从 2012 年起，中银消费金融公司着手建立以"流水线、标准化、自动化"为特征的信贷工厂运营平台，该平台主要由 BPM 审批工作流系统、授信决策引擎系统、核心业务系统、电商作业平台等核心部件组成。在这种运营模式下，公司以流水线方式处理全国的贷款申请、审批、放款和还款操作，自动化审批率超过 80%，日贷款处理能力达到 10 000 笔以上，审批和放款时间在同业中均处于领先地位。2015 年，中银消费金融公司实现增资扩股，股东增至 6 家，除原股东中国银行、百联集团、陆家嘴金融发展有限公司之外，中银信用卡(香港)、博德创新、红杉盛远也成为公司新股东，业务规模进一步扩大。截至 2016 年 9 月，中银消费金融公司的合作商户及网点已达 1000 多家，业务遍布全国近百个城市，客户数量超过 30 万。

中银消费金融公司在经营模式上主要是采取发卡的方式，即对办理消费贷款的客户发放"消费卡"，这种卡类似于信用卡，具有一定的额度限制，可多次使用，需在专门的 POS 机上刷卡消费。但此卡卡号并非消费者账号，这一点区别于商业银行的信用卡。另外，以后发给消费者联名卡，也使用原有的卡号，刷卡消费和还款的模式依然不变。

3) 主要产品

中银消费金融公司产品介绍如表 3.7 所示。

表 3.7 中银消费金融公司产品介绍

		产品介绍	申请条件
现金贷	信用贷款	专为个人消费者推出的一款无抵押、免担保的现金贷款产品。最高贷款额度 20 万元	①年龄 18～65 周岁的大陆公民 ②在申请地有稳定工作和收入 ③申请人无不良征信记录 ④申请金额 10 万元及以上的客户需有本人、配偶或未成年子女名下的当地房产
	乐享贷	专为个人消费者推出的一款抵押消费贷款。可接受无抵押的房产、申请地商业银行为第一抵押权人的房产以及以申请地商业银行和住房置业担保公司共同为第一抵押权人的房产。最高贷款额度 20 万元	①年龄 18～65 周岁的大陆公民 ②在申请地有稳定工作和收入 ③申请人无不良征信记录 ④客户需有本人名下的当地房产
商户专享贷	语言培训类	专为有语言教育培训需求的消费者提供的一种专属消费信贷解决方案。最高贷款额度为 5 万元	①20～40 周岁的大陆公民 ②在申请地有稳定的工作和收入 ③申请人无不良征信记录
	职业技能类	专为有职业技能培训需求的消费者提供的一种专属消费信贷解决方案，最高贷款额度为 5 万元	①20～40 周岁的大陆公民 ②大专及以上学历 ③申请人无不良征信记录
	装修专享贷	专为有装修服务需求或家装商品购买需求的消费者提供的一种专属消费信贷解决方案，最高可提供 20 万元的融资服务	①20～60 周岁的大陆公民 ②在本地有稳定的工作及收入 ③申请人无不良征信记录 ④拥有房屋产权
	学车专享贷	专为有学车需求的消费者提供的一种专属消费信贷解决方案，最高可提供 1 万元的融资服务	①20～40 周岁的大陆公民 ②在本地有稳定的工作及收入 ③申请人无不良征信记录
	租房专享贷	专为有租房需求的消费者提供的一种专属消费信贷解决方案，最高可提供 5 万元的融资服务	①20～40 周岁的大陆公民 ②在本地有稳定的工作及收入 ③申请人无不良征信记录
互联网贷款	信用金	专为有短期小额周转性消费支出需求的消费者提供的一种短期、小额现金融资服务	①20～45 周岁的大陆公民 ②有稳定的工作及收入 ③申请人无不良征信记录
	旅游专享贷	专为有旅游需求的消费者打造的一款"先旅游，后付款"的旅游分期服务	①20～60 周岁的大陆公民 ②有稳定的工作和收入来源 ③申请人无不良征信记录

续表

		产品介绍	申请条件
互联网贷款	信用起航	是专门面向全国正规大学毕业生(含硕士博士)客群的一个专属金融产品，主要是给刚刚踏入社会的毕业生提供一系列资金解决方案，并且在提供服务的同时，帮助毕业生建立信用档案，培养信用观念，树立正确的信用消费意识，为其步入职场和社会奠定良好的信用基础	①应届毕业生 ②已签署三方就业协议 ③申请人无不良征信记录

4) 风险控制

在技术层面，为了规避人为的操作风险的频繁发生，中银消费金融公司在 2012 年研制开发了全新的贷款实时自动化处理平台，将贷款审批周期控制到了半小时之内，自动化审批率高达 70%，构建了自动审批、授信的高效业务处理平台，削减了人工耗费，减少了成本支出，增加了盈利。同时通过"互联网消费信用贷款"的模式，与多家电商公司合作，从以前单纯的百联集团到后来与数十家知名超市、电器、家装和驴妈妈旅游网、随心贷等企业合作，扩大了客户使用消费贷款的范围，充分连接了线上和线下两个平台，完善了营销渠道，有效地避免了各种人为操作风险的发生。

在产品营销方面，中银消费金融公司根据消费热点进行了行业细分，逐渐深入家电、旅游、教育培训等热门行业，依靠强大的技术和科技的支撑，逐渐建立起了针对特定行业的不同类型的在线消费融资服务模式。为了减少信用风险的发生，在 PC 端开发了在线申请平台模式，首创了上门面签的创新服务模式，创新开发了面签 APP。这种模式使得客户不再需要为了提交申请而带着一大堆纸质材料去银行网点办理业务，而且面签的时间和地点完全由客户自己安排，更加方便灵活，规避了面签环节中各项风险的发生。例如，在家电行业内，中银首创了门店受理 APP 的服务平台，依托技术手段，使得受理人员和受理位置等信息真实有效，更加全面地规避了一些客户进行套现的风险。

在整体风控环节，为了规避信用风险，中银消费金融公司按照我国银监会颁布的《消费金融公司试点管理办法》的要求，建立了较为完善的风险评估和控制体系。具体表现为：利用主动风险评估技术，对客户进行阶段性风险评估，并由此对客户的授信额度和利率等指标主动进行调整；对客户的征信真实性、收入真实性进行深入调查；利用 email、手机短信和固定电话等各种方式提示客户按时还款；逾期未还款的，则采取冻结额度和增加利率以及开征罚息，甚至包括司法诉讼等方式进行约束和制约。

3. 马上消费金融股份有限公司

1) 公司简介

马上消费金融股份有限公司由重庆百货、北京秭润、阳光保险、重庆银行、浙江小商品城、物美控股六家股东组成。从股东结构来看，重庆百货、浙江小商品城、物美控股 3

家零售企业的用户超过两千万,其中已开通会员卡的超过 1 千万人,具有扎实的线下数据基础,成为马上消费金融公司重要的用户来源和推广渠道,借助这一优势,公司无须设置物理网点也可轻松地实现产品线上线下的全国覆盖。

2) 经营特点

公司采用线上、线下相结合的业务模式。马上消费金融以线下客户挖掘为基础,以线上互联网推广为引擎,通过基础设施、平台、渠道、场景四个方面扩展互联网平台业务、差异化产品设计、建立核心竞争力的业务模式,充分利用互联网的优势做连接,批量获客。目前已经在传统 3C、家电、电商、旅游等方面推出产品,并连接了很多合作伙伴。

马上消费金融公司自 2015 年 6 月正式开业以来,产品上线后仅 8 个月累计贷款额就突破 10 亿、周放款量突破 1 亿,注册用户接近 140 万。2016 年 6 月,马上消费金融完成了增资扩股,增资扩股后注册资本为 13 亿元,成为"注册资本第三大"的持牌消费金融公司。

3) 主要产品

(1) "马上金融"。

客户可以不用抵押,不用担保,通过手机客户端 APP "马上金融"随时随地申请贷款,最快 3 分钟即可完成审批和放款,最高申请额度为 20 万元,是客户随时提现的小钱袋。在借款周期上,提供 6、9、12、15、18 期的多阶段借款周期,贷款周期最长可达 24 期。而且可以通过信用累积循环使用贷款额度。这也是马上消费金融公司依托互联网属性,对消费金融产品创新的一大举措,有利于满足消费者个性化、差异化的消费金融服务需求。利率高低按照借款人的信用情况,信用越好,利率越低。申请额度为个人最高 20 万元,系统会根据借款人提交的资料进行综合评定,给出和借款人的还款能力相匹配的额度。在提交申请及相关材料后,进入审批流程,审批通过后,最快 3 分钟即可放款。

(2) "马上分期"。

"马上分期"是基于用户在特定消费场景使用的一款信贷分期产品。用户选定商品后,通过"马上金融"客户端"扫一扫"功能即可进行申请,3 分钟之内完成审批,货款支付给商家后,用户即可享受服务。每个用户最高申请额度为 20 万元,提供 3、6、9 等多期还款周期,最长 36 期。根据用户的信用情况确定利率,信用越好、利率越低。用户如若申请退货,商家负责退回货款。用户可随时发起主动还款,如果发生逾期,按照贷款合同规定计收违约金。

4. 天津捷信消费金融公司

1) 公司简介

由中东欧最大的投资集团 PPF 集团全资建立的捷信(中国)消费金融有限公司是我国第一家由外商独资设立的消费金融公司,于 2010 年 12 月 1 日在天津正式挂牌成立,注册资金为 3 亿元人民币。捷信消费金融公司依托 PPT 集团在国际消费领域里的丰富实战经验以及在国际市场上树立的品牌效应,因而更加具备国际战略眼光和销售策略。捷信消费金融公司落户天津,为天津市民提供无担保无抵押的消费信贷资金,用于购买一般消费用品和耐用消费品,同时,在天津为大众消费者提供具有"店内销售分期付款"特色的各类产品和现金贷款产品。

2) 经营特点

捷信消费金融公司的经营特点主要表现在以下几个方面。

(1) 店内销售和直销渠道相结合的销售方式。捷信消费金融公司相对于其他三家消费金融公司，其最突出的特点就是拥有最广泛的分销渠道和网络：店内销售和直销渠道相结合的销售方式。店内销售主要是捷信消费金融公司与批发商或零售商建立起合作关系，而直销渠道主要是通过邮寄或电话销售的方式。

(2) 无户籍限制的规定。捷信消费金融公司实行贷款无户籍限制的规定，只要贷款客户在向捷信消费金融公司提出申请时出示身份证、社保卡或是驾驶证等相关有效证件即可。

(3) 来自捷信集团的强力支持。捷信(中国)消费金融有限公司是捷信集团的成员。捷信集团作为中亚市场和中东欧市场领先的消费金融服务商之一，是 PPT 集团的成员，而 PPT 集团是一家国际投资集团，活跃于金融服务、私募股权和房地产行业等。

3) 主要产品

(1) "商品贷"。

商品贷即店内商品分期付款，即客户在与捷信有合作的商店在选购自己心仪的耐用消费品，然后以分期付款的形式买单。

(2) "捷现贷"。

捷现贷专为每月有薪金收入的新客户设计。贷款金额 5000 元至 2.5 万元，还款期限灵活，可以满足个人消费所需。

4) 风险控制

捷信中国在深圳总部投巨资建立了数据中心与提供贷款审核的后台服务中心，并建立了标准化程序。捷信中国在国内其他城市的各分支机构共享深圳总部的风险控制技术和后台服务中心，此服务中心可实现日处理 10 万个贷款合同，每日像流水线生产产品一样，通过标准化程序，将数量庞大、复杂多样的消费信贷业务打包成业务群，批量审理来自国内各分支机构的贷款申请合同，不仅提高了效率，还节约了时间成本和人工成本，实现了规模效应。

5. 华融消费金融

1) 公司简介

华融消费金融股份有限公司成立于 2016 年 1 月 26 日，是经中国银监会批准设立的全国性非银行金融机构，注册地位于安徽合肥，首期注册资本为 6 亿元人民币。华融消费金融由中国华融作为主发起人，联合合肥百货、深圳华强、新安资产等出资人共同设立。

华融消费金融公司分别与融 360、微粒贷、"Wecash 闪银"、"量化派"、亨元金融、用钱宝等多家业内知名机构签约，达成了关于发展普惠金融的战略合作协议。

公司坚持"以普惠金融为宗旨、以小额分散为特色、以互联网大数据为基础、以线下线上为依托"的经营理念，发挥"央企实力、服务大众、互联网金融、全国展业、小额分散、方便快捷"的经营特色，实施"12345"发展战略，即：一个定位：注册地在合肥，立足安徽、辐射全国，发展成为一家全国性的互联网消费金融机构；两个基础：线下和线上，互联网应用和大数据挖掘；三个原则：充分服务地方经济，充分植入互联网基因，充分利用股东资源；四个特色：批量化获客、特色化产品、大数据风控、低成本运营；五个优势：打造品牌、产品、渠道、资金、服务五大优势。

2) 经营特点

华融消费金融公司坚持"消费金融、惠及民生"的经营宗旨，可满足客户 1000 元以上消费的融资需求，单个客户不超过 20 万。贷款无抵押、无担保，月收入 2000 元以上的个人即可申请。客户主体是中低收入人群，80 后年轻白领、蓝领，两新人群(社会新人、新家庭)。在渠道建设方面，华融消费金融推出了官方网站、Pad 端、APP、微信端"四屏联动"的客户服务体系。

3) 主要产品

在产品设计上，华融消费金融公司打造了以"华融钱袋"为核心的产品体系，推出了多款独具特色的信贷品种，包括居家贷、畅游贷、喜庆贷、教育贷等"随便花"系列现金贷产品，"帮你付"受托支付产品以及"任意贷"循环贷产品。

(1) "随便花"系列现金贷产品主要包括："居家贷"：满足客户装修、购买家电、家具等消费需求的现金类贷款。

(2) "畅游贷"：满足客户旅游出行资金需求的现金类贷款。

(3) "喜庆贷"：满足客户婚庆类消费需求的现金类贷款。

(4) "美丽贷"：满足客户美容美体等消费需求的现金类贷款。

(5) "极客贷"：满足客户购买数码类等高新科技电子产品消费需求的现金类贷款。

(6) "教育贷"：满足客户及其家庭教育、培训、学习消费需求的现金类贷款。

4) 风险控制

风险控制是金融的生命线。在征信数据分散化、碎片化的背景下，消费金融公司与大数据征信公司合作，能够提高防范风险的能力，成为快速获取用户的重要手段。华融消费金融公司全面达成与 Wecash 闪银的项目合作，通过大数据技术和机器学习技术，实现了从数据采集、分析、风险评估到授信等环节的网络化、效率化。

相比传统金融的"一对一"获客，消费金融与互联网融合促进获客方式更趋批量化和智能化，可以有效地整合线上线下资源，做优做强消费金融。华融消费金融公司与量化派签约，这是一家数据驱动的消费金融科技公司，运用欧美成熟的量化方法及金融经验，通过整合互联网及传统数据源，帮助消费场景实现流量变现，帮助金融机构获取优质资产。

国内外消费金融公司在目标市场定位方面具有一定的相似性，都是将消费金融公司的目标客户定位于收入不高，向银行贷款能力不强的中低端客户群。此类群体收入不高，储蓄有限，获得银行贷款的金额也十分有限，但通常具有较高的消费信贷需求，消费金融公司深入挖掘这类客户，不仅可以获得稳定充足的客户资源，还能有效地避免与商业银行等大型贷款机构的激烈竞争，从而使消费金融公司获得持续的发展。欧美国家建立了较为完善的个人征信系统体系，能够为包括消费金融公司在内的消费信贷机构提供全面的客户信用记录，这使得消费金融公司对客户的资信状况有了更为全面的掌握，减少了信息不对称，降低了消费金融公司经营消费信贷业务的风险。我国目前征信体系的不完善势必对消费金融公司的稳健运行产生一定的影响，因此，应尽快完善我国的征信体系。

3.6 互联网时代下消费金融公司的发展趋势

3.6.1 互联网对消费金融公司的价值体现

1. "数据"价值

从经营本质上看，消费金融公司是资金中介，互联网是信息中介，"数据"是互联网对消费金融公司最大的价值所在。消费金融公司的客户数据特点是真实性和可靠性强、结构化程度高、价值密度大、无须处理太多噪声数据，其缺点是数据封闭、缺乏足够的私人数据和社交关系。而互联网上海量的用户资源及其丰富的个人数据信息可以与消费金融公司数据形成良好的互补。在互联网的帮助下，消费金融公司可以实现对客户数据的深度挖掘，并在此基础上利用大数据技术进行精准营销、优化产品设计和客户管理。

2. "渠道"价值

互联网打破了地域限制、客户和业务的范围边界，可以极大地拓展客户范围，对消费金融公司有非常重要的"渠道"价值。目前，消费金融公司线下发展基础较为稳定，已经拥有创新的产品设计以及完善的风险控制体系，但线上消费金融市场的竞争格局尚未确定，仍存在业务创新的无限可能。互联网是信息传播最快的途径，可以有效地扩大消费金融服务的半径。目前，优质的互联网企业已经成为消费金融公司的重要合作对象。

3.6.2 线上线下业务并存发展

消费金融公司将继续保持线下优势，在发展线下场景、奠定良好的线下市场基础的同时逐步探索线上市场，实现线上线下业务互通，为客户提供多种服务渠道，提升客户黏性。未来消费金融公司将是线上线下多种形式并存，但不论在线上还是线下，消费金融公司为个人服务、为小客户服务的定位不会变，做消费贷款、信用贷款的业务定位不会变，"小额、分散"的业务原则不会变。消费场景成为竞争焦点。场景上的不断拓宽纵深是消费金融发展的重要趋势。消费金融是金融与消费的融合，消费金融公司未来的竞争优势将体现在对消费场景的把握上。通过设计针对特殊场景的金融产品，将金融产品全面嵌入众多的消费场景中，实现金融与场景的无缝对接，一方面可以提升基于消费场景的客户体验，同时使得借款目的更明确、反欺诈审核更精准，有助于降低风险；另一方面让消费金融产品有了更长的生命周期。从未来发展趋势看，消费金融公司将在消费场景布局上展开激烈竞争。

大数据将发挥更大的作用。互联网在消费金融领域中的快速渗透带来了新的业务模式和风控手段。利用大数据技术，消费金融公司将推动内部驱动管理模式的转变、营销模式的创新和 IT 系统架构的变革，为战略决策提供重要的依据。基于数据而形成的大数据风险控制模式也是消费金融公司的重要发展方向，可以助力多维度识别客户和评估风险。同时，对行业客户相关的海量服务信息流数据进行捕捉及分析，将有利于开发新的预测分析模型，有助于实现精准销售，提高客户转化率。

本章总结

- 消费金融公司是指经批准设立的不吸收公众存款，为居民个人提供以消费为目的的贷款的非银行金融机构。消费金融公司的经营具有小额化、大众化和便捷化的特点。消费金融公司在业务上跟传统商业银行个人贷款等消费信贷主体有相似之处，但在目标群体、经营方式等方面各具特色。消费金融公司针对中低收入阶层，提供无担保、无抵押的用于消费目的的抵押贷款，违约风险较大。在风险控制方面，主要依托于央行征信数据和场景化消费中客户消费过程中反馈的数据。消费金融公司的经营具有场景化的特点，客户获得消费贷款的主要形式是商品或服务，消费金融公司也提供直接贷款，但主要是针对信用水平较高的客户，发放的贷款单笔数额较小。

- 从股东背景角度来看，消费金融公司可分为银行系消费金融公司、产业系消费金融公司和电商系消费金融公司。目前我国消费金融公司中，银行系占主导地位，主要代表有北银消费金融、中银消费金融等；产业系主要依托于线上和线下的海量消费场景，产业系消费金融公司通常将消费金融业务作为促进其主业发展的重要环节。在融资成本上，挂牌的消费金融公司经批准可以发行金融债券和境内同业拆借，资金成本较低；电商系发展迅猛，电商自营消费金融服务的最强核心竞争力在于场景的丰富程度和征信体系的建设。

- 消费金融公司未来的竞争仍将体现在对消费场景的把握，消费金融公司自身拥有的场景以及潜在的场景扩展空间成为其占据市场的重要优势。从趋势上看，金融产品与消费场景和上游产业链的结合进一步加深，消费金融对金融产业链的渗透正在由获客渠道深入信审风控等各个环节。消费金融未来制胜的关键在于把握用户交易数据和足够的消费场景。在"互联网+"模式下的消费金融行业整体还处于起步阶段，渠道和场景是必争之地。

本章作业

1. 简述消费金融公司的经营特点。
2. 从消费金融公司与各信贷主体的异同点出发，分析消费金融公司的服务优势。
3. 查找相关资料，分析海尔消费金融公司的运作方式。

第 4 章

互联网消费金融

本章目标

- 掌握互联网消费金融的含义、特点与作用
- 掌握互联网消费金融的产业链
- 掌握四种不同模式的互联网消费金融
- 掌握互联网消费金融的风险防范措施

本章简介

互联网消费金融作为一种全新的消费金融模式,不仅促进了我国消费市场的活跃,带动了经济的发展,还为我国金融市场提供了一种创新的金融模式,将消费与金融有机结合,再充分利用不断普及的互联网技术,使得金融资源错期配置,整个消费市场得以实现快速扩张。从 2010 年首批消费金融公司成立到 2015 年消费金融公司的试点范围扩大至全国,再到发放电商消费金融牌照和不断加大政策支持力度,互联网消费金融市场呈现一片蓝海。

本章将重点讲解互联网消费金融的产业链,并对比分析四种不同的互联网消费金融模式,在此基础上分析互联网消费金融的风险并提出防范措施。

消费金融与供应链金融

@ 4.1 互联网消费金融概述

4.1.1 互联网消费金融的内涵

所谓互联网消费金融，是"互联网+消费金融"的新型金融服务方式，它以互联网技术为手段，向各阶层消费者提供消费贷款的金融服务，是传统消费金融活动各环节的电子化、网络化、信息化，其本质还是消费金融，但相较于传统消费金融，互联网消费金融大大提升了效率。在我国，互联网消费金融有着特定的经营服务范围。《关于促进互联网金融健康发展的指导意见》将互联网金融业态分为互联网支付、网络借贷、股权众筹融资、互联网基金销售、互联网保险、互联网信托和互联网消费金融七大类。其中，互联网支付、网络借贷和互联网消费金融属于广义消费金融的范畴。

伴随着我国经济的高速发展，人民生活水平的不断提高，消费者自身的消费意识和消费意愿增强，消费倾向也从以前的基本物质消费开始更多地转向休闲等更高层次的消费。此外，近年来，随着云计算、大数据、第三方支付等互联网技术的飞快发展以及网络的不断普及，以电子商务为发展渠道的新型消费模式逐渐成为新一代人重要的消费方式，尤其受到80后、90后这些当前消费市场上主力军的偏爱。

互联网消费金融的驱动力同传统的消费金融一样，都是消费者，它只是依托互联网平台敲碎了商品的价格壁垒来使消费者更容易得到想要的商品，从而真正刺激消费。互联网消费金融通过消费信贷分期还款等方式对金融资源错期配置，可以使整个消费市场实现快速扩张。但与传统消费金融相比，互联网消费金融的信息技术风险更加突出，会对行业造成破坏性的影响。在信用风险上，由于我国尚未建立起完善的征信系统和健全的信用环境，个人贷款违约风险较大，互联网消费金融企业在识别客户信用这一环节，无论从成本还是效率方面，仍难以与传统金融机构的信贷审核部门匹敌。此外，互联网金融行业所倡导的普惠金融理念会将原先未被覆盖的"长尾"人群纳入消费金融的服务体系，这类人群可能欠缺相应的金融知识和风险承受能力，容易扩大金融风险。

4.1.2 互联网消费金融的特点

由于互联网消费金融是将互联网与消费金融有机结合，所以其自身的特点也是将两种场景紧密结合而呈现出来的。

(1) 金融场景互联网化。在传统观念中，大部分消费金融场景是以房贷、车贷为中心，有抵押、有担保性质的大额消费贷款。艾瑞咨询2014年年底对中国消费贷款的调研数据显示，从2007年起，房贷、车贷、信用卡之外的消费贷款需求在逐步增强，仅在2017年这一比例就从3.1%扩大到12%左右；同时，贷款周期也将从中长期贷款向短期贷款转移，2017年短期贷款的比例从9.5%扩大到32.5%左右。新型的消费金融场景将不断出现，并且呈碎片化、互联网化的趋势。近几年，伴随着互联网电子商务的崛起，线下资金流、物流、信息流逐步转移到线上，完全打破了线上、线下的界限，最终会实现动态平衡。实现金融场景互联网化是互联网消费金融的核心内容之一。

(2) 产品互联网化。互联网消费金融产品创新的重要途径就是产品互联网化，产品互联网化的核心在于用户互联网化。80 后、90 后、00 后是天生的互联网人，互联网消费需求与日俱增，网上消费已经是年轻人最主要的消费方式。所以，专注于互联网用户消费需求和体验，是实现互联网消费金融产品互联网化的不二法则。

(3) 渠道互联网化。消费场景由实体渠道向互联网化发展，用户维护、用户体验、用户沟通和支付渠道等的互联网化，以及因移动互联、社交网络和大数据应用的发展而被颠覆的传统营销——这一切均决定着依托于场景的消费金融的获客渠道的互联网化趋势。具体来说，互联网化的渠道拓展主要包括：借助互联网渠道扁平化的优势快速扩大业务规模；利用渠道和客户的信息及数据、进行更加精准的营销；利用互联网增加与客户的沟通频率，从产品设计角度提升客户体验；同时帮助渠道优化交易流程、降低运营成本等措施。

(4) 规则风控和数据模型风控并重。得益于政府和监管机构对互联网消费金融的倾力支持，获取央行征信、公安部、社保等机构的权威性数据的门槛对从业机构不再难以跨越。想要推动信用基础设施建设，很重要的一点就是推动更准确、更敏捷、更科学、基于大数据的风险控制体系。这种基于互联网与金融结合的体系是通过设定消费者的历史申请、信用、行为、交易记录以及社交、公共事业等指标，运用 FICO 决策引擎来前置信用风险和反欺诈规则；并通过线性/非线性回归和机器学习等大数据方法建立完善的风控模型，完成基于风险等级的定价。在申请到放款的整个流程中，使用图像、语音识别、人脸识别、虹膜识别等尖端技术支持，使审批流程告别传统面签模式，进入更轻松的新生活时代。风控体系与互联网金融的碰撞，从根本上缩短了审核周期。风控也是互联网消费金融的命脉，是整体运营的重中之重。

(5) 支付互联网化。伴随互联网技术的升级和进步，支付行业逐渐从线下走到线上，支付介质也从有形实体走向虚拟化。金融场景的互联网化必然导致网络支付，尤其是移动支付将成为发展的必然趋势。对于基于互联网特别是移动互联网场景的互联网消费金融来说，贷款发放、消费支付、客户还款等功能，都能满足"用户动动手指即可实现"的要求，真正做到简单、便捷、迅速地满足客户的需要。

(6) 服务互联网化。服务互联网化简单来说就是，"只要用户能上网，就能为用户提供服务"，让用户感受到无所不在的服务，即云化的服务。服务形式不应该局限于单纯的一问一答，而以文字、图片、视频等多媒体化服务，充分体现与客户的互动性。融入用户的社交圈，满足用户不同场景的服务需求。服务体现了对客户的关怀，应及时、全面、周到，互联网消费金融的客服中心应将来自微信、APP、Web 上的 IM 以及传统的语音服务等融合到一个平台进行与用户的统一交互，这样，多渠道的用户交互信息汇聚，更便于描绘客户画像、认清客户并抓住其最真实的需求。

(7) 基础设施互联网化。从传统金融到互联网金融，多元化消费的前提是基础设施建设，2015 年 7 月，央行等 10 部委联合发布《关于促进互联网金融健康发展的指导意见》，提出从业机构相互合作，基础建设是合作的前提，而互联网金融需要以云平台为基础建立支付体系、信用体系，做到行业内信息便捷的共享。与传统金融相比，互联网金融打破了地域限制，真正做到以用户为中心，依托不同的场景进行简单交易，同时不失安全保障。

整体来说，互联网消费金融绝不是仅仅将互联网作为一个工具或一个途径，更不是行业流行语中所谓的"一种思维模式"。互联网消费金融应充分利用互联网的优势，利用规则风控和大数据模型，快捷、迅速、安全地为客户提供面向全场景的消费金融服务，真正做到以用户为中心，为用户提供绝佳的用户体验。

4.1.3 互联网消费金融在我国的发展

1. 发展历程

国际上，消费金融体制已有 400 多年的发展历史。最早时，由于产能过剩，为了扩大产品销售，制造商和经销商对产品进行分期付款销售，带来了消费信贷的迅速发展。

中国的消费金融公司概念最早出现在 2009 年。2009 年，我国宣布启动消费金融公司试点。2010 年，银监会发布《消费金融公司试点管理办法》，之后北银、锦程、中银和捷信四家消费金融试点公司获批成立，发起人分别为北京银行、成都银行、中国银行和外资 PPF 集团。消费金融公司的成立填补了我国金融行业的空白，使金融服务更加细化，可以满足不同群体消费者不同层次的消费金融服务需求。

首批成立的 4 家消费金融公司业务快速扩张，但贷款规模仍然不足 100 亿元，只占一般性消费信贷中非常少的一部分。而且由于 4 家消费金融公司有 3 家是以银行为主导，所以在成立之初，消费金融遭遇了一个尴尬的现实：消费信贷业务基本被银行信用卡覆盖，那些无法申请信用卡的客户也比较难获得消费信贷。在行业发展最初的几年间，消费金融业务模式与业绩饱受争议，参与主体的数量也没有进一步放开。

2013 年，消费金融公司试点进一步扩大，消费金融公司准入门槛放宽。2013 年 9 月，银监会修订《消费金融公司试点管理办法》并公开征求意见。与旧的管理办法相比，增加了鼓励民营资本进入、允许依托零售商网点开展异地业务、允许接受股东境内子公司及境内股东的存款等多项规定。政策层面的放松吸引了各路资金涌入消费金融领域，其中以银行的表现最为抢眼。2014 年 8 月，银监会批复同意招商银行旗下全资子公司香港永隆银行与中国联通筹建"招联消费金融有限公司"，这是自 2013 年 9 月底银监会扩大试点范围后首家获批筹建的消费金融公司。2014 年 10 月，兴业银行获准在福建省泉州市筹建兴业消费金融股份有限公司。该公司注册资本 3 亿元，其中，兴业银行出资占比 66%。之后，银监会陆续批复苏宁云商等消费公司筹建。2014 年年初京东白条的上线和 2014 年 7 月天猫分期的推出，标志着大型电商平台介入消费金融领域，互联网消费金融的发展进入重要阶段。随后，总部位于青岛的海尔消费金融公司、位于武汉的湖北消费金融公司、位于南京的苏宁消费金融公司、位于重庆的马上消费金融公司也相继开业。2015 年 11 月 19 日，位于广州的中邮消费金融公司成立；2015 年 12 月 28 日，位于杭州的杭银消费金融公司成立。互联网金融平台大举发展消费金融业务，逐渐成为消费金融服务的新兴力量。

至 2015 年 6 月 10 日，国务院常务会议决定将消费金融公司试点扩至全国以增强消费对经济的拉动力之后，消费金融政策限制破冰，放开市场准入，将原在 16 个城市开展的消费金融公司试点扩大至全国，这对促进我国内需消费增长和我国经济的转型意义重大。之后的两个月内，超过 12 家消费金融公司获准开业，这一数量接近之前五年消费金融公司的总和。在消费贷款规模上，2015 年 6 月份当月，消费贷款在短期贷款中的占比就上升到 43%，消费贷款投放余额占比与年初相比，提高了 1 个百分点。

2015 年 7 月，经党中央、国务院同意，人民银行等 10 部委联合发布《关于促进互联网金融健康发展的指导意见》，更加速了消费金融产品的诞生。

2016 年 3 月，央行、银监会联合印发《关于加大对新消费领域金融支持的指导意见》，从积极培育发展消费金融组织体系、加快推进消费信贷管理模式和产品创新、加大对新消费金融重点领域的金融支持、改善优化消费金融发展环境等方面提出了一系列金融支持新消费领域的细化政策措施。

消费金融成为竞逐"蓝海"的背后，既有强大的消费动力做支撑，又以迅猛的消费贷款为预期。中国人民银行公布的数据显示，中国消费性贷款规模 2012 年达 115 万亿元，2013 年达 142 万亿元，2014 年达 171 万亿元，消费贷款正以每年 20%以上的速度递增。来自波士顿咨询的数据预测，P2P 的主要客户群体——中国"年轻一代"的人数和消费收入在快速增长，到 2020 年，年轻一代在消费总额当中的占比预计将由目前的 45%升至 53%。政策支持、经济转型、消费剧增、征信和风控体系的完善、技术的进步对于消费金融的发展都会构成利好，而前卫消费的理念将会使消费金融的规模越发铺开，消费金融这一巨大的版图似乎可以容纳无限多的可能。这是一个广阔的市场，同时充满了挑战。

2. 发展状况

互联网消费金融作为传统金融与互联网技术的结合，代表着两种经营方式和理念的转变。从传统金融机构和互联网企业的互联网消费金融模式看，我国互联网消费金融正处于初步融合阶段。部分传统金融机构建立自由的电商平台，如工行的"融 e 购"等提供分期购物等方式，打造客户消费和支付融资金融服务平台。与此同时，互联网企业开始涉足消费金融行业，如京东白条、蚂蚁花呗等通过大数据分析授予用户数额不等的信用额度用于平台消费，使得消费场景从线上扩展到线下，消费信贷特点更加突出。

本书采用广义的消费金融概念来分析互联网消费金融，认为互联网消费金融是指通过互联网来向个人或家庭提供的与消费有关的支付、储蓄与理财、信贷以及风险管理等金融活动。互联网消费金融的主要业务可分为第三方支付、互联网理财与互联网贷款三类。提供互联网消费金融服务的机构主要是互联网金融企业，也包括传统的消费金融机构。当前我国互联网消费金融的发展状况主要体现为以下几个方面。

(1) 以电商巨头为代表的互联网企业积极介入消费金融市场。

互联网企业最早介入消费金融市场的业务是第三方支付，例如，阿里巴巴在 2004 年就推出了支付宝，其后，腾讯于 2005 年推出了财付通，百度于 2008 年推出了百付宝。自 2010 年发放"支付业务许可证"开始，第三方支付进入快速发展的轨道。至 2013 年年底，第三方支付机构数量已超过 250 家，市场规模达 16 万亿元。第三方支付的业务大致可分为互联网支付、移动支付、收单、预付卡四类。目前，互联网支付已开始向证券、基金、保险等多个行业领域渗透，而移动支付被认为是电子支付的发展方向。

互联网理财是互联网企业介入消费金融市场的另一个重要业务。互联网理财主要有P2P理财和"宝"类理财两种形式。P2P网贷于2006年进入我国，近几年发展迅速，据易观智库的监测数据显示，2014年P2P行业规模达2012.6亿元人民币。"宝"类理财产品则始于2013年6月阿里巴巴集团旗下的第三方支付平台支付宝推出的余额宝。

互联网贷款早前主要有P2P网络借贷和互联网小额贷款两种形式，但它们主要服务于小微企业，而较少服务于消费者个人。新近出现的互联网银行则把消费金融作为重要业务来发展，例如，2015年1月4日成立的深圳前海微众银行将自己的服务重点定为个人消费者和小微企业。近年还出现了一种类互联网消费金融公司的互联网贷款形式。京东最先作出尝试，于2014年2月推出"京东白条"，使用自有资金为商城客户提供最长30天免息延后付款或3~24个月分期付款。天猫紧随其后，于2014年7月推出了"天猫分期购"。这些公司所从事的业务和消费金融公司非常类似，不过由于它们将贷款限定在自己的客户群，因此属于零售信用范畴。

除以上三类互联网金融业务之外，与消费有关的互联网金融业务还有其他的创新形式。例如，百度与中信信托、中影股份、德恒律师事务所于2014年9月联合推出的"百发有戏"，从消费者角度看，它将消费者的个性化消费与投资理财较好地结合了起来，是一种非常有创意的消费金融形式。

(2) 传统消费金融机构纷纷"触网"。

传统消费金融机构主要包括商业银行和消费金融公司，互联网金融机构介入消费金融业务，自然会对它们形成一定的影响，不过对二者的影响并不相同。

目前来说，互联网金融机构开展消费金融业务主要是在自己的线上客户中，且所涉支付、投资理财和消费的金额较小，与银行消费金融的目标客户群存在一定的差异，因而对商业银行的影响暂时不是太大。

但是，对于消费金融公司来说，由于它们和互联网金融机构的目标客户比较重叠，且后者在客户基础、业务范围、信用评估、风险控制等方面有明显优势，因而会面临比较大的竞争压力。

商业银行基于成本考虑，往往将目标客户定位于中高收入人群。不过，互联网金融正在改变着商业银行的这种观念。根据互联网经济学理论，互联网经济具有边际效用递增、边际成本递减的特征，因此互联网金融可以利用互联网活动中的边际效用递增规律来优化个人金融服务模式，使资金融通的时间、空间和数量边界得以扩展。商业银行可以通过金融业务互联网化、自建互联网金融品牌以及与互联网金融机构合作等方式来参与互联网金融活动，以增强自己的竞争力。从实践来看，一些商业银行已在积极行动。例如，中信银行就非常重视布局互联网金融和金融互联网，以互联网来推动自己的产品创新、渠道创新、服务创新和管理创新。

消费金融公司的发展一直面临着较大的困境，存在着业务范围受限、同业竞争比较优势缺乏以及风险控制难度大等问题。在当前互联网金融背景下，消费金融公司有必要探索一种基于互联网的运营模式，以降低成本，增强自己的业务优势。

近年来，随着我国经济发展方式的转变，扩大内需、刺激消费已成为推动我国经济增长的重要驱动力。居民消费能力的提升和消费观念的升级又进一步推动着我国消费金融市场的发展。互联网对传统经济模式的全面渗透，必然会为我国的消费金融注入新的活力。

2015年是我国互联网金融的监管元年，相较于传统金融业的高准入门槛和严格监管，互联网金融行业相对较低的准入门槛和宽松的监管政策使其诞生之初便得以快速发展，P2P网贷、众筹融资、第三方支付等如雨后春笋般野蛮生长。但监管的滞后性也导致行业发展良莠不齐，系统风险不断加大。2015年密集落地的互联网金融政策在一定程度上规范了互联网金融这一新兴业态的发展，并为隶属于互联网金融七大业态领域的"互联网消费金融"带来了新的发展契机。

我国消费金融市场潜力巨大，随着我国居民收入水平、消费能力的稳步提升以及一系列消费刺激政策的出台，我国的消费及金融产业正在快速发展。根据中国人民银行公布的数据显示，我国目前的消费金融以中长期贷款为主，2015年短期消费信贷为44.28万亿，仅占全年消费贷款的21.48%，与欧美发达国家50%的比例有着明显的差距。由此可见，我国短期消费贷款市场的潜力巨大，具有较高的成长性。来自艾瑞咨询的报告显示，2015年中国消费信贷规模达到19万亿元，同比增长23.3%，依然处于快速发展阶段。中国消费信贷规模在未来依然仍将维持20%以上的快速增长趋势，预计2019年将达到41.1万亿，是2010年的5倍以上。消费拉动经济增长的趋势将持续显现。

我国互联网消费金融产业链在逐步壮大。我国日臻完善的金融体系、多样化的社会融资渠道、不断刷新的金融创新速度，为消费金融产业的发展奠定了较为坚实的基础。以银行、消费金融公司、小贷公司、互联网企业等为主体参与构建的互联网消费金融产业链正在不断丰富和发展壮大。一方面，互联网技术的发展和互联网精神所倡导的"开放、平等、协作、分享"，为传统的消费金融注入了新的活力；另一方面，基于电子商务的新型消费生态正在逐步形成，丰富的消费场景和消费需求成为拉动消费金融需求的新的增长点。

3. 互联网消费金融的作用

随着国家加大对国内消费市场的政策支持和人们收入的不断增加，我国消费水平得以稳步快速发展，这也促进了消费的升级。从国家层面的基本政策导向来讲，积极发挥新消费引领作用，加快培育形成新供给新动力，是更好地满足居民消费需求、提高人们生活质量的内在要求；是加快推动产业转型升级、实现经济提质增效的重要途径；是畅通经济良性循环体系、构建稳定增长长效机制的必然选择。

在我国经济发展减速的新形势下，互联网消费金融作为一种全新的消费金融工具，在释放国民消费潜力、完善金融市场结构、提升经济发展质量等方面均发挥着重要的作用。具体表现为以下几个方面。

1) 改变消费金融市场格局

(1) 消费金融市场发展不平衡的局面将得到改变。互联网消费金融的发展使得消费将逐渐覆盖不同地区、不同收入的几乎所有网络人群，这有助于改善发达地区和不发达地区、城市和农村消费金融发展不平衡的局面。由于消费金融的边际成本极低，原来被忽视但数量庞大的客户群体将受到关注，许多潜在的利基市场将被打开，处于不同细分市场的客户群体的需求都将得到满足。

(2) 消费金融市场主体将呈现多元化趋势。随着互联网消费金融的发展，原来消费金融市场上以商业银行为主、汽车金融公司和消费金融公司为辅的局面将被打破，市场主体趋于多元化。背景各异的互联网金融企业将进入消费金融领域，专注于在各细分市场提供专业化的消费金融服务。此外，传统金融机构和互联网金融机构也会加强合作甚至相互融合。

(3) 消费金融市场创新产品将层出不穷。互联网为消费金融提供了强大的渠道挖掘能力和信息组合能力，使得各种创新产品的出现成为可能。从已有实践可以看到，互联网消费金融在支付、投资与理财、信贷等方面已经推出了许多创新产品，也具备推出更多创新产品的能力。此外，由于互联网消费金融往往是针对某个细分市场来设计产品，因而创新产品的质量会比较高而成本会比较低。

2) 提高消费金融市场效率

(1) 互联网金融机构和传统金融机构的相互竞争将使消费金融市场的产品定价更为合理。传统金融机构提供支付、理财、信贷、信用卡等方面的消费金融产品，互联网金融机构也会以一种更"亲民"的互联网方式提供，这无疑会对传统金融机构形成压力，同时促使其对产品做出更为合理的定价。例如，互联网各类理财产品大量出现后，其巨大的吸金能力抬升了商业银行的资金来源成本，一度给商业银行造成了巨大的压力，促使商业银行不得不提高其对利率的定价能力。

(2) 采取线上业务模式将极大地降低消费金融机构的运营成本。借助互联网开展金融业务的最大好处是可以极大地降低成本，完全采取线上业务模式运作的金融机构不需要设立网点，所有消费金融业务都在网上进行，这无疑可将消费金融机构的运营成本降至最低。如深圳前海微众银行就是一家这样的纯互联网银行。传统金融机构通过机构互联网化后，可采取线上和线下相结合的运营模式，也会大大降低其运营成本。

(3) 专注细分市场将增强消费金融机构的产品创新能力。互联网金融机构大多专注于细分市场，其好处是可以有针对性地开发创新产品，以最好地满足客户的需求。例如，京东针对校园、教育、旅游等不同的消费场景推出不同的"白条"产品。同时，对于消费金融公司来说，也需专注细分市场，以更好地发挥自己的产品创新能力。

(4) 运用大数据技术将提升消费金融机构的风险管理能力。互联网金融机构目前还不能像传统金融机构那样从人民银行征信系统获得个人数据，不过它们可以挖掘大数据这一宝藏，运用大数据技术来进行信用评估和风险管理。随着征信体系的完善，互联网消费金融机构和传统消费金融机构都将可以利用大数据技术来提升自己的风险管理能力。

4.1.4 互联网消费金融与网络借贷的区别

2015年下半年以来，专注于个人消费金融业务的互联网金融服务迅速兴起，也就是互联网消费金融。与传统的P2P模式相比，二者虽然都属于互联网金融的服务范畴，但是服务的借款对象截然不同，也就是资产端的不同。下面从资产端方面，看看互联网消费金融与传统P2P的根本区别。

1. 服务对象不同：中小微企业与个人消费

在传统 P2P 平台进行投资理财的资金一般借给了有资金需求的中小微企业，可能用于厂房扩建，可能用于企业运营，也可能是过桥资金，钱借给企业以后被花在哪里，投资人很难一一查证。

互联网消费金融，顾名思义，就是向消费者提供消费贷款的互联网金融服务方式。例如，在美利金融平台，投资人的钱借给了有消费需求的年轻人，他们无论是买一部手机还是买一辆二手车，都是在消费场景中确切发生的，借款人虽然提交借款申请，但是，美利金融和合作商户进行现金结算，借款人拿到手的是他分期购买的商品实物。也就是说，每一笔借款都有明确的借款目的，投资人知道自己的钱被买了什么。

2. 风险管理模式不同：线下审核与反欺诈

传统金融对借款项目审核，多为线下审核，通过"三品""三表""三单"(三品：人品、产品、抵押品；三表：水表、电表、税表或海关报表；三单：对账单、出入库单、工资单)这九条审贷主线进行审核。但是，国内很多小微企业(含个体工商户)存在经营不规范、财务报表不健全等问题，例如，很多小微企业的流水不走企业，而是通过实际控制人对账单来体现，这就要求对企业的对账单及实际控制人的对账单一并审核。对于依赖线下风控手段的传统 P2P 而言，一方面中小微企业的经营特点各异，所以在审批过程中存在各类问题；另一方面，互联网的高效率与线下繁杂的风控流程具有一定程度的服务不对称性，因此，传统 P2P 对小微企业的风险把控可能会受到影响。

在风控方面，互联网消费金融逐渐建立起了高效、高预测能力的申请评分模型，实现利用大数据来交叉验证的反欺诈技术，例如，美利金融所有借款客户开发、征信、审批、对接到平台的过程都由美利金融的工作人员完成，不依赖任何第三方。另外，如果用户借钱买一部手机，其还款能力本身没有问题，那么主要应考虑他的还款意愿，在这个层面上，就可以通过交叉验证诸多信息把认为存在潜在欺诈倾向的人驱逐出去。

3. 发展环境不同：经营压力与消费驱动

在近几年宏观经济环境不景气的背景之下，小微企业的生存压力逐渐变大，尤其是各种社会资源更青睐大中型企业，令小微企业发展受限。虽然国家不断鼓励中小微企业发展，但收效甚微，在国内经济进入"新常态"的过程中，这一现状可能仍会持续。

在 2015 年的 G20 峰会上，习近平表示，前三季度在中国的经济发展中，消费对经济增长的贡献率近 60%。近年来，国家消费政策持续发力，数据显示，2016—2019 年中国消费信贷规模将维持在 20%左右的复合增长率，预计 2019 年将超过 37 万亿，相较于 2015 年增长 1 倍。简单来说，就是消费市场巨大且受国家政策的支持。

目前，传统 P2P 面临的资产荒问题其实也与经济下行压力加大、优质的中小微企业资产数量日益减少有很大的关系，而与之相反的是，在国家政策的大力鼓励下，国内消费市场对消费信贷的需求正逐渐加大。

4. 资金用途不同

对于传统 P2P 平台而言，借款者借款的用途主要用于企业运营和过桥贷款。而对于互联网消费金融来说，消费者贷款的目的是用于购买商品。

@ 4.2 互联网消费金融产业链

在我国经济发展减速的新形势下，互联网消费金融作为一种全新的消费金融工具，对于释放国民消费潜力、完善金融市场结构、提升经济发展质量均发挥着重要的作用。

总体来看，互联网消费金融的出现恰逢其时，它除了保留了消费金融的特点，还将互联网技术应用到消费金融中，使二者整合起来，在购买和支付环节上实现了互联网化。

无论是传统金融主体如商业银行、消费金融公司等参与主体，或是以京东、阿里等为代表的电商企业，还是以人人贷、拍拍贷为代表的 P2P 网贷平台等，这些主体通过不同的方式和途径都在推动着互联网消费金融产业的快速发展，形成了完整的互联网消费金融产业链。

这条完整的互联网消费金融产业链包括上游的资金供给方、消费金融核心圈及下游的催收方或坏账收购方，其中消费金融核心圈又包括消费金融服务提供商、零售商、消费者和征信评级机构四部分组成。

其中，消费金融核心圈分为消费者支付和消费金融服务提供商支付两大模式，第三方独立征信与评级在现阶段缺失，消费金融服务提供商风险控制成本较高。

消费者支付模式是消费金融服务提供商先给消费者发放贷款，消费者在消费时自行支付给零售商，这种模式的产品主要有信用卡和综合性消费贷款，对于综合性消费贷款，消费金融服务提供商难以控制消费者的资金流向。对于消费金融服务提供商支付模式，本书将在互联网消费金融服务提供商处详细阐述。

互联网消费金融产业链主要包括四类参与者：①消费者。消费金融的核心，利用金融机构提供的资金进行消费，在约定时间进行偿还；②金融机构。包括商业银行、专业消费金融公司、电商企业等，根据消费者的信用状况、消费能力等提供资金给消费者；③消费公司。电子商务平台等；④行业监督。中国人民银行、消费品领域委员会、行业协会等。

互联网消费金融产业链涉及的各方主体的盈利来源各有差异。其中，资金供给方、消费金融服务商的盈利主要来自息差收入和手续费收入；消费供给方收入主要来自商品销售利润；征信机构收入来自信用查询咨询费；催收坏账机构的利润主要来自欠款催收以及坏账处理的手续费收入。在整条产业链中处于核心环节的是消费金融服务商，此类机构拥有牌照门槛，数量较少，具有议价能力强等业务链优势。

互联网消费金融的产业链如图 4.1 所示。

第 4 章 互联网消费金融

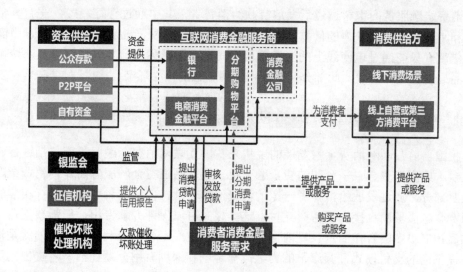

图 4.1 互联网消费金融的产业链

4.2.1 资金供给方

上游资金供给方主要包括消费金融服务商的股东、消费金融服务商的资产受让方、P2P 网贷平台投资人等，这些资金供给方的资金主要包括自有资金和借贷资金，主体多元化，资金供给形式多样。上游资金供给方及资金供给形式因消费金融服务提供商的不同而存在差异。

每一种互联网消费金融公司都有专属于自身的资金供给方，因此其资金供给形式也各不相同。对于银行而言，上游主要是储户、股东和信贷资产证券化的投资机构，资金供给形式主要表现为储蓄、出资和投资；对于消费金融公司而言，上游主要是股东，资金供给形式表现为出资；对于 P2P 平台而言，上游主要包括资产证券化受让方、P2P 网贷平台投资用户等；对于电商消费金融平台而言，在电商平台上以赊购方式获得消费品，可选择分期付款或延迟付款；对于小额贷款公司而言，其上游资金来源主要是小额贷款。

4.2.2 消费供给方

下游消费供给方主要提供线下消费场景和线上自营或第三方的消费平台，消费金融服务平台联结供需双方。场景是消费金融的基础，消费场景的线上转移使线上的消费金融平台更具渗透力。电商消费金融平台以电商自身的消费场景为基础，完善电商生态；而在教育、校园、装修、医疗、租房等领域，部分 P2P 公司选择以消费金融为切入点进入，进而构建"消费场景大生态"。

4.2.3 消费者消费金融服务需求

消费者消费金融服务需求一方面是指对互联网消费金融服务商提出消费贷款申请，经互联网消费金融服务商审核通过后发放贷款给消费者,其中通过银行、P2P 平台、消费金融公司和小额贷款公司获得的借款,可以在线下和线上购买商品和服务;而通过电商平台获得的借款,只能通过电商线上的消费平台购买商品或服务;另一方面则是从消费供给方购买产品或服务进行消费。此部分是互联网消费金融的核心环节。

4.2.4 互联网消费金融服务商

从我国当前互联网消费金融发展的现状来看,互联网消费金融服务商包括银行、分期购物平台、电商消费金融平台和消费金融公司。互联网消费金融服务商作为消费金融核心圈的重要部分,通过发放给消费者一定的消费信贷额度,使消费者可以在进行相应的消费时由消费金融服务商直接向零售商支付,这一模式可以保证专款专用,但需要消费金融服务提供商拓展更多的合作商户。目前,互联网消费金融平台上美利金融采用的就是消费金融服务提供商的支付模式,其旗下的力蕴汽车金融和深圳有用分期在消费者提出购买二手汽车和 3C 电子产品的借款申请后,直接将款项支付给零售商,贷款目的更为明确且真实。由于互联网消费金融尚属于初步发展阶段,其消费金融服务提供商风险控制成本较高。

互联网消费金融服务商与分期购物平台、电商消费金融平台和消费金融公司的比较如表 4.1 所示。

表 4.1 互联网消费金融服务商四大参与机构的比较

	银 行	分期购物平台	电商消费金融平台	消费金融公司
客群覆盖	通过自身银行业务积累大量客户资源,成为潜在客户	针对特定用户如大学生,绝对数量不占优势	通过自身电商及支付业务,覆盖大量线上消费者	业务模式受众较少,主要是中低收入人群
审批模式	成熟的征信和审批模式,但是方法传统、效率较低	具有互联网特色的风控体系,相比传统机构更有效率	通过积累大数据开展征信业务,高效准确	风险容忍度较高,审批效率明显高于银行
资金来源	资金来源于存款,成本低且来源稳定	股东资金、P2P 理财用户和机构拆借	资金来源于股东和资产证券化	股东资金、机构拆借和资产证券化
特点	业务模式十分成熟,但审批要求严格,贷款周期长	高度垂直化、受众群体较小,各方面能力均有待提升	用户覆盖优势明显,业务创新及大数据等技术能力突出	现有模式服务群体过小,需要丰富创新服务模式,资金成本高

(资料来源:易观智库,国泰君安证券研究)

4.2.5 催收机构/坏账机构

目前,我国的催收行业尚未形成规模,坏账收购方也只有四大资产管理公司专门管理银行业坏账，对消费金融的坏账处置机制尚未形成，因此消费金融坏账主要由消费金融服务提供商或资金供给方承担。催收行业刚刚起步，相应的法律法规尚未建立，催收行业的正常发展缺乏规范，消费金融坏账难以通过催收收回。消费金融行业规模仍然较小，消费金融坏账相对于银行业坏账微乎其微，针对消费金融坏账的处置机制短期内难以形成，消费金融服务提供商或资金供给方将承担实质坏账。

4.2.6 征信机构

征信机构主要是提供个人信用报告和信用评级的机构，在消费金融核心圈中第三方征信与评级是消费金融服务提供商风险控制的关键环节。

我国征信业起步于 20 世纪 80 年代，目前已初步形成一个覆盖面较广、结构基本齐备、以公共征信为主导的多层次征信体系。第一层次是以中国人民银行征信中心管理的企业和个人征信系统数据库为代表，拥有大量基础信息的公共信用数据库和若干个专业信用数据库；第二层次是以工商、税务、海关等政府职能部门的信息管理系统为代表，掌握特定经济信用信息的政府部门、投资金融机构、经济鉴证类中介机构；第三层次是对信用信息进行搜索、调查、加工并提供信用产品的专业征信机构，既包括有政府背景的地方性征信机构，也包括国内民营征信机构及在我国设立办事机构的外资征信机构。

然而，我国征信业仍处于行业发展的初级阶段，征信机构还没有形成较强的市场竞争力，提供产品和服务的能力还很有限。另外，我国的个人信用信息比较分散，拥有个人数据的机构单位之间难以协调，个人信用数据难以收集。国内信用体系建设的滞后，使得个人征信与信用评级体系在现阶段处于缺位状态，消费金融的发展因此受到了很大程度的制约。

4.2.7 银监会

银监会是我国互联网消费金融产业链中的监管机构。

@ 4.3 分期购物平台

消费分期业务尤其是大学生消费分期业务在 2014 年快速发展，与此同时，各式各样的消费分期购物平台大量涌现。分期购物平台的模式融合了电商平台消费金融模式与 P2P 网贷消费金融模式，消费分期购物平台在这种模式中处于核心位置，是连接分期消费者与供应商、P2P 平台等互联网理财平台的关键。其中，分期购物平台业务最为突出的是大学生分期购物平台。

根据速途研究院发布的《2015 大学生分期消费调查报告》，61%的大学生喜欢以分期付款的方式进行消费，可见大学生对分期购物的接纳程度已经很高。大学生一直都是对于新观念接受较快的群体，分期消费模式的种种优势使得其迅速在大学生群体中广泛流行开来，大学生分期消费市场开始展现出其巨大的潜力，成为兵家必争之地。

4.3.1 大学生消费需求分析

在我国市场经济加速推进和改革开放不断深入的过程中，消费主义伴随着全球经济一体化的进展进入我国，并深深渗透进了中国人生活的各个方面。大学生作为社会消费的一个特殊群体，有着不同于社会其他消费群体的消费心理和行为。一方面，他们有着旺盛的消费需求；另一方面，他们还未获得经济上的独立，消费受到很大的制约。消费观念的超前和消费水平的滞后影响着大学生的消费行为。消费观念和消费实力矛盾的存在，必然会使一部分大学生在消费行为上产生偏颇。当前，大学生在消费需求、消费认同、消费情感、消费选择、消费文化上出现了不同程度的错位现象，即不能找到一个适合自身的消费认同群体、一个适合自身消费水平的良好的生活方式、一个恰当的情感释放和宣泄渠道、一个适合自身特点的精神文化消费模式。一部分大学生在消费过程中出现了社会化的迷失。大学生的消费心理及行为构成了当前社会消费活动的一个重要部分，对未来社会消费领域的前景将产生重要的影响；也是当前生活质量的重要体现，对他们今后自身的发展会产生重要的导向作用。中国的大学生群体更是一个潜力巨大的消费者市场。大学生也受求实、求美、求众、求名、选价、便利、惠顾、偏好、好奇、习俗、预期等购买心理的影响。大学生的心理需求比现实需求更加强烈。

大学生消费的基本特征总结来看有以下几个特点。

（1）消费者需求的多样性。由于各个消费者的收入水平、文化程度、职业、性别、年龄、民族和生活习惯的不同，自然会有各式各样的爱好和兴趣，对商品和服务的需要也是千差万别、丰富多彩的。而大学生又是一个特别的群体，他们的需求是多样的，对服装等生活用品，每个人在品种、质量、花色、规格上的需要都不尽相同，对食物上的需求也存在着习惯上的差异。

（2）消费者需求的发展性。随着市场经济的发展和消费者人均收入的提高，人们对商品的服务需求也在不断变化。未曾消费过的高档商品进入消费；过去消费少的高档耐用商品现在大量消费；过去质量一般的商品，现在质量有所提高。一种需求满足了，又会产生新的需要。

（3）消费者需求的伸缩性。消费者购买商品在数量、品种等方面往往是随购买力的变化和商品价格的高低而转移。

（4）消费者需求的层次性。人们的消费需要是有层次的，虽然各个层次很难截然分开，但在大体上是有顺序的。一般来说，首先保证满足最基本的物质生活需要，然后再满足其他精神文化层次的需要，这正符合马斯洛需求层次理论的内容。

（5）消费者需求的可诱导性。通过工商企业的营销活动，人们的消费需求可以变化和转移。潜在的欲望可以变为明显的购买行为，未来的消费需求可以成为现实的消费。

（6）消费者需求的联系性。消费者需求在某些商品上是有联系的。例如，大学生上大学之后就需要各种各样的学习用品，考各种证书。经营与之相关的商品，不仅会使消费者购买方便，还能扩大商品销售额。

（7）消费者需求的时代性。消费需求常受到时代精神、风尚、环境的影响。时代不同，消费的需求爱好也不同。

大学生属于满巢的第二阶段，其购买行为模式为经济状况较好，对耐用品及日常用品购买力强。然而，大学生在消费决策过程中也会受到某些因素的影响。影响消费者购买决策过程的因素包括消费者个体的内部因素、外界的环境因素及市场营销因素等。大学生这一消费群体也符合这一购买行为模式。

大学生的潜在需求是消费者朦胧的欲望。其特点是，需求欲望和货币支付能力相分离。而显现需求就是消费者有意识的欲望，它的特点是消费欲望与一定货币支付能力相结合。

消费分期购物平台的具体运作模式的主要特点有：面向大学生消费者群体；核心品类为3C、轻奢及品牌产品；主要消费场景为电商平台；营销方式侧重地面团队；风控方式侧重线下面签。

4.3.2 分期购物平台的主要运作模式

分期购物平台的主要运作模式包括以下几个步骤。

(1) 大学生消费者向消费分期平台提出分期消费申请；

(2) 消费分期购物平台对大学生的信息进行审核，并与大学生消费者签订相应的服务协议；

(3) 通过审核的大学生消费者消费分期申请，分期购物平台将债权打包转让或出售给P2P平台和互联网理财平台；

(4) P2P平台将债权在平台上发布，互联网理财平台将债券打包成理财产品在平台上销售；

(5) 投资人在P2P平台和互联网理财平台上进行投资；

(6) P2P平台和互联网理财平台将募集的资金给大学生消费分期平台放款；

(7) 消费分期购物平台根据大学生消费者的需求向电商平台和供应商采购商品；

(8) 电商平台和供应商向消费分期购物平台发货，再由消费分期购物平台将商品送至消费者手中，或者直接由电商平台和供应商向消费者发货；

(9) 大学生消费者按约定向消费分期购物平台还款，消费分期购物平台也按约定向P2P平台和互联网理财平台回款，P2P平台和互联网理财平台将收到的回款按时向投资人回款，具体如图4.2所示。

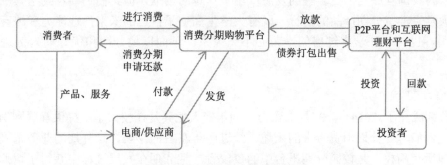

图4.2 消费分期购物平台模式

不同的消费分期购物平台在具体运作模式上可能存在一定的差异，有些消费分期平台是先用自有资金采购大学生提出的商品需求，再将债权转让或出售给 P2P 平台和互联网理财平台，甚至有些大学生消费分期平台采取先采购一定数量的商品，然后在平台上进行销售的方式。

消费分期购物平台模式的基础性风险是分期消费者的信用风险，消费分期购物平台的经营风险是整个系统的关键风险，投资人是最终风险承担者。

作为新涌现出来的互联网消费金融服务模式，分期购物平台目前主要针对大学生群体。但由于目标群体缺乏稳定的收入，且客户绝对数量较小，未来分期购物平台在坏账率、征信数据获取、客户群体延续性等方面均面临挑战。目前大学生分期购物市场竞争激烈，类似于刚刚启动时期的团购市场，未来市场将经历整合后形成几家行业领先企业。

4.3.3 分期购物平台的主要产品

主要的大学生分期购物平台的比较如表 4.2 所示。

表 4.2 主要的大学生分期购物平台比较

分期平台	分期乐	趣分期	优分期	爱学贷
上线时间	2013.10	2014.03	2014.06	2014.08
投资机构	京东、经纬中国、贝塔斯曼亚洲投资基金、DST 等	蓝驰创投、梅花天使创投、蚂蚁金服等	真格基金	阿米巴资本、戴志康、伙伴创投等
商品来源	京东商品提供商品及供应链服务	商家入驻及部分自营	商家入驻及部分自营	商家入驻及部分自营
资金来源	自建理财平台、合作 P2P 平台、发行标准化 ABS	自建 P2P 平台、合作 P2P 平台等	合作 P2P 平台	自建 P2P 平台、合作 P2P 平台、银行、创业基金等

作为喜爱新鲜、追求刺激的一个群体，大学生通过消费分期能够购买手机、电脑，以及旅游、出国等，在一定程度上满足了他们超前消费的欲望。尽管这刺激了我国消费市场的发展，为我国互联网消费金融的发展做出了卓越的贡献，但我们仍要看到这其中蕴藏的危机，大学生消费分期产品的盛行，既有大学生高估了自己的未来挣钱能力和缺乏生活经验的原因，也与一些学生过盛的虚荣心不无关系。下面以趣分期和优分期为例进行简单阐述。

1. 趣分期

趣分期成立于 2014 年 3 月，致力于为年轻人尤其是在校大学生提供互联网消费金融服务，使他们享受分期消费带来的乐趣。经过两年左右的发展，趣分期的业务范围已经覆盖了全国所有高校，是校园分期平台中的佼佼者。趣分期在发展过程中获得了蚂蚁金服的投资并与其展开深入合作。2015 年 8 月，趣分期获得蚂蚁金服领投的约两亿美元战略融资，9 月，芝麻信用成果接入趣分期平台。目前，趣分期为大学生群体提供白条、分期购物、Offer 贷和趣店等方面的服务。

在对大学生群体的风险管理上，趣分期设置了严格的上限。趣分期首先依据学制类型、学年长短等因素对客户进行分类，在此基础上确定个人购物最多分期数和最终的授信额度。总体来看，本科生在最长分期数和最高授信额度方面都要高于专科生，高年级学生在最长分期数和最高授信额度方面低于低年级学生。趣分期不光对学生群体的划分十分严格，在审核方面同样如此。对第一次在该平台购物的学生，趣分期的线下团队会对其面签，如果学生的信用状况存在问题，面签团队将会拒绝客户的分期要求。只有通过了首次面签，以后才可以在线上接受分期服务。

严格的授信审批制度为趣分期的发展奠定了基础。趣分期还十分重视服务的创新，借助于分期购物平台，推出了 Offer 贷和趣店服务。Offer 贷目前只针对 985 和 211 院校本科生和研究生的应届毕业生，只有拿到 Offer 的同学才能申请，产品年利率 12%，借款期内每月只付利息，到期后归还全部本金。这样，趣分期就将分期消费服务拓展到了毕业生市场。趣店是趣分期面向大学生推出的专属创业平台，所有大学生都可在该平台上申请开店，趣分期为大学生提供技术、货源、资金及推广资源等方面的支持。

2. 优分期

优分期成立于 2014 年 6 月，主要面向在校大学生提供分期购物和信用提现的服务。虽然成立时间较短，但已将业务范围拓展到了全国 2200 多所高校，为上千万的大学生提供互联网消费金融服务，行业知名度大幅提升。优分期拥有丰富的电商、校园以及金融行业从业经验。

与一般分期购物平台对用户审核的方式不同，优分期采取的是纯线上审核，减少了线下审核给用户带来的不便。纯线上审核方式要求优分期建立更为有效的信用审核体系和风险控制模型，为此，优分期成立了专门的风险管理团队，利用不断进步的云计算、大数据技术，独创了全线上认证体系。利用这个体系最直接的结果就是大幅缩短了认证时间，完成永固信用认证只需要 3 分钟时间，相对于线下面签，不仅极大地节约了认证时间、降低了人工成本的投入，同时可以保障申请分期用户的信息安全，给用户带来更加放心的购物体验。

3. 久融金融

久融金融是以遵循安全大于收益为经营理念，致力于解决特定细分客群的短期小额资金需求，通过整合资金托管、目标客群、大数据等形成独特的大学生消费金融场景，是实现安全运营的一个互联网金融中介服务平台。

久融金融选择以在校大学生创业、教育服务为切入点，立足不断纵向发展的战略，以客户培育的方式完善自身信息系统，逐步建立起不可复制的数据模型。这一方面加强了自身的风险控制能力，另一方面为未来普惠金融打下了良好的基础。

久融金融以低成本运营模式体现了运营团队对金融本质的深刻认识和理性对待，久融金融置身互联网金融行业，未启用行业传统烧钱模式，而是通过自身运营团队一步一个脚印，一年内实现全线上运作模式，打造出互金行业内独有的久融低成本运营模式，为平台的长期稳定发展夯实了基础。

久融金融售后服务是互金行业内一大亮点，2016年6月8日，久融金融与国内某知名互联网兼职平台签订战略合作协议，为平台服务的客群提供金融+兼职+实习服务，客户可通过平台提供的兼职岗位来赚取报酬，从而保证及时还款，以此降低客户产生征信不良记录及平台逾期率、不良率的风险。

久融金融的产品均以信用为担保方式，无须资产抵押，体现了对客户从大学求学至毕业后立业成长过程中的金融服务需求的深切关怀，将互联网消费金融真正融入大众的消费生活中。另外久融金融的产品针对性明显，具体如表4.3所示。

表4.3 久融金融产品介绍

产品名称	额度	服务对象
助业贷	100～20000	在校大学生
消费贷	1000～10000	大学毕业生
驾照贷	以驾校收费为准	在校大学生、大学毕业生
教育贷	1000～50000	在校大学生、大学毕业生
装修贷	5000～200000	大学毕业生

久融金融消费金融公司运营模式如图4.3所示：

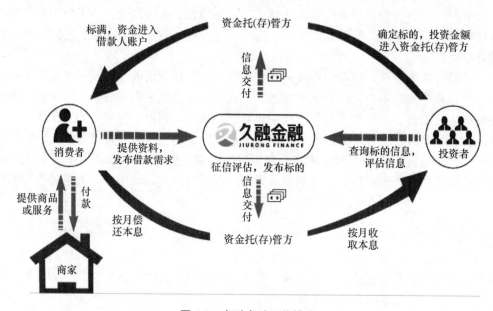

图4.3 久融金融运营模式

案例4.1：分期购物平台——分期乐

分期乐全名为深圳市分期乐网络科技有限公司(www.fenqile.com)，于2013年成立，总部位于深圳。分期乐专注于年轻人互联网消费金融服务，是中国领先的互联网消费金融服务商，中国互联网金融协会首批理事会员单，是国内互联网小微消费金融商业模式的开创者。2015年，分期乐覆盖高校数量达到2888所，年度成交总额(GMV)超120亿，已跻身中国排名前十的电商平台，真实信贷金额70亿，旗下桔子理财达到120亿累计交易量，注册用户突破116万，而估值仅次于蚂蚁金服、京东金融和陆金所等公司，位列行业第五。

分期乐的商业模式横跨理财端与借款端，并通过两个平台对接完成相关服务。一方面，消费者通过分期乐信用钱包进行分期购物或提现消费，分期乐通过京东等电商平台为用户完成购买、支付，将商品送至消费者手中，分期乐获得相应债权，并完成消费端风控；另一方面，桔子理财独家代理了分期乐的债权，桔子理财通过其他P2P平台、金融机构出售，或将手中债券以资产证券化的形式打包成相应的理财产品向理财投资者发售，投资者将获得相应的利息回报，分期乐平台获取资金回流。

分期乐商业模式如图4.4所示。

图4.4　分期乐商业模式

分期乐作为年轻人的信用消费平台，服务的年轻人是优质人群，这部分人群大多没有信用污点，还款意愿高，银行征信尚属空白，且提交不出传统金融机构需要的工作证明和收入流水，所以依靠传统金融机构的风险模型很难定义这个用户是否有还款意愿和还款能力。而分期乐通过搭建一套"线下+线上"的风控模式，来识别用户身份，然后做一些反欺诈侦测，从而保证用户有真实的消费意愿和消费场景，弥补了传统金融机构的缺陷。正如此，分期乐的单笔数额小，平均一笔交易为3000元，最长能分24期，这使得大学生这个消费群体平均下来还款压力小；再加上这些资金分布在全国各地各学校，因此风险也相对分散，资产质量比较高。

分期乐的优势如下：首先，分期乐的商业生态将金融与具体的消费场景完美结合，既保证了产品质量，又保证了用户体验在分期过程中不受影响；其次，针对大学生用户的小额消费分期债权的分散处理降低了理财端的金融风险；再次，金融与消费金融场景相结合，保证了源源不断的真实债权和资金的快速回流。综合来看，分期乐的优势不仅在于产品本身，更多地体现在资金、商品及信息链间形成的产业闭环。

分期乐商业模式如图4.5所示。

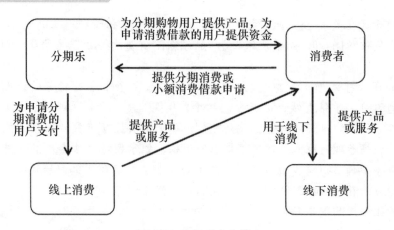

图 4.5 分期乐商业模式

分期乐的主要功能体现在以下几个方面。

(1) 分期购物。

分期乐与京东在消费产品层面深度合作,保障货品的来源正规和送货速度,所购商品最长可分期 24 个月,并提供行业首创的提前还款服务费全免以及限时惠、新人特权等特色服务。

(2) 取现服务。

提供最高 3000 元人民币的小额消费贷款,首次办理会有高校经理上门完成身份信息核实,审核通过后资金于 48 小时内到账。

(3) 校园一卡通。

无须排队,直接为校园一卡通充值,省时省力,最长 40 天免息期。

(4) 充话费。

支持对三大运营商手机号码的随时充值,按月还款。

4.4 P2P 网贷消费金融

作为互联网金融的重要组成部分之一,P2P 网贷 2006 年进入国内,但最初由于国内信用体系不完善,使得其一直不温不火。自从我国创造性地引入担保机制以来,P2P 网贷行业开始爆发,同时在资本的追逐和鼓励下,P2P 行业发展如日中天,甚至在 2013 年成为互联网消费金融的主要形式。截至 2015 年年底,我国 P2P 网贷平台增至 3800 多家,投资人数多达 1350 万人,全年行业累计成交额达 1.23 万亿元。尽管 2014 年由于电商平台等新兴力量的出现改变了这一局面,但 P2P 网贷消费金融仍是互联网消费金融的重要形式。

P2P 网贷消费金融的主要特点有:面向白领、有固定收入的阶层;核心品类为汽车、装修等大额支出;消费场景含线上及线下;营销方式侧重线上;风控方式为纯线上。

4.4.1　P2P 网贷消费金融模式

在消费金融呈井喷式发展并且坏账率远低于企业贷的诱惑下，已有超过 90%的 P2P 网贷平台加入消费金融的市场，此举也推动了互联网消费金融行业重新洗牌。当前，P2P 网贷消费金融模式以 P2P 平台为中心，连接消费者(借款人)和投资人，消费者通过 P2P 平台获得投资人的资金之后，再去商家消费购买产品或服务。

P2P 网贷消费金融模式包括以下几个步骤。

(1) 消费者(借款人)通过 P2P 平台提出借款申请；

(2) P2P 平台根据消费者提供的资料对其进行信用审查，通过 P2P 审核的借款信息在 P2P 平台上发布；

(3) 投资人对 P2P 平台上发布的项目进行投资；

(4) P2P 平台在相应的项目募资完成后，向借款人打款；

(5) 消费者收到借款资金后进行消费；

(6) 消费者根据约定定期通过 P2P 平台还本付息，将约定的还款金额打到 P2P 平台；

(7) P2P 平台收到借款人的回款后将资金返还给投资人，具体如图 4.6 所示。

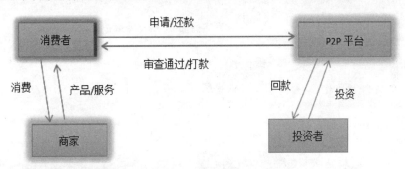

图 4.6　P2P 网贷消费金融模式

不同的 P2P 平台的具体经营模式可能存在一定的差异，例如，有些平台先向消费者放款，再将债权转让给投资人，而有些平台却是在消费者消费后直接向商家付款，但 P2P 网贷消费金融模式的风险特征基本一致。消费者信用风险是 P2P 网贷消费金融模式的基础性风险，P2P 平台的经营风险是网贷消费金融模式的核心风险，P2P 平台和投资人都是风险的主要承担者。

我国征信业从无到有，仅仅两年有余，但随着信用消费的全面到来，商家对信用消费风险评估的需求显而易见，央行的征信牌照也发放在即。与央行依靠从银行网点采集的个人征信记录不同，民间机构尤其是来自互联网企业的民间机构广泛应用大数据分析，另辟蹊径推动征信技术的发展。

4.4.2　P2P 网贷消费金融主要产品

总体来看，现有的 P2P 平台本身仅具备借贷、理财的功能，单独展开消费金融业务较为困难，与一些电商平台进行合作较为现实，可以对接电商平台用户的消费贷款需求，形成"消费+信贷+理财"新的闭环模式。同时，也有一些大型电商公司由于没有小贷、保理等牌照，或者从存钱、借钱、消费在自有平台上流通的考虑，通过自建 P2P 平台来提供消费分期服务。从 P2P 平台联合电商平台的特征出发，消费金融解决方案中配备了金融资产风控系统、金融产品管理系统以及互联网金融资产交易平台(或 P2P 网贷系统)，帮助平台完成资产端审核、管理、交易、跟踪等环节。消费金融解决方案流程如图 4.7 所示。

1. 拍拍贷

拍拍贷是国内首家 P2P 纯信用无担保网络借贷平台，所有的业务都尝试用互联网或者移动互联网去解决，以信用借贷为主。

拍拍贷只提供现金贷款，为网购达人、网商用户、私营业主等用户提供现金贷款，为小企业和无信用记录的人提供非常小额的现金贷款，对资金的流向不做监督。客户范围广，除了拥有其他行业的客户群体外，还包括一大部分没有网上消费习惯的用户。

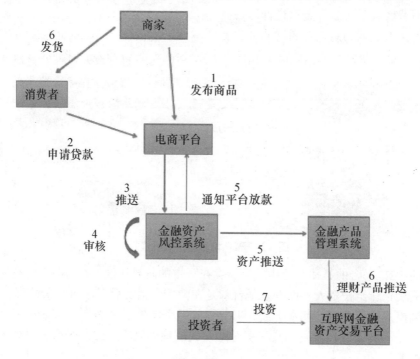

图 4.7 消费金融解决方案流程图

拍拍贷发布的《2007—2014 年中国 P2P 个人无抵押小额信贷发展报告》统计显示，P2P 个人无抵押小额贷款用于个人消费目的的借款所占比重最高。而根据最新发布的 2016 年半年报，其二季度共促成交易 40.94 亿，环比增长 38.50%，新增成交量中 56.09%来自移动端，超过 PC 端成为最大的场景入口。

拍拍贷在满足借贷双方资金需求的同时，积累了大量的金融数据。根据收集和积累的我国居民的需求信息，分析客户的贷款资金规模、风险承受力，应用于个人信用体系中。

下面举例说明不同期限下不同的借款利率对月还款额的影响。用户老王想要在拍拍贷借款 5000 元人民币，当前年利率为 10%。当前平台上借款期限有 3 个月、6 个月、9 个月，月还款金额如表 4.4 所示。

表 4.4 拍拍贷月还款情况表

借款期限	月利率	月还款金额
3 个月	0.83%	￥1694.52
6 个月	0.83%	￥857.81
12 个月	0.83%	￥439.58

2. 美利金融

美利金融作为靠消费金融快速起家的 P2P 平台，不同于传统的 P2P 互联网金融，是通过完善"互联网+消费"模式，打造用户日常生活消费的全面商业闭环。

在互联网消费金融发展的过程中，场景化金融是目前火热的互联网金融领域的一大新知。场景化金融，就是将以往复杂的金融需求变得更加自然——将金融需求与各种场景进行融合，实现信息流的场景化、动态化，让风险定价变得更加精确，使现金流处于可视或可控状态。

将广大用户的日常消费与互联网金融全面结合，成为互联网金融 2.0 时代的新玩法。美利金融通过线上线下的方式，突破业界传统模式的获客瓶颈，实现了多点接入，无缝对接用户的生活场景和消费场景，成为 2015 年国内互联网金融领域最大的"黑马"。

2016 年 4 月，京东金融战略投资美利金融，双方在二手车消费金融领域展开合作。此次合作，京东金融除了向美利金融旗下的二手车业务提供资金支持外，还向美利金融提供征信与反欺诈服务，进行较为广泛的数据合作与场景覆盖。这是美利金融自 2015 年获得由贝塔斯曼亚洲基金领投、晨星创投、光信资本、挖财等 6 家基金及战略投资人跟投的 6500 万美元 A 股融资后又一大的战略投资。

随后，2016 年 7 月，美利金融宣布将"美利金融"升级为集团品牌，旗下两家成员企业正式更名为美利车金融、有用分期，两家公司分别致力于二手车消费金融和 3C 分期业务。美利金融通过抢滩尚未完全成熟的二手车与 3C 电子产品消费场景布局消费金融，目前正全面切入消费金融的两大方向：低频高额和高频低额。以全资子公司力蕴汽车金融切入低频高额领域，以有用分期切入高频低额领域布局资产端，线上对接有投资需求的投资人，线下对接有消费需求的借款人，双向打通理财端和借款端，创造出全新的更符合国家消费转型的商业模式。这意味着美利金融将在擅长的领域进行业务聚集，标志着互联网金融迎来了真正意义上的"优质资源合理再分配"，对行业未来的发展有重大的指引性意义。

这其中，美利金融通过布局消费金融领域，优化上下游产业链，重塑产业结构，同时，借助该互联网金融服务平台，为生态系统内上下游产业链及消费者提供延伸金融服务，以金融黏性吸附上下游更多优质的产业发挥优势效用，挖掘更庞大、长尾的互联网人群，尤其是向 80 后、90 后消费主力及新蓝领、中低收入等多层面人群精准延伸，有效地"连接人和服务"，进一步刺激、扩大消费，助力国内销售的快速增长，有效地提升整个生态系统的商业价值。

如图 4.8 所示为美利金融商业闭环模式。

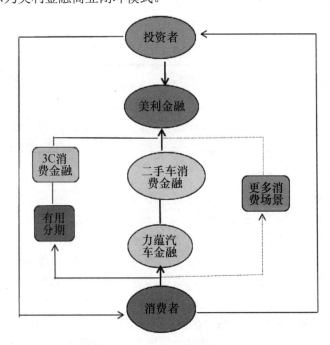

图 4.8　美利金融商业闭环模式

有用分期作为美利金融旗下专注于 3C 消费信贷的平台，目前涉及的主要消费品包括手机、平板电脑、家电、时尚消费品等，相较于市场同类业务，有用分期具有更为明显的市场优势，主要体现在用户体验层面。

（1）不同于传统 P2P 平台金融庞大的客户群，有用分期作为互联网消费金融，专注于细分市场，从而更易进行风险管理，通过针对普通用户的消费习惯，构建线上、线下交互式的风险管理体系，自主研发风控反欺诈系统，并基于大数据建立了用户信用体系模型，能有效地保证用户信用及交易安全。

（2）有用分期可为用户提供更极致的服务，提升用户体验。用户体验一直是传统金融服务的痛点之一，而有用分期则充分利用大数据，针对用户痛点，快速找到解决方案，打造专业化、差异化、个性化的场景营销模式。

（3）有用分期能有效地提升交易效率、降低交易成本。目前，有用分期基于其手机 APP 实现了贷款申请自助化，整个申请、审批过程不超过 10 分钟，极大地提高了用户体验满意度。可以说，效率就是互联网金融 2.0 时代的独特基因。

案例 4.2：P2P 网贷消费金融——宜人贷

宜人贷作为中国领先的消费者在线金融服务平台，由宜信公司于 2012 年推出。宜人贷专注于服务中国优质的城市白领借款人，通过互联网、大数据等科技手段帮助借款人在线获得信用评估和服务。另外，宜人贷的融资成本为年化收益率 12%左右。

宜人贷的创新在于从"用户是否契合平台的条件"转变为"提供最契合用户特点和需求的服务"，也就是从平台思维到用户思维的转变，帮助用户自主选择能够提供的数据，根据用户的数据特征,为用户量身定制最合适的服务。

1) 强推"极速模式"

2014年4月,宜人贷推出个人贷款"极速模式",这是一款面向具有"充分互联网行为"人群的手机借款服务,实现了无须提交借款人的财产证明和信用报告,只需用户简单几步操作授权数据,系统就可以自动对信息进行审核,从而判断申请者是否符合借款条件,并授予额度,10分钟即可快速完成借款审批流程的高效体验,刷新了行业借款速度的标准。到2015年下半年,宜人贷"极速模式"已达成"1分钟授信,10分钟审核",可提供最快当天到账、额度最高为10万元的快速借款服务。

如图4.9所示为宜人贷"极速模式"。

图4.9 宜人贷"极速模式"

宜人贷之所以敢推出近似于无抵押无担保的借款极速模式,甚至不与具体消费场景匹配,是因为其在大数据风控上有较强的突破。它的技术团队来自国内顶级大数据建模和数据分析人才,通过大数据风控模型、机器学习、人工智能提升信贷审批效率,减少人工干预。他们认为所有的数据都是信用数据,并积极接入更广泛的数据来源(如社交网络等数据——用户IP、页面停留时间、填表习惯等),从而判断出借款人相对稳定的性格特征,推断其履约、违约的可能性。

2) 控制消费

尽管宜人贷极速模式快速做大了用户规模,但是用户借款做什么?总共有多少负债?宜人贷还是很难精确地掌握。加上各P2P平台、银行信用卡部门、小贷公司等竞争对手也在发力用户体验,速度优势并非一劳永逸。尤其是不能切入用户的消费场景,让消费贷和消费刚需紧密结合,花到"必须花的钱"上,已经成为宜人贷的隐忧。

为此,2015年,宜人贷携手在线定制旅游服务商——6人游旅行网进军高端定制游服务,为6人游用户提供免息借款。除了切入消费场景外,宜人贷对于用户层次升级的渴望也不言而喻。6人游的服务定位在收入较高、对生活品质有要求、不愿参与传统旅游团出游、又苦于没时间、没精力研究自助游的中高端消费者,而这些人群正好是宜人贷过去所不具备的。

4.5 电商支付系互联网消费金融

电商支付系消费金融是当前我国互联网消费金融的重要模式。它是利用电商现有的平台系统，为网购消费者提供的一种消费分期方式。电商支付系互联网消费金融模式主要是依托自身互联网平台，面向自营商品及合作商品，为消费者提供分期购物及小额消费贷款服务。由于电商在互联网金融、网络零售、大数据分析系统等方面均存在较为明显的优势，因此，在互联网消费金融领域占上风，综合竞争力最强，也是未来引领市场发展趋势的重要力量。电商支付系互联网消费金融的主要特点有：以销售产品为主；主要消费场景为体系内电商平台；营销方式为线上站内营销；风控方式为纯线上。

4.5.1 电商支付系互联网消费金融的模式

电商支付系互联网消费金融的具体运作模式包括以下几个步骤。
(1) 消费者对电商平台提出消费贷款或分期购物的申请；
(2) 电商平台根据消费者在平台的历史交易数据对其进行审核授信，赋予消费者与信用评级相匹配的额度；
(3) 消费者电商在平台进行消费，购买产品和服务；
(4) 电商平台为申请消费贷款或分期购物的用户支付货款，如果消费者选购自营商品，支付环节内部完成；如果消费者选购第三方卖家的联营商品，由平台将货款先行支付给第三方卖家；
(5) 消费者按期向电商平台还款。

如图 4.10 所示为电商系互联网消费金融模式：

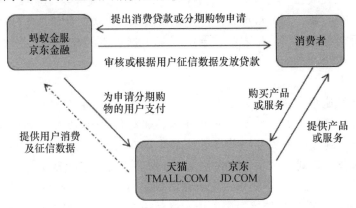

图 4.10 电商支付系互联网消费金融模式

4.5.2 电商支付系互联网消费金融主要产品

随着我国消费金融的迅速发展，加之网络技术的不断普及，形成了以苏宁任性付、蚂蚁花呗和京东白条为首的三大电商支付系互联网消费金融产业格局，电商支付系互联网消费金融已经成为当前互联网消费金融服务的重要提供者。

1. 以苏宁消费金融公司推出的任性付为典型

依托苏宁云商强大的渠道客户资源、南京银行丰富的金融行业经验以及法国巴黎银行全球领先的风险控制技术，苏宁消费金融公司的目的是以更具突破性的创新思维和科学态度，努力打造互联互通的O2O消费金融新模式。

"任性付"是苏宁消费金融公司于2015年针对苏宁平台的消费者设计、推出的第一款互联网消费金融产品，任性付购物贷款支持苏宁各家实体门店和苏宁易购除虚拟商品之外的所有商品，从数码到家电，从母婴到超市，从图书到建材等。同时，任性付还支持新百、洋河、先声等特约商户。它服务"草根客户"，门槛低、额度高、周期长，采取线上申请用款、线下提额的O2O业务模式，瞬间满足普通客户的小额消费需求。用户可在购物时使用任性付付款，享受30天免息(费)、分期还款、提额、任性借等服务。它自身具有六大特点：①门槛低：18～60岁中国公民均可申请；②额度大：最高20万；③期限长：最长5年；④速度快：即时放款；⑤优惠多：30天免息(费)，三零分期(指定商品)；⑥任性借：满足各种支付场景。

目前，任性付最高额度为20万。用户可在购物时使该产品付款享受30天免息(费)、分期服务、提额、灵活用等服务，最长分期达到5年。"任性付"上线初期对全部购物贷款免收利息，指定商品30天免手续费。随着分期方式的深入，2016年4月起，苏宁调整了分期手续费，并取消了购物分期30天免息的优惠政策。新政策下，3期、6期、12期、24期的服务费分别为6.98‰、6.58‰、7.58‰、7.98‰，任性借现金分期为8‰。任性付的逾期违约金为0.1%/日。

任性付授信评估标准如表4.5所示。

表4.5 任性付授信评估标准

评 估 项	权 重
易付宝账户信息	25%
个人基本情况	15%
消费记录和偏好	25%
合作机构评估	35%

(资料来源：苏宁消费金融公司个人门户网站)

各评估项详情如下。

(1) 易付宝账户信息：注册时间，实名认证等级，易付宝累计/日/月均余额，零钱宝的累计/日/月均余额，零钱宝累积收益。

(2) 个人基本情况：性别、年龄、婚姻状况、学历、稳定性。

(3) 消费记录和偏好：在易购的历史购物记录，购买商品的层次偏好，消费额、消费频率、单笔消费最大金额、消费不同品类的种类数量等。

(4) 合作机构评估：信用历史。

任性付是基于苏宁的零售大数据,结合易付宝账户信息(25%)、个人基本情况(15%)、消费记录和偏好(25%)、合作机构评估(35%)等综合指标,对消费者进行任性付额度授信。未满足以上条件的消费者将无法顺利申请苏宁任性付分期服务。

苏宁任性付分期模式的主要收益来源于任性付手续费,包括购物贷款分期手续费、任性借现金分期手续费及任性借 30 天内随借随还利息。消费者的信用风险仍是主要的风险,通过优化消费者信用评级从而提高授信水平是防范风险的重要手段。

2. 以蚂蚁金服推出的花呗为典型

蚂蚁花呗是由阿里旗下的蚂蚁金服为方便广大消费者在线购物提供的可用于"赊账"消费的一种产品,以方便快捷和高支付成功率为特色。消费者可以使用花呗授信额度在各大平台进行消费,淘宝天猫交易时除部分淘宝旅行、充值、电影票等特定类目外为确认收货后下月还款,其他平台交易时下单付款后下月还款。还款之后,消费额度得以恢复。由于花呗是固定日期(确认收货后下个月 10 日)还款,所以花呗最长免息期可以长达 41 天,最短免息期则只有 11 天。举例来说,如果是在 8 月 1 日使用蚂蚁花呗,那么到 9 月 10 日才需还款,可以享受 41 天免息期。而如果是在 8 月 31 日使用蚂蚁花呗,那么同样是到 9 月 10 日需要还款,只能享受 11 天免息期。

蚂蚁花呗的具体运作模式有以下几个步骤。
(1) 由蚂蚁微贷对支付宝用户进行综合评估;
(2) 赋予消费者一定的额度享受先消费、后付款服务;
(3) 消费者在指定商家消费时选择"赊账"支付;
(4) 蚂蚁微贷向商家支付货款;
(5) 消费者通过支付宝余额、借记卡、余额宝等方式还款。

蚂蚁微贷对消费者的授信是基于淘宝历史交易数据,未获得授信的消费者以及授信额度不足以覆盖商品价格的部分需要消费者在余额宝冻结相应数额的资金。

蚂蚁微贷的主要收益来自商家及消费者支付的手续费。消费者信用风险是该平台运作的主要风险,蚂蚁微贷是主要风险承担者。由于蚂蚁花呗当前的评估体系目前并没有对接央行的征信系统,对消费者的约束作用相对较小,选择优质消费者以及对消费者的授信就是蚂蚁微贷风险控制的关键。

如图 4.11 所示为蚂蚁花呗的特点。

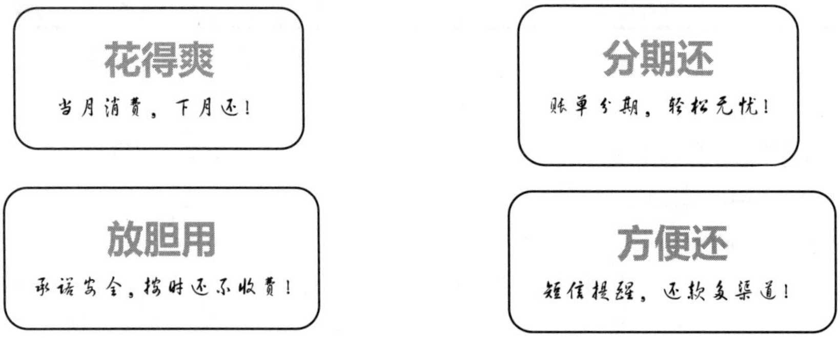

花得爽
当月消费,下月还!

分期还
账单分期,轻松无忧!

放胆用
承诺安全,按时还不收费!

方便还
短信提醒,还款多渠道!

图 4.11　蚂蚁花呗的特点

3. 以京东金融推出的京东白条为典型

京东白条是京东推出的一种先消费、后付款的消费金融产品，由京东面向个人消费者提供消费金融服务，以京东会员的信用体系为依据。它以自营平台为依托，不断向体系外场景扩展。

京东白条的目标客户是面向京东平台，通过完成网银钱包快捷支付实名认证，资质符合系统评估的客户。使用京东白条进行支付，可以享受最长 30 天的免息付款或最长 24 期的分期付款模式，最高额度为 1.5 万。以京东白条为例，可分为 3 期、6 期、12 期以及 24 期四种分期方式，每种方式的分期服务费基本相同，为 0.5%～1.2%/月。逾期未还的用户将向京东支付违约金，费率为每日 0.05%起。其中，分期服务费=消费本金×分期费率×分期期数。逾期违约金=当期应付金额×违约金比例×违约天数。根据分期的期限差异会产生不同的分期手续费，京东白条手续费如表 4.6 所示。

表 4.6 京东白条手续费

分期期数(月)	服务费率(月)	总服务费率
3 期	0.50%	1.50%
6 期	0.50%	3.00%
12 期	0.50%	6.00%
24 期	0.50%	12.00%

京东白条的申请及使用流程：领白条——点击激活，前往网银钱包，绑定银行进行实名认证，完成激活；打白条——在订单结算页选择"在线支付"，付款时选择"使用分期"；还白条——在线查询白条额度，也可以查看付款期，临近付款日短信提醒用户还款信息，还款完毕后，授信额度可以循环使用。

京东白条业务覆盖京东自营及开放平台产品，不过为了防止套现，会对虚拟产品充值卡及黄金等进行限制。京东有关白条的服务目前推出了京东白条、校园白条、旅游白条，而对于乡村白条、教育白条等仍在规划中，未来使用京东白条进行互联网消费将更加便捷、普惠。从公布的数据来看，京东白条上线短短半年时间，用户在使用白条后月订单数量增长了 33%，月消费金额增长为 58%。

如图 4.12 所示为京东白条的特点。

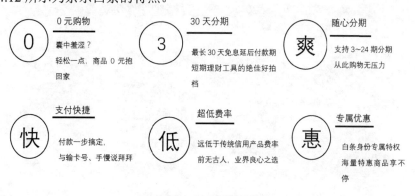

图 4.12 京东白条的特点

京东白条是系统基于消费者在京东平台上的交易记录进行综合评估后进行授信的。京东根据在电子商务领域积累下的用户基础信息、购买行为与偏好、资金流信息和部分银行信息等数据，可以对用户收入水平、支付能力、还款能力、还款意愿等进行全方位的综合判断，对用户进行定向授信。新用户或信用级别低的消费者无法申请京东白条。

京东白条模式的收益来自消费者分期付款的手续费，京东白条服务有助于销售规模的提升，可以带来额外的利润。京东是实际风险承担者，消费者信用风险是主要风险。通过消费者交易数据对其授信是京东白条风险控制的关键。

案例 4.3：电商支付系互联网消费金融——京东金融

京东金融自 2014 年 2 月推出互联网金融第一款面向个人用户的信用支付产品京东白条后，基于京东多年的交易数据、物流数据和仓储数据基础上的金融科技平台，经过两年时间的发展，已完成了支付、证券、保险、众筹、供应链金融、消费金融、财富管理七大业务线，形成包含京保贝、小白卡、钢镚、京东白条等多项消费金融业务的互联网金融产业大格局。京东金融成为首家进入消费金融领域的电商生态企业，优势凸显。

京东消费金融业务之所以能够迅速地切入市场，正是基于京东商城十多年的电商运营，有了对消费者数据的积累和认知，在多维度用户数据模型和机器算法等科技手段的支持下，逐渐形成了一整套独立的风控系统和用户信用评估体系。

1. 京东白条业务面向更丰富的消费场景

京东白条是依托京东电商业务，面向个人消费者的消费金融业务，它以京东会员的信用体系为依据，通过对消费者的信用评估，白条用户最高可获得 15 000 元信用额度，在京东购买商品，可选择最长 30 天延期付款，或者 3～24 个月分期付款等两种不同的消费付款方式。这是中国互联网金融第一款面向个人用户的信用支付产品，也意味着京东正式涉足消费类互联网金融业务。2015 年以来新推出的"白条+"系列产品，包括京东白条、校园白条、租房白条、旅游白条以及正在试点的驾校白条、教育白条等，与不同领域的消费企业深度合作，将自身的消费金融业务拓展到京东商城平台之外的大学、旅游、租房等多个领域。

如图 4.13 所示为京东白条业务线。

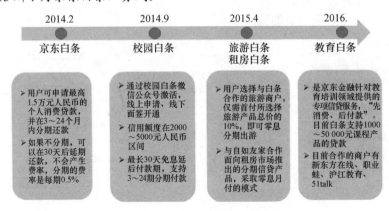

图 4.13　京东白条业务线

据京东公布的数据显示，在2015年"618大促"期间，京东白条日均交易额环比增长了240%，白条的订单占总订单数量的8%。其中80%的白条订单进行分期，白条用户平均客单价是其他普通用户的两倍。

如图4.14所示为京东金融产业生态圈。

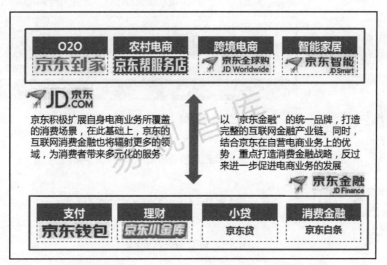

图4.14　京东金融产业生态圈

京东白条依托电子商务板块累积的海量消费数据，以对个人信用观测、评级的结果为依据，为消费者提供信用，与其他互联网金融产品相比无疑具有独特性和创新性，其积极意义就在于一方面加深了互联网金融的内涵，有助于提升互联网购物体验、完善互联网金融服务内容；另一方面从更深层次来看，也为中国消费金融的发展提供了新的思路。

2. 旅游白条为旅游消费全领域提供消费金融服务

随着人们生活水平的不断提高，人们对生活的追求也渐渐由提高物质生活水平向提高精神水平转变。再加上互联网的飞速发展，电商平台使得消费者在面对旅游时，不仅可以方便快捷地进行规划，还可以通过团购方式让用户得到一部分折扣。

作为首款"白条+"产品，旅游白条将消费金融服务与各种旅游消费场景深度结合，不仅覆盖了传统的交通出行、酒店住宿及旅游休闲等产品，还将服务范围延伸至定制游、亲子游等细分旅游市场。旅游白条解决了购买力有限的白领及学生群体在旅游时一次性占用资金较大的问题，使得旅游出行真正做到了"说走就走"。

如图4.15所示为京东金融旅游白条产品产业链。

3. 租房白条创新租房金融新模式

租房白条作为租房分期的一种方式，改变了传统的"押一付三"这一高昂的房租缴费模式，通过租房白条进行分期，缓解了一些初入社会的毕业生和暂无储蓄收入的年轻白领的资金压力，解决了目标用户初入职场的经济拮据与大城市高额的房屋租赁价格之间的矛盾。

京东金融通过与自如合作推出的租房白条，成功地将白条这一消费金融服务对接到租房这一消费金额较高、违约风险相对较低的消费场景中，从而帮助消费者在支付中进行分期支付，缓解压力。而相应的，通过与京东白条的合作，自如等中介机构不仅提高了自身品牌的知名度，更利用京东庞大的用户流量扩大了用户群体覆盖范围，同时推广了自如等互联网租房O2O服务新模式。

图4.15 旅游白条产业链

京东在推出"白条+"系列后，积极地将互联网消费金融和资产证券化有机结合，通过将应收账款进行资产证券化，实现资产的高速流动，从而为互联网消费金融提供充足的资金。京东金融所发行的资本市场第一个基于互联网消费金融的资产证券化产品"京东白条应收账款债权资产支持专项计划"在深交所正式挂牌，充分发挥了互联网创新和驱动的作用，具有显著的示范效应。京东白条ABS在深交所挂牌，成为能在市场上自由交易的资产品类，填补了目前资产证券化市场在互联网消费金融这一领域的空白。

4. 京东金融具有核心的市场优势与领先地位

首先，京东在电子商务领域经营多年，横跨电商、支付、物流三大产业，三方产业可在自身体系内部形成完好闭环，这是京东开展消费金融的核心优势。长期积累下的用户基础属性信息、购买行为与偏好、支付而产生的资金流信息和部分银行信息以及物流端而产生的地理位置等线下非结构化数据等，构成了京东大数据金融的核心资产。不同维度的数据间可进行相互校验，而基于这些数据资产可以对用户收入水平、支付能力、还款能力、还款意愿等进行全方位的综合判断。

其次，京东金融的专业化团队也在产品层面、金融创新层面以及风险控制层面提供专业化支撑。京东金融目前已经覆盖理财产品销售、众筹、供应链金融等诸多细分领域，消费金融也将在此基础之上成为新的创新突破与增长点，对于金融产品拓宽与电商业务增长的价值将会逐步体现。

最后，专业化风险控制方面的优势也很明显。京东会基于自身的信用评估体系对用户的信用能力进行基础的判断，对用户进行定向授信；京东可以监测到用户的实际购买行为，控制用户的资金使用方向；用户可以通过网银钱包进行自动还款，如果发生逾期行为，京东会通过短信、电话等形式进行催缴。所有的数据和用户的资金使用行为均发生在京东体系内部，增强了风险控制模式的有效性和可控性。

此外，京东金融提出打造金融快消品、变大数据为厚数据的概念。在消费变革的时代，手机、电脑、汽车等已从耐用品变为"快速消费品"，京东要做消费金融领域的"金融快消品"，为这些"快速消费"行业提供金融服务。通过将大数据转变为厚数据分析，为用户提供更精准的金融服务，厚数据分析不仅包括用户消费记录，还可通过用户的消费轨迹等，更深层次地了解用户。京东金融通过对用户购买的品类、下决策的时间等厚数据分析，挖掘出用户对消费金融的不同诉求。京东金融的风险管理模式如图4.16所示。

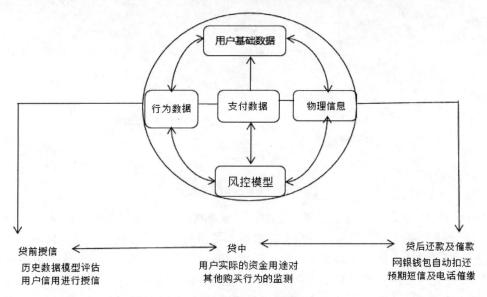

图4.16 京东金融的风险管理模式

案例4.4：电商支付系互联网消费金融——蚂蚁金服

蚂蚁金服正式成立于2014年10月16日，是蚂蚁金融服务集团的简称，是阿里巴巴承担金融业务的小微金融服务集团，小微企业和个人消费者被视为蚂蚁金服的服务人群。虽然蚂蚁金服与阿里巴巴从严格意义上讲是两个没有股权关系的独立法人实体，但是蚂蚁金服是阿里巴巴结合平台、数据与金融所构建的架构和规划的中心，无论从天猫分期来看还是从蚂蚁花呗来讲，它都为促进电商支付系互联网消费金融的发展作出了卓越的贡献。本书主要分析蚂蚁金服推出的天猫分期购和蚂蚁花呗这两个电商支付系互联网消费金融的典型。

2014年6月，阿里面向天猫平台客户推出了天猫分期购。用户在结算时可以选择分3、6、9期付款，分3期还可以免去分期手续费，6期和9期的手续费率分别为4.5%和6%，同时，天猫分期购支持零首付。有些天猫商家对特定商品还会定期推出天猫分期6期免息等活动。天猫分期购业务是由蚂蚁微贷(原阿里小贷)联合天猫开发的，它根据实名用户的消费数据计算"分期购"的额度，用户可以进行"赊账"消费。

天猫分期购模式包括以下几个步骤。

(1) 天猫商家需要开通分期购物服务；
(2) 天猫商家确定可以分期购物的具体商品；

(3) 天猫商城(蚂蚁微贷)根据注册消费者的历史交易数据对其进行授信；
(4) 消费者在商家选择分期购物商品；
(5) 蚂蚁微贷向商家支付货款；
(6) 消费者通过支付宝余额、借记卡、余额宝等方式进行还款。

天猫分期运作方式如图4.17所示。

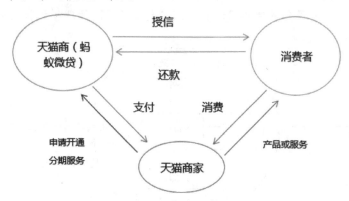

图4.17　天猫分期运作模式

2014年12月，阿里推出了蚂蚁花呗。蚂蚁花呗(以下简称"花呗")，是蚂蚁金服旗下的一款产品，属于与电商相结合的金融服务。花呗的开通方便快捷，用户只要打开支付宝钱包就可以一键开通，并不需要提交大量审核资料。基于网购活跃度、支付习惯等综合情况，开通花呗的用户可以基于芝麻信用分来获得一定的消费额度，在淘宝、天猫及其他合作平台享受"这月买，下月还"的消费体验。2015年双11当天，蚂蚁花呗的支付交易笔数达到6048万笔，支付成功率高达99.99%。其分期运作模式与天猫分期的运作模式原理相似。蚂蚁花呗依托淘宝和支付宝强大的客户群体，既得到了淘宝和天猫的大部分商户的支持，同时，小米、OPPO等手机厂商也在官网中添加了蚂蚁花呗的支付方式。

无论是天猫分期购还是蚂蚁花呗，都是在阿里电商场景的基础上开发出来的，有效地把线上和线下的数据收集整合起来，授信、审批和贷后管理等流程全部由数据驱动，体现了互联网消费金融产品的高效性。

目前，蚂蚁金服的信用评价和风险管理主要依靠芝麻信用分。蚂蚁金服自身的云计算和大数据能力水平在全世界范围内仅次于亚马逊，芝麻信用运用云计算技术通过对大数据的处理和评估以芝麻信用分的形式呈现出消费者个人的信用状况。

芝麻信用分也被利用到很多领域，芝麻信用分已经是申请新加坡和卢森堡签证的凭证之一，旅客不必再提供银行流水和存款证明，只需在线提供芝麻信用报告即可，并且芝麻信用达到700分以上可以获得新加坡免签，达到750分的用户可获得卢森堡免签并享受首都机场国内快速安检通道，极大地减少了签证中的麻烦，方便了旅客的出行，并且形成了让签证从线下走向线上的发展趋势。芝麻信用在消费金融领域为达到600分的用户提供了"花呗"服务，用户可以像使用信用卡一样用花呗的额度在淘宝天猫上购物，并且可享受一定时期的免息期。这项服务极大地刺激了消费，特别受到大学生这一群体的青睐。此外，芝麻信用和蚂蚁微贷一起推出的"借呗"的审核依据也是完全依据芝麻信用分。芝麻信用已然成为衡量人们品质的标准之一,让每个人都能享受到信用带来的价值体验。日臻完善的风控体系有利于降低消费者的违约风险,实现风险最小化。

4.6 银行互联网消费金融

4.6.1 银行互联网消费金融的模式与特点

银行的互联网消费金融服务模式相对最为简单,消费者先向银行申请消费贷款,银行审核并发放,消费者得到资金后购买产品或服务。目前,个人消费贷款业务在银行整体个人贷款业务中占比偏低。银行目前在积极布局网络消费的全产业链,丰富自身网上商城的消费场景,力图在相关领域追赶淘宝、京东等电商领先企业。其中,银行互联网消费金融的主要特点有:用户群体面向白领、有固定收入阶层;核心品类为日常消费及大额支出;消费场景含线上及线下;营销方式侧重线下;风控方式侧重线下。

银行互联网消费金融的具体运作模式包括以下几个步骤。

(1) 消费者向银行提出贷款申请,此处消费者一般是有固定收入的工薪阶层,且信用较好;

(2) 银行对消费者的贷款申请进行审核,通过后向消费者发放贷款;

(3) 消费者使用该笔贷款向银行自有的电商平台或者其他电商平台购买产品或服务;

(4) 平台向消费者提供产品或服务;

(5) 消费者按期向银行还款。

银行的互联网消费金融服务模式如图 4.8 所示。

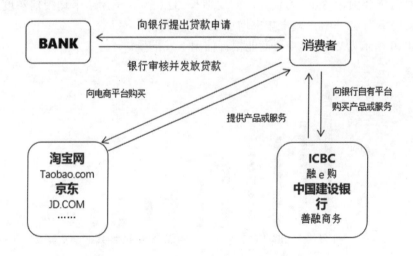

图 4.18　银行的互联网消费金融服务模式

伴随着互联网金融监管趋严,各平台对资源的争夺已不仅仅满足于流量、用户等资金端,对平台核心竞争力——优质资产的需求,正成为互联网金融平台关注的热点。在此需求的推动下,互金平台开始着手转型,通过多种方式扩大资产端来源。例如,搜易贷推出消费分期、财路通升级为豆蔓理财专注消费金融资产,消费金融成为互金平台争夺的资产圣地。

传统银行也不甘落后,工商银行推出了"逸贷"、中信银行推出了"信金宝"、华夏银行推出了"生活e贷"、农业银行推出了"e商管家"、北京银行推出了"轻松e贷"……继P2P、众筹之后,消费金融正成为互联网金融行业的新一片"蓝海",随着各家银行、机构纷纷推出五花八门的消费金融产品,越来越多的消费者正在改变传统的消费模式。

广阔的市场给消费金融的发展带来了契机,成为互联网大佬争抢的蛋糕,相信随着更多竞争者的加入,基于不同服务场景和服务对象的消费金融创新产品将不断涌现。随着"互联网+"布局的深入,国内电商行业将成为拉动消费的主要渠道,随之而生的消费金融服务也将成为新型金融服务模式的蓝海。

4.6.2 银行互联网消费金融的主要产品

在当前 GDP 增速放缓、企业贷需求下滑、风险增加的情况下,商业银行加大了对消费信贷的投入力度,积极布局商业银行消费信贷产品发展路径。以几家主要的股份制银行为例,近几年的消费信贷均保持在 20% 以上的增长率。

银行互联网消费金融布局的主要产品为信用卡和消费贷款。

1. 信用卡

根据央行最新发布的《2015年支付运行体系情况》,信用卡信贷规模继续增长,授信使用率持续上升。截至 2015 年年末,信用卡授信总额为 7.08 万亿元,同比增长 26.43%;信用卡应偿信贷余额为 3.09 万亿元,同比增长 32.05%,信用卡卡均授信额度为 1.79 万元,授信使用率为 43.77%,较上年末增加 2.08 个百分点。

如图 4.19 所示为 2015 年主要商业银行信用卡发卡量。

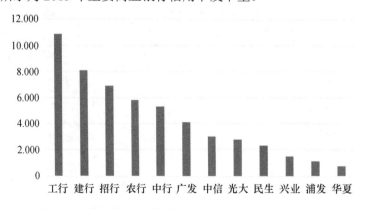

图 4.19　2015 年主要商业银行信用卡发卡量(单位:万张)

商业银行信用卡业务经过一段时间的发展,现在已趋于稳定,信用卡业务格局较为平稳。其中,工行信用卡发卡量遥遥领先,建行、招行居其后,而广发、中信等银行的发卡量增长较快。

近两年,银行在信用卡业务上的竞争"变调",不再是一窝蜂似的粗放发卡,各行发力点不同,有的侧重于增加发卡规模,有的侧重于提高信用卡盈利能力。无论是以发卡规模取胜,还是在信用卡盈利能力上占优,银行的个性化营销模式都收效明显。未来,银行间信用卡业务竞争将更多地体现在产品、服务及营销活动的个性营销优劣上,信用卡业务的深耕和差异化将成为趋势和竞争取胜的关键。

2. 消费信贷

相比发展稳定的信用卡业务,商业银行最近在消费贷款方面做了较大的投入,最直接的表现就是消费贷款规模迅速增长,申请门槛逐步降低,流程更加便捷快速。下面以几家典型的商业银行消费信贷产品为例进行分析,如表4.7所示。

表4.7 商业银行消费信贷产品的比较

	平安银行 新一贷	工商银行 逸贷	中信银行 信金宝	招商银行 消费易
额度	1万~50万	100~20万	最高30万	贷款总额度内获得
期限	12、24、36个月三种,优良职业可长达48个月	6、12、24、36个月四种	12、24、36个月三种	同原有贷款期限
申请条件	25~55周岁中国公民且在现工作单位连续工作不少于6个月,月平均收入4000元以上(一线城市不低于5000元)	①18~70周岁、具有完全民事行为能力的自然人;②资质良好的优质客户;③工行借记卡(存折)或信用卡持卡人	①23~60周岁的中国公民;②月收入不低于3000元(不含现金收入);③银行代发工资客户。	招行客户,且取得循环授信额度
利率	9.5‰/月	央行规定的同期同档次贷款基准利率上浮10%执行	8.5‰/月	同原有贷款利率
还款	按月还本付息,可提前还款但收罚金	按月等额还款法	按月还本付息,可提前还款但收罚金	免息期最长达50天,免息期结束后,100%转化为贷款

(资料来源:相关银行门户网站)

案例4.5:银行互联网消费金融——工行逸贷

中国工商银行作为国有四大行之一,目前在消费金融领域已具有成熟的业务模式和管理经验。工行拥有4亿个人用户,足以支持消费金融业务的发展。工行2015年的数据显示,其个人消费贷款余额已达到2.91万亿元,除去个人住房按揭贷款后的消费贷款余额近7000亿元,处于行业老大地位。

1. 产品简介

逸贷是中国工商银行对持本人工行借记卡(或存折)、信用卡的客户在工行特约商户进行刷卡消费或网上购物时，按一定规则联动提供的信用消费信贷服务。

2. 产品特色

(1) 贷款一触即发，资金瞬时到账。

信用方式，无须办理抵(质)押，无须奔波柜面，无须提交贷款资料，无须等待贷款审批。只需轻动手指，回复短信或点点鼠标，即可办理，资金瞬时到账。

(2) 随心随意消费，随时随地贷款。

消费+贷款一步到位，在数十万工行特约商户进行网上购物或刷卡消费时，均可通过网上银行、手机银行、短信银行、POS 机等各种快捷渠道实时、联动办理贷款。

(3) 贷款自由灵活，人生自在飘逸。

单笔消费满 100 元即可办理，单户最高贷款金额可达 20 万元。借记卡、信用卡均可办理，贷款期限最长 3 年，还款无须预约，随借随还，网上银行、手机银行、短信银行、柜面均可办理还款。

3. 贷款条件

(1) 18(含)～70(含)周岁、具有完全民事行为能力的自然人；

(2) 资信良好的优质客户，如符合工行条件的代发工资客户等；

(3) 工行借记卡(或存折)或信用卡持卡人。

如使用借记卡(或存折)消费并办理逸贷，在完成消费交易前，付款账户的自有资金余额须不低于消费交易金额。

4. 贷款额度

单笔消费 100 元(含)以上即可申请，单户最高贷款金额可达 20 万元，且不超过工行根据借款人的综合资信水平核定的可贷额度以及该笔消费的实际金额。

5. 贷款期限

可在 6、12、24、36 个月四种期限中自由选择。

6. 贷款利率(或分期付款费率)

按照人民银行规定的同期同档次贷款基准利率上浮 10%执行。

7. 还款方式

按月等额还款法。

8. 商户类型

特约商户为与工行合作的网络电子特约商户(非第三方平台转接)和商场、家居卖场、汽车 4S 店、培训机构、旅游机构等直接用于消费用途工行 POS 特约商户。如图 4.20 所示为中国工银逸贷界面图。

专门针对消费贷开发的"逸贷"业务，覆盖了在工行"融 e 购"网上商城和几十万家特约商户进行消费的用户，可通过网上银行、手机银行、短信银行、POS 机等各种快捷渠道办理，支持借记卡和存折，未来可以拓展覆盖工行大部分客户。在风控上，工行实现了对全部客户、账户、交易等信息的集中管理，对个人客户违约率、违约损失率数据的完整积累长度超过 8 年。为了分享更多的消费红利，工行将原来几乎不产生价值，只是作为回馈客户、兑换礼品的积分商城，改造为类似京东模式的电商平台。

工商银行消费金融业务选择了和传统业务重叠发展的模式，将工行的客户群、渠道、品牌、积分商城等固有的优势资源利用最大化，基本实现了"消费+金融"的全链条发展。

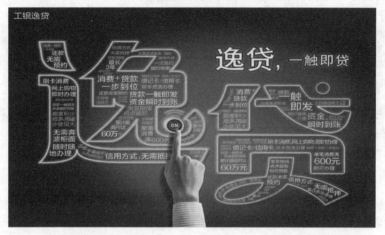

图 4.20　工行逸贷界面图

4.7　互联网消费金融风险管理

互联网消费金融是以信息化手段进行的消费信用形式，是"互联网+"浪潮下的新兴市场，其优势在于利用互联网平台进行快速业务处理和数据分析，大大提升了消费金融的效率。但是，由于金融市场的特殊性和互联网信用的不完善性，互联网消费金融存在着技术、市场、信用等多重风险，影响着互联网金融市场的健康发展。因此，对于互联网消费金融的风险识别和监管仍是当下亟待解决的重要问题。

4.7.1　互联网消费金融风险

1. 监管风险

监管风险是指由于法律或监管规定的变化，可能影响商业银行正常运营，或削弱其竞争能力、生存能力的风险。

2015 年 7 月 18 日，《关于促进互联网金融健康发展的指导意见》正式对外发布，规定了互联网消费金融应当遵守的基本业务规则。作为低成本创业方式，互联网消费金融的

消费金融与供应链金融

诞生恰好符合政府引导新型就业、创造经济利润新增长点的政策目标。但是由于互联网天然的虚拟隐蔽性和扩散性,其风险传播也极为迅速,特别是"e租宝"等P2P平台类案件的爆发,使得互联网金融成为金融风险的"风口",政策监管开始进入了限制管理期。由于互联网消费金融属于新型金融形态,对于该类金融行为的监管还属于摸索阶段,目前互联网消费金融业务处于政策监管的空白期,职能部门在监管范围上没有清晰的界定,还未形成成熟合理的监管方式,监管政策上的缺失造成了部分互联网消费金融市场参与主体并未取得相关资质却依旧能够运营。同时,部分模式上类似于虚拟信用卡的产品是否合规,仍无定论。这就使得互联网消费金融难以避免政策的反复和波动。

2. 信用风险

信用风险又称违约风险,是指借款人、证券发行人或交易对方因种种原因,不愿或无力履行合同条件而构成违约,致使银行、投资者或交易对方遭受损失的可能性。消费金融是为居民耐用消费品的购买提供消费信贷,此类信贷金额较小、还款期限较短。在商业银行信贷对象中,消费信贷的比重较小,即便发生逾期或坏账,也不影响商业银行的整体信用风险。互联网消费金融所提供的消费信贷往往是无抵押无担保的信用类贷款,利用互联网手段审核的时间较短,不能充分考察客户的信用记录,且难以做到全部项目的贷后追踪。虽然单笔业务金额较小,但是缺乏相应的资产担保或保险制度,一旦发生信用风险的集中爆发,会给金融市场带来连锁反应。

信用风险主要有以下几个表现形式。

(1) 成本。线下信用调查成本高昂,已经成为小微金融发展的风控瓶颈。

(2) 数据。目前只有央行建立了相对完整的金融信用信息基础数据库,信用数据碎片化。

(3) 体系。针对个人征信服务和小微企业征信服务的市场亟待发展,整体征信体系尚不健全。

目前,中国征信体系已形成以央行金融信用信息基础数据库为主导、市场化征信机构为辅的多元化格局。但个人征信业务市场刚刚起步,在商业模式、法律保障、统一数据接口、关键技术等方面,与欧美成熟的个人征信市场存在较大的差距。整体上,互联网消费金融市场的信用环境尚处于落后阶段,难以保证用户不出现恶意违约的状况。同时,相关风险由债权转让渠道传导至产业链下游,引发互联网金融系统性风险的可能性也同样存在。

3. 操作风险

操作风险就是操作过程中因操作环节本身带来的风险。巴塞尔银行监管委员会对操作风险的正式定义是:操作风险是指由于不完善或有问题的内部操作过程、人员、系统或外部事件而导致的直接或间接损失的风险,这一定义包含了法律风险,但是不包含策略性风险和声誉风险。巴林银行是百年银行,因为新加坡的一个业务操作人员手工压单不合操作规范导致银行破产,这个有着233年经营史的老牌银行从此在金融界消失。可见操作风险发生概率很低,但一旦发生,往往都是重大案件,甚至会让企业倒闭。所以,我们常常说操作风险要警钟长鸣,就是这个意思。

按照发生的频率和损失大小,巴塞尔委员会将操作风险分为以下七类。

(1) 内部欺诈。即有机构内部人员参与的诈骗、盗用资产、违反法律及公司规章制度的行为。

(2) 外部欺诈。第三方的诈骗、盗用资产、违反法律的行为。

(3) 雇佣合同及工作状况带来的风险。由于不履行合同或者不符合劳动健康、安全法规所引起的赔偿要求。

(4) 客户、产品及商业行为引起的事件。有意或无意造成的无法满足某一顾客的特定需求或者由于产品的性质、设计问题造成的失误。

(5) 有形资产的损失。由于灾难性事件或者其他事件引起的有形资产的损坏或损失。

(6) 经营终端和系统出错。包括软件或者硬件错误、通信问题以及设备老化。

(7) 涉及执行、交割及交易过程的。例如,交易失败、与合作伙伴的合作失败、交易数据输入错误、不完备的法律文件、未经批准访问客户账户等。

4.欺诈风险

一般情况下,欺诈风险占整个风险体系的比重并不是很高。但是,欺诈风险一旦发生就是恶性案件,资产往往难以追缴,因为这种用户根本就没打算还,所填写的信息都是虚假的,甚至伪装成一个良好的用户,让人难以识别。从数据角度上讲,如果不剔除欺诈风险,也会对模型造成一定偏差。

按照欺诈产生的行为主体,欺诈可分为消费者自身欺诈、不法分子欺诈和商户欺诈。消费者自身欺诈是指消费者本人以不诚实的方式申请消费信贷并获得一定额度的使用资金,或在使用过程中拒不归还的行为。不法分子欺诈是指一些黑客或是他人利用非法手段盗用、冒用他人账户进行消费的行为。商户欺诈是指不法商户以虚假信息或虚构消费交易骗取资金,或与不法分子勾结盗取客户信息等行为。

按照风险产生的不同阶段,欺诈可分为申请阶段欺诈和消费阶段欺诈。申请阶段欺诈是指不法分子在申请消费信贷额度的环境,通过提供虚假个人信息或盗用、冒用他人信息骗取额度的行为。消费阶段欺诈是指在平台审核通过发放额度后,不法分子通过各种非法手段提现或非法使用资金的行为。

按照风险产生的源头,欺诈可分为内部欺诈和外部欺诈。内部欺诈是指来自审核平台内部的欺诈案件,通常是平台内部员工(包括营销人员和各类业务人员等)非法违规操作或与不法分子串通进行额度的申请和使用的行为。外部欺诈主要是指来自外部的各类欺诈行为。

4.7.2 互联网消费金融风险管理流程

1.消费前阶段

(1) 完善线下实体店布局及团队,对客户相关信息进行严格审核。包括:"面对面"核实客户身份、签署书面合同,并将客户信息与权威网站做比对等。通过科学的三方大数据反欺诈、个人征信查询服务，对借款人做 360 度体检与筛查，有效地规避欺诈风险，并合理优化放贷额度、放贷周期，定制放贷利率，最大程度地降低贷款的逾期率和不良率，为后期证券化融资打下扎实的基础资产铺垫。

（2）对线上用户要求实名注册，并提供收入证明、身份证扫描件等申请材料，考虑到用户的工作和经济情况有可能改变，要求用户定期更新个人相关信息。

2. 消费阶段

（1）规范消费金融服务的使用范围，排除电话充值等数字虚拟产品及黄金等可套现产品。

（2）尚未还清一件商品一半以上费用的用户，不允许再进行同类商品的分期消费，防止用户无限制地进行分期消费套现。

（3）对消费订单进行严格审核，包括自建的线上反欺诈系统和人工审核，并对绝大部分订单进行电话核实。

3. 贷款阶段

（1）通过消费记录、配送信息、退货信息、购物评价等多维度大数据，建立信用评估模型，在线实时评估客户信用等级。

（2）在业务设计、团队构成、模型监控等多个方面贯彻全流程的风险管理体制。

（3）根据用户过往的信用记录，实施差异化的利率政策，对信用好的用户给予优惠利率，降低用户违约的风险。

（4）有效地监督消费信贷用途，建立奖惩机制，使得贷款人真正利用消费金融工具来进行日常消费，而不是把资金用作他途。

4. 贷后管理阶段

（1）对还款过程进行实时追踪监控，包括在账户管理过程中进行定期客户回访、客户行为预测等。

（2）对客户发生的逾期做原因调查，根据不同情况制定差异化的催收策略。

（3）对消费贷款进行债券打包，通过 P2P 融资平台及资产证券化的有关手段，将相关风险转移。

（4）与保险公司在消费贷款信用保证保险服务方面开展合作，如保险和担保支持。保险业可以通过提供征信服务、小额信贷保险等来解决消费信用风险控制，担保同样为消费金融的发展提供专业化的风险防范机制。例如，现有的汽车消费信贷保证保险、助学贷款信用保证保险、小额信贷保证保险都对促进消费发挥着重要的作用。

贷后通过对放贷资金进行监管，针对性地开发基于特定消费场景的信贷产品，实现专款专用；另外通过大数据风控模型，随时掌握资金池现金流状况，把逾期风险、坏账风险扼杀在摇篮之中。

4.7.3　互联网消费金融风险防范措施

1. 从政府角度看

互联网消费金融市场高速增长、潜力巨大，在众多企业竞相角逐的过程中，需要政府和监管机构从以下几个方面进行引导和规范。

(1) 政府需要为互联网消费金融行业正名，提供促进其行业发展的有力政策；

(2) 设立专门的互联网金融监管机构，对各类平台进行符合自身要求的监管，满足市场多样化经营主体的需要；

(3) 制定互联网消费金融的相关法律法规，对风险较大的各类行为和产品进行严格监管和限制；

(4) 建立互联网金融行业从业人员的准入门槛，保证从业人员的专业素质；

(5) 在吸取国外经验教训的同时，努力构建适应国情的消费金融监管机制，以功能监管、差异化监管为基本思路，为防范未来消费金融扩张中的潜在风险奠定基础。

除了鼓励银行加快拓展消费金融业务、引导消费金融公司健康发展之外，还应该把基于互联网的消费金融创新作为重中之重。因为在小额、便捷、体验等方面，互联网消费金融产品可能会带给消费者更加有效的服务，也有可能运用大数据和信息技术来更好地管理风险和控制成本。当然，这一市场的发展还需要规范和引导，从而真正与银行和消费金融公司形成产品互补、客户互补、功能互补。

2. 从消费者角度来看

鉴于消费者作为客户资源的多样性和复杂性，在进行客户信用风险的管控时，主要从以下几点进行考量。

(1) 加强客户的风险教育，对客户进行正面合规的互联网消费金融知识宣传，提醒客户其权利义务及可能产生的风险后果，不夸大互联网消费金融的服务效果，不隐瞒互联网消费金融产品的重要信息，包括利率、期限、罚息及信用条件等；

(2) 提高消费者的自我保护意识，在网络化普及的今天，互联网消费金融的消费者要充分保护自身的虚拟信息；

(3) 普及征信教育，增强消费者的个人信用意识，通过道德约束力，减少违约的发生。

3. 从企业角度来看

(1) 充分利用大数据资源。互联网消费金融的重要特征是网络化和信息化，大数据分析是互联网信用信息的主要来源。加快推动信用体系建设，支持民营个人信用机构的发展，充分利用大数据的技术手段，积累有效的个人信用评价机制，与央行征信体系形成有效的互补。在进行大数据分析时，互联网消费金融企业不仅要采用自身平台提供的大数据信息，广泛采集客户行为和数据，还应综合多个平台的数据来源，进行多维度分析和评估，使其能够有效地利用各类信用数据库，同时提供更多的消费信用信息积累。

(2) 企业要进行创新，设计市场精准定位、特点鲜明的互联网消费金融产品，满足客户的多样化需求。

（3）加强业务营运的效率，在业务流程、业务分工、资源采集、行业合作、人员配比上提升管理水平。

（4）对于非银行的消费金融提供主体来说，争取建立独立的风险评估部门和完善的风险控制措施，同时有效地管理消费金融业务，与其他主业进行协调定位，避免出现财务风险和流动性风险。

（5）有效地监督消费信贷用途，建立奖惩机制，使得借款人真正利用消费金融工具来进行日常消费，而不是把资金用作他途。

4.8　互联网消费金融的发展趋势与挑战

4.8.1　互联网消费金融的发展趋势

2015年7月，央行等十部委联合发布《关于促进互联网金融健康发展的指导意见》，明确规定了央行对互联网消费金融领域的监管。同年12月，由银监会牵头制定的《网络借贷信息中介机构业务活动管理暂行办法》对互联网消费金融的参与主体之一 P2P 借贷平台提出监管细则，回归平台"信用中介"的本质，以负面清单制的方式对行业发展作出了较为严格的规范。2016年3月，中国人民银行连同银监会发布《关于加大对新消费领域金融支持的指导意见》，提出要改善消费金融的发展环境并加大支持力度。这些监管政策的落地既给予了互联网消费金融足够的创新空间，又在一定程度上防范了金融风险。

在后监管时代，互联网消费金融未来的发展趋势如下。

（1）消费场景化。

在体验经济时代，所谓的互联网金融消费的场景化，是指金融服务提供商利用互联网手段，将个人用户从事的各类消费、支付行为与投资理财产品结合。

昔日企业通过满足消费者对产品功能的需求而创造利润的模式，已经转化为企业与特定消费者在特定时刻、特定地点、特定情境下共同创造体验的盈利模式。而对于互联网消费金融来说，在消费场景中为消费者提供消费贷款的金融服务已经成为趋势，其中，最关键的就是基于消费场景的体验。此外，个人消费贷款是和消费场景相结合来获取借款客户的，借款目的更明确，反欺诈审核也更精准。

随着互联网化程度的加深，消费场景的线上转移使线上的消费金融平台更具有渗透力，在消费场景中为消费者提供消费贷款的金融服务已经成为趋势，可以满足消费者在"互联网+"的时代下多元化、场景化的金融需求，填补市场需求的盲区，有力地带动消费，拉动内需。随着大量资本对互联网消费金融场景的持续布局和投入，未来将催生出万亿级的蓝海市场。

（2）大数据助力征信。

基于大数据的风险控制模式将是互联网消费金融的核心。银行、电商巨头、征信公司、消费金融公司等平台有自身适用的信用评价体系，通过大数据合作共享等模式，助力个人征信环节，并构建统一的征信系统，能够极大地降低信贷审批成本，提高金融服务的效率。

(3) 细分化和垂直化。

我国的互联网消费金融正在向更加细分化和垂直化的方向发展，根据不同人群、不同消费产品的互联网消费金融产品的分化越来越细，行业的优化使得每个领域都有更为专业的互联网消费金融公司出现，并覆盖到生活消费的各个场景和各个用户群体。未来，互联网消费金融领域将会是新的"蓝海"。

(4) 普惠性和覆盖性。

互联网特别是移动互联网技术在消费金融领域的应用，使得消费金融服务更具普惠性和覆盖性，不仅覆盖到生活消费的各个场景，还能够覆盖更多的中低端用户群体，包括农民工等流动人口以及大学生等中低端用户群体，例如，专门针对农民工、蓝领工人的互联网消费金融产品"51酷卡"的出现，就具有普惠金融的性质。

互联网消费金融发展趋势如图4.21所示。

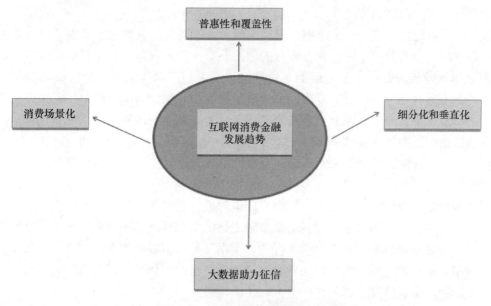

图4.21 互联网消费金融发展趋势

4.8.2 互联网消费金融所面临的挑战

当下我国经济社会正在经历着"两化一转"，即全方位的互联网化和金融化以及经济增长方式由投资拉动转为由消费驱动。经济社会的转型、"互联网+"战略的推进、消费引领供给侧的改革以及普惠金融规划的深入推进，使互联网消费金融充满巨大的发展机遇。互联网消费金融的体量未来五年完全可以比肩信用卡业务。互联网消费金融前景美好，但挑战也很多，主要表现为以下几个方面。

(1) 监管体系有待完善。《关于促进互联网金融健康发展的指导意见》出台后，针对互联网消费金融业态的监管细则尚未出台，致使分类监管缺乏具体可操作性，导致从业的持牌金融机构监管过度、其他从业主体监管真空的问题,例如,市场上从事互联网消费金融的电商、P2P 等依然没有纳入统一监管。这就会使消费金融公司等金融机构受制于传统的监管理念和思路,对创新缺乏支持,而其他从业主体则可以进行监管套利,监管体系的不完善使得行业发展环境不规范、不公平,不利于对金融消费者权益的保护。

(2) 有效的商业模式尚待摸索。互联网消费金融没有既定的模式,也不是简单地将传统金融业务互联网化。大趋势是互联网消费金融将朝着普惠金融的方向发展,需要通过商业模式的重塑,以更低的价格、更好的体验服务更多的人群。这客观上要求从业机构进一步降低息差依赖,通过获取合作商户补贴和为用户创造增值服务来建立可持续的商业模式。首先,在获取商户补贴方面,消费金融从业主体需要具备超强的运营能力和规模足够大的用户,从而具有较强的谈判地位,能否成功有待进一步观察;其次,除了将产品全面、流畅、自然地嵌入各类消费场景中、为用户提供极致使用体验外,互联网消费金融还能为用户创造哪些增值服务,哪些增值服务可以收费,有待探索。因此,有效的商业模式将是行业发展共同面临的挑战。

(3) 欺诈风险防范成为一大难题。互联网消费金融对风险管理技术提出了前所未有的要求,在手段上基本颠覆了以往商业银行的做法,必须根据业务流程做到全面风险管理。其中,欺诈风险管理是最需要克服的一大难题。当前信用卡诈骗犯罪位居金融犯罪第一位,市面上不乏存在专业的针对互联网消费金融产品的诈骗、套现组织,如通过盗用、冒用他人的账户来骗取贷款。互联网消费金融场景化是防范欺诈风险的一个重要方面,但更多地需要借助广泛的外部数据平台和云端反欺诈系统提高风险防范水平。

(4) 尚未形成多元的资金来源渠道。互联网消费金融的竞争既是客户获取、场景拓展和风险控制能力的竞争,更是广泛多元化营运资金筹措能力的竞争。批量化预授信模式是互联网消费金融采取的典型模式之一,客户的瞬时性、并发性用信行为对资金保障能力提出了前所未有的挑战。而当前互联网消费金融主体如消费金融公司绝大多数无法吸收公众存款,有的是注册资本金,有的是股东存款,个别开始运用资产证券化筹资,但总体上筹资渠道较窄,更谈不上形成多层次的资金来源体系,因此大体量、低成本、多渠道的资金来源是互联网消费金融发展的关键。

4.8.3 应对的措施和建议

针对互联网消费金融所面临的诸多机遇与挑战,应采取相应对策以确保互联网消费金融行业的平稳健康运行。下面主要从国家监管层面和企业自身的角度分别提出一些措施和建议。

1. 国家监管层面

(1) 加快出台细分业态的监管细则,营造公平的市场竞争环境。国家应进一步完善互联网金融法律体系,明确相关业态监管细则,规范行业准入标准,将从业主体纳入统一监管,进一步营造公平有序的市场竞争环境。同时进一步调整监管思路,树立适应互联网特征的监管理念,实行包容性监管,对创新性强、普惠金融发展好的金融机构保持一定的监管容忍度，进行创新支持。此外，在分类监管的基础上，建立联合执法机制，加大对网络金融违法犯罪的打击力度。

(2) 拓宽融资渠道，加大财税政策支持力度。进一步拓宽从业机构融资渠道，细化互联网消费金融上市等融资措施。进一步降低初创期消费金融公司的融资门槛，适当缩短资产证券化年限、考虑允许发行特种消费金融债券等，鼓励金融机构同业间开展回购式质押融资。同时进一步加大政策支持力度，建议推行和细化财政补贴和税收减免等政策，加大创新奖励力度，进一步发挥政策引领和助推作用。

(3) 构建多元化征信体系，推进行业建立风险联防、联控机制。进一步加强个人征信能力建设，构建以人行征信为主、市场化征信为辅的多元化征信机制，并进一步降低人行征信查询费用，加强公安、司法等政府公共信息分享，提升从业主体的征信能力、降低征信成本。同时加快行业协会和反欺诈风险联盟建设，鼓励行业协会成员"黑名单"信息共享，构建联防、联控、联动的风险管理合作机制，进一步提升欺诈风险防控能力。

(4) 加大对网络金融违法犯罪的打击力度，促进行业安全健康发展。加大互联网消费金融网络环境的监控和整治力度，对涉及套现、诈骗的专业网站及时进行屏蔽和清除。同时建议公安、银监、司法等部门与网络运营商定期联合开展网络金融违法犯罪专项整治活动，参照打击信用卡犯罪的方式，严格查处违法犯罪行为，并追究当事人相应的民事、行政、刑事责任，促进互联网消费金融市场安全、规范地运行。

2. 企业自身的角度

(1) 鼓励探索各种互联网消费金融模式。一般来说，互联网消费金融模式可分为纯线上模式和线上与线下相结合模式。有些互联网消费金融机构采取纯线上模式运作，但也有些采取线上与线下相结合的模式运作，而传统的消费金融机构较多地采取线上与线下相结合模式运作。应鼓励不同机构根据自身优势探索不同的互联网消费金融模式。

(2) 明确客户定位，在特定领域打造核心竞争优势。明晰的客户定位是产品研发和营销策略的基础，如果客户定位不明确，必然会导致产品缺乏特色，淹没在同质化产品的大海中，很难脱颖而出。目标客群的选择，一定要基于自身的资源禀赋，只有天时地利人和才能打造出一款好产品，在差异化市场中占据领先优势。

(3) 重视大数据与征信体系的结合，持续关注过度授信的风险。随着众多机构的涌入，短期内消费金融市场是供大于求的，尤其是优质客户，各家都会给予授信额度。对客户而言，可获得的授信总额远远超出其负担能力，存在一定的潜在风险，但整体上这类客户对个人征信重视程度高，风险相对可控。不过，对于校园信贷等产品而言，目标客户群的消费观、金钱观尚不成熟，相对缺乏自制力，在校园代理的热情营销下，很容易过度借贷。个人客户没有资产负债表，借款机构不能从资产负债率的角度进行过度风险防范，使得过度风险的潜在发生范围和危害尤为突出。理论上，控制个人客户过度授信风险也有办法，只要授信金额信息共享即可，但实际上，借款客户是企业的核心资源，额度信息共享短期内很难实现，而过度授信也将成为消费金融类企业持续面临的重要风险点。因此，企业要持续关注过度授信的客户财务及使用情况，减少违规情况的发生。

本章总结

- 所谓互联网消费金融，是"互联网+消费金融"的新型金融服务方式，它以互联网技术为手段，向各阶层消费者提供消费贷款的金融服务，是传统消费金融活动各环节的电子化、网络化、信息化，其本质还是消费金融，但相较于传统消费金融，互联网消费金融大大提升了效率。其中，互联网支付、网络借贷和互联网消费金融属于广义消费金融的范畴。
- 互联网消费金融产业链包括上游的资金供给方、消费金融核心圈及下游的催收方或坏账收购方，其中消费金融核心圈又包括消费金融服务提供商、零售商、消费者和征信评级机构四部分。
- 当前互联网消费金融的主要模式有分期购物平台模式、P2P网贷消费金融模式、电商支付系消费金融模式和银行的互联网消费金融模式。
- 互联网消费金融的发展面临一系列的风险，包括监管风险、信用风险、操作风险和欺诈风险，因此，互联网消费金融企业要从消费前阶段、消费阶段、贷款阶段以及贷后阶段分别进行风险管理，并从政府角度、消费者角度和企业角度分别采取措施进行风险防范。
- 在后监管时代，互联网消费金融未来的发展趋势为消费场景化、大数据助力征信、细分化和垂直化以及普惠性和覆盖性。而伴随我国经济社会的"两化一转"，我国的互联网消费金融面临着监管体系有待完善、有效的商业模式有待探索、欺诈风险的防范和尚未形成多元的资金来源渠道等诸多难题和挑战。

本章作业

1. 什么是互联网消费金融？它有哪些特点？
2. 互联网消费金融的作用有哪些？请简要分析。
3. 请简要分析互联网消费金融与网络借贷的区别。
4. 请论述互联网消费金融的产业链。
5. 分期购物平台的具体运作模式是什么？此类互联网消费金融有哪些主要特点？
6. P2P网贷消费金融的运作模式是什么？它的主要特点有哪些？
7. 请简要分析电商支付系互联网消费金融的运作模式，并分析其主要特点。
8. 请简述银行互联网消费金融的运作模式和主要特点。
9. 比较四种不同类型的互联网消费金融模式。
10. 互联网消费金融有哪些风险？可采取的相应的防范措施有哪些？
11. 什么是欺诈风险？它有哪些分类？如何进行防范？
12. 请论述互联网消费金融的发展趋势与挑战。

第 5 章

消费金融资产证券化

本章目标

- 掌握资产证券化的基本含义和意义
- 掌握消费金融资产证券化的现实意义
- 掌握消费金融资产证券化的操作流程

本章简介

资产证券化作为一种可靠的、成本较低的融资方式,近年来受到诸多企业尤其是互联网消费金融企业的喜爱。什么是资产证券化、如何设计企业应收账款的资产证券化以及怎样操作消费金融的资产证券化,是我们充分发挥互联网消费金融自身作用的关键所在,因此成为学习互联网消费金融的重要内容。

本章在讲述消费金融资产证券化的基本理论之外,还通过列举典型的消费金融资产证券化的案例进行了场景分析。

@ 5.1 资产证券化基本概述

5.1.1 资产证券化的基本含义

资产证券化(Asset Backed Securitization,ABS)的广义定义为以特定资产或特定现金流为标的物,通过一系列文件与合同的约定,发行可交易的证券的一种融资模式。从本质上来讲,就是融资方将其拥有的一组能够在未来产生预期现金流入的基础资产通过组合的方式汇集成资产池,并出售给特殊目的机构,特殊目的载体在对资产池产生的现金流充足及信用增级后,向投资者发行不同信用级别的资产收益凭证的活动。通俗来说,资产证券化就是将金融机构或其他企业所持有的缺乏流动性但能够产生可预见的稳定的现金流的资产通过一定的结构组合转换成可流通证券以进行融资的过程。

美国证券交易委员会(SEC)对资产证券化的定义是"资产支持证券是指这样一种证券,它们主要是由一个特定的应收账款资产池或者其他金融资产池来支持,保证偿付。这些金融资产的期限可以是固定的,也可以是循环周转的。根据资产的条款,在特定的时期内可以产生现金流和其他权利,或者资产支持证券也可以由其他资产来保证服务或保证按期向证券持有人分配收益。"

国际经合组织(OECD)将资产证券化定义为,把缺乏流动性但具有未来现金流收入的同质资产打包、重组,将其转变成可以在金融市场上出售和流通的生息证券,出售给第三方投资者的过程。

上述尽管定义有所区别,但本质是相同的,资产重组、风险隔离及信用增级是现阶段资产证券化的三大核心运行机制。

任何标准资产证券化产品均要求发起人自身拥有的能够在未来产生现金流的资产通过重新配置与组合筛选出部分作为基础资产来构筑资产池,而后通过"真实出售"这一资产给特殊目的机构(Special Purpose Vehicles,SPV),实现资产池中基础资产风险与自身风险的完全隔离。最后,特殊目的机构需要通过内部信用增级及外部信用增级方式对整个资产池证券资产进行进一步增信,以使其发行的资产支持证券能获得更多的机关投资者认购,降低融资利率。

随着资产证券化的快速发展和广泛应用,基础资产的品种不断丰富,资产证券化已不再是金融机构进行信贷资产管理的专属工具,只要是具有稳定的现金流量预期的资产,均可成为证券化标的,资产证券化的范围在上述定义的基础上不断延伸。

5.1.2 资产证券化的分类

1. 按基础资产划分

资产证券化按基础资产不同可大致区分为 MBS (Mortgage-Backed Securitization)及 ABS (Asset-Backed Securitization)两类,前者特指住房抵押贷款证券化,后者则指除其之外的所有其他资产支持的资产证券化产品。早期资产证券化的基础资产多系与实体经营活动密切相关的原始现金流资产，且大都具有较高的信用评级。

2. 按资产证券化的地域划分

根据资产证券化发起人、发行人和投资者所属地域不同，可将资产证券化分为境内资产证券化和离岸资产证券化。国内融资方通过在国外的特殊目的机构或结构化投资机构（Structured Investment Vehicles，SIVs）在国际市场上以资产证券化的方式向国外投资者融资称为离岸资产证券化；融资方通过境内 SPV 在境内市场融资则称为境内资产证券化。

3. 按证券化产品的属性划分

根据证券化产品的金融属性不同，可以分为股权型证券化、债券型证券化和混合型证券化。

4. 按交易结构划分

资产证券化按照交易结构的实质不同可分为过手证券、资产抵押证券以及转付证券三类。过手证券是最早出现的证券化交易结构，在这种结构下，基础资产所有权由原始权益人直接转让到证券投资人手中，基础资产产生的现金流在扣除必要的税费之后直接转付给证券投资者，SPV 仅承担基础资产回收所产生的现金流的代为收付功能，不采取任何重组、增信等主动管理措施，基础资产的违约风险及提前偿付风险全部由投资者承担。资产抵押证券交易结构下，基础资产所有权属于 SPV，资产支持证券持有人按照 SPV 发行时约定的时点及付息方式按期收取本息，而非过手证券模式下根据基础资产现金流产生时点及金额收取，基础资产的提前偿付风险及信用违约风险部分由 SPV 承担。转付证券模式下，基础资产所有权由 SPV 享有，其向投资者所发行的资产支持证券构成其负债，因此，SPV 可根据市场情况、投资者风险偏好及基础资产特点等对资产池的现金流进行重组及信用增级，将部分基础资产的信用违约风险及提前偿付风险转移给权益级证券即劣后级证券的持有人。

5.1.3 资产证券化的发展历程

资产证券化是于 20 世纪 60 年代末产生于美国的一种新型的结构化融资创新产品，它是以特定资产组合或特定现金流为支持，发行可交易证券的一种融资形式。这种融资形式可以降低借款者的融资成本，提高金融机构的资本充足率，转移和分散金融机构面临的信用风险以及增强金融机构的流动性。资产证券化被誉为 20 世纪最伟大的金融创新，对于优化金融资本和风险管理、拓宽社会投融资途径和优化经济结构具有重要的作用。

我国的资产证券化始于 2005 年，主要为资产证券化中的信贷资产证券化业务，建设银行和国家开发银行分别进行了住房抵押贷款证券化和信贷资产证券化试点，但是随着金融危机之后各界对资产证券化所带来的风险担忧的增多，我国资产证券化的发展也出现了停滞。2012 年，央行、银监会、财政部联合下发《关于进一步扩大信贷资产证券化试点有关事项的通知》，标志着停滞近四年之久的信贷资产证券化重新开闸。

1. 企业的实践

到目前为止，我国已经进行了一些资产证券化方面的个案实践，积累了实施资产证券化的一系列成功经验。

1992年，海南省三亚市开发建设总公司通过发行2亿元的地产投资券融资开发丹州小区，就具备了资产证券化的某些基本特征，首开了资产证券化在我国实施的先河。在此之后，陆续有一些企业和机构尝试通过资产证券化的方式来解决资金的流动性问题。

1996年，注册在开曼群岛的珠海高速公路有限公司以当地机动车的管理费及外地过往机动车所缴纳的过路费作为担保，根据美国证券法的144a规则，成功地发行了总额为2亿美元的资产担保债券。珠海高速公路证券化案例是资产证券化在我国较为成功的尝试，这次融资的程序及操作与国外资产证券化已相差无几。

1997年5月，重庆市政府与亚洲担保豪升ABS(中国)有限公司签订的资产证券化合作协议，被认为是我国开展资产证券化的重大突破。

同年，中国远洋运输总公司(COSCO)通过私募形式，在美国发行了总额为3亿美元的以其北美航运应收款为支撑的浮动利率票据。这次中远应收款证券化交易的特点在于：虽然COSCO是一家中资公司，但它所用来进行证券化的基础资产却是美元形式的应收款，实际上可以将其视为有中国概念的境外资产，其运作方式也是完全在境外操作的。这成为我国在国际资本市场上发行资产支持证券的第一单。

2000年3月，中集集团与荷兰银行在深圳签署了总金额为8000万美元的贸易应收账款证券化项目协议。此次协议有效期限为3年。在3年内，凡是中集集团发生的应收账款都可以出售给由荷兰银行管理的资产购买公司，由该公司在国际商业票据市场上多次公开发行商业票据，总发行金额不超过8000万美元。在此期间，荷兰银行将发行票据所得资金支付给中集集团，中集集团的债务人则将应付款项交给约定的信托人，由该信托人履行收款人职责。而商业票据的投资者可以获得高出伦敦同业拆借市场利息率1%的利息。此次中集集团应收账款资产评级获得了穆迪、斯坦普尔在国际短期资金市场上的最高评级。这个案例是中国应收款证券化实践中最成功的典型案例，对租赁债权证券化有很大的启示意义和借鉴作用。

2004年以后的一段时间，我国资产证券化市场取得了较快的发展。证监会在此期间发布了《证券公司客户资产管理业务试行办法》，允许企业设立专项资产计划，并以其作为基础资产发行固定收益类产品，实现结构性融资。

2005年8月，发行规模达93.6亿元的中国联通网络租赁费收益计划成为我国首个企业资产证券化产品，在我国企业资产证券化的发展历程中具有非常重要的意义。此后的一年中，另外8个专项资产管理计划陆续付诸实施。

2005年12月到2006年9月，通过专项资产管理计划发行的企业资产证券化产品共发行了9期，合计262亿元。投资者包括大型企业集团、财务公司、社保基金、公司年金、信托公司和证券投资基金。之后的2007—2010年，由于次贷危机的爆发，企业资产证券化产品发行停滞。

2013年7月，东方资管——阿里巴巴1号至10号专项资产管理计划获得证监会批复,该专项资产管理计划实为阿里巴巴金融将小微企业小额贷款通过资产证券化业务进行融资的一次尝试,首开我国信贷资产证券化业务的先河,这对券商资管、基金、信托等经营方式都产生了巨大的影响,是我国互联网金融发展的一次突破性事件。

2015 年 10 月 28 日,京东金融发行的"京东白条应收账款债权资产支持专项计划"在深交所正式挂牌,这是我国资本市场上第一个基于互联网消费金融的资产证券化产品。京东白条 ABS 在深交所挂牌,充分发挥了互联网的创新驱动作用,成为能在市场上自由交易的资产类别,填补了互联网消费金融在资产证券化市场上的空白。

2. 目前已出台的相关法律法规政策梳理

如表 5.1 所示为资产证券化的相关法律法规政策及其内容。

表 5.1 资产证券化相关法律法规和政策

发布时间	发文名称	发文机构	核心内容
2005-4-20	《信贷资产证券化试点管理办法》	央行、银监会	我国首个针对资产证券化而制定的管理办法,对于信贷资产证券化发起机构、资产支持证券投资机构的权利和义务进行了规定
2005-5-16	《关于个人住房抵押贷款证券化涉及的抵押权变更登记有关问题的试行通知》	建设部	对个人住房抵押贷款证券化涉及的抵押权变更登记进行了说明
2005-5-16	《信贷资产证券化试点会计处理规定》	财政部、国家税务总局	对信贷资产证券化试点会计处理进行了规定
2005-6-13	《资产支持证券信息披露规则》	央行	对资产支持证券信息披露规则作了规定
2005-6-15	《有关资产支持证券在银行间债券市场的登记、托管、交易和结算等事项的公告》	央行	对资产支持证券在银行间债券市场的登记、托管、交易和结算等事项进行了说明
2005-8-1	《资产支持证券操作规则》	央行	对资产支持证券操作规则进行了说明
2005-8-15	《资产支持证券发行登记与托管结算业务操作规则》	中债登	明确资产支持证券登记、托管、结算和兑付资金代理拨付的相关问题
2005-11-7	《金融机构信贷资产证券化监督管理办法》	银监会	对金融机构信贷资产证券化试点监督进行了说明
2006-2-20	《关于信贷资产证券化有关税收政策问题的通知》	财政部、国家税务总局	对信贷资产证券化有关税收政策进行了说明,其中包括印花税、营业税、所得税
2006-5-14	《关于证券投资基金投资资产支持证券有关事项的通知》	证监会	对证券投资基金投资资产支持证券有关事项进行了说明

续表

发布时间	发文名称	发文机构	核心内容
2007-8-21	《关于信贷资产证券化基础资产池的信息披露有关事项的公告》	央行	对基础资产池的构建基础、总体特征、资产分布情况、资产集中度情况、法律意见书、信用评级等内容的信息披露进行了明确规定
2007-9-30	《关于资产支持证券质押式回购交易有关事项的公告》	央行	明确资产支持证券可用于质押式回购交易
2007-10-9	《关于资产支持证券质押式回购交易有关事项的通知》	央行	对资产支持证券质押式回购交易进行了说明
2008-2-4	《关于进一步加强信贷资产证券化业务管理工作的通知》	银监会	对加强信贷资产证券化业务管理进行了说明
2009-5-21	《证券公司企业资产证券化业务试点指引(试行)》	证监会	对券商如何开展企业资产证券化业务进行了细致规定,对申请资格如净资本进行了规定
2009-12-23	《商业银行资产证券化风险暴露监管资本计量指引》	银监会	对商业银行资产证券化风险暴露监管资本计量指引进行了说明
2012-5-17	《关于进一步扩大信贷资产证券化试点有关事项的通知》	财政部、央行、银监会	标志着自金融危机以后停滞的信贷资产证券化重启,将合规地方政府融资平台公司贷款纳入范围;鼓励引入更多的中小型银行及非银行金融机构参与投资
2012-8-3	《银行间债券市场非金融企业资产支持票据指引》	银行间交易商协会	拓宽非金融企业融资渠道,并对非金融企业在银行间债券市场发行资产支持票据的行为进行了规范,标志着我国三种主要资产证券化产品类型全部推出
2013-2-26	《证券公司资产证券化业务管理规定(征求意见稿)》	证监会	对资产证券化业务的形式、基础资产、准入门槛等作了规定,体现为拓宽基础资产范围、降低券商业务门槛、提高资产支持证券流动性
2013-3-15	《证券公司资产证券化业务管理规定》	证监会	对商业银行、保险公司等机构开放;保持专项计划资产的独立性;基础资产删除商业票据、债券及其衍生品、股票及其衍生品;扩大资产支持证券的运用途径,用于交易、继承、转让、质押及回购融资

续表

发布时间	发文名称	发文机构	核心内容
2013-4-22	《深圳证券交易所资产证券化业务指引》	深交所	对该项业务的挂牌、转让、信息披露、纪律处分等方面进行了全面规范
2013-7-15	央行表示信贷资产证券化转常规条件已具备	央行	表示信贷资产证券化转常规条件已具备，鼓励进一步扩大信贷资产化的规模，将其作为"盘活存量"的重要渠道之一
2013-8-28	人民银行就进一步扩大信贷资产证券化试点答问	央行	信贷资产证券化是金融市场发展到一定阶段的必然产物；坚持真实出售、破产隔离；以面向机构投资者的银行间市场为主；向铁路等重点行业和消费、保障房建设工程等领域加大支持
2013-12-31	《关于规范信贷资产证券化发起机构风险自留比例的文件》	央行、银监会	要求发起机构自留不低于一定比例(5%)的基础资产信用风险，放松发起银行自留最后5%劣后资产的要求，允许每个评级层级自留5%
2014-2-21	取消专项资产管理计划审批	证监会	根据《国务院关于取消和下放一批行政审批项目的决定》，证监会取消证券公司专项投资业务，以证券公司专项计划为特殊目的载体的资产证券化业务行政审批相应取消
2014-11-19	《证券公司及基金管理公司子公司资产证券化业务管理规定》	证监会	对企业资产证券化监管进行全面梳理，成为开展企业资产证券化的总领指引。配套《信息披露指引》和《尽职调查指引》，同时废止《证券公司资产证券化业务管理规定》
2014-11-20	《关于信贷资产证券化备案登记工作流程的通知》	银监会	银监会主管的资产证券化项目实施备案制，有效地简化了审批流程
2014-11-26	《上海证券交易所资产证券化业务指引》	上交所	对资产支持证券在上海交易所挂牌、转让、终止、信息披露、自律监管和纪律处分进行规定，不定期修订指南相关内容
2014-12-24	《资产支持专项计划备案管理办法》	证监会	开始针对企业资产证券化实施备案制，同时进行负面清单管理，从业务主体、基础资产、交易场所、投资主体方面进行了说明
2015-3-26	《关于信贷资产支持证券试行注册制的公告》	央行	已经取得监管部门相关业务资格、发行过信贷资产支持证券且能够按规定披露信息的受托机构和发起机构可以向中国人民银行申请注册，并在注册有效期内自主分期发行信贷资产支持证券

续表

发布时间	发文名称	发文机构	核心内容
2015-5-11	李克强总理在国务院常务会议的谈话,新增 5000 亿元信贷资产证券化试点规模	国务院	新增 5000 亿元信贷资产证券化试点规模,继续完善制度、简化程序,鼓励一次注册、自主分期发行;规范信息披露,支持证券化产品在交易所上市交易。试点银行腾出的资金要用在刀刃上,重点支持棚改、水利、中西部铁路等领域建设
2015-5-15	《个人汽车贷款资产支持证券信息披露指引(试行)》《个人住房抵押贷款资产支持证券信息披露指引(试行)》	交易商协会	车贷资产支持证券和房贷资产支持证券指引及配套表格体系,是国务院常务会议和人民银行 7 号文精神的延伸,增强了市场透明度
2015-8-3	《棚户区改造项目贷款资产支持证券信息披露指引(试行)》	交易商协会	棚改贷款资产支持证券指引及配套表格体系,是国务院常务会议和人民银行 7 号文精神的延伸,增强了市场透明度
2015-8	《资产支持计划业务管理暂行办法》	保监会	立足于服务保险资金配置需要,建立相互制衡的运作机制,强调稳健、安全和资产负债表匹配原则;坚持"放开前端、管住后端"的监管思路,在业务资质管理、发行机制等方面体现市场化原则,建立基础资产负面清单管理机制,提高业务运作效率
2015-9-30	《个人消费贷款资产支持证券信息披露指引(试行)》	交易商协会	消费贷款资产支持证券指引及配套表格体系,是国务院常务会议和人民银行 7 号文精神的延伸,增强了市场透明度

5.1.4 资产证券化的模式分析

目前我国资产证券化的主要模式包括央行和银监会主管的信贷资产证券化、证监会主管的企业资产证券化以及交易商协会主管的资产支持票据。三种业务模式在监管机构、审核方式、发起人、管理人、投资者、基础资产、交易场所、法律关系等方面有所不同。目前信贷资产证券化发行数量和发行规模都处于首位,企业资产证券化在 2015 年以来发展十分迅速。如表 5.2 所示为对三种模式的资产证券化的主要情况进行的对比分析。

表 5.2 资产证券化的模式比较分析

	信贷资产证券化	企业资产证券化	资产支持票据
主管部门	央行、银监会	证监会	交易商协会
发起人	金融机构	非金融企业(包括部分金融企业,如金融租赁公司)	非金融企业
发行方式	公开发行或定向发行	公开发行或非定向发行	公开发行或非定向发行
投资者	银行、保险公司、证券投资基金、企业年金、全国社保基金等	合格投资者,且合计不超过200人	公开发行面向银行间市场所有投资者;定向发行面向特定机构投资者
基础资产	银行信贷资产(含不良信贷资产)	财产权利或商业物业等不动产财产或财产权利和财产的组合(如企业基础资产收益权、企业应收款、信托产品受益权、企业信贷资产等)	符合法律法规,产权清晰,预计能够产生未来现金流的财产、财产权利或财产和财产权利的组合。基础资产不得附带抵押、质押等担保负债或其他权利限制
SPV	特殊目的信托	证券公司专项资产管理计划	不强制要求
信用评级	双向评级	具有证券市场资信评级业务资格的资信评级机构,对专项计划收益凭证进行初始评级和跟踪评级	公开发行需要双评级,并且鼓励投资者付费等多元化的信用评级方式;定向发行,则由发行人与定向投资人协商确定,并在《定向发行协议》中明确约定
交易场所	全国银行间债券市场	证券交易所及证监会认可的其他场所	全国银行间债券市场
登记托管机构	中债登	中证登	上海清算所
审核方式	审核制	核准制	注册制

5.1.5 资产证券化未来的发展方向

2015 年资产证券化在政策的支持下迎来了大爆发,国内各类资产证券化业务规模超过 5000 亿元。尽管资产证券化已在我国蓬勃发展,但由于历史较短,市场各主体实践经验不足,实务中仍然存在很多问题。基础资产界定标准模糊,基础资产的选择重增量轻存量。增量项目现金流的不稳定导致收益率不确定,从而造成较高的风险溢价,影响券商和投资人的积极性。

资产证券化是新金融的重要方向。在整体经济下行、银行信贷收紧的大背景下,拿项目直接从资本市场借钱,对企业盘活存量资产、寻找优质资产、融到资金都有重大意义。

随着资产证券化产品发行数量的逐渐增多和市场规模的不断扩大,非银行机构特别是保险公司、企业年金、社保基金等对固定收益类证券有较多需求的机构投资者参与都会大幅提升,这对于提高市场的活跃度和流动性、分散信贷资产风险将起到良好的作用。在互联网+的趋势下,互联网金融是一个发展迅猛的领域,以京东金融、阿里小贷为代表的消费金融公司迅速发展起来。消费信贷作为资产证券化的基础资产,其风险溢价相对于其他产品来说较低,市场前景广阔。

5.2 消费金融资产证券化

5.2.1 消费金融资产证券化的定义与特点

1. 消费金融资产证券化的定义

消费金融资产证券化主要是指信贷资产证券化,这是一种把有未来现金流的信贷资产(如银行的贷款、企业的应收账款等)经过重组形成资产池,并以此为基础发行证券的融资方式。消费金融业务类似于按揭,贷款者还款时依其收入状况按期还款,具有小额分散的特点,因此,可以在统计意义上认为公司应收款所产生的未来现金流是相对稳定的,这种由消费信贷业务所产生的应收款便是满足资产证券化条件的具有未来现金流的信贷资产。

将消费金融进行资产证券化,实质上就是将公司的债权转化为股权。资产证券化的发起人通过将流动性不足但未来具有现金流收入的资产打包成流动性强的证券,由特殊目的机构即 SPV 采用重组、分割、信用增级的手段,通过发行证券的方式将其真实出售给资本市场上的投资人来筹集资金。这种融资渠道降低了企业的融资成本,使其以相对较低的成本募集到大量的资金,为企业提供了缓解短期财务压力的良好手段,有利于缩短企业资金周转的周期和增强资产的流动性。

2. 消费金融资产证券化的特点

消费金融资产证券化具有以下几个特点。

(1) 风险随基础资产转移。

在资产证券化过程中,基础资产实现的是真实出售,因此基础资产的风险也随之转移,银行更多的是充当中间人的角色。传统的消费贷款业务中,风险是由银行承担,但是在资产证券化过程中,债券的购买者会被告知风险收益,银行将部分或全部风险传递给债券持有人。

(2) 资产证券化业务属于表外融资。

在资产证券化融资过程中,由于基础资产是真实出售给 SPV 的,因此基础资产不再存在于发起人的资产负债表内,既不会像发行债券一样增加负债规模,也不会像发行股票一样增加所有者权益。对于对资本充足率有较高要求的银行业而言,无疑是一项有利的选择。

(3) 降低了准入门槛。

传统融资业务中,无论是银行贷款还是证券发行业务,对发起人的资质都有较高的要求,但是在资产证券化业务中,由于破产隔离制度的存在,只需要有优质的基础资产即可,将拥有稳定现金流的基础资产从发起人的整体资产中剥离,降低了对发起人的整体要求,因此提高了金融市场的融资效率。

5.2.2 消费金融资产证券化的意义

消费金融资产证券化的意义主要从发起人、投资人两个方面体现。

1. 对发起人的意义

消费金融资产证券化对发起人而言有以下几个方面的意义。

(1) 提高资产的流动性,增强资产的使用效率。

通过资产证券化,一方面,发起人将欠缺流动性的资产转变为资本市场认可的投资品种,从而提高了资产的流动性,使发起人能够有效地增加经营资金的规模,进一步扩大经营规模或用来进行其他投资,使发起者在不增加负债的前提下获得更多的场外资金来源,加快企业资金周转,提高流动性;另一方面,还可以使金融企业在发生流动性危机时,获得应对危机的补充手段,提高整体流动性水平。因此,资产证券化可以有效地增强资产的使用效率和抵御风险的能力。

(2) 降低融资成本,提高经营收益。

资产证券化为发起人提供了低费用、高效率的融资途径,是一种表外融资手段。一般而言,发起人通过资产证券化发行证券将获得较其他融资方式更高的评信等级,而信用等级的高低与融资成本之间呈显著的反向关系,其融资费用相对更低。而且,为了降低资产证券化的风险,发起人往往被要求采用外部担保等增信措施,使投资者购买的证券组合信用质量更有保障,因此,按照风险与收益相匹配的原则,融资成本更低。

(3) 提高财务杠杆,减少风险资产。

实施资产证券化,发起人可以将风险资产从资产负债表中剔除出去,有利于发起人改善各种财务监管指标,提高财务杠杆和资本的运用效率,满足监管要求。根据《巴塞尔协议》和《中华人民共和国商业银行法》(以下简称《商业银行法》)的要求,商业银行的资本净额占表内外风险加权资产总额的比例不得低于 8%,其中核心资本不得低于 4%。为了满足这一要求,商业银行需要补充资本或者实现资产出售。

(4) 更好地匹配资产负债,便于开展资产负债管理。

目前,很多商业银行采取借短贷长的商业模式开展经营活动,这样必然存在贷款资产和资金来源期限错配的问题。采用资产证券化的方式,金融企业可以出售部分流动性不强、贷款期限较长的信贷资产,将所获款项重新匹配资产负债,实现风险资产的合理配置和资产负债结构的有效改善,为金融机构提供了更为灵活的财务管理模式。而且资产证券化本身就已经将发行、管理、服务等业务分开,分别由专业机构组织开展,通过这种专业化的分工协作,也便于风险的管理和实现各金融机构的相对竞争优势,从而确立各自的经营策略。

2. 对投资者的意义

消费金融资产证券化对投资者而言有以下几个方面的意义。

(1) 扩大投资规模。

资产证券化既提高了社会的整体流动性,也提高了社会资金的利用效率并扩大投资规模。一般而言，证券化产品与基础资产相比的风险权重较低，因此，金融机构持有证券化产品将可以大幅节省为满足资本充足率要求所必须的资本金，从而可以利用这部分结余资金进行投资规模的再扩大，进而提高资本收益率。事实上，资本金带来的压力已经成为银行等金融机构对证券化资产进行投资的内在需求。

(2) 提供更丰富的投资品种，满足多样性投资需求。

多元的风险、收益组合可以满足不同风险偏好投资者的需求。资产证券化可以将不同风险的资产和到期日组合成不同的证券品种，以满足投资者的不同需要。资产证券化技术的灵活性和多样性为产品的设计提供了丰富的资源，可以据其创造出满足投资者需求的各类产品，从而提高响应市场的能力。

(3) 提高投资收益率。

相对于政府债券，资产证券化的产品一般具有更高的收益率，可以为稳健的投资者带来更加丰厚的投资收益。

5.2.3 消费金融资产证券化操作流程

1. 消费金融资产证券化参与主体

消费金融资产证券化有以下几个参与主体。

(1) 发起人。

资产原始权益人由于有融资需求，通常是证券化的发起人，是证券化基础资产的原始所有者，通常是金融机构或大型工商企业。发起人负责筛选现金流稳定且可预测的同质资产，作为证券化的基础资产，并且保证从法律上将资产完全转移至SPV，达到真实出售的效果。

(2) 特定目的机构或特定目的受托人(SPV)。

这是指接受发起人转让的资产，或受发起人委托持有资产，并以该资产为基础发行证券化产品的机构。选择特定目的机构或受托人时，通常要求满足所谓的破产隔离条件，即发起人破产对其不产生影响。SPV的原始概念来自防火墙(China Wall)的风险隔离设计，其设计主要是为了达到"破产隔离"的目的。SPV的业务范围被严格地限定，所以它是一般不会破产的高信用等级实体。SPV在资产证券化中具有特殊的地位，是整个资产证券化过程的核心，各个参与者都将围绕着它来展开工作。SPV有特殊目的公司(Special Purpose Company，SPC)和特殊目的信托(Special Purpose Trust，SPT)两种主要的表现形式。

需要注意的是，SPV自己并不管理基础资产，而是交由受托机构来管理。受托机构不仅负责向投资者支付本金和利息，而且需要保证整个证券化交易过程中投资者的利益不受侵害。

(3) 资产管理服务机构。

资产管理服务机构的主要作用在于：负责向债务人收取每期应付的本金和利息偿还，用于支付投资者和其他中介机构的费用；在债务人违约时，处理相关的违约事宜。由于证券化产品的现金流主要依赖于债务人偿付本息的情况，所以服务机构的收款能力十分关键。为保证资金和基础资产的安全，SPV通常聘请信誉良好的金融机构进行资金和资产的托管。

(4) 信用增级机构。

证券化产品可能面临债务人违约、拖欠的风险，为使这种产品更受投资者的青睐，通常会进行信用增级。所谓信用增级,就是发行人运用各种手段与方法来保证能按时、足额地支付投资者利息和本金的过程。信用增级可以补偿资产现金流的不足,使证券化产品获得"投资级"以上的信用评级。具体的信用增级措施分为内部和外部两种,外部措施是寻找第三方的担保如保险公司、银行,这些提供信用担保的机构称为信用增级机构。

(5) 信用评级机构。

信用评级机构是指通过对资产证券化各个环节进行评估而评定证券信用等级的机构。如果发行的证券化产品属于债券,则发行前必须经过评级机构进行信用评级。目前,国外主要的评级机构有标准普尔(Standard & Poor)、穆迪(Moody)、惠誉(Fitch)等,国内主要的信用评级机构有鹏元资信、大公国际、联合资信、中诚信等机构。

评级机构在为资产证券化产品进行信用评级时,往往关注如下几方面:①基础资产本身的品质;②证券化产品的发行框架;③特殊目的载体能否完全隔离资产原始持有人的破产风险;④信用增级是否足以涵盖所有信用风险;⑤特殊目的载体本身因其他因素破产的可能性。但需要注意的是,信用评级仅衡量了信用风险,并没有体现提前偿付的风险、市场风险和经营风险等。

(6) 承销人。

承销人是指负责证券设计和发行承销的投资银行。如果证券化交易涉及的金额较大,可能会组成承销团。

(7) 证券化产品投资者。

证券化产品投资者即证券化产品发行后的持有人。

除上述参与主体外,证券化交易还可能需要金融机构充当服务人,服务人负责对资产池中的现金流进行日常管理,通常可由发起人兼任。

如图 5.1 所示为消费金融资产证券化的参与主体。

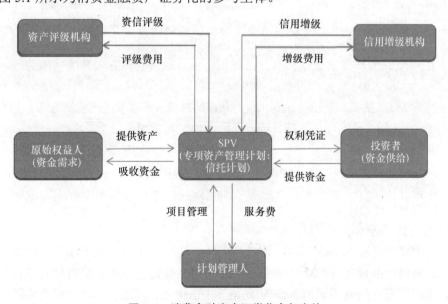

图 5.1 消费金融资产证券化参与主体

2. 消费金融资产证券化流程

作为一个复杂的系统工程,一个标准的资产证券化产品的运行需要发起人、信托或投资银行部门、外部担保机构、会计师事务所及律师事务所、信用评级机构、受托管理部门等多方中介机构的参与,根据基础资产性质、发行目的等因素的不同,其交易结构与运行模式也不大相同,但总体来看,消费金融资产证券的流程可概括为以下几点。

1) 重组基础资产,构建资产池

首先,发起人根据其融资需求规模,将其拥有的能够在未来产生现金流的资产通过重新配置与组合筛选出部分资产作为基础资产构筑资产池。尽管证券化是以资产所产生的现金流为基础,但并不是所有产生现金流的资产都可以证券化。根据多年来资产证券化融资的经验,具有以下特征的资产比较容易实现资产证券化:

(1) 资产可以产生稳定的、可预测的现金流收入;
(2) 原始权益人持有该资产已有一段时间,且信用表现记录良好;
(3) 资产具有标准化的合约文件,即资产具有很高的同质性;
(4) 资产抵押物易于变现,且变现价值较高;
(5) 债务人的地域和人口统计分布广泛;
(6) 资产的历史记录良好,即违约率和损失率较低;
(7) 资产的相关数据容易获得。

一般来说,那些现金流不稳定、同质性低、信用质量较差且很难获得相关统计数据的资产一般不宜于被直接证券化。

2) 设立 SPV 并真实出售基础资产

设立特殊目的机构(SPV)是资产证券化特有的交易技术,作为整个交易过程的核心,SPV 承担着受让发起人基础资产并据此发行资产支持证券的桥梁作用。通过真实销售给 SPV,基础资产的所有权及后续风险与原始权益人及其拥有的其他资产完全隔离,即使发起人破产,其通过 SPV 发起并转让的资产池亦不作为其清算财产。

SPV 的设立有着严格的法律标准,必须保证完全独立且拥有极高的信用等级,一般是 AAA 级或 AA 级。SPV 被称为没有破产风险的实体,对此可以从两个方面来理解:一是指 SPV 本身的不易破产性;二是指将证券化资产从原始权益人那里真实出售给 SPV,从而实现了破产隔离。为了达到"破产隔离"的目的,在组建 SPV 时应遵循以下要求:

(1) 债务限制;
(2) 设立独立董事;
(3) 保持分立性;
(4) 满足禁止性要求。

SPV 的功能主要包括以下三方面。

(1) 代表投资者拥有基础资产,并且是证券或受益凭证的发行主体。一般而言,资产原始权益人将资产出售之后,SPV 必须代表投资者承接这些资产。只有拥有了这些资产,SPV 才具备发行证券的资格。由于 SPV 只是一个法律上存在的实体,并没有实际的经营业务支撑,所以掌管并监控整个服务体系的职责往往托付给受托机构。

(2) 资产隔离。SPV 最重要的功能在于隔离资产出售人和被出售资产的权利关系,使证券化产品的投资者的收益与原资产持有者的破产风险无关。由于 SPV 已经代表投资者获得了资产的所有权，所以当资产出售人发生财务困难时，其债权人无权对已证券化的资产提出索偿权。

(3) 税收优惠。证券化过程中的一个重要原则是保持税收中性，即证券化本身不会带来更多的税收负担。在很多国家里，SPV 采取信托的架构或者以设立于免税天堂的离岸公司的形式，来规避被重复课税的问题。

目前，SPV 主要以特殊目的公司及特殊目的信托两种形式存在，我国开展资产证券化所需的信托公司信托计划及券商集合资产管理计划从本质上均属于特殊目的信托的形式。组建 SPV 是资产证券化成功运作的基本条件和关键因素。

3) 内部及外部信用增级

SPV 在受让发起人的资产池后，需将资产池产生的现金流通过内部及外部信用增级方式对整个证券资产进行进一步的增信，以此吸引更多的机构投资者，降低融资利率，增信方式的选择取决于基础资产的性质及预期选择的交易结构的特点。

SPV 必须与银行、券商等达成一系列协议与合同以完善交易结构，然后聘请信用评级机构对交易结构进行预先评级，即内部评级。SPV 根据内部评级的结果来采取相应的措施加以改进。只要投资项目所依附的资产在未来一定时期内能带来现金收入，便可进行融资。一般而言，能够带来现金流量的收入形式包括：信用卡应收账款；房地产未来租金收入；飞机、汽车等设备的未来运营收入；项目产品出口贸易收入；航空、港口及铁路的未来运费收入；收费公路及其他共有设施收费收入；税收及其他财政收入等。资产证券化融资一般选择未来现金流稳定、可靠、风险较小的项目资产，这些资产本身具有很高的投资价值，但是由于各种客观条件的限制无法获得权威资信评估机构授予的较高级别的资信评级，因此无法通过证券化途径在资本市场上筹集资金。而 SPV 与这类项目结合，以合同等方式将项目资产的未来收入权利转让给 SPV，转让目的在于将项目公司本身的风险隔离。

在完成初次评级之后，为了吸引更多的投资者，改善发行条件，降低融资成本，就需要提升所发行证券的信用等级，即信用增级。该部分的信用增级主要分为内部信用增级和外部信用增级。其中，内部信用增级主要包括优先次级的分层结构、超额抵押、现金储备账户和回购条款；外部信用增级主要包括第三方担保、流动性支持、银行担保、信用保险等。信用增级完成后，再次聘请专业信用评级机构进行正式的发行评级，并将评级结果予以公告。

4) 发行不同层级资产支持证券并按期支付本息

在完成上述主要程序后，SPV 将通过自己或聘请其他承销机构将不同层级资产支持证券销售给各类投资者，并根据合同约定按期支付证券本息。

企业筹资目的实现以后并不意味着证券化的完成，这时还要组建一个资产管理小组对资产池进行管理。到规定期限以后，还要向聘用的各类中介机构支付专业服务费。这些由资产池产生的收入在还本付息并支付了各项费用之后，若有剩余，则按协议在原权益企业与特设机构之间分配。至此，一个完整的资产证券化流程结束。资产证券化运作流程如图 5.2 所示。

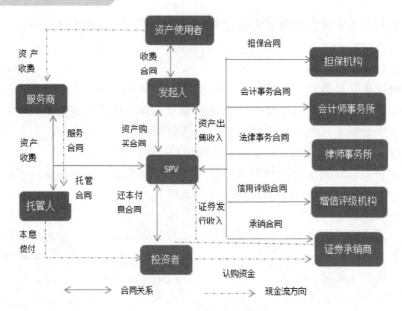

图 5.2 资产证券化运作流程

上述过程只是证券化交易的一般过程,在实践中,每个交易过程又各不相同。因此,在架构一个具体的证券化交易时,应以现存的制度框架为基础。其中需要特别关注的问题有:SPV 的设立及法律、会计、税收地位,SPV 的经营范围问题,证券化资产是否一定要真实出售,所发行的证券与现有法律监管体制的关系等。

案例 5.1:阿里小贷专项资产证券化

阿里小贷资产证券化是我国第一个标准意义上的小额信贷资产证券化产品,其在国内创新性地通过"循环购买基础资产构成资产池"的方式解决了小额信贷资产与资产支持证券之间的期限错配的问题,并针对循环交易结构所衍生的一系列后续资产购置问题设计出一套相对完整的证券化运作结构。

1. 阿里金融基本情况

重庆市阿里巴巴小额贷款有限公司(以下简称"重庆阿里小贷")由阿里巴巴集团旗下的阿里巴巴金融中国控股有限公司(Alibaba Financial China Holding Limited)与银泰集团旗下的宁波市金润资产经营有限公司、复星集团旗下的上海复星工业技术发展有限公司、万向集团旗下的万向租赁有限公司共同出资创建,公司于 2011 年 6 月成立,注册地在重庆市江北区鱼嘴镇,注册资本人民币 10 亿元,法人代表为马云。

浙江阿里巴巴小额贷款股份有限公司(以下简称"浙江阿里小贷",与重庆阿里小贷合称"阿里小贷")是由阿里巴巴电子商务有限公司与银泰集团旗下的宁波市金润资产经营有限公司、复星集团旗下的上海复星工业技术发展有限公司、万向集团旗下的万向租赁有限公司和自然人马云、彭蕾、曾鸣、金建杭及邵晓锋共同投资组建的股份有限公司,于 2010 年 3 月成立,注册地在杭州市余杭区五常街道,注册资本人民币 6 亿元,法人代表为马云。

如图 5.3 所示为阿里巴巴的组织架构。

消费金融资产证券化 第5章

图 5.3 阿里巴巴架构

2. 经营理念和业务模式

阿里小贷在成立之初就以互联网金融创新为使命,对与小企业和个体工商户相对应的金融服务层级进行大胆的尝试,把互联网经济与互联网金融进行有机的结合,探索和实践,用互联网金融支撑小企业结构调整和转型升级。

由于大多数小微企业财务制度不健全,传统银行难以真正了解其真实的经营状况,小微企业通过传统银行解决融资比较困难。阿里小贷借靠阿里巴巴集团在互联网技术、资源以及客户方面的优势,以数据和网络为核心基础,充分利用其天然优势,即阿里巴巴B2B、淘宝、支付宝等电子商务平台上积累了客户大量信用数据及行为数据,引入网络数据模型和在线视频资信调查模式,通过交叉检验技术辅以第三方验证确认客户信息的真实性,将客户在电子商务网络平台上的行为数据映射为企业和个人的信用评价,向通常无法在传统金融渠道获得贷款的弱势群体批量发放"金额小、期短、随借随还"的小额贷款,开创了基于互联网和大数据的新型微贷模式,真正地实现了服务小微企业和小微个体的目的。

阿里小贷业务模式和流程如图 5.4 所示。

图 5.4 阿里小贷业务模式和流程

3. 阿里小贷资产证券化产品创新

1) 发行模式

东证资管——阿里巴巴专项计划采取统一结构、一次审批、分次发行的模式，这与资产管理人一方控制的原有模式差异很大，能够更好地满足电子商务平台上小微企业的资金需求节奏，这也是该产品设计为 10 个独立计划的出发点。每个产品规模不一定很大，但可以根据需求设立多个产品，每个产品期限为 1~2 年。

2) 募集规模

根据东证资管——阿里巴巴专项资产管理计划说明书公开披露的信息，东证资管——阿里巴巴专项计划发行 10 期产品，每期发行额度为 2 亿~5 亿元，存续期内分期发行，累计发行规模上限为 50 亿元，通过发行资产支持证券的形式募集资金，用于购买阿里小贷的小额贷款资产，这使得其融资渠道得以极大地拓展，自身对外放贷的实力大大增强。这一措施对于近年来一直备受放贷资金来源困扰的小额贷款公司而言有很强的突破和示范效应。

3) 管理人

阿里小贷隶属于国内最大的电子商务集团——阿里巴巴，其小额贷款的主要客户便是天猫、淘宝、阿里巴巴网站上的各类商家，小微企业特征极其鲜明和集中。东方证券资产管理有限公司作为管理人，以设立专项资产管理计划的方式募集资金，购买阿里小微金融服务集团旗下小额贷款公司的小额贷款资产，同时，借助互联网平台，为阿里商户、淘宝、天猫等电子商务平台上的小微企业提供融资服务，直接解决小微企业的融资问题，这是到目前为止最直接服务于小微企业的案例。

4) "循环购买"盘活资金存量

传统的资产证券化的核心是基础资产，要求这部分资产必须有稳定的现流，也就是说必须由一定的资产支撑来发行证券，且其未来的收入流可预期。并且，通常作为证券化的基础资产大多为具体的固定资产，其从成立到计划结束基本不会进行替换，有可靠的存续期。但由于阿里小贷实施证券化的资产是其对天猫、淘宝和阿里巴巴网站上的各类商家发放的小额贷款资产，随借随还，并非实体的固定资产。并且，放款周期最长只有 6 个月，这部分资产构成的基础资产不足以支撑 1 年的存续时间。因此，阿里小贷的资产证券化在交易结构设计上采用了循环购买的方式。简单地来理解就是，东证资管——阿里巴巴 1 号专项计划募集资金规模为 2 亿~5 亿元，募资完成后用于阿里小贷的信贷中，待这笔放贷完全被收回后，2 号专项计划才会再开始募集 2 亿~5 亿元，如此循环直至 10 号专项计划。最终，这 10 只产品共募集资金量上限为 50 亿元，总存续期不超过 3 年。循环购买基础资产能够帮助阿里小贷循环获得资金，不断改变资金池，但是总量基本不变。同时，机构投资者也省去了频繁收取收益的麻烦。循环购买基础资产还解决了短期贷款资产和长期证券化产品的期限匹配问题，这在国内资产证券化市场是首次尝试。

5) 风险控制

东证资管和阿里小贷的此次合作是国内金融创新的一次重大突破，被视为资产证券化的标杆，风险控制成为东证资管和阿里小贷在此次创新过程中的一大难点，备受关注。为了控制风险，东证资管和阿里小贷采取了一系列措施，主要包括以下几个方面。

(1) 破产隔离。

在东证资管——阿里巴巴资产管理计划中，由东证资管成立的专项资产管理计划充当 SPV 角色，此项专项资产管理计划仅有这一项业务，属于比较成熟的 SPV 形式，实现了真实的出售和风险隔离。

(2) 增信措施。

首先，通过结构化方式进行内部增级。根据不同的风险、收益特征，专项计划分为优先级、次优先级、次级资产支持证券，认购份额比例为 7.5∶1.5∶1，优先级资产支持证券优先获得收益，其次是次优级资产支持证券，次级资产支持证券优先偿还损失。其中优先级与次优先级资产支持证券向境内合格机构投资者发行，次级资产支持证券向阿里小贷(该计划原始权益人)定向发行。另外，优先级资产支持证券被上海新世纪资信评估投服务有限公司评为 AAA 级，并在深交所上市交易。优先级(占总规模 75%)面向境内合格投资者，被上海新世纪资信评估投资服务有限公司评为 AAA 级，可在深交所交易，预期收益率为 6.2%/年，优先获得收益分配(包括本金和投资收益)；次优先级(占总规模 15%)面向境内合格投资者，未评级，不可交易，预期收益率为 11%/年；次级(占总规模 10%)定向阿里小贷，未评级，不可交易，不设预期收益率，如发生资产损失先由次级承担。

其次，外部担保及补充支付。通过阿里小贷旗下的担保公司——商诚担保为东证资管——阿里巴巴专项资产管理计划提供外部增信。商诚担保的担保支持在期限届满时在补充支付额度内为优先级和次优先级份额的本金及收益进行担保及补充支付，担保及补充支付金额合计不超过每期计划规模的 30%，进一步提高了优先级的安全垫。

(3) 动态监控。

主要表现在原始权益人对借款人进行严格审核。借款人在阿里巴巴、淘宝和天猫平台上经营业务，阿里小贷能够对借款人实际经营状况、真实的现金流状况进行实时的监控，从源头上遏制信用风险的产生。单笔金额小、服务企业多，降低了非系统性风险。东方证券资产管理公司还对资产包的管理方式设置了阈值，一旦发生基础资产逾期率或不良率超过一定阈值，东方证券资产管理公司及阿里巴巴就应协商调整基础资产的合格标准。作为管理人的东证资管可以出于风控要求，对后续再投资的基础资产作出相应更为严格的限定。此外，为了有效地为专项计划投资者控制风险，在监管机构的支持下，东方证券资产管理公司采取了一种看似简单的方式，即提高门槛。为保障投资者具有相应的风险承受能力，优先级资产支持证券认购起点为人民币 500 万元，次优级资产支持证券认购起点为人民币 2000 万元，面向机构投资者发行，转让环节提高投资者单笔成交申报的最低数量至 5 万份。

4. 专项计划交易结构及相关方

1) 项目参与方

(1) 原始权益人/次级资产支持证券持有人/资产服务机构：重庆阿里小贷或浙江阿里小贷。

(2) 优先级资产支持证券持有人。

(3) 次优级资产支持证券持有人。

(4) 计划管理人：东证资管。

(5) 推广机构：东方证券。
(6) 托管银行：兴业银行。
(7) 资产支持证券登记托管机构：中证登深圳分公司。
(8) 担保及补充支付承诺人：商诚融资担保有限公司。

2) 交易结构

(1) 计划管理人通过设立专项计划募集资金，原则上专项计划优先级资产支持证券、次优级资产支持证券和次级资产支持证券比例为 7.5∶1.5∶1，三类资产支持证券合并运作。

(2) 计划管理人运用专项计划资金购买原始权益人(资产转让方)小额贷款资产包，即原始权益人(资产转让方)在专项计划设立日转让给专项计划的、原始权益人对借款人的本金及利息的请求权和其他附属权利。专项计划仅与重庆市阿里巴巴小额贷款有限公司或浙江阿里巴巴小额贷款股份有限公司之一进行资产转让交易。

(3) 计划管理人委托基础资产转让方作为资产服务机构，对基础资产进行管理，包括但不限于基础资产资料保管、对借款人应还款项进行催收、运用前期基础资产回收款滚动投资后续资产包等。

(4) 发行的专项计划到期后，管理人按照合同的约定将基础资产的收益分配给专项计划资产支持证券持有人。

(5) 担保及补充支付承诺人在期限届满时在保证责任范围内提供担保，并在补充支付额度内为优先级资产支持证券和次优级资产支持证券的本金及收益提供补充支付，履行担保及补充支付义务的金额合计不超过专项计划规模的 30%。

专项计划的交易结构如图 5.5 所示：

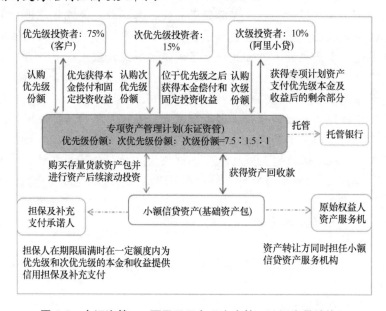

图 5.5　东证资管——阿里巴巴专项资产管理计划交易结构图

案例 5.2：京东白条应收账款债权资产支持专项计划的基本情况

京东白条应收账款债权资产支持专项计划是我国资本市场上第一个基于互联网消费金融的资产证券化产品，在当前经济新常态下，京东白条应收账款债权资产支持专项计划的发行，充分发挥了互联网创新和驱动的作用，具有显著的示范效应。

1. 京东世纪贸易基本情况

北京京东世纪贸易有限公司(以下简称"京东世纪贸易")隶属于京东集团旗下，通过网售平台京东商城进行网上零售交易，公司于 2011 年 6 月成立。公司现注册地在北京经济技术开发区科创十四街 99 号 2 号楼 B168 室，注册资本折合人民币 299 854 万元，法定代表人为刘强东。

2004 年 1 月，京东商城的前身多媒体网 jdlaser.com 开通。2007 年 6 月，公司启用全新域名 www.360buy.com，正式更名为京东商城，同年公司开始布局自建物流。2008 年 10 月，京东商城上线日用百货类商品，开始向综合型电商转型。2012 年 10 月，收购第三方支付公司网银在线，正式布局支付体系。2013 年 3 月，京东商城域名更换为 JD.COM，同年，京东金融集团开始独立运营。2014 年，公司与腾讯达成战略性合作，收购腾讯部分电商业务和资产；5 月，京东集团在美国纳斯达克上市。2015 年，由京东联合华泰推出的"京东白条应收账款债权资产支持专项计划"在深圳证券交易所正式挂牌。

2. 京东白条应收账款债权资产支持专项计划基本情况

京东白条应收账款债权资产支持专项计划的存续期为 2 年，总募集金额为 8 亿元。京东白条应收账款债权资产支持证券通过优先/次级结构划分为优先 01 级资产支持证券、优先 02 级资产支持证券和次级资产支持证券三种资产支持证券，比例为 75: 13: 12。优先 01 级资产支持证券的募集总规模为人民币 60 000 万元，预期收益率为 5.10%，循环期按季付息，分配期每月还本付息；优先 02 级资产支持证券的募集总规模为人民币 10 400 万元，预期收益率为 7.30%，循环期按季付息，分配期每月还本付息；次级资产支持证券的募集总规模为人民币 9600 万元，不设预期收益率，到期获得全部剩余收益。京东白条应收账款债权资产支持专项计划基本情况如表 5.3 所示。

表 5.3　京东白条应收账款债权资产支持专项计划基本情况

产品	期限(年)	评级	预期收益率	发行规模(亿元)	面值(元)	还本付息方式
优先 01 级	2	AAA	5.10%	6	100	循环期按季付息，分配期每月还本付息
优先 02 级	2	AA-	7.30%	1.04	100	循环期按季付息，分配期每月还本付息
次级	2	无	无	0.96	100	到期获得全部剩余收益

联合信用评级有限公司在对京东商贸的风险控制水平、基础资产情况、外部增信工具、产品交易构成、风险及其控制方案、其他主要参与方的信用情况等进行分析研究后，将优先 01 级资产支持证券评为 AAA 级，将优先 02 级资产支持证券评为 AA-级，未将次

级资产支持证券进行评级。

3. 基础资产构成

京东白条应收账款债权资产支持专项计划的基础资产系指京东商贸在销售商品过程中为其用户提供赊销服务(京东白条分期)，而合法拥有的要求用户按期足额偿付应付价款、分期服务费和可能因用户延期而产生的违约金等款项的债权。

京东白条应收账款债权资产支持专项计划在前 12 个月的循环购买期间，用基础资产产生现金流循环购买新的符合入池标准的白条基础资产的方式构成一个动态基础资产池。京东商贸通过其 IT 系统在现有白条应收账款资产中选取了部分符合入池标准的资产组成模拟基础资产池，以满足循环购买的需要。在循环购买期内，由计划管理人每日循环购买京东符合"入池标准"的基础资产。资料显示，京东白条应收账款债权资产支持专项计划刚成立时，入池的白条应收账款债权资产共有 67 万笔，对应的白条应收账款债权本金为 8 亿元。 其中，3 个月分期白条本金占比 21.04%，6 个月分期白条占比 9.43%，12 个月分期白条本金占比 40.78%，24 个月分期白条本金占比 28.75%，如表 5.4 所示。

表 5.4　基础资产构成

基础资产类别	本金(万)	比重
3 个月	16 832	21.04%
6 个月	7 544	9.43%
12 个月	32 624	40.78%
24 个月	23 000	28.75%
合计	80 000	100%

京东白条基础资产涉及的应收账款债务人数量非常庞大，达到几十万的数量级，而单笔白条应收账款额度又较小，一般在 5000～15 000 之间。因此，京东白条基础资产的分散性良好，非常有利于分散违约及损失风险。原始权益人京东世纪商贸基于京东商城积累的大数据库对债务人进行信用判断，风险识别与控制能力较强，整体资产逾期率较低。

4. 风险控制

1) 破产隔离

作为互联网消费金融的首个资产证券化产品，京东白条应收账款债权资产支持专项计划以华泰资管为 SPV 来设立并管理该项资产支持计划。华泰资管内部以四级风险防范风险，实现了风险的隔离和资产的真实出售。

2) 增信措施

内部信用增级是指在证券化交易的结构中不引入外部机构而进行的信用增级方式。本次专项计划内部信用增级包括以下几个方面：首先是优先/次级安排，这是证券化项目中最常见的内部信用增级安排。此次专项计划的结构设计中设定了优先/次级的分层结构，优先、01/优先、02/次级比例分别为 75%、13%和 12%。在现金流支付顺序中，排名在后的证券档为高一级别的证券档提供了信用增级。因此，该专项计划中，优先 02 级资产支持证券为优先 01 级资产支持证券提供了信用增级，次级资产支持证券为优先 01 级、优先 02

级资产支持证券提供了信用增级。其次是信用触发机制，京东白条应收账款债权资产支持专项计划设置了信用触发机制，即同原始权益人和参与机构履约能力相关的加速清偿事件。加速清偿事件一旦触发，基础账户内记录的资金不再用于购买原始权益人符合合格标准的资产，计划管理人应立即指令资产服务机构将证券化服务账户的全部余额划付至专项计划账户。

5. 专项计划交易结构及相关方

1) 项目参与方
(1) 原始权益人/资产服务机构：北京京东世纪贸易有限公司
(2) 计划管理人/推广机构：华泰证券(上海)资产管理有限公司
(3) 托管银行：兴业银行
(4) 资产支持证券登记托管机构：中证登深圳分公司
(5) 信用评级机构：联合信用评级有限公司
(6) 法律顾问：北京市奋迅律师事务所
(7) 会计师事务所：普华永道中天会计师事务所

2) 交易结构

(1) 京东世纪商贸(原始权益人)在其存量京东白条应收账款债权资产中遴选出合适的白条应收账款债权形成"资产池"，作为资产支持证券的标的资产。

(2) 华泰资管(计划管理人)发起设立京东白条应收账款债权资产支持专项计划，并作为该计划的管理人对其进行管理。投资者与华泰资管签署相关《认购协议》，并向华泰资管缴纳认购相应产品份额的金额，投资者通过专项计划取得京东白条应收账款债权资产支持证券的所有权，成为资产支持证券的持有人。

(3) 华泰资管(计划管理人)运用资产支持专项计划资金购买京东世纪商贸(原始权益人、资产转让方)的京东白条应收账款债权资产，即京东世纪商贸(原始权益人、资产转让方)在专项计划设立日将其拥有的对京东白条用户的应付货款及服务费的请求权和其他附属权利转让给专项计划。京东白条应收账款债权资产支持专项计划仅与京东世纪商贸进行白条应收账款债权资产转让交易。

(4) 京东世纪商贸(服务机构)与华泰资管(计划管理人)签署《服务合同》，华泰资管委托京东世纪商贸作为资产服务机构，对基础资产进行管理和服务，包括白条基础资产资料保管、对白条用户应还分期款项进行催收以及在循环购买期运用前期基础资产回收款买入新的白条基础资产等工作。

(5) 兴业银行(托管人)与华泰资管(计划管理人)签署《托管协议》，华泰资管委托兴业银行对资产池资产产生的现金资产提供保管服务。兴业银行(托管人)依据《托管协议》的约定，管理专项计划账户，执行计划管理人的划款指令，负责办理专项计划名下的相关资金往来。

(6) 京东白条用户向京东世纪商贸(服务机构)偿还京东白条本息，京东世纪商贸(服务机构)将京东白条本息转付至兴业银行(托管人)，兴业银行(托管人)将京东白条本息(作为证券本息)转付至中国登记结算深圳分公司(托管、代理支付机构)，中国登记结算深圳分公司向资产支持证券持有人(投资者)支付证券本息。

京东白条应收账款债权资产支持专项计划的交易结构如图5.6所示。

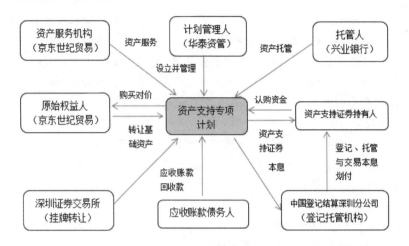

图 5.6　京东白条应收账款债权资产支持专项计划交易结构图

本章总结

- 当前我国资产证券化的主要模式包括央行和银监会主管的信贷资产证券化、证监会主管的企业资产证券化以及交易商协会主管的资产支持票据。
- 将消费金融进行资产证券化,实质上就是将公司的债权转化为股权。资产证券化的发起人通过将流动性不足但未来具有现金流收入的资产打包成流动性强的证券,由特殊目的机构即 SPV 采取重组、分割、信用增级的手段,通过发行证券的方式将其真实出售给资本市场上的投资人来筹集资金。
- 消费金融资产证券化的参与主体主要包括发起人、SPV、资产管理服务机构、信用增级机构、信用评级机构、承销人以及投资者。
- 将消费金融进行资产证券化的流程主要包括重组基础资产,构建资产池;设立 SPV 并真实出售基础资产;内部及外部信用增级;发行不同层级资产支持证券并按期支付本息四个基本步骤。

本章作业

1. 什么是资产证券化?可分为几类?
2. 当前,资产证券化有哪几种模式?它们有什么区别和联系?
3. 如何看待资产证券化未来的发展?
4. 什么是消费金融资产证券化?它有哪些显著的特点?
5. 试述消费金融资产证券化的现实意义。
6. 简要分析消费金融资产证券化的操作流程。
7. 什么是 SPV?它有哪些功能?
8. 请分析阿里小贷资产证券化产品和京东白条资产证券化产品的异同点。

第 2 部分

供应链金融

第 6 章

供应链金融概述

本章目标

- 掌握供应链金融的定义、特点和意义
- 掌握供应链金融的体系构成以及与传统金融的区别
- 掌握供应链金融的发展历程与状况

本章简介

本章从供应链金融概念方面入手,主要介绍了供应链金融的定义、特点、与传统金融的区别和意义,并介绍了供应链金融发展的历史与目前的发展状况。

消费金融与供应链金融

6.1 供应链金融的内涵

6.1.1 供应链金融的定义

供应链是围绕核心企业，通过对信息流、物流、资金流的控制，从采购原材料开始，制成中间产品以及最终产品，最后由销售网络把产品送到消费者手中，并将供应商、制造商、分销商、零售商直至最终用户连成一个整体。供应链中的各个企业就是链上的一个个节点，供应链中的企业之间的关系并不是简单的供求关系，而是一种相互依存的互利关系。供应链存在于所有的制造行业和服务行业中，虽然它们在结果和复杂性等方面有较大的差别，但基本内容是一致的。供应链涵盖了从供应商到客户之间有关最终产品或服务的形成和交易的一切业务活动，在一个组织内部，供应链涵盖实现客户需求的所有职能。供应链是动态的，其中包含信息、产品和资金在供应链各组织之间的流动，供应链的每个组织环节执行不同的流程，与供应链的其他组织相互作用。

供应链金融是供应链管理的一个分支，是基于供应链的基础上，依托其中一个或数个核心企业，在确保贸易真实的前提下，运用自偿性贸易融资的方式，通过应收账款、存货质押等手段封闭资金流或控制物权，以较低的风险向供应链上的主体提供金融服务的一种模式。

基于供应链的上述定义，供应链金融模式实质是把供应链上的核心企业及相关的上下游配套企业作为一个整体，以产业链为依托、以交易环节为重点、以资金调配为主线、以风险管理为保证、以实现共赢为目标，将金融服务在整条供应链全面铺开。供应链金融（Supply Chain Finance，SCF），传统概念是金融机构依托核心企业，通过对供应链上物流、资金流的控制避免出现供应链上的风险企业，将核心企业和上下游企业联系在一起，通过对供应链上相关企业的信息获取和资金流、物流的控制，降低资金风险，为供应链上的相关企业提供综合性金融服务。从金融机构的角度看，供应链金融是金融机构的一种业务模式，金融机构依托核心企业，通过对供应链上物流、资金流的控制避免出现供应链单一的信用风险，给核心企业以及上下游企业提供较为灵便的金融产品和服务；从企业的角度来看，供应链金融指的是金融机构给公司提供的一些金融服务产品，使得企业能够实现资金运转的需求，维持企业的运营；从电商平台的角度看，供应链金融融资由金融机构、核心企业、贸易各方以及信息技术平台提供商共同组合而成。信息技术平台有很重要的作用，主要是能够实时提供供应链中引发融资的信息源，如发生订单、付款、库存中的入库、出库，各个收据的快递，买方确认发票项下的付款责任等。

在整个供应链中，竞争实力强大、规模比较大的集团企业经常在账期以及价格等方面会较为严苛地要求上游和下游企业，导致这些企业承受了巨大的压力；由于上游和下游企业一般属于中小型企业，难以从金融机构融资；其资金供应比较紧张，常常面临资金链将要断掉的危险，整个供应链容易出现不平衡。供应链金融存在这一特征，即把资金投给一些处于较弱的地位的上游和下游企业，使中小型企业能够缓解筹集资金困难、供应链不平衡的问题；除此之外，金融信用在上游和下游的中小型企业的采购行为和销售行为中不断融合、增强了其商业信用,使得核心企业与中小型企业之间的关系愈发亲密,提高了这些企业的竞争力。在这种模式下,在供应链中的公司获得有关资金供给,那么整个的供应链条就会被激活,并且通过金融机构信用的支持,还可以为中小型企业获得更多的商业机会。

6.1.2 供应链金融的特点

供应链金融具有以下几个方面的特点。

(1) 参与主体多元化。

供应链金融不仅包括传统信贷模式中的金融机构、融资企业,还增加了核心企业和物流企业。新增的两个主体在供应链金融发挥着重要的作用。核心企业为供应链金融提供信用支持,其运营状况直接决定了整条供应链的运行情况。物流企业扮演着供应链的"中介者""信息汇集中心""监管者":一方面,物流企业为中小企业提供专业化、个性化的物流服务,利用质押物为中小企业担保;另一方面,物流企业为银行提供仓储监管、质押价格评估以及拍卖等中间服务,发挥其在物流管理、资产设备以及人才上的优势,弥补了银行在质押物监管方面知识技能的缺失。如,收集多方面的数据,将散于各处的数据加以归集和分析,帮助实现监管业务的透明化和智能化。同时,一个完整的贸易链条涉及整个贸易的卖家、买家、中间商、物流商,资金方完全切入,从而避免了风险。

(2) 自偿性、封闭性和连续性。

自偿性是指还款来源为贸易自身产生的现金流;封闭性是指银行通过设置封闭性贷款操作流程来保证专款专用,借款人无法将其挪为他用;连续性是指同类贸易行为在上、下游之间会持续发生。因此,以此为基础的授信行为可以反复进行。供应链金融的风险控制更加注重贸易的真实性、交易风险以及第一还款源的风险控制。

(3) 突破了传统的授信视角。

首先,供应链金融的授信针对供应链整体,实现的是"1+N"授信方式。这改变了供应链金融的营销方式,它不再孤立地寻找客户,而是围绕核心企业的供应链寻找客户的资金需求,大大降低了供应链的客户开发成本,增加了企业对银行的依存度。其次,供应链金融改变了对中小企业的授信方式,降低了中小企业的融资门槛。供应链金融主要考察的是供应链金融的交易背景,而不是中小企业的静态的财务报表。

6.1.3 供应链金融与传统金融融资的区别

供应链金融与传统金融融资都是融资的方式,满足企业的资金需求,但二者在融资方式、客户群体、授信评价和风险评估方面都有区别,主要表现为以下几点。

(1) 客户群体不同。

供应链金融的服务对象主要是供应链中核心企业上下游的中小企业。在中小企业准入标准上,不再孤立地评估单个企业的财务状况和信用风险,而是侧重于考察中小企业在整个供应链中的地位和作用及其与核心企业的交易记录,将购销行为引入中小企业融资,为其增强信用等级,并将资金有效地注入相对处于弱势的中小企业,解决中小企业的融资难题。

(2) 授信评价不同。

供应链金融对行业的稳定性运行要求较为严格。不同行业的供应链的"健康"程度，直接影响着供应链金融的融资质量，因此要求在供应链内部封闭授信。融资严格限定于中小企业与核心企业之间的购销贸易，禁止资金的挪用；利用供应链购销中产生的动产或权利作为担保，主要基于商品交易中的预付账款、存货、应收账款等资产进行融资。对供应链核心企业的约束力度决定着未来市场的稳定发展。传统金融融资对于所在行业的特征没有严格要求，注重资产价值，依赖报表和货权。

(3) 融资方式不同。

供应链金融是为特定供应链上所有成员提供融资服务，整合物流、信息流和资金流，对供应链信息流的掌控程度决定了供应链金融方案的可行性。供应链金融侧重关注整个交易过程中各节点的融资需求。而传统金融注重资产价值，不关注贸易流程和交易过程，是一种单独、孤立的银行业务。

(4) 风险评估。

供应链金融的风险评估主要是考察整条供应链的情况，供应链金融集成了整个链条的信用，供应链各节点的复杂关系决定了单一节点的风险也会更加复杂，但有效的交易链加上严格的监控流程可以消化单个节点的信用波动。传统金融则是对企业综合信用进行考核评估，只考虑单个企业的经营情况，由单个企业项目决定。

供应链金融与传统融资方式的具体区别如下表所示。

供应链金融和传统金融融资的区别

不同点	供应链金融	传统金融融资
融资方式	整个交易过程融资	单独、孤立的融资
客户群体	供应链上所有成员	单个项目、单个企业
授信评价	供应链稳定性、产业市场前景	注重资产价值、报表、货权
风险评估	整条供应链风险节点情况	企业整体经营情况

6.1.4 供应链金融的体系构成

金融是指人们围绕货币、资金和资本资产所从事的定价与市场交易活动。完整的金融体系包括金融产品、金融市场、金融主体和金融制度。对于供应链金融而言，这几个要素有其特殊之处。

从广义上讲，供应链金融是对供应链金融资源的整合，它是由供应链中特定的金融组织者为供应链资金流管理提供的一整套解决方案。静态层次上，它包含了供应链中的参与方之间的各种错综复杂的资金关系；本书的讨论更多地集中在供应链金融的动态层次，即由特定的金融机构或其他供应链管理的参与者(如第三方物流企业、核心企业)充当组织者，为特定供应链的特定环节或全链条提供定制化的财务管理解决服务。供应链金融服务通过整合信息、资金、物流等资源，来达到提高资金使用效率并为各方创造价值、降低风险的目的。

从供应链金融的具体产品来看，它主要是金融机构提供的信贷类产品，其中包括对供应商的信贷产品，如存货质押贷款、应收账款质押贷款、保理等；也包括对分销商的信贷产品，如仓单融资、原材料质押融资、预付款融资等。此外，除了资金的融通，金融机构还提供财务管理咨询、现金管理、应收账款清收、结算、资信调查等中间增值服务，以及直接面对核心企业的系列资产、负债和中间业务。因此，供应链金融的范畴大于供应链融资或供应链授信。

从供应链融资市场来看，它基本属于短期的货币市场。尽管供应链金融有着特异化的风险控制技术、自成体系的产品系列以及特别的盈利模式，但是从融资用途和期限的角度看，基本上可以归入广义的短期流动资金授信的范畴。

从供应链金融体系中的参与主体来看，它大致包括以下四类主体。

(1) 资金的需求主体，即供应链上的节点企业。

(2) 资金的供给及支付结算服务的提供主体，主要是以商业银行为代表的金融机构。

(3) 供应链金融业务的支持型机构，包括物流监管公司、仓储公司、担保物权登记机构、保险公司等。

(4) 监管机构，在国内，目前主要是指各级银监部门。

从供应链金融制度环境来看，它涉及以下两方面的内容。

(1) 相关法律法规，如动产担保物权的范围规定、设定程序、受偿的优先顺序、物权实现等的相关法律，以及监管部门的业务监管相关制度。

(2) 技术环境，主要包括与产品设计相关的金融技术和信息技术。

以上要素结合在一起，便组成了一个完整的供应链金融体系。

6.1.5 供应链金融的意义

1. 对核心企业的意义：有利于提升供应链的核心竞争能力

供应链金融主要是基于对供应链的结构特点和交易细节的把握，从核心企业入手判断其整个供应链，着眼于灵活运用金融产品和服务。一方面，将资金有效注入处于相对弱势的上、下游配套的中小企业，解决供应链失衡问题；另一方面，将银行信用融入上、下游企业的购销行为，增强其商业信用、改善其谈判地位，使供应链成员更加平等地协商和逐步建立长期战略协同关系，提升供应链的核心竞争能力。

2. 对上下游企业的意义：有利于弱化银行对中小企业本身的限制

供应链金融是围绕着一个产业链条的核心企业，针对其他多个中小型企业提供的全面金融服务。因而，银行服务的主体不再局限于中小企业本身，而是整个供应链。银行的信用风险评估也从对中小企业静态的财务数据的评估转到对整个供应链交易风险的评估。对于银行来说，中小企业本身的资信是没有多少价值的，只有与一家值得银行信赖的大企业发生业务往来后资信才有价值，这就类似于"某种资格认证"。银行依靠该核心企业的实力和资信，对与该企业发生交易的中小企业进行向上或向下的拓展，形成一个以大企业为核心的产业供应链。

3. 对商业银行的意义

(1) 提高商业银行的产品服务和创新能力。

供应链金融的理念不仅包括纯粹的理论，更包括一系列新的业务。银行为了和自己内部的具体情况及当地客户的实际情况相适应，必然需要去挑选和调整供应链金融业务，这会促进商业银行创新业务并提高服务能力。

(2) 提高银行的市场营销能力。

在国内，银行传统的营销是依靠社会关系和价格竞争，这主要是对单一的企业而言。而供应链金融是针对供应链上各个节点的各个企业，银行不可能每一个都能照顾到，一旦某个环节出现错误将会导致整条供应链企业的流失。所以银行必须提高自己的市场营销能力，了解在某一供应链上的核心企业乃至整个供应链上各个企业的经营状况，加大营销及维护力度。

(3) 改善商业银行的资产质量以及盈利能力。

供应链金融业务是在真实的贸易背景和融资的前提下进行的，这一特性决定了其风险系数偏小，从而可以降低银行的不良贷款率，改善银行资产质量。银行还可以制定一些跟踪和检测手段，保障资金用途的准确以及供应链系统的运转情况，这也有利于降低信贷资金被挪用的风险，从而提高信贷资产质量。由于供应链金融大量采用了票据、保函、信用证等融资工具，这类工具往往要收取一定比例的手续费；此外银行为供应链企业提供理财咨询、现金管理等财务顾问业务，这也能产生可观的中间业务的收入；整条供应链之间产生的资金回流和存储也会为银行带来额外的存款收益。这些对于银行营利能力的提高有极大的贡献。

@ 6.2 供应链金融的发展历程

6.2.1 国外供应链金融的发展历程

从欧美的供应链金融发展历程来看，主要分为以下几个阶段。

第一阶段：以商业银行为代表的金融机构向实体产业渗透。欧美的供应链金融产生于19世纪末。在这一阶段，由于当时的金融监管环境较为宽松，以商业银行为代表的金融机构开始向传统实体产业进行渗透。产业链中的企业对商业银行形成依赖，因此，在这一时期许多金融业务衍生到产业的企业。这一阶段只是商业银行简单的业务渗透，并未对整个产业链形成有力的把控，是供应链金融模式发展的雏形阶段。

第二阶段：核心企业成为供应链金融业务开展的核心。20世纪30年代的金融危机使得金融监管环境趋紧，金融机构向产业渗透开始受限制，准入门槛进一步加强，供应链金融模式面临变革。在这一阶段，产业集团公司纷纷成立金融部门帮助中小企业解决融资难问题，以核心企业设立金融子公司或金融部门为代表的"由产而融"模式兴起。

第三阶段：以核心企业设立金融子公司或金融部门为代表的"由产而融"模式快速发

展。由于产业集团公司具备信用优势和业务信息优势，切入供应链金融领域具有很大的发展空间。代表性企业有 UPS 的"物流服务+供应链金融"模式、卡特皮勒的"设备制造+设备金融"模式。20 世纪 80 年代以美国为首的西方国家再次放松金融管控。

第四阶段：2008 年全球金融危机之后，产业集团开始审视金融业务的风险，同时出于资金来源和风险的考虑，重组金融业务，金融业务的占比被控制在核心企业信用所能承受的范围之内。

国外由于金融机构混业经营，开展供应链融资的主体更加多元化，资金来源渠道呈现多样化，发展模式比较成熟，主要有以物流企业、核心企业和商业银行为主导的几种模式。典型案例包括以 UPS 为代表的由物流企业主导的供应链金融模式、以 GE 为代表的由大型核心企业主导的供应链金融模式和以渣打银行为代表的由商业银行主导的供应链金融模式。

6.2.2　我国供应链金融的发展历程

中国的供应链金融经历了三个发展阶段，即供应链金融 1.0 阶段——"1+N"模式：以银行为主导的线下模式，银行基于供应链中的核心企业"1"的信用支持为其上下游企业"N"提供融资服务；随着互联网技术的推进，供应链金融 2.0 阶段应运而生，2.0 阶段是"1+N"模式的线上版本，通过技术手段对接供应链的上下游及各参与方，其中包括核心企业、上下游企业中小企业、银行等资金提供方、物流服务商等，将供应链中的商流、物流、资金流、信息流在线化，实时掌握供应链中企业的经营情况，从而控制融资贷款的风险；而供应链金融 3.0 阶段则是通过互联网技术的深度介入，打造一个综合性的大服务平台，代替核心企业"1"来给平台上的中小企业"N"提供信用支撑。

1. 供应链金融 1.0 阶段，线下"1+N"模式

"1+N"模式是指商业银行围绕核心企业，以核心企业的信用作为支持，为核心企业的上下游企业提供融资服务。其中，"1"代表核心企业，"N"代表产业链上下游众多中小企业群体。

由于长期的业务往来和合作基础的建立，核心企业对于上下游中小企业的实际经营及资信等情况比较了解。该模式的优势在于商业银行可以利用核心企业的风险把控，批量开发与之相关的上下游企业，从而依托核心企业对这些上下游企业提供资金融通、支付结算、财富管理等综合性金融服务。此模式以商业银行为主导，以核心企业为信用载体，主要通过保理、库存融资、应收账款管理等形式出现。

这一模式把核心企业和配套的上下游企业看作一个整体，利用核心企业的信用外溢，以真实的贸易为支撑，重塑传统的信用评价体系，使得商业银行能够挖掘在传统信用体系下无法开发的中小型企业用户。

这一模式的局限性在于：①由于整个流程是基于线下的传统模式，效率比较低；②银行出于风控的考虑做的规模也不大，扩张的规模受到限制；③这一模式没有实现供应链金融所要求的信息流共享，以及物流、资金流与商流的对接。

2. 供应链金融 2.0 阶段，初步实现四流合一

平安银行于 2012 年 12 月提出了供应链金融的转型，借助 Web 2.0 虚拟空间的互动变革，将企业管理引入一个全新模式，把传统的线下"1+N"模式搬到了线上，初步实现了"物流""商流""资金流""信息流"的"四流合一"，由此供应链金融进入 2.0 阶段。

在这一阶段，供应链利益链条与 1.0 时代并没有本质上的区别，然而供应链中的商业、物流、资金等众多信息能通过虚拟平台来传递、归集和整合，交易、融资、结算及支付趋于电商化，资源的整合与分配更加合理，供应链各方的效率得到迅速提高，同时，通过这种整合与归集，为进一步提供适应供应链的征信、融资、结算、理财等风险管理手段与融资金融服务打下基础。

这一阶段显著区别于 1.0 阶段的特点是资金提供方不再是银行占绝对主体。供应链中的核心企业、物流企业、信息化服务商、线上交易平台、互联网金融平台等纷纷成立或者加强与小贷公司、商业保理、融资租赁等企业的合作，参与到供应链金融中来，极大地丰富了不同风险偏好的资金来源。

然而，在此阶段供应链上的物流、商流、资金流等信息数据只是初步实现了归集和整合；核心贸易数据掌握在核心企业、仓储物流企业或电商平台等各方手中，很难形成一个立体综合的大数据风险评估系统平台，对供应链中的中小企业信用风险等难以做到精准的评估。

3. 供应链金融 3.0 阶段，大平台趋势

供应链金融 3.0 时代，颠覆式的"N+1+N"生态圈。其中，"1"代表服务于供应链的综合服务平台，两端"N"分别代表上下游中小企业，发生了"去中心化"的质变，不再需要供应链中的核心企业来为上下游中小企业提供信用支持，这样就突破了单个供应链的限制。

3.0 阶段作为供应链金融的"将来式"，不仅是产业供应链与金融的结合，更是"互联网+产业链+金融"三个要素的高度融合，搭建了一个依托三大产业的跨地域、跨行业、跨平台、跨资金来源的金融生态圈。

在该阶段，更多的应用场景得到构建，更多的底层数据能被收集，以此为基础构建的大数据与征信系统综合应用实现了供应链金融对产业的全面渗透，从而真正达到了中小企业和不同风险偏好资金的无缝对接，实现了资金的高效周转，同时提升了供应链的运营效率。

6.3 我国供应链金融的发展状况

供应链金融目前已经成为国际性银行流动资金贷款领域最重要的一个业务增长点。截至 2008 年，全球最大的 50 家银行中有 46 家向企业提供供应链融资，而在 2007 年年初，只有一半的全球性银行为其客户提供供应链金融产品。据统计，在当今信贷环境恶化的状

况下,有约93%的国际性银行感觉到公司客户对供应链金融的需求强烈。

近年来,供应链金融作为一种金融创新业务在我国发展迅速,已成为银行和企业拓展发展空间、增强竞争力的一个重要领域,也为供应链成员中的核心企业与上下游企业提供了新的融资渠道。我国供应链金融的产生源于深圳发展银行 1999 年在当地开展业务时进行的探索与尝试,当时该行首先试推了动产及货权质押授信业务(简称"存活融资业务")。之后,经过几年的尝试,深圳发展银行最终于 2006 年在国内银行业率先正式推出了"供应链金融"的品牌。伴随着深圳发展银行供应链金融业务的成功开展,供应链金融潜在的巨大市场和良好的风险控制效果吸引了很多业内同行的介入。深圳发展银行和招商银行最先开始这方面的信贷业务、风险管理及产品创新。随后,不少中小型商业银行也推出了各具特色的供应链金融服务,如中信银行的"银贸通",中国民生银行的"贸易金融",上海浦东发展银行的"浦发创富",兴业银行的"金芝麻"等。

1. 上海浦东发展银行

2007 年,浦发银行提出了"供应链融资"的整体服务解决方案,将供应链融资服务、供应链电子化服务和离岸银行服务统一于"供应链金融"的服务方案中。目前,浦发银行的"企业供应链融资解决方案"提供的服务包括信用服务支持、采购支付支持、存货周转支持和账款回收支持。

2. 招商银行

招商银行从 2005 年开始将中小企业作为公司业务转型的重点,颠覆性地变革业务流程,在 9 家分行试点推进以供应链金融作为突破口,开发大型客户上、下游中小企业,提供买方或他方付息商业汇票贴现和国内信用证议付、汽车销售商融资、商品提货权融资等特色创新融资服务,为中小企业的成长注入活力。

3. 工商银行

工商银行依据供应商与核心企业之间的真实交易关系和付款约定,以订单或应收账款所产生的现金流作为还款来源,向中小企业提供供应链融资产品,重点支持大型优质企业的上下游中小企业。

4. 华夏银行

华夏银行供应链金融业务始于 2007 年 7 月。华夏银行推出的供应链金融服务品牌"融资共赢链"产品通过与横向的协作企业合作,运用不同的融资方式,围绕核心企业设计个性化的金融服务方案。同时,该产品首次将国内与国际的供应链金融业务进行整合,为客户提供的供应链金融服务延伸至海外。

5. 兴业银行

兴业银行的供应链金融服务目标客户群也是中小企业,该行推出的"金芝麻"系列服务产品包括 18 项单项产品,涉及中小企业产、购、销三大环节,试图一站式解决企业面临的资金难题。

6. 中国银行

中行陆续推出"融货达""融信达"、TSU、"供应商融资项目"等一系列集银行、保险、物流、保理等业务特点于一身的供应链金融服务。

7. 建设银行

目前该行推出的供应链融资产品有订单融资、动产融资、仓单融资、保理、应收账款融资、保单融资、法人账户透支、保兑仓融资、金银仓融资、单子商务融资十大类。

8. 交通银行

目前该行的供应链金融产品主要有动产/仓单质押融资、保兑仓、厂商银、汽车合格证监管、国际/国内保理、票据质押融资等。

2008 年下半年开始，严峻的经济形势使得企业经营环境及业绩不断恶化，无论是西方国家还是我国，商业银行都在实行信贷紧缩，但供应链金融在这一背景下却呈现出逆势而上的态势。根据 2009 年第一季报的数据，六家上市银行(工行、交行、招行、兴业、浦发和民生)第一季度新增贴现 4558.25 亿元，较 2008 年年底增长 66.4%，这些数据充分显示了中小企业对供应链金融的青睐以及商业银行对供应链结算和融资问题的重视。可以说，供应链金融作为一个金融创新业务在我国迅速发展，已成为银行和企业拓展发展空间、增强竞争力的一个重要领域，也成为解决我国中小企业"融资难"的有效方式。

本章总结

- 供应链金融模式实质是把供应链上的核心企业及相关的上下游配套企业作为一个整体，以产业链为依托、以交易环节为重点、以资金调配为主线、以风险管理为保证、以实现共赢为目标，将金融服务在整条供应链全面铺开。
- 供应链金融对上下游企业、核心企业以及商业银行都有重要的意义。

本章作业

1. 简述供应链金融的特点。
2. 从供应链参与者来分析供应链金融的体系构成。
3. 简述供应链金融对商业银行的意义。
4. 对比传统金融与供应链金融的区别。
5. 简要概述我国供应链金融发展的三个阶段。
6. 简述供应链金融对核心企业的意义。
7. 试说明深圳发展银行对供应链金融发展的贡献。
8. 简述我国供应链金融的发展状况。

第 7 章

供应链融资主要模式

本章目标

- 掌握三种融资模式的定义和流程
- 掌握三种融资模式的相同点和不同点

本章简介

本章主要介绍了供应链金融融资的三种模式：应收账款融资、存货质押融资、预付账款融资，重点介绍了三种融资模式的流程，并比较了三种模式的异同。

7.1 应收账款融资模式

7.1.1 应收账款融资的定义

供应链中的中小企业用应收账款单据作抵押，以核心企业的担保为前提，向金融机构进行融资的模式称为应收账款融资模式。融资企业、核心企业与银行签订三方协议，销售收入作为第一还款来源，如果融资企业出现违约，核心企业作为担保将承担弥补银行损失的责任。供应链中核心企业的信用状况良好，经济实力强，银行承担的风险一部分被分散和转移到供应链上，可以有效地控制贷款风险。而且中小企业为了长期与核心企业合作，不会轻易违约，在一定程度上降低了银行风险。该模式主要适用于位于供应链上、中游的债权企业的销售阶段，供应商销售货物之后不能直接取得客户的付款，产生了应收账款，但是供应商正常运营需要资金周转，如支付产品的劳动成本或者偿还利息，因此，应收账款的融资模式解决了这一资金缺口。应收账款融资模式借助于真实的交易背景和核心企业的信用，使得中小企业能够快速地获得银行贷款，解决了中小企业由于信用不足产生的融资难的情况，帮助其更稳定地发展。

融资企业与下游的企业进行商品交易，获得应收账款的单据，融资企业将应收账款单据作为抵押向银行提出融资申请，银行通过审查后向其授信，融资企业将获得的贷款用于支付原材料的生产商。下游企业获得销售收入之后，将款项支付给融资企业在银行的账户，该项应收账款融资完成。

7.1.2 应收账款模式简介

该模式是供应链上游的中小企业以对下游的核心企业应收账款为凭证，将其向商业银行质押或转让，而银行为上游的中小企业提供期限不超过应收账款账龄的短期授信业务。在应收账款融资中，参与主体有中小企业(债权方)、核心企业(债务方)和商业银行。应收账款在商业银行存在的性质不同，使得参与主体中还款第一第二来源的次序及承担风险的责任人存在较大的差异。应收账款融资模式大致可分为以下两种情况。

(1) 供应链上游的中小企业将对核心企业的应收账款债权质押给银行，获取银行资金支持，达到融资的目的。该种情况下，第一还款来源是向银行提供债权质押的中小企业的销售收入，第二还款来源是债务方核心企业给付的应收账款。若中小企业拒绝还款或无力还款，则银行有权利向核心企业要求偿还资金。质押应收账款的融资模式中，一旦融资企业出现问题，则责任由供应链中的核心企业承担，因此，该模式中核心企业的风险存在较大的可能性。

(2) 作为债权方的中小企业将对核心企业的应收账款债权转让给银行，由银行向其提供资金融通服务。此时，第一还款来源是处于供应链下游的核心企业直接支付给银行的应收账款，第二来源则是上游的中小企业的销售收入。该模式下由于银行成为新的债权持有者，所以银行承担收款风险，对于融资企业不具有追索权。

应收账款融资模式如图 7.1 所示。

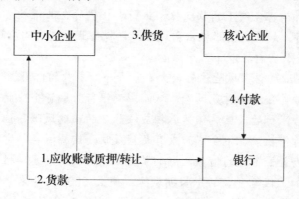

图 7.1 应收账款融资模式

案例 7.1：应收账款融资

中国银行江苏省银行为江苏工业园区内的冠鑫光电公司(以下简称"冠鑫公司")提供了应收账款质押贷款业务。冠鑫公司主要从事生产和销售薄晶晶体管液晶显示器成品及相关部件，其上下游企业均是强大的垄断企业。其在采购原材料时必须现货付款，而销售产品后，货款回收期较长(应收账款确认后的 4 个月才支付)。随着公司的成长和生产规模的扩大，应收账款已占公司总资产的 45%，公司面临着极大的资金短缺风险，严重制约了公司的进一步发展。江苏银行详细了解了冠鑫公司的处境后，果断地为其提供了应收账款质押贷款业务，由第三方物流企业为该项贷款提供信用担保，帮助冠鑫公司解决了流动资金短缺问题。

案例分析：该案例成功的关键在于应收账款的性质，下游企业是强大的垄断企业，也就是应收账款能否收回关键是下游核心企业的资信，当然第三方物流企业的担保也是冠鑫公司获得资金的重要条件。随着供应链融资的发展，征得核心企业的授权后该类应收账款的融资也可以占用核心企业的授信，无须提供第三方担保。

案例 7.2：应收账款融资

近年来华为技术有限公司(以下简称"华为")从国家开发银行(以下简称"国开行")获得了多笔贷款。即使在 2008 年国际金融风暴的猛烈冲击下，华为的国际销售额还是占据了其全部销售收入的 75%。贷款是华为海外拓展的资金来源之一。华为将应收账款转让给国家开发银行，以获取融资。2004 年，国开行承诺在未来 5 年内向华为提供 100 亿美元贷款额度，至今 5 年的期限已到期。2008 年 11 月初，权威部门相关资料显示，在针对国开行应收账款转让业务的风险评价中，华为的相关情况被关注。银行被提示相关风险后，华为想再得到同类贷款的审批难度会加大。

在对国开行的审计过程中，相关部门发现该行的外汇贷款业务中有应收账款融资的信贷形式。由于目前国内尚无法律法规对应收账款融资业务作出明确规范，在审计中，相关权威部门分析了应收账款转让的具体做法，认为其存在信用风险弥补不足、减轻财务风险、税务瑕疵等问题，而华为是国开行此类业务的重要客户。

国开行应收账款转让的主要运行模式为：融资企业(如华为)将对客户的应收账款让售给银行，银行只取得销售合同下的收款权，银行委托供货企业催收应收账款及利息，并按期归集后交付给银行。如果应收账款出现风险，供货企业承诺回购应收账款。

案例分析：此类业务存在以下三个风险。

第一，对融资企业的信用风险依赖较大，融资合同本身的信用保证不足。

第二，增加了融资企业的财务风险，从而影响银行对融资企业的信用评价。例如，华为将应收账款转让给银行后，虽然仍然承担应收账款的回购风险，但是在财务报表上，该款项既不会作为银行借款，也不会作为或有负债反映。这样做在一定程度上降低了企业的资产负债率，部分掩盖了企业的债务，影响了企业财务报表的真实性，增加了企业的财务风险，并进一步增加了信贷资金的中长期风险。截至2006年年末，华为公司在该银行办理的应收账款转让业务余额为70多亿元，根据经审计的财务报告，华为公司2006年年末的资产负债率为66%，如果采用应收账款质押贷款的方式，资产负债率将提升不少，这还不包括华为公司在其他金融机构办理类似业务的金额(在同国开行签署协议之前，华为还曾同中国进出口银行签署了类似的出口信贷框架协议，额度为6亿美元)。

第三，由于相关法规不完善，此举为企业提供了合理避税的手段。根据《企业财产损失所得税前扣除管理方法》(国家税务总局令[2005]13号)的相关规定，应收账款属于企业财产范围，其正常转让所发生的损失可以申报税前扣除，且无须税务机关审批。因此，融资企业可能利用与银行间的应收账款转让行为，将应收账款转让的损失部分申报扣除应纳税所得。这种情况的产生主要是由于目前相关部门还没有建立健全关于应收账款转让的法律法规，存在税收瑕疵。应收账款转让融资是一项新兴开展的金融业务，有一定的积极意义，外贸和有海外业务的企业应用稍多些，对银行来说，风险比普通贷款要高。由于操作中存在上述风险，建议国开行在相关业务环节采取措施，降低风险。

7.2 存货质押融资模式

7.2.1 存货质押融资的定义

存货质押融资模式是以企业的存货或者动产为质押，向金融机构提出融资申请的一种模式。有融资需求的中小企业、银行和第三方物流企业签订协议，物流企业受银行的委托负责评估质押品的价值和监管，经过专业的评估，中小企业达到一定的标准就能获得金融机构的贷款。银行也可以给予物流企业一定的授信额度，由其直接负责风险管理和运营，从而降低银行的成本和风险，提高运作效率。企业进行存货质押融资时，第三方物流企业受托监管融资企业交付的货物，转移了货权，但是没有转移所有权。提货企业付款给银行后，银行会指示物流企业对其进行放货，如果提货人不能按时偿还贷款，银行就有权利对剩余的货物进行拍卖或者由发货人进行回购。实践中有两种具体的模式，第一种是信用担保模式，物流企业作为受信企业，根据其经营状况核定额度，物流企业便可以为融资企业提供授信；第二种是质押担保模式，受信企业是与物流企业有稳定合作的企业，以存放在物流企业的产品作为担保，物流企业只提供融通仓服务。该种融资模式可以缓解中小企业的资金压力,能够提升整个供应链的竞争力。

7.2.2 存货融资产品分类

在我国,存货质押融资主要采取委托监管模式和统一授信模式。根据存货质押融资模式图,存货的形态分为原材料、在制品、产成品三种状态,主要的存货质押融资模式有存货质押授信、融通仓、统一授信、仓单质押授信等。

1. 存货质押授信

存货质押授信是指借款企业以自有或第三方合法拥有的动产作质押的授信产品。为了控制风险,一般银行需要第三方物流企业或监管机构对客户提供的存货质押的商品实行监管。存货质押授信分为静态和动态两种。静态存货质押授信的要求比较苛刻,不允许客户以货易货,只能以款易货。而在现实的生产交易中,企业的货物流动比较频繁,静态质押授信会严重约束企业的正常运作。因此,静态质押授信往往很少使用,动态存货质押授信是银行采用的主要存货质押授信产品。

相对于静态质押授信,动态质押授信就是对客户用来担保的存货价值设置一个界限,客户在生产经营的过程中担保的存货价值不能低于这个界限,高于这个界限的存货客户可以自由使用。在这个模式下,客户既可以以货易货,也可以以款易货,日常生产经营活动受到的限制就小了很多。而且,一般企业在授信期间内不用追加保证金赎货,企业靠存货来融资的益处非常明显。

虽然存货的范围变广泛了,但银行出于风险的考虑和贷款的方便,对企业用来担保的存货品种还有一定的限制。银行倾向于质押货物的品类较为一致,如钢管、钢材等,货物的价值比较容易核定,如有色金属、黑色金属、木材等。质押率方面,不同种类的存货、不同的银行都会设置不同的质押率。一般而言,原材料比较容易变现,质押率比较高,产成品虽然市场价值高,但相对来说不易变现,所以质押率会低一些。

存货质押授信流程包括以下几个步骤,如图 7.2 所示。

(1) 小企业、银行、监管公司签订三方合同后,中小企业将原材料和产成品交付银行指定仓库(企业生产地仓库),由监管公司负责监管;
(2) 银行确认质押物后,按设定质押率给企业以一定敞口授信额度;
(3) 监管方审核最低限额,限额以上质押物可自由进出;
(4) 所需质押物低于最低限额时,中小企业向银行缴纳保证金;
(5) 银行给贷款企业发提货单,并指示监管企业给客户发出相应数量的质押物;
(6) 监管人员验收贷款企业的提货单并根据银行指示发货。

有融资需求的企业在原材料采购阶段、生产阶段以及销售阶段都持有一定量的存货,企业可以将这些存货盘活,通过质押获得融资。这笔款项可直接投入生产运营,从而减少在途货物对资金的占用,提高运营效率。

在该模式下,存货的质押地一般是在生产地。监管公司派员工在借款企业仓库监管。这种方式往往会产生很大的风险。借款企业可以用同一批货物向其他银行质押,从而产生重复质押的问题。另外,如果企业经营不善,亦会发生其债权人抢货的状况,从而给以货物为质押品给予融资的银行造成很大的损失。

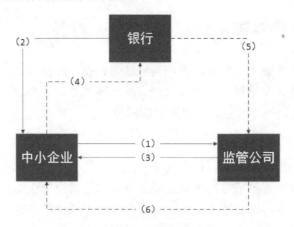

图 7.2　存货质押授信流程图

2. 融通仓融资

融通仓与存货质押授信最大的不同在于存货的监管地。存货质押授信中存货的监管地一般是在借款企业的生产地，监管公司派专员在实地监管。而在实地监管会给银行带来很大的风险，所以银行会要求企业以不动产抵押与动产质押结合来给予融资，以平衡风险。融通仓是指货物的监管地不在借款企业，而是在第三方的仓库。

融通仓与存货质押授信的原理类似，客户将第三方物流企业开设的仓库中的原材料、半成品或产成品存货作为担保，银行再给予借款企业贷款，同样设置一个库存界限，借款企业在生产过程和销售过程中以款或者以货易货，只要保证仓库的最低库存界限即可。物流企业的作用和责任要比存货质押授信中大得多。首先，存货质押授信中只需要派驻监管人员监管货物，而在融通仓中物流企业先要有自己的仓库。其次，物流企业还要提供货物运输、价值评估，货物流动的监管、存货的保管等工作。因此，银行对第三方物流企业的资质也会作一个详细的要求。

融通仓流程包括以下几个步骤，如图 7.3 所示。

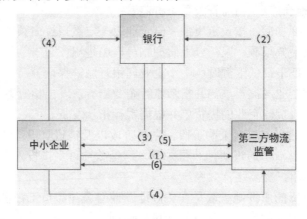

图 7.3　融通仓流程图

(1) 借款企业、银行、第三方物流公司签订融资协议和仓库监管协议,借款企业将质押物存放到第三方物流公司的仓库;

(2) 第三方物流公司对存货价值进行核定后,向银行出具动产质押证明文件,通知银行发放贷款;

(3) 银行根据第三方物流公司提供的单据,根据核定的额度和存货的种类,按照一定的质押率给借款企业发放贷款;

(4) 借款企业按经营过程的需要自由使用货物,并分阶段向银行偿还贷款取得存货或者向监管仓库补充新的物资以维持仓库水平;

(5) 银行通知第三方物流公司向借款企业发放与归还金额或补充物相等价值的货物;

(6) 第三方物流公司发出货物,借款企业将所得货物用于生产或销售。

在这一融资模式中,银行是贷款的提供方,客户是资金的需求方和质押物的监管方,第三方物流企业则是融通仓服务的提供商。这种融资方式比较适合融资规模要求比较小、融资期限比较短的企业,也适合生产销售有较强季节性的企业。

3. 统一授信

存货融资中存在的一个问题是质押贷款手续复杂、所需时间长,因此银行考虑采用统一授信的方式。统一授信是银行根据长期合作的物流企业的规模、管理水平、运营情况,把贷款额度直接授信给物流企业。物流企业再根据客户的运营情况和担保物给予贷款,并且利用客户存放在监管仓库的货物作为反担保。物流企业直接利用这些信贷额度向企业提供灵活的质押贷款业务,银行基本上不参与质押贷款项目的具体运作。该模式一方面有利于企业便捷地获得融资,减少一些烦琐的手续和环节;另一方面有利于提高银行对质押贷款整个过程监控的能力,优化其质押贷款的业务流程和工作环节,降低贷款的风险。

7.2.3 存货融资的特点

存货融资具有以下几个方面的特点

(1) 自偿性。

自偿性是指企业在银行的支持下做成交易,该交易的销售收入能够为自己还清银行贷款。自偿性贸易融资是银行对企业的一种授信,这种授信根据企业的真实贸易背景和上下游客户的资信实力,以单笔或额度授信的方式,配合银行的短期金融产品和封闭贷款操作,以企业销售收入或贸易所产生的确定的未来现金流作为直接还款来源的融资业务。存货质押融资业务的第一还款来源是商品销售的收入。融资的审批侧重于单笔交易自我清偿以及借款人组织这笔交易的能力和销售渠道的稳定性,而不完全依赖于借款人的传统资信水平。

(2) 参与主体多样化。

存货质押融资业务的参与者包括银行、物流企业、贸易企业。其中,物流企业的介入革命性地改变了融资关系。物流企业的核心优势在于掌控实体商品,因而更易于实现商品流转与融资的同步运作,更易于控制物权与规避风险。物流和金融集成的这种共赢模式,通过现代物流技术和金融创新的发展,促进了物流与资金流的集成,使银行、物流企业、贸易企业都能获得利益。

(3) 关注供应链背景。

存货质押融资业务关注贸易背景的真实性、交易的连续性、交易对手的履约能力、业务的封闭运作与贷款的自偿性。它将贷款风险控制前移到客户的生产、存储及其交易环节，以产业链整体或局部风险强化对单一企业风险的控制。

(4) 应用范围广。

贸易企业对融资和物流具有个性化的需求，有的企业是通过国际贸易方式融资，有的企业需要通过国内贸易的结算过程来融资，有的企业需要海运，有的企业需要实现在工厂的仓库监管。不论是在国内贸易还是在国际贸易中，贸易企业都可以根据自身需求应用存货质押融资业务。银行和物流企业可以根据不同行业企业的贸易和结算方式的不同需求，通过调整债项安排和质物监管方式，制定不同的融资方案。

7.2.4 存货融资适用行业

存货融资适用于以下行业。

1. 银行开展存货质押融资业务

对于银行而言，存货质押融资是一种金融产品，其主要特点是：有实际的货物作为债券保证；有第三方中介——物流企业对货物实施监管，并对货物的真实性、安全性承担责任；贷款安全系数提高，贷款规模扩大；有稳定的客户。

银行开展存货质押融资业务的主要客户是一些中小型企业和民营企业，企业只要交一些保证金，银行就可以提供3~4倍的贷款用于企业的生产和销售。

存货质押融资业务可以帮助银行吸引和稳定客户，扩大银行的经营规模，增强银行的竞争能力；可以协助银行解决质押贷款业务中面临的"物流瓶颈"——质押物仓储与监管；可以协助银行解决质押贷款业务中的质押物评估、资产处理等服务。

2. 物流企业开展存货质押融资业务

对于物流企业而言，存货质押融资业务是物流企业的新功能，其主要特点是：在保管的基础上增加监管功能；对客户和金融业负责，是独立公正的第三方；专业化的服务确保货物的安全；服务领域向供应链延伸，理论上可以做到全程监管服务；承担货物损失的赔偿责任。

(1) 存货质押融资业务可以提高第三方物流企业相对于对手的竞争优势。

"贷款难"一直是困扰我国中小企业的难题。第三方物流企业通过向中小企业提供物流金融服务，可以缓解中小企业资金缺乏的问题，因而受到中小企业的青睐。因此存货质押融资业务正成为第三方物流企业获取竞争优势的重要手段。

(2) 存货质押融资业务可以成为第三方物流企业的新的利润源泉。

首先，提供存货质押融资服务的物流企业可以通过向中小企业收取手续费而获取一笔不小的利润。其次，在提供存货质押融资业务服务中产生的货币的时间价值也为企业带来了利润。

例如，当 UPS 为发货人承运一批货物时，UPS 首先代提货人预付一半货款；当提货人取货时则交付全部货款。UPS 将另一半货款交付给发货人之前，产生了一个资金运动的时间差，即这部分资金在交付前有一个沉淀期。在资金的沉淀期内，UPS 等于获得了一笔不用付息的资金。UPS 用这一笔不用付息的资金从事贷款，而贷款对象仍为 UPS 的客户或者限于与快递业务相关的主体。在这里，这笔资金不仅充当交换的支付功能，具有资本与资本运动的含义，而且这种资本的运动是紧密地服务于业务链的运动的。

(3) 存货质押融资业务中的保险服务可以提高物流公司的防风险能力。

物流活动中的风险存在于物流活动的各个环节，包括运输、装卸、包装等。因此可以利用存货质押融资业务中的保险服务为物流活动保驾护航，从而提高物流公司的防风险能力。

3. 企业开展存货质押融资业务

(1) 盘活库存资产，加快了中小企业生产销售的周转效率。

在存货质押融资模式下，物流公司、厂方、银行和经销商有效地结合起来，使供应链上的供应、生产、销售、运输、库存及相关的信息处理等活动形成一个动态的质押方式。中小企业在获得融资的同时，加速了销售的周转率。在原材料买回来后，企业通过银行融资就能立即获得资金。如果再拿这笔资金用于其他的流动用途，就能提高资金的周转率。

(2) 为中小企业解决了抵押难的问题。

企业向银行申请贷款的都是以固定资产来抵押的，而中小企业往往由于自身规模有限，可供抵押的固定资产非常少，这在一定程度上制约了银行向中小企业发放贷款。而存货质押融资允许中小企业拿流动资产如原材料、产成品等来抵押。目前，我国存货质押融资业务已初具规模，有效地缓解了长期以来存在的中小企业通过抵押来融资的难题。

(3) 以动产和货权为抵押品的融资方式可以支持很多用途的授信。

包括：开立信用证、流动资金贷款、商业承兑汇票保证贴现、银行承兑汇票、保函等。对于业务正处于高速发展阶段、销售网络和物流配运系统尚未成熟的中型企业，存货质押融资可以帮助企业迅速建立销售、配送网络，提供集融资、资金结算、配送、仓储监管为一体的综合金融服务解决方案，使其迅速地拓展全国分销网络。对于资产规模较小、急需资金来扩大其销售规模的小型企业，可以增加企业的流动资金，降低其营运成本，扩大销售，提高效率和竞争力。

(4) 节约财务费用。

可逐批质押、逐批融资，根据需要安排资金赎货，从而实现财务费用的最小化。

这种运作模式主要针对中小企业运营阶段。该模式的主要特征是以动产质押贷款的方式，将存货、仓单等动产质押给银行而取得贷款。第三物流企业提供质物监管、拍卖等一系列服务，如有必要，核心企业还会与银行签订质物回购协议。

这种模式加速了动产的流动，缓解了企业现金流短缺的压力。动产质物具有很大的流动性，风险很大。第三方物流企业和核心企业与银行等金融机构合作，可以有效地降低信贷风险，提高金融机构参与供应链金融服务的积极性。

案例7.3：存货质押融资

深圳市财信德实业发展有限公司(以下简称"财信德")是一家从事国内商业批发、零售业务的贸易公司，成立于1998年，注册资本1000万元，是内蒙古伊利牛奶(上市公司，以下简称"伊利股份")在深圳地区的总代理。财信德作为一家成立时间较晚、资产规模和资本金规模都不算大的民营企业，其自有资金根本不可能满足与伊利的合作需要。同时它没有其他可用作贷款抵押的资产，如果再进行外部融资，也非常困难，资金问题成为公司发展的瓶颈。此时财信德向当地民生银行提出以牛奶作为质押物申请融资的业务需求。在了解财信德的实际需求和经营情况、并结合其上游供货商伊利股份的情况后，民生银行广州银行经过研究分析，大胆设想：与提供牛奶运输服务的物流企业合作，推出以牛奶作为质押物的仓单质押业务。物流企业对质押物提供监管服务，并根据银行的指令，对质押物进行提取、变卖等操作。银行给予财信德综合授信额度3000万元人民币，以购买的牛奶做质押，并由生产商伊利股份承担回购责任。该业务自开展以来，财信德的销售额比原来增加了近2倍。这充分说明了供应链金融服务能够很好地扶持中小企业，解决企业流动资金不足的问题，同时能够有效地控制银行的风险。

案例分析：该案例成功的关键首先在于民生银行的业务创新，同意用牛奶作为质押物对企业进行授信，牛奶属于容易变质的食品，因此操作过程中与物流企业的积极配合密不可分，只有银行、物流企业、贷款客户共同努力，才有可能实现供应链融资的顺利开展。

4. 钢铁行业融通仓的运作模式

中信银行在进行公司业务的创新时，充分考虑了行业与具体企业的特点。在满足客户差异化需求的同时，也提高了银行的竞争力。通过对供应链中资金流、信息流和物流的管理，中信银行针对钢铁行业与家电行业等重点行业推出了供应链金融独特的运作模式。

我国的钢铁行业中实力较强的经销商需要从钢铁供应商处采购大量的钢材，钢材从钢铁供应商流向经销商，此时就出现了对仓储服务的需求。同时，经销商的流动资金可能不足以支付大批量采购的货款，也就出现了经销商的融资服务需求。中信银行根据钢铁行业的特点，推出了融通仓融资模式。在融通仓融资模式中，经销商先将钢材作为质押物，第三方物流企业提供对质物的监管服务，银行在此基础上对经销商进行融资。中信银行操作此业务通常是直接将贷款打给钢材供应商，用来支持经销商接下来再次购买钢材。贷款的第一还款来源是出售质押物钢材后的销售收入。银行根据融资企业缴纳的保证金，批准发货申请，第三方物流企业在收到通知后放货。在实施业务时，经销商和银行要签订一个双方合同，用来解决质押关系；银行、第三方物流、经销商签订一个三方合同，用来确定银行与第三方物流的委托关系。中信银行就是通过这种模式来保持物流和资金流的平衡。

运用于钢铁行业的供应链金融依靠业务涉及的四方参与主体使供应链中的各环节的资金流、物流和信息流得到平衡，也使其参与主体得到诸多益处：通过融通仓融资业务，钢材供应商可以借助银行收集经销商的市场销售信息，保障产品渠道的健康发展，同时可以减少应收账款，加速资金周转，削减经营成本；钢材经销商通过融资不仅解决了短期的流动资金缺口，还增加了钢材的销量，赚取了更多的销售收入，获得了钢材供应商更多的返利优惠；通过此业务，第三方物流公司也可以凭借其提供的增值中介服务赚取收益。

5. 钢铁行业金融创新产品的风险控制

融通仓融资模式实际是一种存货质押融资模式。动产质押比不动产质押使银行承担的风险变大，所以中信银行应加强其风险管理。在风险控制的过程中，中信银行除了要对经销商的资信作严格评估外，还要对第三方物流公司进行严格的挑选，所委托的物流公司应符合银行规定的较高的准入标准。一旦在业务实施过程中发生了风险事件，中信银行应变卖质押的钢材，或根据协议的规定，要求钢铁供应商回购钢材，从而收回贷款。

7.3 预付账款(保兑仓)融资模式

7.3.1 预付账款融资的定义

预付账款融资是在真实的交易背景下，核心企业承诺回购，中小企业以购买产品产生的应收账款为依据，向银行申请融资，授信银行指定第三方的物流企业作为核心企业的发货中心，核心企业按照约定发货的融资模式。该种融资模式主要针对采购阶段企业资金短缺的情况，适用于下游的中小企业进行融资。中小企业的上游供应商处在强势地位，中小企业购买产品需要一定的预付账款，对于资金周转困难的企业来说，可以运用保兑仓的模式向银行提出融资申请，针对某笔特定的业务获得银行授信。

核心企业通过为下游的中小企业进行担保和核心企业承诺回购，不但可以帮助中小企业获得银行授信，同时能够扩大自身的销售，稳定与下游企业的合作，为银行提供新的盈利增长点，促进供应链上资金流和物流的顺利运转。中小企业在获得贷款的同时，还获得了分批支付货款与分批提货的权利，在节约成本的同时减轻了企业支付全款的压力。保兑仓融资模式相较于应收账款融资模式来说，在监管质押物品时，增加了第三方物流企业的参与。

融资企业和供应商之间进行交易，签订合同之后向银行申请融资，银行将既定仓单作为质押，审查企业的情况合格后，向企业提供贷款，同时与供应商签订回购协议，与第三方签订仓储监管协议。银行根据供应商质押的仓单开具银行承兑汇票，交给供应商，之后供应商向融资企业分批放货，直到保证金账户的不足时，供应商回购余下的货物。

7.3.2 模式简介

如图 7.4 所示为预付账款融资模式流程。

预付账款融资模式是在上下游核心企业承诺回购的前提下，中小企业以金融机构制定的仓库的既定仓单向金融机构申请质押贷款，并由金融机构以控制其提货权为条件的融资业务。预付账款融资模式流程包括以下几个步骤。

(1) 签订合同。上游供应商和下游中小企业签订购销合同，并和中小企业协商向经办行申请办理融资业务贷款，主要用于支付购货款项。

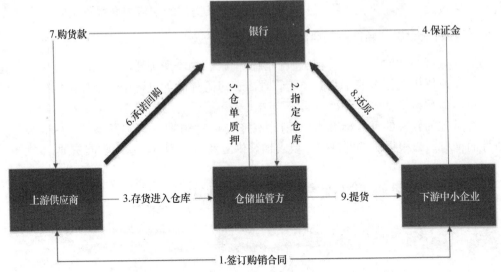

图 7.4 预付账款融资模式流程

(2) 银行指定仓储监管方。

(3) 上游供应商发货。上游供应商收到银行同意对中小企业贷款的通知后，向银行指定的物流企业的仓库发货，并取得仓单交给银行。

(4) 中小企业缴存保证金。下游中小企业向银行缴存保证金，银行发放相应比例的商品提货权给中小企业，直到保证金账户金额等于汇票的金额。

(5) 仓储监管协议订立。银行与仓储监管方签署仓储监管协议。

(6) 上游供应商承诺回购。

(7) 下游中小企业凭购销合同向银行申请仓单质押贷款，专门用于支付上游核心企业该项交易的货款。

(8) 下游中小企业获得商品提货权提取货物。

这种运作模式主要是针对商品采购阶段的资金短缺问题。该模式由第三方物流企业或者核心企业提供担保，银行等金融机构向企业垫付货款，缓解企业的货款支付压力之后，由企业直接将货款支付给银行。其中第三方物流企业扮演的角色主要是信用担保和货物监管。一般来说，物流企业对供应商和购货方的运营状况都相当了解，能有效地防范这种信用担保的风险，同时解决了银行等金融机构的风险控制问题。

案例 7.4：重庆永业公司预付账款融资业务

重庆永业钢铁(集团)有限公司是一家钢铁加工和贸易民营企业，由于地域关系，永业钢铁与四川攀枝花钢铁集团一直有着良好的合作关系。永业钢铁现有员工 150 多人，年收入超过 5 亿元，但与上游企业攀钢相比，在供应链中还是处于弱势地位。永业钢铁与攀钢的结算主要是采用现款现货的方式。2005 年永业钢铁由于自身扩张的原因，流动资金紧张，无法向攀钢打入预付款，给企业日常运营带来很大影响。2005 年年底，永业钢铁开始与深圳发展银行(以下简称"深发展")接触。深发展重庆银行在了解了永业钢铁的具体经营情况后,与当地物流企业展开合作,短期内设计出一套融资方案:由物流企业提供担保,并对所运货物进行监管,深发展重庆银行给予永业钢铁 4500 万的授信额度,并对其陆续开展了现货质押和预付款融资等业务模式,对永业钢铁的扩大经营注入了一剂强心针。在取得深发展的授信以后,当永业需要向攀钢预付货款的时候,深发展会代替永业将资金付给攀钢,或代替永业开出银行承兑汇票。与深发展合作以来,永业钢铁的资金状况得到了极大的改善,增加了合作钢厂和经营品种,销售收入也稳步增长。

案例分析:该案例成功的关键首先在于融资的预付账款用途是向攀钢进口原料,银行的融资是直接付给攀钢,这就是在供应链的链条上借助核心企业的资信为下游企业进行了融资;其次在于当地物流企业同意为其授信额度提供担保,并对所运货物进行监管,使银行降低了信贷风险,在融资时通过第三方获得了物权控制。

案例 7.5:中信银行保兑仓融资业务

我国家电行业的融资模式与钢铁行业的类似,比较适合融通仓和保兑仓业务模式,但是家电行业在商品销售淡旺季的销量差别很大,大批量订货可以获得更多的营业利润。这一特点比钢铁行业更明显。在家电行业,经销商所获利润来源除了其正常的销售收入之外,另一利润来源就是家电厂家的折扣与季度或年度的返利。所以,家电经销商每次都尽力下大批量的订单。针对家电行业通过大宗订货来实现盈利的这一特点,中信银行专门设计了适合其业务发展的供应链金融模式——保兑仓融资模式。

在保兑仓业务模式中,中信银行首先要向家电经销商收取一定比例的保证金,为其签发专项用于向家电生产厂家支付货款的银行承兑汇票。然后银行根据家电经销商所缴纳的保证金签发存货提单,家电厂商根据货物提单向经销商发货。经销商在拿到销售收入后向银行续存保证金,家电厂商再次根据银行签发的提货单向经销商发货。如此下去,直到保证金账户余额达到银行签发的银行承兑汇票金额。

运用于家电行业的供应链金融业务使得供应链中资金流、信息流和物流得到平衡,也实现了各方参与主体的利益。对家电生产厂家来讲,可以通过融资业务增加销量,扩大其市场份额。对于家电经销商来讲,可以通过融资实现在产品销售淡季低价大批量订货、在销售旺季高价销售,还可得到家电生产厂家的折扣和返利等多项益处。

家电行业的供应链金融是基于保兑仓业务的融资模式。中信银行进行风险控制的关键是家电经销商缴纳的保证金。如果在承兑汇票到期时,经销商保证金账户余额低于承兑汇票金额,则由家电生产厂家把差额部分以现款的形式返给中信银行。这一模式与标准保兑仓业务的优势是银行减少了向物流公司支付的那部分保管费用,而且在家电经销商没有实现销售时,可以更方便地把保证金账户与银行承兑汇票的差额返给银行。但是,此业务模式也有其缺点:那就是中信银行只控制了信息流和资金流,而不控制物流,因为中信银行对家电生产厂家与经销商的具体交易情况并不十分明确。在这种情况下,家电生产厂家很容易与经销商联合欺骗银行或是对经销商的融资变成对生产厂商的变相融资。中信银行应该适度考察上述标准保兑仓的运作模式,减低其风险。

7.4 三种模式的比较

7.4.1 共同点

以上对供应链金融的三种典型融资模式的实现机制进行了探讨，对各种融资模式的业务流程有了一个清晰的把握。通过对比可以看出，这三种典型的供应链金融融资模式在功能上都起到了有效地缓解中小企业在生产经营过程中存在的现金流不足的问题，使得中小企业可以将精力主要集中在改善经营管理效率、提高生产技术水平、优化工艺流程以及产品研发等方面，从而有效地促进中小企业自身的发展壮大。而供应链上中小企业竞争力的提高，将对供应链整体运作效率、稳定性以及竞争力的提高起到巨大的促进作用，从而惠及整个产业链以及产业链上的企业。从三种典型融资模式的具体实现机制和操作流程上来看，商业银行都利用了供应链的整体性将风险有效地转嫁出去，实现了整个供应链的风险共担，分散了风险，降低了经营成本。中小企业在三种融资模式下都将作为还款第一来源的质押动产转移占有给了商业银行，从而使商业银行拥有对这些质押物及其产生的现金流的基本控制权。

三种融资模式的共同点如下。

(1) 银行对融资项下的资产及其产生的收入有相当的控制权。

(2) 借款人可以没有其他实质性资产或业务，偿付债务的主要来源是融资项下的资产，其次是企业的综合偿付能力。

(3) 融资项下的资产是第一还款来源。

(4) 银行结合借款人的资信水平，重点考察这笔融资业务自我清偿以及借款人组织该笔交易的能力，对该笔业务进行授信。

7.4.2 不同点

三种融资模式的比较：应收账款融资、保兑仓融资和存货质押融资在具体运用和操作的过程中存在差异，正是这些不同之处使中小企业可以根据自己生产经营的特点进行选择。这些具体差异如下表所示。

三种模式的不同点

	应收账款融资	预付账款融资	存货质押融资
质押物	债权	欲购买货物	存货
第三方参与	无	仓储监管方	仓储监管方
风险控制	监视债务企业	跟踪监视货物价值(或盯市)	跟踪监视存货价值(或盯市)

续表

	应收账款融资	预付账款融资	存货质押融资
融资企业在供应链中的位置	上游、供应商、债权企业	下游、制造商、分销商	供应链上的任何企业
性质	权利质押	基于交易的信用和动产担保	动产担保

(1) 在授信额度上，三种模式授信的参考标准是不同的。存货类融资模式主要是根据专业机构对融资企业质押物的评估值来确定；预付款类融资模式是根据融资企业交纳的保证金的数额，同时要考虑到交易双方真实的贸易数额以及核心企业承担的担保情况加以核定；而应收账款融资模式是客户质押的应收账款数额，在考虑可能存在的风险可能导致的损失和手续费这些扣除项之后加以核定。在授信额度放大倍数上，预付款融资模式的融资数额要比其他两者的放大程度大很多。

(2) 在适用的对象上存在着差异。应收账款模式主要是面向供应链的上游中小企业来展开的。只要是与核心企业发生贸易交易并且持有对核心企业的应收账款的中小企业，都可以选择应收账款融资模式。应收账款融资模式的应用范围最广，因此大多数中小企业有着较多的应收账款，应收账款作为一项资产，占据了企业的流动资金，限制了企业的扩大再发展，甚至会影响企业的正常经营，因此从企业的角度来看，中小企业都乐于以应收账款为担保来获得贷款。预付款融资模式主要是针对供应链上核心企业的下游的中小企业，尤其是一些想要锁定货价的中小分销商，为了避免由于货物价格上涨导致成本的增加，他们往往希望能提前确定货价。对目前面临人民币升值与通货膨胀双重压力的中小企业来说，其订单量的减少使得应收账款的金额也在大量降低，这就会在一定程度上缩减应收账款融资的业务市场，而此时预付款类模式的优点就体现出来了。存货类融资模式可以适用于供应链上的所有企业，只要有符合银行条件的存货，都可以成为存货类融资模式的客户。

(3) 在质押物类型方面，三种模式的种类显然是不同的。应收账款融资模式下是应收账款也就是债权；预付款类融资模式下是将要购买的货物，也就是未来提货权；存货类融资模式下显而易见是存货。相比较而言，三种模式中预付款类融资模式在授信质押物的要求强度上最低，其次是应收账款模式，而存货类融资模式是最强的。应收账款融资模式下一般是没有第三方企业的参与的，而其他企业需要物流仓储企业作为监管方存在；应收账款融资模式在融通时间上是从发出货物到收款，预付款类融资模式是从预订原材料到生产，而存货类融资模式是从存货的产生到变现。

应收账款融资模式、预付款类融资模式、存货类融资模式在具体运用和操作过程中存在着比较大的差异，各个模式都有其自身的特点，而引起风险的因素可能是不同的，因此从理论上来讲，在风险分析时，针对不同模式分别进行就显得符合尤为重要。因此，应该通过对不同模式下供应链金融业务风险的分析，总结出该业务主要面临的风险，再针对不同的风险特征提出防范的建议。

7.5 供应链金融的其他衍生融资模式

供应链金融的衍生融资模式形式多样,这里只简单地介绍以下三种融资产品。

1. 未来提货权质押融资

未来提货权质押融资是指下游企业与上游供货商签订采购合同后,凭借采购合同向商业银行等金融机构申请贷款,以用于向上游供货商支付采购合同规定的货款,并凭借银行开具的提货单提取合同规定的货物的行为。在这种融资模式下,融资企业并不需要具有可抵押或质押的资产,就能从商业银行等金融机构获得资金支持,从而在不占用自有资金的情况下,向上游供货商支付货款,预先锁定销售规模。

2. 标准仓单质押授信

标准仓单是由期货交易按国家相关法律规定签发的实物提货凭证。提货凭证下的货物必须符合合约的规定质量,由于其标准性强,又有国家相关法律的保障,因此具有很强的流动性,可以用于质押贷款。

在标准仓单质押授信融资模式下,中小企业向商业银行等金融机构申请贷款,商业银行对授信进行审批后,与期货公司和需要融资的中小企业签订三方质押合同,并就贷款事宜与中小企业订立合同,然后向期货交易所申请冻结仓单,在收到期货公司的冻结确认书后,即对中小企业发放贷款。在还款期限到期后,商业银行将根据中小企业的还款情况来决定是否对仓单做出处置。如果中小企业未能按时偿还贷款,那么商业银行有权对仓单做出处置,处置所得归商业银行所有。而当中小企业按时履约后,商业银行将通知期货交易所对所质押的仓单进行解冻,最后仓单恢复流通状态。在标准仓单质押授信融资模式下,引入了期货交易所这一主体,起到了对标准仓单的监管作用。

3. 国际信用证授信

国际信用证授信融资模式的基本内容是:不同国家的两家企业开展进出口贸易,进口方企业如果有融资需求,可向进口方银行提出申请,进口方银行在进行必要的授信审查并按规定向进口企业收取一定比例的保证金后,为需要融资的进口方企业向出口方银行开具信用证(实际上是为进口方企业提供担保,出口方银行通知出口方按贸易合同的规定发货并将发货单据提交给出口方银行。在货物抵达进口方所在国家的港口时,进口方银行对进口的货物具有控制权,此时国际信用证授信融资模式转化为存货质押模式。国际信用证授信是在进口方企业和出口方企业之间存在信息不对称的情况下,通过信用证授信的方式,将商业信用转化成为银行信用,有效地弱化了进出口企业之间的信息不对称,增大了进口与出口企业之间达成贸易的可能性,从而促进国家对外贸易的发展。对于需要开展进出口贸易的中小企业来说,可以仅支付少量的保证金后就可以大批量地进口货物,通过银行这一支点实现了杠杆采购,解决了现金流不足和资金占压的问题。

通过对以上几种供应链金融的衍生产品的介绍,可以看出,供应链金融具有广泛的发展空间。不同的企业具有不同的生产经营特点,对融资方式也会有特殊的要求,供应链金融的出现能够满足企业的特殊融资需求，不仅可以有效地缓解中小企业的融资困境，而且可以促进企业运营效率的提高。尽管供应链金融的融资模式种类繁多，但供应链金融的基本思想始终如一：依托供应链整体，风险分担，信用共享，降低交易成本，弱化信息不对称，实现各参与主体的互利共赢。

本章总结

供应链金融的三种融资模式——应收账款融资模式、预付款类融资模式、存货类融资模式在具体运用和操作过程中存在着比较大的差异，各个模式都有其自身的特点。因此可以通过对不同模式下供应链金融业务风险的分析，总结出该业务主要面临的风险，再针对不同的风险特征提出防范的建议。

本章作业

1. 简述应收账款融资的定义。
2. 列举存货质押融资的产品分类。
3. 画出融通仓的流程图并进行简要解释。
4. 画出存货质押授信的流程图并进行简要解释。
5. 简述预付账款融资的定义。
6. 画出预付账款融资的流程图并进行解释。
7. 列举三种供应链金融融资方式的相同点。
8. 列举三种供应链金融融资方式的不同点。
9. 说明三种模式下质押物类型的不同。

第 8 章

供应链金融主导模式

本章目标

- 掌握供应链金融三种主导模式的定义
- 掌握三种模式的流程图

本章简介

本章主要介绍了供应链金融的三种主导模式：商业银行主导模式、核心企业主导模式、物流企业主导模式，并附有案例分析帮助理解这三种模式。

8.1 商业银行主导模式

8.1.1 模式简介

商业银行是金融领域最重要的市场参与主体，具有从事相关金融业务活动所需要的资本，以营利为最主要的目的，照章经营，依法纳税，自负盈亏。供应链融资业务最主要的参与主体就是商业银行，商业银行为中小企业提供相关的融资业务，目的在于构建供应链核心企业与中小型配套企业之间的低交易成本和高现金流动性，使融资困难的中小企业得以凭借存货、应收账款等流动资产获得继续再生产所需要的流动资金融资，银行通过相应的风险测评操作，可以用大企业的低信用风险替代中小企业的高信用风险，这种方式可以有效地降低中小企业的融资风险。

商业银行主导模式是以中小企业的真实贸易为抵押，商业银行以开放中小企业客户和拓展金融服务业务的模式。在供应链交易的各个环节，商业银行可以根据预付账款、存货、应收账款的动产设计相应的针对上下游中小企业的供应链金融模式。

在这一模式下，商业银行在核心企业的配合下，承担融资项目审核和发放贷款等职责，并提供财务咨询、结算、财务顾问等其他金融服务，核心企业则配合商业银行，以自身良好的信用为上下游企业提供信用支持。

8.1.2 模式优点及局限性

商业银行主导模式有以下几个优势：首先也是最明显的优势在于商业银行具有稳定、低成本、大规模获取资金的能力，积累的客户资源丰富；其次，商业银行拥有丰富的风险管理经验，风险控制能力强，可以提供跨行业供应链金融服务；最后，商业银行拥有众多的经营网点及专业的供应链金融人才，专业性的金融服务能力确保了商业银行可以辐射到较为深入的各产业链底层。具体如图 8.1 所示。

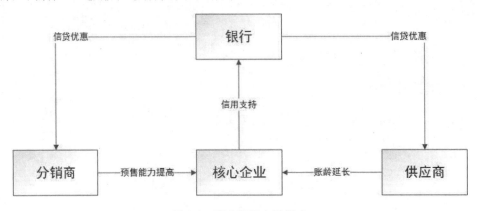

图 8.1 商业银行主导模式

商业银行主导模式同时具有以下几个局限性：首先，这一模式最大的局限性在于商业银行对于供应链本身没有实际掌控力,不能主动地掌握产业链交易中核心的物流、商流、资金流和信息流的数据。由于数据获取比较被动,缺乏有效的数据信息平台,商业银行本身不能成为供应链金融的核心;其次,商业银行基于风控要求,通常希望产品标准化更强,但产业链上的中小企业数量众多,需求差异化明显,商业银行往往不能满足不同的融资需求;最后,商业银行审批流程长、效率较低,产品创新的速度有限,且银行相对于许多中小企业来说准入门槛依然较高。

供应链金融大量采用了票据、保函、信用证等融资工具,这类工具往往要收取一定比例的手续费。此外,商业银行为供应链金融上的企业提供理财咨询、现金管理等财务顾问业务,这也将产生可观的中间业务收入。整条供应链之间产生的资金回流和存储也会为银行带来额外的存款收益。因此,商业银行切入供应链金融不仅有利于增强高端企业客户的黏性,而且会降低银行与单一企业打交道的风险,拓展银行新的利润空间,促进金融产品创新,改善服务质量,提升竞争力。

案例 8.1:平安银行

1. 深圳平安银行中小企业业务简介

深圳平安银行为中国平安集团旗下的重要成员,是中国平安集团综合金融服务平台的重要组成部分。作为一家跨区域经营的股份制商业银行,总行设在深圳,营业网点目前分布于深圳、上海、福州和泉州四地。作为中国平安集团的三大业务支柱之一,深圳平安银行依托中国平安集团强大的综合金融服务平台,致力于在零售业务、信用卡以及中小企业等主要目标市场成为业绩骄人、整体管理上具有国际先进水平的全国性一流银行。

深圳平安银行在成立伊始就把中小企业确立为未来发展的重要业务支柱,中小企业业务在实现深圳平安银行的发展战略中起着举足轻重的作用。深圳平安银行董事会专门审议通过了《中小企业业务发展战略规划》,力争在未来 10 年内,成为国内中小企业金融服务领域的领先银行,在品牌、区域市场份额、盈利能力等方面成为市场领先者,在产品、服务、效率、风险管理和创新等方面成为国内银行业的典范。同时,深圳平安银行针对中小企业业务在政策上加大倾斜,在资源上加强配置,在制度上予以保证。

围绕中小企业业务的发展,深圳平安银行在组织架构、团队建设、产品开发方面做了一系列改革创新。

在组织架构方面,为加强中小企业业务的专业化管理,深圳平安银行搭建起总、分、支的专业化管理架构。在总行分管中小企业业务的副行长之下,设立中小企业业务管理部,负责全行中小企业业务的规划分析、营销管理、产品开发、交叉销售管理等工作;分行设立的中小企业部门负责辖区中小企业业务的营销推动及管理工作,并设立了专业的中小企业营销支持中心,对地区的中小企业业务提供销售服务支持;支行一级建立了中小企业专业支行和中小企业业务中心,并组建了一支素质过硬的中小企业客户经理队伍。围绕流程银行的要求,建立了分工明确的专业化销售团队和支持团队。通过总、分、支三级,实现对中小企业业务的专业化管理。

在产品创新方面,深圳平安银行针对中小企业需求,推出了小额信用贷款、有机贷(机械设备按揭贷款)、信保融资(国内贸易信用保险项下融资)、联保贷款、标准化房产抵押贷款等一系列创新产品，受到了市场的广泛欢迎。深圳平安银行的中小企业专业产品最大限度地满足中小企业全方位的需求，主要体现在：①提供全过程金融产品服务。产品贯穿了中小型企业成长的全过程，通过对企业在创业、成长、成熟、持续发展等不同生命周期阶段的特点及金融服务需求的细致分析，规划开发出多样化的金融服务产品。②提供全流程金融产品服务。产品贯穿了中小企业采购、生产、销售等各个经营环节的全流程，提供全程服务，以解决不同企业不同环节的需求。③提供全方位金融产品服务。产品覆盖了中小企业多方面的金融服务需求。为中小企业提供包括融资、结算、理财、财务顾问等全方位的金融服务。根据不同行业、不同区域、不同类型的中小企业特点，提供有针对性的产品和服务。

品牌方面，深圳平安银行专门建立了中小企业专业服务品牌——"赢动力·中小企业金融"，其内涵是"专业、创新、价值"。赢，依托中国平安集团综合金融平台的优势，在银行、保险、证券、投资等金融领域，通过专业化管理、专业化团队、专业化产品，为客户提供专业、优质、高效的服务，帮助企业提升核心竞争力。动，因客户而变，因市场而变，一切以客户需求为中心，以最快的市场反应和最符合市场需求的流程，打造中小企业的业务平台。力，通过向客户提供结算、融资、现金管理、网上银行、投资理财、财务顾问等全方位的支持，帮助客户获得资金支持，改善管理水平，提升企业价值，取得源源不断的前进动力。

深圳平安银行全力打造技术领先、效率领先和综合金融服务的专业化中小企业服务平台，使"平安相伴，成长资道"的品牌形象深入人心。技术领先是基础，通过技术提升，实现强大的后台支持；效率领先是标准，以高效、快速为目标，优化流程管理；综合金融服务是独有的核心竞争力，依托平安集团的优势，从银行、保险、证券、信托、资产管理、企业年金等各领域，为客户提供综合化金融服务。

深圳平安银行努力为中小企业提供各种服务，包括：帮助客户解决短、中、长期的融资；帮助客户提高资产负债表的规模和质量；帮助客户有效地管理应收/应付账款，加快交易速度、减轻财务负担；帮助客户获得最新的设备和市场信息；帮助客户提高技能和效率，做好决策咨询和财务规划。最终，帮助客户增加收入、减少支出、提高盈利，在行业的激烈竞争中取得优势。深圳平安银行中小企业业务的价值主张是：①帮助企业达成自己的目标；②深入各个行业，促进行业发展；③支持地区经济，为区域经济发展作出贡献。

2. 供应链融资"W 计划"介绍

1) 供应链融资"W 计划"的定义

供应链融资"W 计划"是深圳平安银行立足客户融资需求，通过服务手段和风险控制技术的创新，开发组合 30 余款贸易融资产品，推出的客户服务解决方案。通过上述服务解决方案，"W 计划"能够为供应链内企业提供全方位(whole range)、全过程(whole process)和全增值(whole value-added)的金融服务。这也是"W 计划"命名的含义。

"W 计划"由"采购商融资解决方案""供应商融资解决方案""进出口企业融资解决方案""工程承包企业信用支持方案"四项企业专署融资服务解决方案构成。

2) 供应链融资"W 计划"的特点

全方位(whole range)是根据供应链中处于上下游不同环节的供应商、采购商、进出口企业、工程承包企业等不同客户的融资需求，量身定做专属业务服务方案，对供应链融资需求形成全方位覆盖。

全过程(whole process)是指针对企业国内外采购、销售、生产、物流等各个经营环节安排不同的融资产品，覆盖企业生产经营的全过程。

全增值(whole value-added)是指"赢动力·供应链融资"在有效地解决供应链内企业融资需求的同时，帮助企业实现减少流动资金占用、优化财务报表结构、稳定上下游企业关系等增值服务功能，进而加快供应链整体的资金周转速度，优化资金结构，降低资金成本，实现供应链整体的价值提升。

3) 供应链融资"W计划"具体方案

(1) 采购商融资解决方案。

"采购商融资解决方案"主要解决企业采购商品或原材料、组织备货或生产时的融资需求。构成采购商融资解决方案的产品包括票据承兑、仓单和动产质押、工贸银三方合作协议等融资产品。采购商融资解决方案的特点是以所采购商品的提货权或商品本身做担保，不需要提供额外的担保手段，帮助企业最大限度地盘活库存，减少流动资金占用，并且充分利用市场波动机会，降低经营风险，扩大企业经营规模，提高赢利能力。

(2) 供应商融资解决方案。

"供应商融资解决方案"主要解决企业因为采用赊销方式形成的大量应收账款，满足因占压流动资金而形成的融资需求。构成供应商融资解决方案的产品主要包括国内保理、应收账款质押融资、买方信贷和各种灵活的票据贴现安排等。供应商融资解决方案的特点是以应收账款或买方企业信用作为主要担保方式，帮助企业提前实现销售资金回笼，降低销售财务风险，改善企业财务报表结构。

(3) 进出口企业融资解决方案。

"进出口企业融资解决方案"是专门为从事国际贸易的企业解决进出口过程中的资金需求而开发的金融服务方案。"赢动力·供应链融资"的进出口融资方案除了一般银行常见的信用证、进出口押汇、打包放款、福费庭等传统国际贸易融资产品外，特别安排了出口前(装船前)融资、进口货物动产质押融资等国际、国内贸易融资结合产品，实现进出口企业内外贸环节的结构化、无缝化融资服务安排。方案除了解决企业进出口资金需求外，还能够帮助进出口企业锁定汇率成本，降低汇率风险，提高外汇资金收益。

(4) 工程承包企业信用支持方案。

"工程承包企业信用支持方案"主要解决建筑施工、软件开发等工程服务企业在投标、工程进度和质量保证等方面的融资和信用保证需求。它主要以投标保函、工程质量保证保函、预付款保函等各类保函产品以及"有机贷—机械设备按揭贷款"等产品为服务手段。

3. 平安银行的产品策略

为了实现创建中国领先的供应链金融服务专业银行的战略目标，努力打造有创新性的金融产品，使这些产品在细分市场领域不仅能保持充分的竞争力，而且确保其综合服务能力也能得到全面的提升，以"科技领先、体系完善"为导向，提升产品竞争力，平安银行主要采取了以下措施。

1) 以科技手段提升服务能力

公司业务将逐步建立"供应链金融线上平台",利用电子和网络技术,逐步实现内部管理与外协机构、客户信息交互的电子化,提高供应链金融业务集约运营效率,防范操作风险,为业务链条式开发和多方协作的深化提供科技支持,从技术层面提升供应链金融的核心竞争力。

第一步,实现"预付、存货、应收"业务的线上操作。开发与物流公司"押品直联",实现押品信息交换线上化;完善"保理业务系统",实现应收账款融资管理电子化;上线"电子票据"和"票据池融资系统",开通网上开票、票据托管,集团票据管理等功能。

第二步,开发实现"线上融资"。重点以核心企业、生产资料交易市场为目标,推动业务系统与核心厂商、交易市场系统直联,借助其合同、订单、预收、应付等信息,为其上下游中小企业的支付结算业务和融资业务提供支持平台。

第三步,实现作业流程电子化。内部与信贷管理系统、核心系统、财务分析系统衔接,对外与客户、物流公司、B2B/B2C 交易平台、ERP 厂商等各方关联,构建包括结算、融资、理财、信息服务等全流程的电子化操作平台。建好企业网银系统。企业网银既是"供应链金融电子化"的载体,也是重要的支付结算渠道,更是适应电子商务发展的重要支柱,将企业网银作为与物理网点平行的业务平台予以重点建设与发展。丰富企业网银的产品/服务功能,利用企业账户信息集成,衔接银行网点、手机银行、电子邮箱等渠道,开发丰富中间业务产品与服务项目。

2) 创新和完善产品体系

以核心企业为代表的大型企业对银行信贷产品的依赖度日趋下降、而对非信贷产品如结算、现金管理、理财和投行服务的要求不断上升。为了应对金融脱媒和利率市场化等复杂因素的冲击,重视建设一个完整的产品和服务体系,主要途径是运用全面服务和交叉销售两种形式以取得定价上的主动权和产品交叉补贴效应。

(1) 以"预付""存货""应收"为维度继续丰富贸易融资产品,并重点改进应收类融资的市场适用性,使三类产品融会贯通,全面服务企业的短期资金需求;引导分行层面对全新性产品与当地主流经济、主流行业实际情况的有机结合,衍化为针对性强、操作性好且易于推广的业务模式;将针对细分市场、特定客户群体的业务模式与产品模块化、标准化,使对外营销和对内协调的成本降低;产品重点也将由存货融资、预付融资逐渐转向风险相对较低、综合收益相对较高的应收账款融资。

(2) 以便利交易、畅顺资金流为取向的交易结算产品。为了扩大中小企业结算份额,努力使自身成为主办结算行,赋予"应收款管理"类产品全新的服务模式,将重点放在"池融资系列"产品和保理业务上。与主流 ERP 厂商、集中交易运营商供应链核心企业等合作开发适用于中小企业、集结算与融资为一体的短期透支类产品。

(3) 国际业务实行本外币一体化,离岸业务实行离在岸一体化优化产品组合,挖掘交叉服务功能,从而全方位地满足进出口和离在岸企业的业务要求。

(4) 开发新产品、拓展新市场。一是探索开发与投资银行衔接的产品系列,以实现投资银行业务与传统银行业务的互补互长;二是根据面向的不同主体,拓展相应的业务,以满足政务公开和电子政务等的发展要求。例如，在政府、事业单位拓展电子支付清算和税费代收业务；在机构单位拓展资产托管，年金和基金托管业务；在交易市场拓展交易资金监管业务；在大中型企业集团和核心供应链企业拓展资金结算、现金管理、理财服务，使产品实现负债良性增长。

4. 橙 e 平台探索"互联网+产业+金融"融合发展新路

互联网金融商业变革时代下，平安银行确定了"做互联网时代的新金融"的战略，并将"互联网金融"作为潜心打造的四大业务特色之一。为此，平安银行专门设立了网络金融事业部，作为全行创新商业模式、优化服务手段、提升客户体验、推动银行业务全面互联网化"新常态"的装备事业部。同时，在互联网门户建设方面，分别打造了面向公司、零售、同业、投行等客户群体的"橙 e 网""橙子银行""行 e 通"和"金橙俱乐部"。

2014 年 7 月 9 日，平安银行"橙 e 网"上线运营，一个集网站、移动 APP 等各项服务于一身的大型平台正式面世，旨在帮助中小企业建立更加完善的电子商务+综合金融的生意管理系统和营商生态。橙 e 平台是平安银行支持传统企业互联网转型升级而推出的"供应链金融+互联网金融"整合服务平台。

我国经济正进入以互联互通、转型升级为主旋律的发展新阶段，金融应与时俱进，支持企业通过供应链协同、互联网化、商业模式转型，实现转换增长方式和升级发展。同时，近年来互联网企业纷纷介入金融，平安银行的策略是基于既有供应链金融的优势和平安集团综合金融的领先优势，做好实体经济互联网化的金融服务，为银行公司业务互联网转型破题。

平安银行"橙 e 网"协同核心企业、物流服务提供商、第三方信息平台等战略合作伙伴，让中小企业免费使用云电商系统，以实现其供应链上下游商务交易的电子化协同。在橙 e 网构造的电商网络生态体系，无论是企业还是个人用户，都可以进行在线商务(客户可以利用橙 e 生意管家在线下单、发货、结算和对账，即上下游协同管理在线进销存)、在线支付(因生意而付款)、在线融资(因生意而融资)、在线理财投资(客户可以在商城选取自己满意的理财产品)。橙 e 网同时嵌入了交叉销售的功能，把平安集团的保险产品等内嵌到平台中，为客户提供一站式的综合金融服务。

橙 e 平台中的橙 e 财富、橙 e 融资以及第三方信息平台有着特殊的意义。橙 e 财富将融资扩展到资产管理领域，既可以探索进行一些类资产证券化的服务以应对界外机构竞争，同时为平台上众多 B 端用户(企业)的具体经办人 C 提供了一站式理财增值服务。

而橙 e 融资则可以服务于供应链的全链条企业。在国外，供应链金融更为常见的模式是借助核心企业为其上游企业提供供应链金融服务，而橙 e 融资把融资服务拓展到了整个产业链，包含了上中下游的所有企业。

橙 e 融资将第三方信息平台作为批量获取供应链金融客户的战略合作伙伴。供应链金融 3.0 时代是平台与平台之间的竞争，而第三方信息平台，特别是细分行业的深度垂直产业互联网平台，是橙 e 融资直接介入合作的对象。例如，橙 e 网与海尔 B2B 电商官网建立了系统级对接合作，只要是海尔经销商，且合作年限一年以上，就可以申请橙 e 平台的生意管家、融资等一系列服务。

同时，橙 e 网与政府、企业、行业协会等广结联盟，广泛汇聚企业的价值信息数据并探索基于大数据挖掘创新网络融资服务。橙 e 网秉承供应链金融领先优势，通过形成"订单、运单、收单"闭环数据，集成"价值信息+供应链信用"，新近推出了一系列网络融资产品，如与大型超市服务平台——合力中税合作推出"商超供应贷"；与海尔电器日日顺平台推出"采购自由贷"；与上海电子口岸的东方支付平台推出"货代运费贷"；与行业垂直类电商惠海国际推出"赊销池融资"；与跨境供应链服务平台一达通推出"在线贷贷平安"，与各地政府、产业园区合作基于纳税人在税务机关的纳税记录推出"橙 e 税金贷"等，帮助中小企业借助商业信用、交易信息和日常经营管理信息，有效地降低信贷门槛和借贷成本。

橙 e 平台与阿里金融在商业逻辑上有较多相似之处。陌生人的生意圈是阿里巴巴，而熟人的生意圈则是"橙 e 网"的战略定位。阿里小贷依托阿里巴巴平台的大数据，建立自己的风控体系，通过小贷业务变现数据积累。平安"橙 e 网"则以免费的生意管家"在线进销存"云服务吸引大量的供应链上下游企业，形成所谓的熟人生意圈后，用户的交易数据将构成数据库的内容。此外，橙 e 网还与第三方信息平台合作，与这些平台交换订单、运单、发票等有效信息，基于大数据分析为客户提供互联网金融服务。

与此同时，橙 e 平台还将微信订阅号、微信服务号、橙 e 网建成"O2O 营销"、"O2O 服务""O2O 金融电商"的协同互动架构，形成微信订阅号营销导入流量、橙 e 网电商经营流量、微信服务号以服务转化流量的良性循环。平安银行公司微信服务号积极探索网络虚拟平台与银行线下网点的互动创新，率先推出微信开户、票据贴现预审预约等 O2O 服务，迄今已有近 3 万企业享有该项特色服务，持续向橙 e 网转化流量客户。

如图 8.2 所示为全链条网络融资解决方案过程图。

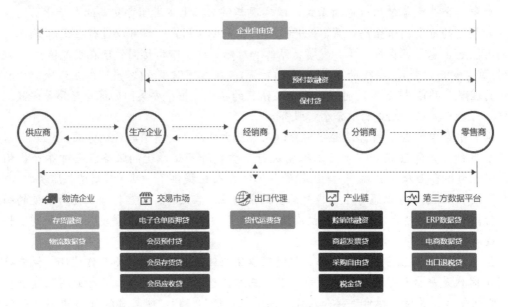

图 8.2　全链条网络融资解决方案

@ 8.2 核心企业主导的模式

8.2.1 模式简介

供应链作为一个有机整体，上下游中小企业的融资瓶颈会给核心企业造成供应或销售渠道的不稳定。核心企业主导模式是指核心企业利用其所掌握的上游供应商与下游经销商的信息流、物流、资金流等详细信息，以及长期的商业活动所掌握的上下游企业经营状况信息，通过下设的商业保理公司、融资租赁公司、小额贷款公司、投融资平台等向上下游企业提供供应链金融相关服务，而商业银行或 P2P 平台则对接核心企业，为其提供资金和其他金融服务。

核心企业主导模式如图 8.3 所示。

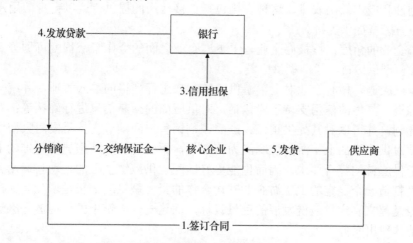

图 8.3 核心企业主导模式

供应链金融的最大特点就是通过对产业供应链的分析，从供应链中寻找到一个核心企业，以该核心企业为中心，为企业提供从原材料供应到产品生产、销售的一系列的服务和支持。尽管国内外对于"1+N"的研究侧重点有所不同，但在核心企业的内涵认定上基本是一致的，就是居于行业主导地位的"1"，这个"1"一般就是指供应链中竞争力较强、规模较大的核心企业。

供应链核心企业承担着整合整条供应链的关键角色。不同行业中供应链核心企业在整个价值链上所处的位置往往也不同。在传统生产制造行业，核心企业是生产关键部件或实施产品关键生产的企业；在高科技行业，核心企业是掌握研究力量和关键技术的企业；在商贸行业，核心企业则是控制着销售渠道和客户资源的企业。这些企业常常是知名公司甚至跨国公司，它们所处的市场结构一般为垄断竞争或寡头垄断，因此具有较强的市场影响力。相比于供应链上的其他企业，核心企业具有一些明显的特征：由于掌握了产业链或价值链的核心价值，核心企业在与上下游交易中处于谈判优势地位；核心企业财务实力突出、资信水平普遍较高，在融资市场具有更高的信用等级。而且由于包括信用在内的融资担保资源充分，是各家银行争宠的对象；核心企业可以利用供应链融资从上下游企业获得更为优惠的价格、交付款方式、账期,或者更大的销量,从而得到更多的经济利益;作为供应链和渠道链的组织者、管理者和终极受惠者,核心企业是最具有供应链大局观的成员,并存在为供应链整体利益的优化做出主动安排和调整的内在激励和动力。

供应链上的中小企业成员是供应链金融运用的直接对象。这些中小企业一般集中在低附加值的价值链环节,往往处于谈判中的弱势地位,同时面临着同类企业的激烈竞争,在交易价格、结算方式、供货速度、销售指标等多个方面不断受到来自核心企业和同类企业的挤压,导致利润下降和资金流紧张;而这些中小企业本身信用基础薄弱,缺乏融资渠道,融资便利性差、成本高。

尽管大多数情况下,供应链中某个成员的生存状况不会导致供应链整体效率的损失,但是如果供应链的链条整体面临财务困境,则需要从系统的角度做出财务安排的规划和调整。因此,尽管核心企业一般自身已经具有获取充足金融服务的优势,但是由于供应链和渠道链上其他成员的绩效直接影响到核心企业本身的绩效,因此核心企业必须为其他成员融资的便利性和成本做出安排,这种安排包括直接信用的提供,或以自身信用水平对成员企业向第三方融资提供支持。

从核心企业的角度,按核心企业与上下游企业之间的合作紧密程度可划分为紧密型供应链、半紧密型供应链、松散型供应链。

紧密型供应链,核心企业对上下游供应链客户进行严格的准入管理,并统一与银行商谈供应链融资。具体的信用支持手段包括:对供应商的交易信息进行确认等;对下游客户提出融资计划,并可以对其提供担保、产品调剂销售与回购等支持手段。紧密型供应链下的核心企业对供应链的上下游的控制能力特别强,因此能够以其强势地位推动上下游客户接受其对于供应链的整合要求,因而也能更好地配合供应链金融的推动与运用工作。从核心企业角度打造一个稳定的上下游企业密切合作的紧密型供应链正是增强其在产业链竞争的要求,也是建立稳定供应链发展的远景目标,而这一供应链中的供应链金融运用上也能够比较好地体现出服务优势。

半紧密型供应链,核心企业对上下游供应链客户进行严格的准入管理,但由供应链客户自行融资,一般不会对供应链客户提供信用支持。半紧密型的供应链上的核心企业对上下游客户的控制能力相对较弱,最好的发展就是通过供应链金融的运用,稳定一批上下游客户企业,使核心企业能够更好地积聚相关企业,也使企业的半紧密型供应链逐步向紧密型的供应链发展。

松散型供应链,核心企业对上下游供应链客户的准入管理相对较为宽松,交易对手的选择相对比较随机,通过供应链客户的违约的机会成本来制衡客户。因此,在松散型的供应链中,供应链金融的运用基础相对薄弱,但是对于那些率先与供应链上的核心企业开展供应链金融合作的企业来说,正是一个很好的做大做强自己的机会,通过供应链金融捆绑与核心企业的关系,有助于在供应链上逐步形成相对紧密的供应链。

8.2.2 模式优点及局限性

在供应链金融中,银行演变成为供应链核心企业的财务战略伙伴,其共同的利益源于综合财务成本降低和流动性补充所带来的供应链运行的稳定型,并由此派生出新增的商业机会和金融服务收益。银行选择以核心企业作为伙伴的基础，是对核心企业及其供应链的整体资信和商业前景的评审。评审结果优良的供应链将获得银行一揽子的信用配给，这种配给的方式之一就是对核心企业的授信额度，这个授信额度的分配依据往往是根据企业间合作的紧密程度来划分的。在供应链金融的实践运用当中，核心企业对上下游供应链客户的合作紧密程度实质上表现为业务交易中核心企业对上下游供应链客户的信用捆绑差异，而信用捆绑上的差异导致各个主体在产业链中的话语权和主体地位的不同，从而表现为供应链金融的运用上的差异，这也是商业银行在评审对该供应链上总体授信时的关键因素。

核心企业主导模式的优点：首先，由于核心企业深耕产业链，积累了丰富的行业经验及大量真实的交易关系数据，大大降低了信息的不对称性，使得其开展供应链金融服务的精准度更高、效率更高，同时成本更低；其次，凭借多年的行业经验与资源，核心企业对上下游企业的经营状况有充分的了解，进而有能力降低初期风险定价和风控成本；最后，核心企业可以通过有效的财务运作，提供具有竞争力的融资优势，获得贷款的门槛相对较低。

核心企业主导模式同时具有局限性：首先，由于产业链上的核心企业深耕产业，导致建立的供应链金融很难脱离自身所处的行业，后期会受制于行业自身发展空间的天花板，其次，核心企业缺乏足够的供应链金融方面的人才，且缺少信贷风险控制方面的经验，开展供应链金融具有一定的操作风险；再次，核心企业也是产业链中的竞争主体，与同业存在竞争关系，能否吸引行业内足够多的流量转移到自身平台上是一个问题；最后，核心企业供应链金融服务的资金来源主要是自有资金与商业银行的授信，规模相对有限。后期随着系统建立及运营、仓储物流等基础设施的配备都需要大量的资金支持，核心企业未来需要引入专业的金融服务公司或对接引入 P2P 平台等多元化的资金来源。

案例 8.2：海尔集团

海尔集团 2015 年全年收入 1887 亿，实现利润 157 亿，历经 32 年的发展，深耕网络，细化市场，在全国范围内建立了 17 000 余家专卖店、102 个物流基地，实现了全覆盖。随着经济的下行和"家电下乡"活动的结束，家电行业进入困境，各家电大鳄市场业绩持平或走低。海尔下游经销商也面临经营困难、资金短缺的问题，这也是中国中小企业存在的普遍问题。2014 年海尔 365rrs.comB2B 上线后给海尔与经销商之间搭建了一个交互的平台，实现了订单由 5*8 小时变为 7*24 小时，达到了库存的可视化、账面余额的可视化、物流的可视化、财务对账自助化，营销上做到产品价格去中间层。订单由生产驱动转化为市场驱动，预订单达到 70%以上。

基于与客户交互的互联网化，海尔集团在解决客户困难和提高增值服务上做了很多探索，在线供应链金融(SCF)解决下游企业的资金需求成为该平台的一个重点方向。2014 年 6 月 365rrs 平台与平安银行、中信银行共同探索线上的供应链金融模式，在 2015 年 9 月正式上线，迄今为止实现为下游企业融资 16.3 亿元，解决了近千家海尔专卖店的资金困难。

海尔供应链金融模式中的一个关键点在于，核心企业即海尔可以为上下游提供信用担保，海融易由此获得优质安全的资产，这等于海尔将自己的信用注入整个产业链条里，并且对资金流、信息流、物流进行有效的控制，单个企业的不可控风险转变为供应链企业整体的可控风险，并将风险控制在最低。

海尔集团非常重视内部的系统化建设，有相应的团队——流程创新部(PSI)负责内部系统化流程的建设，但是2013年之前所有的系统建设停留在内部人员的操作层面，没有实现与终端市场的交互，业务之间的交互完全还是通过人工的方式，随着互联网技术的发展，迫切需要对现有流程进行优化和提升。

1. 业务模式对比

原来下单由客户通过电话咨询客服自己的账上余额、型号及库存，然后客户客服通过内部ERP系统录入实现下单，时间范围为5×8小时。产品营销政策原来是通过业务掌控，存在中间层，很难完全执行到位，人为因素较大。财务方面，发票的签收、对账由业务人员到客户处进行上门办理，时间成本和资金成本较大。物流方面，配送情况只能进行电话跟踪。

优化后，客户通过365rrs电子商务网站直接查询在海尔账户的余额和库存数量，自助下单。时间范围为7×24小时。营销政策目前通过系统直接展示给客户，一目了然，去除了中间层的因素。优化后每个客户都颁发一个CFCA的数字证书，客户可以在平台上对发票进行签收、对账务、返利等进行确认。优化后在平台上可以看到配送进度。优化后增加了线上供应链融资模块，给在线上交易的经销商提供相应的融资服务。

2. 海尔供应链金融产品介绍

365rrs电子商务平台上线后优化了市场端核心企业与下游客户之间的交互成本，海尔供应链金融依托海尔与下游经销商多年的交易数据及完善的物流体系为经销商提供全程控货的质押融资、优质客户的信用融资等服务。在线货押融资解决客户预订订单的货款困难以及从预订下单至货物到达当地中心仓库配送这一阶段的资金缺口问题，将海尔的订单由生产驱动推进至订单驱动，优化了市场供应链。

融资产品的特点是随借随还、按日计息，最大化地提升了资金使用效率，线上自主操作、随借随到账，客户用款方便、手续简单。授信时提供相应资料，支用时不需要提供任何资料。电子承兑汇票更加减少了客户的融资成本，客户只需承担万分之五的手续费，没有任何其他费用。

质押模式流程如图8.4所示：

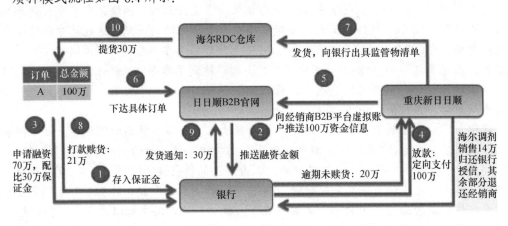

图8.4 货押模式流程

3. 海尔供应链金融实施效果

该产品于2013年9月份上线至今实现融资金近20亿元，拉动市场销售近20亿元，推动了销售市场的发展。在风险控制上面,货物质押模式在出现风险问题后在配比资金范围内基本可以控制资金端的风险。信用模式由于筛选客户要求较高,目前没有出现不良。

@ 8.3 物流企业主导模式

物流是线下闭环中最为重要的一环,物流企业对于整个供应链的平稳运作至关重要。物流企业主导模式是指物流企业在精确地控制抵押物的基础上为上下游企业提供融资服务,同时获得物流服务收入与金融服务收益。物流企业通过下设的商业保理公司、融资租赁公司、小额贷款公司、投融资平台等向上下游企业提供供应链金融相关服务,而商业银行或 P2P 平台则对接物流企业,为其提供资金和其他金融服务。

物流企业主导模式如图 8.5 所示。

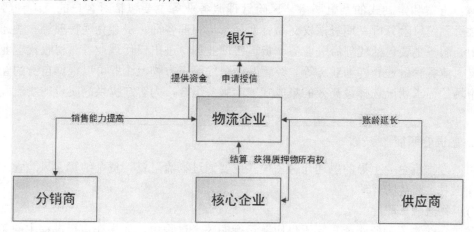

图 8.5 物流企业主导模式

在实际操作当中,第三方物流企业主导的供应链金融模式主要有两大类:融通仓业务和代理结算业务。融通仓业务是现在应用最为广泛的第三方物流企业主导的供应链融资方式。代理结算业务是指第三方物流企业在与商业银行合作的基础上,受市场其他参与者(简称委托人、丙类成员)的委托,为其办理结算等业务的行为。本章以融通仓为例,详细介绍第三方物流企业主导的供应链融资方式运行机理。

1. 融通仓业务

1) 融通仓业务的内容

融通仓是物流与金融、中介与风险管理服务的集成状态。物流与金融的核心点相辅相成,互相促进。企业融资过程中,商业银行通过第三方物流企业对抵押物的监管来控制融资风险,而供应链内物流的顺畅又需要金融融资的支持。

融通仓所提供的核心服务主要分两部分:一部分是传统的物流服务,包括仓储、物流、配送、运输、加工、包装、装卸、搬运等;另一部分是创新型的金融服务,包括仓单质押融资、保兑仓融资、资产评估、资产监管、现金管理、票据管理、授信转贷等服务模式。

企业主导模式有以下几个优点：首先，物流企业作为供应链金融的主要协调者，掌握着最真实、最基础的信息资源，对整个产业链有完整的控货能力，尤其是在以存货抵押为主要形式的供应链金融中具有绝对的优势；其次，物流企业切入供应链金融领域开辟了新的如价值评估、质押物担保授信等增值业务，带来了新的利润增加空间的同时也搭建了银企间合作的桥梁。

物流企业主导模式同时具有以下局限性：首先，由于中国物流行业比较分散，集中度低，且在运输和仓储的规范方面缺乏标准，流通中的物权难以得到相应的保证；其次，物流企业对资金流、信息流的掌控能力小，要形成"四流"的闭环需要强大的资源整合能力与资金实力；最后，切入供应链金融对于物流企业的资信实力的要求较高。

2) 辅助服务

融通仓提供的服务还包括风险管理服务、中介服务等附加服务，为客户提供一体化的物流解决方案和定制式的金融服务。风险管理服务业务主要包括对客户的风险评级和管理、融资系统风险分析、期货期权交易咨询、风险管理咨询、资金兑现管理等。融通仓提供的中介服务主要包括代理海关业务、货运代理业务、进出口代理业务、税收代理业务、账单支付业务、融通仓咨询业务等。经营融通仓的第三方物流企业可以根据自身的经营水平和市场的需求状况选择最高效的集成式辅助服务组合，为客户提供高质量的物流及金融服务。

2. 融通仓职能

第三方物流企业主导的融通仓融资模式主要通过物流融资、资金结算、风险管理等职能来加强对供应链的管理。

1) 物流融资职能

融通仓的物流融资职能贯穿于供应链运行的整个过程中，如果在运行过程中的某一个环节出现了资金约束问题，第三方物流企业与商业银行合作，通过融通仓模式帮助中小企业获取融资支持，在融资过程中如果出现了金融风险，第三方物流企业通过加强对抵押物的监管来降低商业银行的融资风险。通过这种途径，第三方物流企业拓宽了自己的业务范围，获取了价值链的附加价值。

2) 资金结算职能

第三方物流企业主导的融通仓融资模式带来了烦琐的支付和结算业务。通过融通仓的商品流通，涉及的参与主体包括第三方物流企业、商业银行、供应链核心企业、供应链中小企业、担保机构、中介机构等，物流、信息流与资金流高速流转，支付和结算问题复杂频发。融通仓的资金结算职能为这些市场主体提供专业一体化的支付和结算解决方案，向全社会提供金融结算、资金支付等高附加值的供应链金融服务。

3) 风险管理职能

在融通仓主导的物流与信息流的交易中，风险贯穿着整个流程，采购过程、运输过程、装卸过程、搬运过程、仓储过程、包装过程、流通过程等都存在着运营风险和操作风险。融通仓的风险管理职能贯穿整个供应链的运作过程，为各个环节提供一体化的金融风险解决方案，从而识别、评估、控制第三物流企业主导的融通仓业务给各个参与者带来的风险。

3. 融通仓主要业务介绍——以仓单质押为例

融通仓是一种物流与金融集成式的创新服务,这个模式下,第三方物流企业为银行代理监管流动资产,进行抵押物的仓储管理、价值评估、物资配送、估价拍卖等,融通仓实际上是一个第三方物流服务综合平台。这个平台的价值实现需要第三方物流企业、商业银行等金融机构、供应链核心企业、供应链中小企业融资方、中介服务机构通力合作、有序配合。融通仓的主要业务形式分为两种:仓单质押模式和保兑仓模式。两者的主要区别在于仓单质押业务是先有货物再有票据,而保兑仓业务是先有票据再有货物。

仓单质押模式是融通仓供应链金融的典型业务。仓单质押融资,就是融资企业将货物存放在商业银行规定的第三方物流企业仓库中,仓库向融资企业开具货物仓储证明,融资企业凭借仓储证明向商业银行申请贷款,商业银行根据货物的价值向融资企业发放一定额度的贷款,在整个业务流程中,第三方物流企业所拥有的融通仓帮助商业银行监管货物,仓单是融资企业(也就是货主)将抵押物存入仓库之后,第三方物流企业向货主出具的说明在库质押物状况的单据。

仓单质押的业务流程如图 8.6 所示:

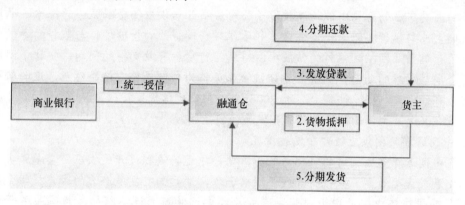

图 8.6 仓单质押业务流程

4. 融通仓选址与布局

对于从事供应链金融业务的第三方物流企业而言,融通仓的选址不但关系到其运营成本的高低,也与金融业务的风险紧密相关,因此,越来越多的物流企业开始重视融通仓的选址。

1) 融通仓选址

融通仓应该在实体经济、金融业、物流业、配套服务业等比较发达的中心地带建设,但是考虑到对建设成本和运营成本的控制,现在融通仓更多地考虑其服务的辐射半径,借以服务区域内众多的中小企业,一般而言辐射半径以 12~20 公里为最佳。因此在我国中小企业众多、交通便利、政策支持力度大的东部沿海地区有众多的融通仓优良选址。融通仓本着与金融机构合作、为本地的中小企业提供一体化的物流服务和金融解决方案的宗旨,从客户的实际需求出发,及时快捷地为客户提供融通仓融资业务,降低中小企业的融资成本,提高资金的运行效率。第三方物流企业需要对融通仓的选址及配送网络进行科学缜密的设计,以求把融通仓建设成为地区的物流及金融服务中心。

2) 融通仓布局

现在的融通仓一般采用分布式布局的仓储模式。第三方物流企业在核心区域建立融通仓主仓库,该仓库的主要组成部分是储存质押物的仓储园区,之后在距离主仓库一定距离的地方建设规模和数量可以满足客户需求的子仓库,这样既可以降低物流成本,又能延伸融通仓主仓库的辐射半径和服务区域,点、线、面纵横交错,相互补充,从而实现融通仓分布式的总体布局。

案例8.3:

1. 中储集团供应链金融发展情况

中储股份发展有限公司(以下简称"中储")作为国内最大的仓储占地专业物流企业,先后与多家金融机构合作开展了供应链金融方面的工作。目前其动产监管业务方面的融资规模已超过 400 亿元,监管客户也已超过 1200 家,成为物流企业在供应链金融业务开展中的排头兵。

中储于 1992 年尝试探索开展供应链金融服务,并在 1999 年取得了物流监管业务运作的成功。其下属的无锡中储物流股份子公司最早开始供应链金融服务的探索,通过尝试搭建仓储企业与银行之间的合作桥梁,并承担对仓储企业的仓储评估与监督的责任,有效地解决了仓储企业因缺乏银行的信任难以得到银行贷款有效支持的问题,扭转了因囤货导致的资金周转困难的局面。目前,质押监管业务作为仓储保管增值的环节,逐渐从无偿服务转变为有偿服务,据资料显示,到 2006 年,中储授信额度突破 100 亿元,其业务收入也达到了 5000 万元,开辟了仓储业务发展的新空间。

2. 中国远洋集团供应链金融发展情况

依靠中国远洋集团良好的口碑与业界声望,中远物流积极开展供应链金融服务,先后与深圳发展、民生等十三家银行开展了战略合作,通过向有发展潜力的客户提供金融信贷支持,帮助供应链中一批中小企业快速成长。中远物流通过不断加大与码头运营商的合作,充分提升并挖掘客户的价值,首创了"海陆舱"模式,建立了多个物流金融专业平台实体公司,带动了中远物流在远洋运输、内贸海运、公路运输、铁路运输、报关报检、船代、货代、存储、货物质押贷款监管等物流业务的开拓与发展。通过中远物流的有效探索与实践,目前中外运、中海、中储、中铁的大型国有物流企业也纷纷涉足该领域,不断地研发了供应链金融相关的业务,带动了我国供应链金融的进一步发展。

本章总结

- 商业银行主导模式是以中小企业的真实贸易为抵押,商业银行以开放中小企业客户和拓展金融服务业务的模式。在供应链交易的各个环节,商业银行可以根据预付账款、存货、应收账款的动产设计相应的针对上下游中小企业的供应链金融模式。

- 核心企业主导模式是指核心企业利用其所掌握的上游供应商与下游经销商的信息流、物流、资金流等详细信息,以及长期的商业活动所掌握的上下游企业经营状况信息,通过下设的商业保理公司、融资租赁公司、小额贷款公司、投融资平台等向上下游企业提供供应链金融相关服务,而商业银行或 P2P 平台则对接核心企业,为其提供资金和其他金融服务。
- 物流企业主导模式是指物流企业在精确地控制抵押物的基础上为上下游企业提供融资服务,同时获得物流服务收入与金融服务收益。物流企业通过下设的商业保理公司、融资租赁公司、小额贷款公司、投融资平台等向上下游企业提供供应链金融相关服务,而商业银行或 P2P 平台则对接物流企业,为其提供资金和其他金融服务。

本章作业

1. 简述商业银行主导的模式。
2. 说明商业银行主导模式的优点和局限性。
3. 简述平安银行供应链融资"W 计划"具体方案。
4. 简述核心企业主导的模式。
5. 分别说明紧密供应链、半紧密供应链与松散型供应链,并进行比较。
6. 说明核心企业主导模式的优点和局限性。
7. 简析物流企业主导模式。
8. 简述融通仓职能。
9. 介绍融通仓的主要业务。
10. 简述融通仓业务如何选址和布局。

第 9 章

互联网供应链金融

本章目标
- 掌握互联网供应链金融的定义
- 掌握互联网供应链金融与供应链金融的区别
- 掌握互联网供应链金融的各种模式流程

本章简介

本章主要介绍了互联网供应链金融的定义以及与供应链金融的区别与联系，详细介绍了互联网供应链金融的模式流程，并提供了案例分析。

9.1 互联网供应链金融概述

9.1.1 互联网供应链金融的内涵

互联网背景下的供应链金融，其本质是金融，服务于实体经济。其发展在于互联网与传统行业的深度融合，加速信息共享，优化产业链条，创造新的发展生态，即提高服务效率。

互联网供应链金融不只是将线下服务延伸到线上，而是一种突破性的改变。它将核心企业、上下游企业、仓储物流服务商、政府机构和金融机构等的供应链信息进行整合，实现商流、物流、资金流和信息流的智能汇集打通，颠覆了传统的供应链金融模式，使实体经济与金融有效地结合。通过产融结合，金融机构可以将各种信息充分运用到供应链中，为生产企业、贸易商和终端用户等提供更全面、更有效、更有针对性的供应链金融服务。

1. 四流合一，市场潜力较大

近年来，互联网与供应链金融相结合快速发展，不再以银行为主导，而是形成一种自主化的平台，依托网络平台，提供一站式服务，将企业和客户作为核心，并且主要为中小企业服务。因此，"互联网+供应链+金融"颠覆了传统的以融资为核心的供应链模式，而是以企业的交易过程为核心。传统供应链金融的客户对象为大企业，其实是"1+N"模式。"互联网+供应链+金融"则拓展为"N+1+N"模式。"N"即代表供应链中的各个不同的主体，说明供应链由很多个主体构成。"1"是指平台。也就是说，"互联网+供应链+金融"是通过一个平台集中很多投资者去投资很多个需要融资的对象，通过一个平台让供应链的企业集中在同一个平台进行商务活动，让供应链的企业和消费更加快捷地对接和沟通，从而实现商流、资金链、物流和信息流的四流合一，市场潜力非常大。

2. 风险较小，风控能力较强

传统企业一般在自身细分的领域占有优势，通过资源变为其商业模式。在互联网和 P2P 网贷行业不断发展的背景下，"互联网+供应链+金融"越来越被看好。但是很多人将 P2P 与供应链金融等同起来，这其实是错误的理解。二者的方向存在很大的差距。P2P 金融是个人通过第三方平台在收取一定服务费的条件下向其他个人提供小额借贷的金融模式。借款人在平台发放需求，投资人进行竞标，双方自由竞价，平台则促进二者合同的达成。因此在 P2P 借贷过程中，资料、资金、合同、手续都是通过互联网完成。由于借贷双方信息不对称，缺乏准确的数据进行风险评估，而导致风险不断扩大，资金安全问题非常严重。

"互联网+供应链+金融"贷款的实例如下：一个小公司 A 和大公司 B 签订采购合同。小公司 A 要提供大量产品给大公司 B，由于财力有限，需要资金支持。小公司 A 因资质问题很难在银行贷款，这时候可以通过平台 K 进行贷款。平台会审核 A 和 B 的合同和产品往来，评估其借贷风险，然后由大公司 B 作为担保，平台 K 借款给 A 公司。这时候

A 公司可以利用借款扩大经营，到时候还本付息。如果到期 A 不能还本付息，B 公司将承担债务，将原来采购材料需要付给 A 的钱付给平台 K。因此，这时候担保公司 B 承担的责任较小，K 平台成本的风险较小，而 A 可以顺利拿到贷款。可以看出，这种模式经过了过去的风险评估，并且有担保，因此运营起来是非常安全的，这样可以避免 P2P 网贷的不安全因素。

3. 创新空间较大，具体运营模式较多

目前，"互联网+ 供应链+ 金融"已经形成了多种模式，主要包括以下几种。

1) 阿里模式

阿里模式通过平台的交易记录进行风险测评获得信用额度，然后发放信用贷款。这种贷款形式可以赚取供应链上下游企业与消费者的金融利润，因此当消费者利用贷款购买商品时，平台可以赚取卖家的利润，也会赚取买家的手续费，如，淘宝网站的"蚂蚁花呗"贷款。在整个交易模式中，提供交易平台的企业是整个交易的核心，它不仅掌握了交易记录的大数据，也充分地把握了上下游的企业，因此属于风险的控制方，也是最强势的一方。这个模式下服务的客服主要是在网站直接消费的消费者。

阿里模式贷款模型如图 9.1 所示。

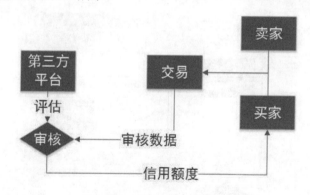

图 9.1 阿里模式贷款模型

2) 行业门户网站模式

近年来各类门户网站都在相继推出金融业务，以服务网站供应链上的各类中小企业。这种模式往往服务的是一个行业的中小企业，并且在门户网站中形成合同交易贷款。

上海联钢铁利用钢铁门户网站的优势，进行业务开发和拓展，利用门户网站拓展至供应链金融，从而为钢铁贸易企业解决资金问题。三六五网站是 2014 年的牛股，也是通过门户网站开通金融业务，提供安家贷。

门户网站贷款模型如图 9.2 所示。

3) 软件公司模式

在看到互联网金融的前景后，越来越多的数据软件公司也参与到供应链金融的市场竞争中来，如用友网络。用友网络是 ERP 管理系统的优胜者，目前互联网供应链金融已经成为该公司三大战略之一。使用其软件的企业成为其互联网供应链金融的重要参与者，目前其客户企业已经达到了数千家。软件公司模式服务的大部分是中小企业，也有部分平台服

务的是大企业，如汉得信息企业，其核心客服为上下游的大型企业。

软件公司贷款模型如图9.3所示。

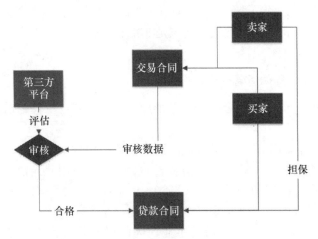

图9.2　门户网站贷款模型

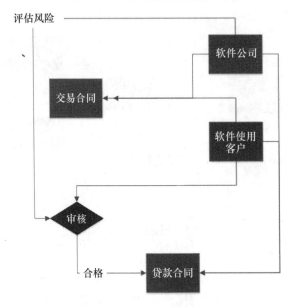

图9.3　软件公司贷款模型

4) 新希望模式

2015年，信息网借助于其在农业领域的产业链资源优势，将供应链金融拓展到集团的上下游产业，为个人和中小企业提供互联网融资渠道。行业门户网站模式下的贷款对象一般为中小企业，贷款也主要为小额度贷款，一般为几千元。由于贷款期限一般与合同期限有关，如果供货期限为1年，那么贷款的最大期限也为1年，而如果供货期限为2年，那么贷款的最大期限为2年。这是因为大企业一般在供货完成之后需要打款给供货方，而如果供货的中小企业没有及时还款，大企业就会直接打款给第三方平台。如果贷款期限大于供货期限，由于大企业的货款已经在贷款期限到达前打款给了供货中小企业，就起不到降低风险的作用。新希望模式的贷款额度和贷款期限也是基于供货合同进行，因此贷款额度不会大于供货额度，也不会长于供货期限。软件一般是长期的消费，因此软件客户模式的贷款期限可以相对较长，但必须根据企业的财务运营情况确定贷款额度，一般贷款额度也较小。

新希望模型贷款模式如图 9.4 所示。

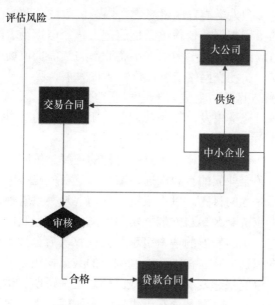

图 9.4　新希望模式贷款模型

9.1.2　互联网金融与传统供应链金融的联系与区别

供应链金融通过特定的产业链将核心企业与上下游配套企业联系起，形成一个稳定的"产-供-销"链条，借以提供全面的金融服务，一方面可以降低整个供应链运营成本，另一方面借助金融资本与实体经济的协同运作，在银行与企业间努力构建一个互利共存、持久发展的产业生态圈。

供应链金融的参与主体主要包括核心企业、信贷企业、物流公司、银行。核心企业是整条供应链资金流与物流的信息集合中心，是配合银行控制供应链金融风险的关键，然而当核心企业出现道德风险或担保的质押品价值超出其债务上限时，将引发更广泛的系统性风险。物流企业主要担任第三方监管的角色，通过对货物出库、运输和入库等物流信息的掌握，了解整个供应链上下游企业的动态，缩短信息采集的半径，提高信息的深度和准确性，辅助银行开展仓单质押、融通仓和保兑仓等多项业务。物流企业借助先进的管理信息系统可以极大地降低供应链金融的风险并提高整个供应链的效率。银行依靠核心企业的信用担保、信贷企业的存货质押以及物流企业对货权的控制降低对信贷企业授信的风险。

互联网金融是借助移动支付、搜索引擎、大数据、云计算等信息技术，具备资金融通、支付和信息中介等职能的一种新兴金融业态，是传统金融行业结合互联网精神的产物。传统金融机构与非传统金融机构均提供互联网金融服务。传统金融机构提供的服务主

要包括传统金融业务的网络化形式及电商化形式,如网上银行、银行商城等;非传统金融机构包括借助信息技术推出金融服务的电商企业、P2P网络借贷平台、众筹模式的网络投资平台、移动终端理财应用软件服务商及第三方支付平台等。

供应链金融与互联网金融均推进了"金融民主化"进程。金融民主化进程呼吁公众参与金融活动,强化金融知识,预防社会出现财富和权力过度集中,更重要的是,在设计金融体系、模型和预测时都把人类心理因素考虑在内。供应链金融的创新之处在于"以大带小",利用核心企业的信用担保,使得整条供应链上符合信贷要求的中小企业能够享有金融服务,银行在拓宽市场的同时使更多的中小企业参与到信贷市场中。互联网金融则借助电子技术尤其是移动支付、社交网络等互联网技术的发展,吸引越来越多的个体参与到金融市场中。供应链金融与互联网金融均一定程度地体现了"金融民主化"精神,不同的是,供应链金融从整条供应链出发,以企业为单位服务更多的客户,而互联网金融以互联网为依托,以个体为单位扩大金融市场的深度与广度。

供应链金融与互联网金融均缓解了信息不对称的程度。供应链的核心价值之一在于整合信息资源,实现上下游企业间的有效沟通,减少信息在供应链中传递的损耗,最终达到信息共享、降低信息不对称的目的。以供应链管理与客户关系管理为核心的信息管理系统以及物联网技术使得供应链金融参与方能够实现信息共享。互联网金融体现了互联网技术与金融体系的双向渗透,不断发展的搜索引擎与云计算等后台技术使得互联网金融机构能够对潜在客户实现精准识别,建立在大数据基础上的数据挖掘技术使得获取用户行为信息成为可能,社交网络平台的快速发展使得公众间信息更加透明。供应链金融与互联网金融均可以缓解信息不对称问题,不同之处在于供应链金融模式中,银行所需的"软信息"依赖于其他参与方:供应链中的上下游企业通过 SCM 信息系统与 CRM 信息系统提供信贷企业与核心企业的贸易往来信息,物流企业通过物联网技术提供质押品的物流信息。只有整条供应链以及物流企业的信息化程度较高,提供的关于信贷企业的信息足以满足银行要求时,银行才可能提供供应链金融服务。因此供应链金融业务适用于所在供应链以及第三方物流企业均拥有完善、先进的信息系统的行业。互联网金融则依靠信息技术的发展减小参与方信息不对称的程度,相较于供应链金融模式,互联网金融机构能够掌握大量、真实、可靠的第一手用户信息,因此其所服务的对象无须拥有先进的信息系统,只需是互联网用户即可,这也是互联网金融能够飞速发展的基石。

供应链金融与互联网金融均降低了交易成本。供应链金融服务作为融资模式的创新,通过供应链上相关企业的互相协调与优化设计大大降低了交易成本,提高了整条供应链的经济效率。供应链金融主要从交易频率、交易稳定性、资产专用性三个方面降低交易成本。首先,供应链金融可以有效地降低交易频率。供应链金融为供应链连接的产业系统提供金融解决方案,若银行能够与供应链上的企业维持稳定的交易关系,必然能促使交易各方主动沟通,降低交易频率与交易成本。其次,供应链金融可以提高交易稳定性。在上下游企业以及第三方物流企业合作的基础上,供应链能够发挥协同效应,减弱交易的不确定性,进而降低交易成本。再次,供应链金融还能提高资产专用性。供应链金融基于真实的交易背景,能够使供应链内上下游企业更为主动地进行专用性投资,链内企业间的互相监督降低了企业违约的可能性,信贷企业能够维持其资产专用性的,从而降低交易成本。互联网金融在交易的不同阶段降低交易成本的能力不同。在交易初期，互联网金融机构弱化了客户接触与服务渠道实体的重要性，利用 IM(即时通讯)、社交平台、电商平台等界面完成与客户的沟通，降低交易初期的成本；在交易中期，互联网金融机构利用网络广泛地收集客户的各类数据，并且通过数据挖掘分析判断客户的资质，其信息分析的成本非常低，例如，以阿里小贷为代表的电商金融机构通常采用自动化量化贷款模型，能够显著提高放贷效率，降低放贷成本；在交易后期，互联网金融机构缺乏资金回收与监管资金使用的实体机构，很难有效地约束贷款资金的专用性，在此阶段无法显著地降低交易成本。供应链金融与互联网金融均能降低交易成本，不同的是，供应链金融借助供应链来降低交易频率、提高交易确定性、确保资产专用性，最终降低交易成本，只有当供应链与银行合作长期且稳定。供应链内上下游企业为实现共同利益互相协作以及供应链内上下游企业互相监督时，银行才有可能向该供应链上的信贷企业提供供应链金融服务。互联网金融降低交易成本的能力来自获取相关数据并进行有效处理的低成本，因此需要所服务的对象在互联网中留下足够的数据，包括交易数据、物流数据、信用数据等信息，互联网金融机构必须获取满足放贷模型需求的足够数量与质量的信息，才有可能提供适合的互联网金融服务。

供应链金融与互联网金融均借助信息技术进行风险管理。供应链金融业务是商业银行的子业务，因此其风险管理应满足商业银行风险管理的要求，从信用风险、市场风险、操作风险等角度进行有效的管理。由于供应链金融具有贸易背景特定化的特点，银行可以借助信息系统对信贷企业的交易流、货物流、资金流进行实时监控，防止资金被挪用、盗用。互联网金融机构借助搜索引擎与云技术收集、存储客户交易行为的多维度数据，建立信用评级与风险控制模型，并利用数学与统计学模型进行风险评估与管理，例如，在电商金融模式下，互联网金融机构依据大数据建立量化放贷模型代替人工审核，将风险评估与管理过程自动化、程序化、批量化。虽然供应链金融与互联网金融在风险管理中都借助信息技术，但供应链金融业务与商业银行的其他融资业务一样，有明确的资本充足率及贷款监控要求，供应链金融的风险管理仍依靠传统的风险评估与管理方法，信息技术的存在提高了获取数据的效率与质量，因此供应链金融的风险管理对信息技术的依赖程度较低。互联网金融则利用信息技术收集并有效地处理数据，将传统的被动防御、事后处理式风险管理转为主动识别、事中控制式风险管理。但由于互联网金融机构缺乏质押实物与监管实体，其线下风险控制能力较弱，互联网金融的风险管理对信息技术的依赖程度非常高，这使得信息技术在互联网金融风险管理的过程中加入了技术风险。

@ 9.2 互联网供应链金融的主要模式(八大模式)

9.2.1 基于 B2B 电商平台的供应链金融

国内电商门户网站如焦点科技、网盛生意宝、慧聪网、敦煌网等，B2B 电商交易平台如上海钢联、找钢网等，都在瞄准供应链金融，往金融化方向挺进。例如，找钢网在 2015 年上线胖猫物流及以"胖猫白条"打头的金融服务。"胖猫白条"针对优质采购商提供的"先提货，后付款"的合作模式，意味着找钢网在供应链金融方面迈出了实质性脚步。目

前找钢网已经积累了 4 年左右的客户交易数据，垂直的数据风控能力是找钢网做供应链金融的优势。

9.2.2 基于 B2C 电商平台的供应链金融

B2C 电商平台如淘宝、天猫、京东、苏宁、唯品会、一号店等都沉淀了商家的基本信息和历史信息等优质精准数据，并依据大数据向信用良好的商家提供供应链金融服务。

以京东为例，近年来，京东频频加码互联网金融，供应链金融是其金融业务的根基。京东通过差异化定位及自建物流体系等战略，并通过多年积累和沉淀，已形成一套以大数据驱动的京东供应链体系，其中涉及从销量预测、产品预测、库存健康、供应商罗盘到智慧选品和智慧定价等各个环节。

京东供应链金融利用大数据体系和供应链优势在交易各个环节为供应商提供贷款服务，具体可以分为六种类型：采购订单融资、入库环节的入库单融资、结算前的应收账款融资、委托贷款模式、京保贝模式、京小贷模式。京东有非常优质的上游的供应商、下游的个人消费者、精准的大数据，京东的供应链金融业务水到渠成。

9.2.3 基于支付的供应链金融

只想做支付的支付公司不是好公司。支付宝、快钱、财付通、易宝支付、东方支付等均通过支付切入供应链金融领域。不同于支付宝和财付通 C 端的账户战略，快钱等支付公司深耕 B 端市场。以快钱为例，2009 年开始，快钱开始探索供应链融资，2011 年快钱正式将公司定位为"支付+金融"的业务扩展模式，全面推广供应链金融服务。例如，快钱与联想签署了合作协议，帮助联想整合其上游上万家经销商的电子收付款、应收应付账款等相应信息，将供应链上下游真实的贸易背景作为融资的基本条件，形成一套流动资金管理解决方案，打包销售给银行，然后银行根据包括应收账款等信息批量为上下游的中小企业提供授信。

9.2.4 基于 ERP 系统的供应链金融

传统的 ERP 管理软件等数据 IT 服务商，如用友、畅捷通平台、金蝶、鼎捷软件、久恒星资金管理平台、南北软件、富通天下、管家婆等，通过多年积累沉淀了商家信息、商品信息、会员信息、交易信息等数据，基于这些数据构建起一个供应链生态圈。

例如，老牌财务管理 ERP 企业用友网络公司的三大战略之一就是互联网金融。数千家使用其 ERP 系统的中小微企业都是其供应链金融业务平台上参与的一员。汉得信息与用友的模式略有不同，汉得的客户均是大型企业，而其提供供应链金融服务的对象是其核心客户的上下游。

9.2.5 基于一站式供应链管理平台的供应链金融

一些综合性第三方平台集合了商务、物流、结算、资金的一站式供应链管理，如怡亚通、苏州的一号链、南京的汇通达、外贸综合服务平台——阿里巴巴一达通等，这些平台对供应链全过程的信息有充分的掌握，包括物流掌握、存货控制等，已集成为一个强大的数据平台。

国内上市企业怡亚通创立于 1997 年，是一家一站式供应链管理服务平台，推出了两天两地一平台战略："两天网"是指两大互联网平台(宇商网+和乐网)，"两地网"即怡亚通打造的两大渠道下沉供应链平台（"380"深度分销平台与和乐生活连锁加盟超市），而"一平台"即怡亚通打造的物流主干网(B2B+B2C 物流平台)。怡亚通纵向整合供应链管理各个环节，形成一站式供应链管理服务平台，并通过采购与分销职能，为物流客户提供类似于银行存货融资的资金代付服务，赚取"息差"收入；同时，针对需要外汇结算的业务开展金融衍生交易，在人民币升值背景下赚取了巨额的收入。在一站式供应链管理服务的产业基础上开展的金融业务，是其盈利的重要来源之一。

9.2.6 基于 SaaS 模式的行业解决方案的供应链金融

细分行业的信息管理系统服务提供商通过 SaaS(softwaze-as-a-service，软件即服务)平台的数据信息来开展供应链金融业务，如国内零售行业的富基标商、合力中税，进销存管理的金蝶智慧记、平安银行橙 e 网生意管家，物流行业的宁波大掌柜、深圳的易流 e-TMS 等。

以平安银行生意管家为例，国内首个免费的 SAAS 模式供应链协同云平台是平安橙 e 网的核心产品。橙 e 平台将平安银行供应链金融的传统优势推向更纵深的全链条、在线融资服务。"更纵深的全链条"是指把主要服务于大型核心企业的上下游紧密合作层的供应链融资纵深贯通到上游供应商的上游、下游分销商的下游。"在线融资"是指橙 e 平台为供应链融资的各相关方提供一个电子化作业平台，使客户的融资、保险、物流监管等作业全程在线。

9.2.7 基于大型商贸交易园区与物流园区的供应链金融

大型商贸园区依托于其海量的商户，并以他们的交易数据、物流数据作为基础数据，这样的贸易园区有很多，如深圳华强北电子交易市场、义乌小商品交易城、临沂商贸物流城、海宁皮革城等。

以浙江的银货通为例，浙江的"块状经济"历来发达，"永康五金之都""海宁皮革城""绍兴纺织品市场""嘉善木材市场"等都是知名的块状产业聚集区。而这些产业集群的特征是，其上下游小微企业普遍缺乏抵押物，但却具有完整的上下游供应链。在这样的背景下，银货通在"存货"中发现了信用，首创存货质押金融，是国内首家基于智能物流、供应链管理的存货金融网络服务平台。同时，相继推出了"货易融""融易管""信义仓"三大服务系统。银货通通过动产质押，已实际实现融资超 10 亿元，管理仓储面积超 10 万平方米，监管质押动产价值 25 亿元。

9.2.8 基于大型物流企业的供应链金融

物流占据了整个商品交易过程中重要的交付环节，连接了供应链的上下游。它们基于物流服务环节及物流生产环节在供应链上进行金融服务。国内大型快递公司如顺丰、申通、圆通、中通、百世汇通等及物流公司如德邦、华宇、安能等均通过海量客户收发物流信息进行供应链金融服务。目前顺丰、德邦已经开始通过物流数据渗透货主采购、仓储物流费用等方面，进入供应链金融。

以顺丰为例，2015 年 3 月底，顺丰全面开放全国上百个仓库为电商商家提供分仓备货，同时推出顺丰仓储融资服务。优质电商商家如果提前备货至顺丰仓库，不仅可以实现就近发货，还可凭入库的货品拿到贷款。顺丰具备庞大的物流配送网络、密集的仓储服务网点及新兴的金融贷款业务，三点连接形成完整的物流服务闭环。除仓储融资外，顺丰金融供应链产品还有基于应收账款的保理融资、基于客户经营条件与合约的订单融资和基于客户信用的顺小贷等。

9.3 基于第三方平台的互联网供应链金融模式

9.3.1 基于 B2B 平台的互联网供应链金融模式

传统的供应链金融虽有核心企业的信用担保，但银行与中小企业的信息不对称性严重，银行对中小企业的信用水平的辨识度较差。另外，传统线下供应链金融，借款企业在每次借款时都要到银行网点办理，操作流程复杂，放款时间较长，不利于供应链的高效运行。

面对这些问题，信息化管理的线上供应链逐渐发展起来，而基于第三方 B2B 平台的线上供应链融资是其中一种。拥有海量数据的电子商务平台向综合信息服务平台转变，运用数据挖掘技术等，形成电子商务信用评价，作为银行金融信用评价的辅助，提高了融资中小企业信用的辨识程度，有利于银行控制贷款风险水平。

如图 9.5 所示为基于第三方 B2B 平台的线上供应链金融运作机理。

另外，信息化管理和网络信息披露等也缓解了银行服务效率差、放款时间长等问题，有利于解决诚信的中小企业的融资困难问题需要注意的是，在目前的业界操作中，银行对融资的中小企业的在线授信并没有实现完全意义的线上化，还是需要融资企业提交主体金融授信的相关证明资料。

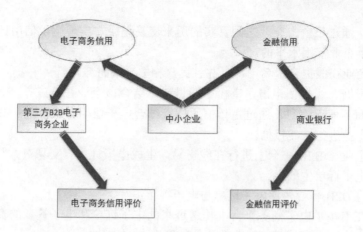

图 9.5　基于第三方 B2B 平台的线上供应链金融运作机理

1. 电子订单融资模式

电子订单供应链金融是上游融资的中小企业凭借在 B2B 电子商务平台上真实存在以核心企业的订单为担保、向银行申请贷款的信贷业务。首先，该业务主要针对第三方 B2B 电子商务平台上的会员企业，电子交易平台连接着供应链上的各方，对供应链有较为深刻的认识，并且记录着供应链上企业历来交易的真实情况，通过 B2B 电子商务交易平台的信息处理技术对其进行处理，能够辅助银行对融资企业信用水平进行判断，降低信贷风险。同时第三方 B2B 电子商务平台能较好地记录订单情况，一方面提高银行贷前调查的效率，缩短放贷时间；另一方面帮助银行实时了解订单交易情况，实现对贷款安全性的监控。

如图 9.6 所示为基于 B2B 平台的电子订单供应链金融模式流程。

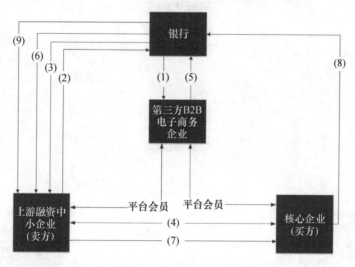

图 9.6　基于 B2B 平台的电子订单供应链金融模式流程

运作流程包括以下步骤。

(1) 商业银行与第三方 B2B 电子商务企业签订合作协议，B2B 电子商务企业与银行实现信息共享,通过平台上企业之间真实的历来交易记录,实现电子信用评级,提高商业银行对融资中小企业信用水平的辨识度。

(2) 融资企业在线提交报名申请,并且提交相关申请材料。

(3) 银行根据在线授信申请,审核申请材料,结合该企业在第三方 B2B 电子商务平台提供的电子商务信用信息,通过主体信用评级结合电子信用评级,基于其一定的信用贷款额度,对该企业进行在线授信。

(4) 融资企业在 B2B 平台上进行在线交易,生成电子订单。交易双方在电子订单上进行电子签章,电子订单生效。

(5) 第三方 B2B 平台传递电子订单与电子签章银行。

(6) 银行在审核了电子商务平台上传送过来的电子订单和电子签章的真实性后,按照订单货款的一定比例,在该借款企业的授信额度内发放贷款。

(7) 上游融资中小企业在获得融资后,组织生产并按时发货,买方检验签收后,订单完成。

(8) 订单完成后,作为买方的核心企业将订单货款打到专门的银行账户上,作为偿还贷款的资金。

(9) 银行在收到贷款本利后,交易完成。

2. 应收账款供应链模式

基于第三方 B2B 平台的应收账款供应链金融是以企业在电子平台上交易形成的应收账款作为第一还款来源的新型银行信贷业务。该模式全程电子化交易,减少了银行内部的操作成本,缩短了放贷时间,提高了融资效率。

如图 9.7 所示为基于 B2B 平台的应收账款供应链金融模式流程。

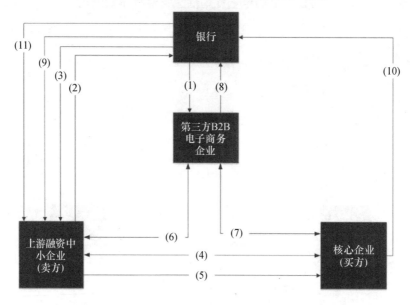

图 9.7 基于 B2B 平台的应收账款供应链金融模式流程

运作流程包括以下步骤。

(1) 银行与第三方 B2B 电子商务企业签订合作协议，由第三方 B2B 电子商务平台提供综合信息服务以及配套服务等，而商业银行则支付相应的平台使用费用。

(2) B2B 电子商务平台上的融资中小企业在线向银行申请授信，并提交相应的申请材料。

(3) 银行审核申请材料，并结合该中小企业在第三方 B2B 平台上的电子信用评级水平，对其在线授信。

(4) 融资中小企业作为供应商，在第三方 B2B 平台上进行交易，并且完成发货。

(5) 核心企业向上游中小企业发出电子应收账款单据，作为凭证。

(6) 融资中小企业以该电子应收账款单据为凭证，发出应收账款质押申请。

(7) 第三方 B2B 电子商务平台将该电子应收账款单据与其记录的产生应收账款的交易记录情况进行核对，判断其真实性，并获得核心企业的付款保证。

(8) 第三方 B2B 平台在审核无误后，传递贷款申请。

(9) 商业银行批准申请后，发放贷款。

(10) 核心企业按时向特定银行账户打入所欠货款，而这笔款项是融资中小企业贷款的还款源。

(11) 该笔贷款交易结束，银行注销贷款合同。

3. 电子仓单质押融资模式

随着信息化、网络化的发展，动产质押供应链金融也逐渐信息化，提高了业务处理的效率。电子仓单质押供应链金融模式是从传统的线下动产质押供应链金融模式发展而来，但它又不是单纯的传统模式电子信息化。它的特点是充分利用第三方 B2B 电子商务平台的信息共享服务，针对 B2B 电子商务平台的会员企业，利用数据挖掘等数据处理技术，整理平台所记录企业的所有交易数据，形成电子信用评级。银行在第三方 B2B 电子商务平台的帮助下，提高了对融资企业的信用评级的正确性，减少了贷款风险。

如图 9.8 所示为基于 B2B 平台的仓单供应链金融的模式流程。

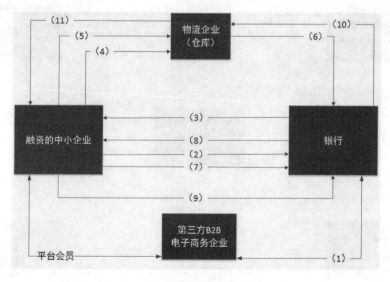

图 9.8　基于 B2B 平台的仓单供应链金融的模式流程

运作流程包括以下步骤。

(1) 银行与第三方 B2B 电子商务企业签订合作协议,实现信息共享。

(2) 第三方 B2B 电子商务平台上的会员企业通过线上报名,提交申请材料。

(3) 在线授信。银行在接到授信申请后,对报名企业提交的申请材料进行审核,对其进行主体评级,结合第三方 B2B 电子商务平台信息分析的电子信用评级,对融资中小企业进行在线授信。

(4) 融资中小企业通过专门的电子信息平台提交入库申请,将货物运送到指定的仓库。

(5) 融资中小企业根据货物的规格、数量等,在线形成电子仓单,并提交仓单质押申请。

(6) 物流企业核对电子仓单与指定仓库中的货物,在核对正确的情况下,将融资企业的仓单质押申请提交给商业银行。

(7) 融资中小企业在线提出贷款支用申请。

(8) 银行根据贷款支用申请,依据融资中小企业的质押仓单在其授信额度内在线发放贷款。

(9) 融资中小企业将贷款本息归还给银行后,提交仓单解押申请。

(10) 银行将仓单解押指令在线传达给物流公司。

(11) 物流公司收到仓单解押指令后,对货物解除质押,融资中小企业可以根据电子提货单到仓库取回货物。

4. 预付账款供应链金融模式

线上预付账款供应链模式虽然现在实践还不多,但并不代表它没有发展前景。基于第三方 B2B 平台的预付账款供应链金融模式以融资中小企业与核心企业在平台上真实的交易形成的预付账款作为质押物,向商业银行申请贷款。

如图 9.9 所示为基于 B2B 平台的预付账款供应链金融模式。

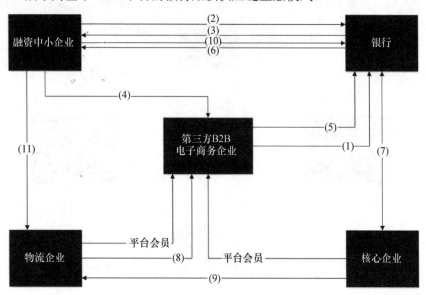

图 9.9 基于 B2B 平台的预付账款供应链金融模式

运作流程包括以下步骤。

(1) 商业银行与第三方 B2B 电子商务企业签订合作协议，B2B 电子商务企业向银行提供平台上所记录的企业交易记录等数据，并在整个预付账款融资中起到信息传递、监督记录等作用，而银行也需支付相应的费用。

(2) 融资中小企业通过专门的网络平台向银行提交授信申请，并提交要求的资料。

(3) 商业审核企业资料，结合平台提供的关于该企业历来的交易记录，对其在线授信。

(4) 融资中小企业以其与核心企业在平台上交易形成的预付账款，向第三方 B2B 电子商务平台提交贷款申请。

(5) 第三方 B2B 电子商务平台在接到融资中小企业的申请后，对其真实性进行核对，核对无误后，将贷款申请传递给商业银行。

(6) 银行综合考虑核心企业的资信情况和申请融资中小企业的信用等级，如合格，则该项贷款申请通过。

(7) 银行开立承兑汇票给核心企业支付剩余交易货款。

(8) 第三方 B2B 电子商务企业与物流企业签订监管协议。

(9) 核心企业将订单货物运到指定的物流企业仓库，由物流企业对其进行监管。

(10) 融资中小企业向银行支付利息和保证金，取得获取的提货权。

(11) 融资中小企业依据提货权，到仓库提取相应数量的货物。

其中，步骤(10)和(11)是重复发生的，融资中小企业每次都会支付一部分的利息和保证金，提取相应部分的货物，直到所有的利息和保证金缴纳完毕，企业才能获取所有质押的货物。

案例9.1：海尔 B2B 线上供应链金融平台正式上线

2014 年 9 月 1 日，对于中国的供应链金融和 B2B 电子商务两个行业都是一个重要的时间，当天海尔 B2B 线上供应链金融平台正式发布，该平台为海尔日日顺 B2B 平台上的所有企业用户提供直接授信、订单融资等金融服务，使海尔数以万计的经销商能够借助商业信用和交易信息，降低信贷门槛和借贷成本，大大提升作业效率和服务体验。

2013 年开始，海尔启动建设其日日顺 B2B 电商平台，目标是将其下游的两万多家经销商与海尔的交易放在网络平台上来完成。作为行业龙头企业，海尔选择发展垂直型电商，利用电子商务和供应链技术打通营销端的需求链：品牌商、经销商，用 B2B 电商为整个经销生态圈服务。自 2013 年 12 月 31 日海尔日日顺 B2B 平台上线以来，月销售额达到 65 亿元人民币，线下渠道业务逐步转至线上。

随后，海尔与平安银行、中信银行达成了相关的战略合作协议，整合银行的资金、业务、技术优势以及海尔集团分销渠道网络、交易数据和物流业务，通过日日顺的线下交易记录，将产业与金融通过互联网的方式集合在一起，开拓了海尔经销商供应链金融这一崭新的业务领域。

如图 9.10 所示为海尔供应链金融模式框架。

平安橙 e 网公开的数据显示，2014 年 8 月 19 日，海尔经销商第一笔线上融资业务在平安银行橙 e 平台成功出账，上线仅五天时间，海尔项目出账客户数就已突破 50 户，累计出账金额逾 5500 万元。

海尔经销商供应链金融改变的不仅是传统产业的销售体系，还包括整个生产体系、流通体系、融资体系和交付体系。它不仅深入到整个流通、销售和融资体系，更借助海尔日日顺 B2B 平台帮助核心企业优化整个需求链生态圈，使经销商能够借助商业信用和交易信息降低信贷门槛和借贷成本，大大提升了作业效率和服务体验。

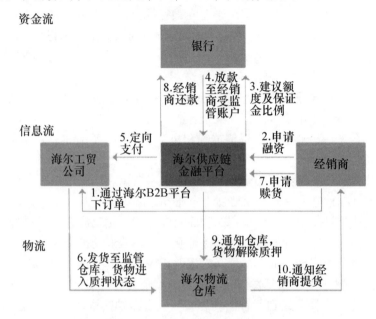

图 9.10　海尔供应链金融模式框架

如图 9.11 所示为海尔供应链平台框架。

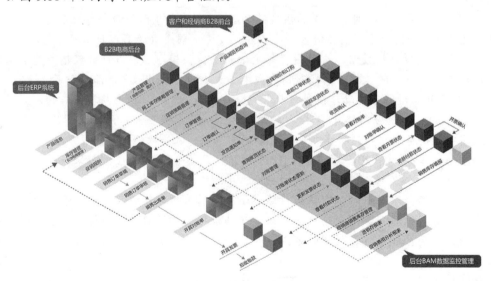

图 9.11　海尔供应链平台框架

作为海尔供应链金融平台的基础，B2B 平台的建设也集中了优势技术资源，主要包括以下方面。

(1) 国际咨询公司埃森哲(Accenture)牵头咨询服务;

(2) 技术上主要采用文沥(Welinksoft)的渠道 B2B 整合、供应链可视化产品,全面管理产品、价格、订单执行、发货和结算对账,并整合后台系统、物流系统;

(3) 经销商接触面选用欧美品牌 Hybris 的 B2C 电子商务套件。

9.3.2 基于 B2C 平台的互联网供应链金融模式

传统的供应链金融的主要业务是应收账款融资、保兑仓融资、融通仓融资和代理担保融资模式,结合 B2C 电子商务交易的特点,以及不同的 B2C 电商的运营模式,可以把供应链融资在 B2C 领域拓展为网络订单融资、网络仓单融资和电商担保融资。

1. 网络订单模式

电子商务特有的配送环节以及第三方支付和货到付款的特征使得 B2C 电商形成了类似于应收账款的资金,对于一个低库存的企业来说,应收账款的资金成本会占运营成本的很大一部分。当用户在互联网上提交订单后,就是一笔风险较小的未来现金流,此时 B2C 电商就可以拼接确认的电子订单,向银行申请融资贷款,第三方支付可以作为交易监管平台。目前国内银行类似的业务有建设银行和金银岛电子商务平台合作推出的网络订单融资服务。

如图 9.12 所示为 B2B 电商网络订单融资流程。

图 9.12　B2B 电商网络订单融资流程图

网络订单融资业务能够很好地解决借款人购买原材料、支付货款的临时性资金周转需求。它具有减少自有资金占用、使企业大幅提高经营周转速度、增加利润收益的优势,可以解决前期资金问题,锁定商品价格,避免因价格波动而增加成本。企业在网站上接到订单后,在发货的同时就能拿到 80%的贷款,而这些资金又能循环接单备货,等到订单资金到账,即可偿还银行借款。

网络订单融资模式分为卖方融资和买方融资,即实现上游贷款生产和下游贷款消费。

网络订单卖方融资主要流程如图 9.13 所示。

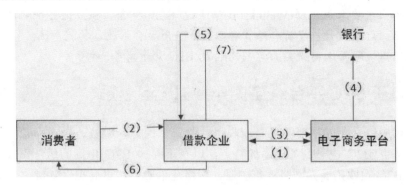

图 9.13　B2C 电商网络订单卖方融资流程图

运作流程包括以下步骤。
(1) 借款企业(卖方)与电商平台签订订单融资协议。
(2) 消费者向借款企业下单形成电子订单。
(3) 借款企业将已发货未付款的电子订单提供给 B2C 电子商务平台。
(4) B2C 电子商务平台对借款企业的融资进行审核评估，完成后移交银行。
(5) 银行确认订单后，向借款企业发放贷款。
(6) 借款企业向消费者发货。
(7) 消费者确认付款后，借款企业用货款进行还款。

电子订单买方融资主要流程如图 9.14 所示。

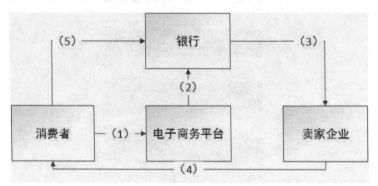

图 9.14　B2B 电商网络订单卖方融资流程图

运作流程包括以下步骤。
(1) 消费者通过赊销的方式在平台下单，形成电子订单。
(2) 电商平台对订单进行审核、确认，完成后移交银行。
(3) 银行确认订单后，替消费者向卖家企业付款。
(4) 卖家企业收到货款后，发货给消费者。
(5) 消费者在约定时间内还本付息。

2. 网络仓单融资

传统的仓单融资可以细分为保兑仓融资和融通仓融资两种模式。保兑仓融资是指在作为产业链核心大企业的生产商承诺回购的前提下，由融资企业向银行申请，以卖方在银行指定仓库的既定仓单为质押，获得银行贷款额度，并以由银行控制其提货权为条件的融资服务；融通仓融资是以第三方物流企业存储的供应链上相关企业的资产为抵押，与银行合作开展的一种金融服务，为供应链上的相关企业提供融资服务。B2C 电商可以根据是否拥有自有工厂和仓储将两种模式灵活地加以运用。

一类 B2C 网站仅是一个网上商城，没有自己的工厂，如京东商城和当当网，此时便可选择保兑仓融资。在生产商承诺回购过时的电器和图书等商品的前提下，这类电商可以以既定仓库的仓单为质押，由银行控制提货权，获得银行授信额度，贷款资金随电子仓单的变动而变动。

另一类 B2C 网站拥有自己的工厂，产销一体，如凡客诚品等一些专业性网站。因为不存在商品回购，保兑仓便失去效用，此时可以采用融通仓融资模式。借助于第三方物流企业，以供应链中的相关资产作为抵押，即存放于物流企业内的存货，部分 B2C 电商在大城市拥有自己的配送中心，实际上就是自有物流，以这部分流动资产做抵押，向银行申请贷款，根据不同的市场前景确定贷款比例。

B2C 电商网络仓单融资流程如图 9.15 所示。

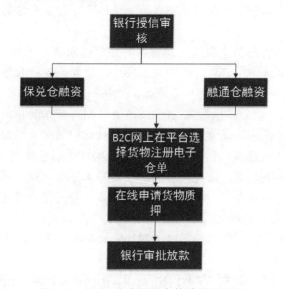

图 9.15　B2C 电商网络仓单融资流程图

3. 电商担保融资

传统的代理监督融资是金融机构委托大型生产或销售企业，利用外包担保方式，对其配套的物流企业进行金融监管，再由金融机构提供融资、结算等多项业务为一体的综合服务业务。电商担保融资类似于代理监管融资，利用大型企业自有的 B2C 平台的优势，或者借助于上市的 B2C 网站的信誉，进行外包担保融资。例如，苏宁易购和国美在线背后有巨大的实体商城做支撑，苏宁电器本身就可以作为担保人；当当网和麦考林一类的上市 B2C 优秀企业可以依托第三方担保；聚美优品等一类专业性的 B2C 购物网站可以寻求上游大型生产企业作为担保。利用外包担保的方式也降低了银行的风险。

B2C 电商担保融资流程如图 9.16 所示。

银行授信审核 → 第三方企业或专业机构担保 → 银行审批放款

图 9.16　B2C 电商担保融资流程图

B2C 电商因缺乏长期固定资产而造成抵押物不足，以致很难得到金融服务的支持，仅靠自有资金维持，严重制约了自身的发展速度，电商担保融资打破了传统抵押融资代理模式，为其解决资金难题提供了新思路，电商担保融资正是传统代理监管融资的延伸。

案例 9.2：京东商城的供应链金融服务

2012 年底，京东商城宣布获得各家银行总计 50 亿的授信额度，推出其供应链金融服务，主要包括提供融资和投资服务。融资包括：订单融资、入库单融资、应收账款融资、委托贷款融资；投资包括：协同投资信托计划、资产包转移计划。迄今，京东已撮合了近百万笔业务，最大一笔放款金额近 1 亿，由一个 IT 产品大型供应商获得。

借用京东财务部结算中心总监刘长宏在接受媒体采访时曾介绍的北京宝瑞恒信商贸有限公司为例，来说明其实际效果。

该商贸公司是京东的一个中型供应商，主要经营快消品，月供货额 100 万元，利润 10%。如果其每月送货 4 次，30 天账期加上入库、结算等各种程序工作，大约 45 天拿到货款(除此之外，还要有 2 周安全库存准备，这样一来，理论上资金占用为 200 万元，一年的利润 120 万元，资金回报率是 60%。而通过利用京东的信用做担保，从银行获得授信，这家公司完成对京东的送货后，即可与京东对账，核对无误后，京东给银行指令，银行将货款金额提前给供应商结清。待账期规定结款日，京东将货款(本金)还给银行，而它需要支付银行 7% 的年利率。通过使用供应链金融业务后，该公司首周 25 万送货可得到货款继续订货送货，再准备 1 周安全库存，50 万元即可完成京东的销售，年利润扣除贴息后 113 万元，资金回报率达 226%。

对于不同规模的供应商，供货额不同，银行贷款利率不同，其结果会存在差异。

@ 9.4　基于第三方支付的互联网供应链金融模式

1. 模式的系统结构

根据目前相关供应链的理论研究可知，一个完善的供应链系统，其主体应该包括供应链上下游企业、银行等金融机构、第三方物流企业、核心企业等。在基于第三方支付的供应链金融服务创新模式中，第三方支付平台处于系统的中心，充当保理商或保理中介的角色，协调银行与供应链其他主体之间的信贷需求。在该供应链金融模式下，供应链系统中各个主体间的关系如图 9.17 所示。

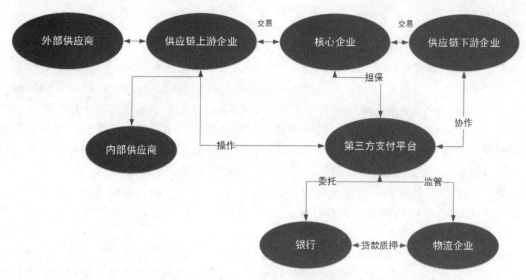

图 9.17 基于第三方支付的供应链金融模式中各主体及其相关关系

1) 第三方支付与银行

在该模式中,一方面,银行可以通过第三方支付平台获取大量准确、可靠的交易数据,以对融资企业进行综合评估;另一方面,第三方支付通过与银行签约合作,拓展了与物流等其他行业间的业务。

2) 第三方支付与供应链上下游

在传统的供应链金融模式中,上下游企业间的资金交易相对滞后,应收账款的回收周期较长,资金流动性差,易造成资金缺口。第三方支付为这类问题提供了解决方法。在供应链中引入第三方支付平台后,供应链上下游可通过该平台实现资金的即时划拨,加快资金回笼,从而解决了传统供应链模式中交易电子化不足的问题。

3) 第三方支付与核心企业

核心企业在供应链融资运作过程中起着关键作用,它与供应链上下游企业存在长期的合作关系。目前许多银行在进行信贷评估时,也会将融资企业与核心企业的交易背景和联系紧密度作为一项参考。因此,当第三方支付对融资企业进行评价时,可以与核心企业进行合作,向其索取更多可靠的交易信息或是与第三方支付共同为融资企业提供信用担保。而核心企业则可通过应用第三方支付平台,加强与供应链成员间的资金运作,从而提高整个供应链资金的流通效率。

4) 第三方支付与物流企业在供应链

金融的各种业务模式中,物流企业一直发挥着其在运输仓储、质物监管等方面的特长。但是目前我国物流企业整体素质还不够高,在品牌意识、产业化水平等方面还有待提高。因此在进行资金融通的过程中应注意对物流企业的风险控制和管理问题。在基于第三方支付的模式中,由银行指定第三方物流企业承担相应的物流管理工作,由第三方支付企业通过物流企业在支付平台上建立的特殊账户来实施质押物的评估、出入库、货款结算等环节的监控，防止第三方物流企业与融资企业串谋进行违法骗贷行为。

2. 运作模式

基于第三方支付的供应链金融是在电子支付技术和电子交易市场日趋成熟的基础上，提出的一种集新型支付技术和融资服务于一体的供应链金融创新模式。该模式主要以第三方支付平台为核心，以融资企业支付服务的数据流分析为基础，协调金融机构与供应链上下游间的融资需求，从而实现数据和资金高效地流转，该模式运作流程如图9.18所示。

首先，由融资公司向银行提出融资申请，并提供有效的申请材料，银行受理申请后全面授权第三方支付平台，对融资企业的整体经营状况、其在整个供应链中的地位以及质押物进行详细的评估与分析，以帮助银行决定是否可以满足其资金需求。

第三方支付平台可利用自身掌握的交易数据进行评估分析。若融资企业在平台上的交易背景不长，不足以依据其信息作出合理准确的评估，第三方支付可与核心企业进行协作，向核心企业索取更多可靠的数据。

然后，第三方支付平台将评估分析结果反馈给银行，由银行作出最后决定。若融资公司的经营状况及其质押物评估良好，第三方支付平台还可联合核心企业为其向银行进行风险担保。由于第三方支付平台掌握着融资企业的真实背景资料和交易数据，由其做担保将提高银行支持的机会，加大融资公司获得资金的可能。

最后，银行根据情况提供资金，并委托第三方物流对质押物进行监管等工作，直到贷款还清。通过该融资模式，不仅可以帮助企业解决融资难的传统问题，还能极大地提高整个供应链的电子化交易水平，促进资金流的高效运转。

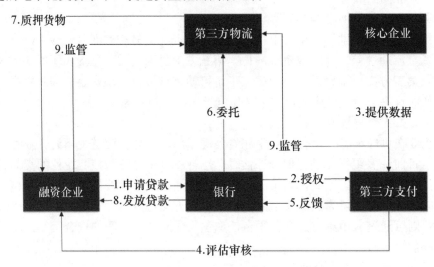

图9.18　基于第三方支付的融资模式基本运作流程

3. 风险管理

1) 法律风险

在传统供应链金融业务模式中，法律问题主要是围绕如何保障银行等信贷人的合法权益，这一直是制约银行等机构开展供应链金融业务的重要"瓶颈"。然而当第三方支付参与到供应链金融业务形成新的服务模式后,法律风险更多地偏向于对第三方支付平台的监管。我国现行法律中对第三方支付平台的监管还没有专门的立法。尽管央行先后颁布了《非金融机构支付服务管理办法》《非金融机构支付服务管理办法实施细则》,并于 2011 年 5 月 26 日向 27 家企业正式发放了首批国内"支付业务许可证",但使用的仍是中国人民银行关于支付机构的管理办法,法律位阶层次还有待提高。第三方支付是电子商务衍生的一类特殊行业,可提供各类金融增值服务,涉及大量资金往来,如果没有专门的部门对其进行监管,将会给信贷人或资金所有人带来潜在的风险,导致违法行为的发生,从而影响金融业的稳定。

2) 技术与操作风险

技术风险主要来自硬件设施和软件两个方面,包括银行的业务处理系统,第三方支付平台,企业的信息管理系统的安全性、稳定性与可靠性。其中,硬件设施方面的风险是指由于电脑设备、通信设施、服务器等处理设备出现临时故障,或是其处理能力暂时无法满足交易需要而造成的经济损失。软件方面的风险主要是指外部非法黑客利用软件系统的漏洞进行攻击,造成资金所有者经济损失或个人信息泄露。第三方支付平台上储存有大量重要的企业信息,如组织机构代码、对公账号等,一旦被非法黑客盗用或恶性攻击,将造成严重的损失。

操作风险主要来自因平台监控不当、工作人员违规或是不当操作所造成的直接或间接的损失。由于整个交易过程中所涉及的操作环节较多,有些还相对复杂,因此所面临的风险也相对复杂。

3) 金融风险

金融风险主要包括洗钱风险、套现风险、流动性风险。面对金融电子化的大趋势,第三方支付平台虽然使得电子交易变得简便快捷,但同时也成了一些不法分子违法获取资金的温床。一些网络不法分子利用第三方支付工具进行洗钱或是制造虚拟交易来实现非法转移资金及套现。流动性风险是指由于经济上未能合理地规划或突发意外状况而暂时无法偿还债务而招致损失的风险。

4) 信用风险

信用风险也称为违约风险,是指交易参与者在合约到期时无法或未能按照合同约定履行应尽的义务而造成损失的风险。交易参与者可包括银行、第三方支付企业、融资公司、第三方物流企业、核心企业,在此主要分析第三方支付失信所带来的风险。第三方支付能够完成交易的前提条件是交易参与方对第三方的信任,由于第三方支付服务商掌握了大量企业的基本信息和交易数据,若其管理不当或是经营不善,甚至违规操作,将这些信息或数据泄露或进行倒卖、挪作他用等,则会给整个供应链融资的参与方造成严重的伤害。因此,需要银行和相关政府部门的参与和监管。

案例 9.3:快钱的发展历程

随着互联网金融的日趋火爆,第三方支付与电商、P2P 网络借贷、众筹等细分领域之间的关系更加紧密。事实上,第三方支付本身就是互联网金融的最早表现形式之一,在经济技术发展的大浪潮下,第三方支付已经不仅局限于最初的互联网支付,而是成为线上线下全面覆盖、应用场景更加丰富的综合支付工具，第三方支付已经成为整个网络经济中增长速度最快的行业之一。

2003年，出于为淘宝提供支付服务的目的，支付宝成立，并在全球首创担保交易模式。2005年，快钱正式上线，率先提出第三方支付概念，开放独立的支付模式。自2005年以后，中国第三方支付市场规模就保持着高速增长的态势，而政府对第三方支付机构准入门槛的降低更增强了相关企业的信心，在一定程度上促进了行业规模的持续扩大。目前，第三方支付行业仍然炙手可热，据艾瑞咨询统计，2013年中国第三方支付交易规模为17.2万亿元人民币，同比增长38.7%。核心企业交易规模市场份额相对保持稳定，支付宝以48.7%的占比独占鳌头，财付通占19.4%，银联在线占11.2%，快钱占6.7%，汇付天下占5.8%，易宝支付占3.4%，环迅支付占2.9%，其他占1.9%。

从中国第三方支付的演化历史和上述统计数据中可以看出，除了背靠大山的支付宝和财付通外，快钱的市场份额同样引人注目。2011年5月26日，快钱获得了央行颁发的《支付业务许可证》，所获批的业务包括货币汇兑、互联网支付、移动电话支付、固定电话支付、预付卡受理、银行卡收单，是获批业务类型最多的第三方支付企业之一。从快钱的思路和实际操作来看，快钱以第三方独立的运营模式开辟网上支付市场独辟蹊径，这使得快钱在短短几年时间里便获得了包括金融机构、政府以及商业伙伴的多项支持。

2009年开始，快钱开始探索供应链融资，2011年快钱正式将公司定位为"支付+金融"的业务扩展模式，全面推广供应链金融服务。目前，快钱支付拥有310多万家商业合作伙伴，交易量突破1万亿元，其业务增速已连续多年超过100%，并在为企业提供综合解决方案方面赢得了一定的口碑。

作为独立的第三方支付企业，快钱一直在寻找与支付宝的差异化路线，探索支付与各种场景的叠加，以期充分利用信息技术方面的优势帮助商户降低金融服务门槛，提高金融服务效率。与非独立第三方支付平台支付宝有所不同，快钱是一个完全中立的支付平台，本身并不售卖商品，因此并不会与电商平台上的合作商户发生利益冲突。

目前来看，快钱的大部分业务来自企业客户应用。航空、保险、教育、物流、金融软件等十几个行业是快钱最主要的应用领域。电子商务企业在接入快钱支付网关后，可以分享快钱庞大的注册用户群，同时，快钱提供的营销工具和方案以及多种支付方式可为商户带来更多的潜在消费者和交易量。

以航空业为例，不同的代理商和不同的航空公司之间签有复杂的佣金协议，结算起来非常复杂。而第三方独立支付平台快钱的出现，就可以让不同渠道的支付问题都通过这个平台解决，提高了航空公司和代理商的资金周转效率。除此之外，快钱还承担了更多的角色和功能，例如，帮助代理商垫付全部机票款给航空公司，在双方约定的账单期结束后，由代理商将款项结算给快钱。在这一过程中，快钱通过银行授信的方式解决了账期问题，从而帮助代理商缓解了资金流可能出现的危机。

由于提供了和支付宝完全不同的服务和支付方式，快钱向客户收取一定的佣金费用，在盈利模式上与支付宝的"完全免费"有所区别。快钱在这方面的主要盈利计算方式是，收进来的客户交易款提成减去银行交易费用，目前快钱向企业用户收取的交易费用通常为千分之几。

从业务整体来看，快钱的盈利模式主要有交易手续费、行业解决方案和沉淀资金利息三个收入来源。同时，账户的支付信息和交易信息是支付平台提供增值服务的基础，而增值服务可以成为未来的新兴盈利点。

由于没有支付宝占据绝大多数网购客户的天然优势，快钱决定不只将自身定义为网络支付公司，而是一家"信息化金融服务提供商"。在挖掘了企业大量的线下支付需求后，快钱整合了线上线下支付方式，为企业提供综合解决方案。

目前，快钱提供的综合解决方案涵盖了商旅、零售连锁、教育、电子商务、保险、娱乐、IDC 等行业，从而有效地帮助企业解决资金调拨，多样化的收款需求，订单成功率，以及财务效率等问题。

以零售连锁行业为例，快钱提供门店刷卡支付、官网支付、资金及财务管理等全面的电子支付解决方案，帮助零售连锁企业快速开拓销售渠道，提高资金管理效率，节省经营成本，提升企业在市场上的竞争力。

对于某些零售企业而言，门店分布广泛且数量庞大会产生一系列的负面问题，例如，银行开户手续烦琐，不仅在资金调拨方面棘手，且资金回笼过程烦琐漫长，难以进行整体收支的监控。快钱的一站式连锁企业电子支付解决方案、大额支付产品以及 POS 机支付可以解决企业的资金管理难题，同时，快钱提供的财务管理后台、无缝集成收单和管理系统，能够让企业实现信息流与资金流的完整匹配，从而提高财务效率。

值得注意的是，快钱的理念是提供跨行业的通用解决方案，可以运用到连锁经营业态的各细分领域，如服装、教育、医疗、酒店、美容等。通过行业解决方案的设定，第三方支付公司可以获得稳定的收入，这也是第三方支付行业切入互联网金融的最重要的收益来源。

@ 9.5 基于 P2P 平台的互联网供应链金融模式

随着互联网金融的普及，互联网渠道扁平化，数据分析便利性等优势日益突出，基于 P2P 平台的互联网供应链金融已经成为发展趋势。P2P 平台提供多种融资模式，简化了审批流程，使贷款方式更加灵活。P2P 平台通过大数据技术、风险控制体系对商流、资金流、信息流的真实数据进行分析，解决信息不对称性带来的道德风险。

1. 预付账款融资模式

如图 9.9 所示为基于 P2P 平台的预付账款模式。

中小企业在购进核心企业的货物时，核心企业凭借其核心重要地位要求中小企业预付部分货款后才发放货物。在预付账款融资模式中，引入第三方物流企业，为 P2P 平台及时收回贷款提供保障。

在下游中小企业与核心企业签订采购合同后，P2P 平台对于核心企业的信誉等级、贸易往来情况进行调查核实。在中小企业比例还付贷款之后，由 P2P 平台通知第三方物流企业进行比例交付货物。

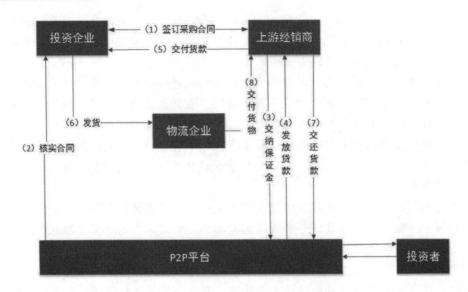

图 9.19　基于 P2P 平台的预付账款模式

在此模式中，引入第三方物流企业为 P2P 平台提供最新的物流信息以及货物动向，不仅为中小企业注入及时的现金流，还保障了 P2P 平台的资金安全。P2P 平台在选择合作物流企业时也应当注意物流企业的发展规模与信誉情况，避免物流企业伙同融资企业骗取资金的行为。

2. 订单融资模式

如图 9.20 所示为基于 P2P 平台的订单融资模式。

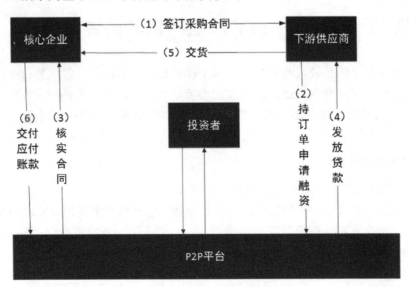

图 9.20　基于 P2P 平台的订单融资模式

中小企业作为核心企业的原材料供应商时，一般需要先向下游核心企业交付原材料，之后才能收回应收账款。在中小企业接受订单之后需要购进材料进行生产加工，此时可以采取订单融资模式。即上游供应商持与核心企业的订单向 P2P 平台申请融资，在核心企业同意回购的前提下，P2P 平台向中小企业发放贷款。

在订单融资模式中，在 P2P 平台核实合同的真实有效性后向上游中小供应商发放贷款，供应商得到相应的现金流去购买原材料以保证生产加工的正常运作，在还款时，改变了由下游企业接受货款之后再转给债权人的模式，由核心企业直接将货款转入 P2P 平台。

3. 融通仓融资模式

如图 9.21 所示为基于 P2P 平台的融通仓融资模式。

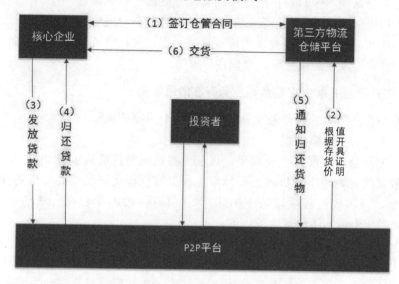

图 9.21　基于 P2P 平台的融通仓融资模式

融通仓融资模式以存货为质押物为中小企业提供贸易融资。在传统的银行存贷业务中，银行更倾向于以不动产作为抵押或者质押物为企业提供贷款资金。中小企业在支付货款和卖出存货期间，无现金流流入却需要资金时可以采用融通仓融资模式。

P2P 平台需与第三方仓储物流平台合作，由仓储物流平台为 P2P 平台进行存货的储藏与存货价值的估算。在中小企业向仓储物流平台申请后由其进行存货价值的估算，P2P 平台根据第三方仓储物流平台的估算结果对中小企业发放贷款。在此种模式下，将中小企业一段时间内几近固定的动产转化为现金流，为中小企业融资开辟新渠道。

4. 基于 P2P 平台开展供应链金融业务的意义

基于 P2P 平台开展供应链金融业务具有以下几个方面的意义
(1) 有效地整合互联网金融资源。

P2P 平台以其独特的资源对接模式为主要优势，资金的供给者与需求者通过 P2P 平台进行线上对接，提高效率。P2P 平台对供应链中的核心企业进行调查信用评级，对中小企业的实体经济的经营状况进行分析，采用先进的大数据、云计算等互联网技术进行资源匹配，有效地利用互联网金融资源，提高了资源的利用效率。

(2) 提高中小企业运行效率，降低资金成本。

我国商业银行已经开展了供应链金融融资业务，但是审批程序繁杂依旧是不可回避的问题。P2P 平台涉足供应链融资领域不仅可以简化审批手续，还可以将部分审核从线下操作转移为线上审批，在资金供需方自动对接后，资金及时到账，提高企业的运行效率。同时在此模式下，中小企业的还款周期得以缩短，减少了部分利息支出，为企业降低了资金成本，减轻了企业负担。

(3) 运作透明，风险可控。

如何降低可控风险，减少坏账、呆账是金融机构发展业务的重点。P2P 供应链发展模式中引入第三方仓储物流平台对供应链中的物流、商流、信息流进行控制，使得在实体经济中的运作流程更加透明，避免投资者的损失扩大化。在对供应链整体授信时，P2P 平台可以基于核心企业的竞争力、信誉水平进行评级，通过分析核心企业与中小融资企业的贸易往来情况，对可控风险加以把握，合理进行授信。

5. 基于 P2P 平台开展供应链金融业务存在的风险

基于 P2P 平台开展供应链金融业务存在以下几个方面的风险。

(1) P2P 平台自身风险加剧。

P2P 是互联网金融发展的重要成果，可是一些民间借贷机构披着 P2P 的合法外衣进行吸收存款放贷的行为，小额贷款公司标准化程度与规模化程度不高却成为 P2P 平台的重要合作对象，风险控制程度较低。因此，如何使得 P2P 平台在合法的前提下进行稳定、理性的金融投资成为亟待解决的问题。

(2) 安全授信无法保障。

银行等大型金融机构已经建立了全国征信系统，可以对于中小企业的信用等级、还贷情况进行基本的掌握，从而选择是否发放贷款。而 P2P 等网络借贷平台缺乏完善的征信平台，风险控制系统依旧不成熟，可能会借款给信誉情况较差的中小企业。同时 P2P 平台对于实体贸易的背景审核存在缺陷，无法保障安全授信，可能给平台自身和投资者带来不良后果。

案例 9.4：中瑞财富——大宗商品供应链金融 P2P 平台

随着互联网金融的蓬勃发展，以往以商业银行为供给主体的供应链金融融资也出现了新的变化，以 P2P 平台、电商为代表的互联网供应链金融融资服务正在占据供应链金融融资的半壁江山。

作为国内首家大宗商品供应链金融 P2P 平台，依托背后产业集团——中瑞控股的雄厚背景，中瑞财富自诞生之初就定位于为大宗商品行业的优质企业提供供应链融资服务。经过 6 个月的辛勤耕耘，2014 年 11 月 14 日，中瑞财富累计成交额突破 2 亿元，逐步形成多种期限、不同收益率的多产品矩阵。

中瑞财富 CEO 张巍薇介绍说："截至目前，中瑞财富平台上已经上线'煤炭供应链'和'建筑建材供应链'两大系列项目。依托集团在大宗商品领域多年的实业经验，中瑞财富在发掘核心企业、掌握供应链信息等方面独具优势。"

上述两大系列项目都是基于供应链核心企业的信用，为核心企业的上游供应商提供融资服务。与个人消费信贷借款以及企业经营性借款不同，供应链金融融资具有真实性、自偿性及资金封闭运行等特点。对于投资者来说，选择供应链金融 P2P 产品时，应关注核心企业的实力、供应链的稳定性以及信息是否真实透明等问题。

中瑞财富上线的供应链系列产品，具有核心企业实力雄厚、还款能力强、信息真实透明等特点。

首先，供应链系列产品的核心企业都是大型国企或上市公司全资子公司，作为第一还款来源，这些核心企业实力雄厚，是产品安全的重要保障。

其次，为了保证交易真实有效，核心企业会对相关债权进行盖章确认，还有专业律师、会计师对相关合同及资料进行审核，所有信息真实透明，安全系数高。

目前，中瑞财富已经上线多个基于供应链核心企业的融资项目，到期项目无一例逾期。未来，中瑞财富将在产品品类上不断拓展，为投资者提供更多的选择。中瑞财富还通过降低投资门槛、上线多种回馈活动等方式，更多地让利于投资者。

为了让更多投资者能够享受到安全、稳健的理财服务，中瑞财富于 2014 年 11 月初宣布将"新手项目"的投资起点由 5000 元降至 1000 元。除此之外，平台还上线了"超级壕友""摇钱树"等活动。中瑞财富自诞生之初，一直秉承着投资人利益最大化的原则进行运营。经过 6 个月的发展，中瑞财富平台已经研发了涵盖 1 个月以下、1~3 个月、3 个月以上不同期限的产品矩阵，并根据产品期限的不同，为投资人提供收益 9%~15%不等的产品。

本章总结

- 互联网金融将核心企业、上下游企业、仓储物流服务商、政府机构和金融机构等的供应链信息进行整合，实现了商流、物流、资金流和信息流的智能汇集打通，颠覆了传统的供应链金融模式，使实体经济与金融得到有效的结合。
- 面对银行与中小企业的信息不对称性、银行对中小企业的信用水平的辨识度较差以及操作流程复杂、放款时间较长等问题，基于第三方 B2B 平台的线上供应链融资发展起来。拥有海量数据的电子商务平台向综合信息服务平台转变，运用数据挖掘技术等，形成电子商务信用评价，作为银行金融信用评价的辅助，提高了融资中小企业信用的辨识程度，有利于银行控制贷款风险水平。
- 传统的供应链金融的主要业务是应收账款融资、保兑仓融资、融通仓融资和代理担保融资模式，结合 B2C 电子商务交易的特点，以及不同 B2C 电商的运营模式，可以把供应链融资在 B2C 领域拓展为网络订单融资、网络仓单融资和电商担保融资。
- 随着互联网金融的普及，互联网渠道扁平化、数据分析便利性等优势日益突出，基于 P2P 平台的互联网供应链金融已经成为发展趋势。P2P 平台提供多种融资模式，简化了审批流程，使贷款方式更加灵活。P2P 平台通过大数据技术、风险控制体系对商流、资金流、信息流的真实数据进行分析，从而可以解决信息不对称性带来的道德风险。

本章作业

1. 互联网供应链金融的定义与特点。
2. 简述互联网金融与传统供应链金融的联系与区别。
3. 简述基于B2B模式互联网供应链金融的主要模式定义。
4. 简述基于B2B平台的电子订单供应链金融模式流程。
5. 简述基于B2B平台的仓单供应链金融的模式流程。
6. 简述基于B2B平台的预付账款供应链金融模式。
7. 分别说明基于B2C模式的互联网供应链金融的模式。
8. 画出B2B电商网络订单融资流程图。
9. 简要说明基于第三方支付的供应链金融的各主体之间的关系。
10. 简要说明基于第三方支付的供应链金融的风险问题。

第 10 章

供应链金融风险管理

本章目标

- 掌握国外供应链金融的发展路径以及对我国的启示
- 掌握供应链金融的风险来源
- 掌握供应链金融的风险管理

本章简介

本章一方面介绍了国外供应链金融的发展经验以及带给我国的启示,另一方面介绍了供应链金融的风险以及相对应的风险管理。

10.1 国外供应链金融的发展经验及启示

10.1.1 日本供应链金融模式

1. 日本供应链金融的发展路径

日本的企业间结算经历了漫长的发展过程，而以此为基础发展起来的供应链金融可以概括为以下几个阶段。

第一阶段是商业票据作为企业间结算手段得以普及。随之，支付票据成为买方企业筹措周转资金的手段；票据贴现成为卖方企业广泛使用的融资手段。在日本，商业票据不仅用于结算，也是中小企业筹措周转资金的有效手段，其机制设计更是体现了日本供应链金融的独特性。20 世纪 70 年代中期，商业票据在日本供应链金融的占比达到了顶峰后呈递减趋势，相反应收债权的占比日益高涨。

第二阶段是从票据交易转向一揽子保理。在逐渐认识到票据遗失风险及事务成本等问题后，伴随着金融信息技术的发展，日本企业间结算中银行汇款转账等电子结算方式的使用超过了票据。由此，日本供应链金融的发展也从票据交易转向了应付账款和应收账款，帮助买方企业筹资。

第三阶段是完善有关供应链金融的基础设施建设，新机制的推进需要完善法律法规，于是日本制定实施了《与动产及债权转让的对抗条件相关的民法特例》和《电子记录债权法》，并建立了登记备案制。据此，日本设立了以主要银行为首的电子记录债券机构来提供供应链金融服务，同时，日本银行业协会等通过提供平台和服务完善了相关基础设施建设。

近年来受电子化潮流的影响，日本的供应链金融从纸质票据逐渐向对电子记录应收债权、库存和应收账款进行统一管理的动产担保融资方式转变。

2. 日本供应链金融对我国的启示

日本的发展路径和较为完善的基础设施建设，对我国完善供应链金融整体生态环境、进一步推动供应链金融的发展具有如下的借鉴意义。

(1) 推进到期支付的商业惯例。

结算的不确定性是阻碍我国供应链金融发展的首要问题。因此，首先需要推进我国票据和应收账款债券到期支付的商业惯例。具体来说，可尝试将电子票据平台作为基础设施，激励企业在该平台中筹措资金，借此促进严守付款期限的习惯。针对付款延迟的情况，可尝试在现行的票据法之下，在特定地区的电子票据平台中引入处罚规则和自动兑付机制，并针对处于优势地位的买方规定相关义务和禁止行为，从而提高票据变现的可预测性。同时，地方政府和国有企业可尝试规定在交易初始就签订包含付款条件的合同，针对合同的执行及付款期限的实施制定目标值，并依法强制遵守。另外，可尝试建立针对票据诉讼的迅速裁决制度，以保证供应链金融体系的顺畅运行。

(2) 健全企业信用信息。

目前我国征信体系尚缺乏有关企业结算动向的信息,且公开信息的可靠性和网罗性也容易受到质疑。为完善企业信用信息,提高供应链上企业间交易的商业信用,可尝试从培育具备一定规模和品牌的优质民营征信机构和进一步完善征信数据两方面着手。对机构及用户双方来说,确保一定的规模就可以进行数据有效性的测试以及彻底执行敏感信息的处理,保证信息输出的客观合规性。最终,促使企业主动提供财务报表和业务模式等非公开信息。在完善征信数据方面,央行可考虑增加对票据结算信息及担保人债务信息等的收集,而民营机构可利用信用担保机构或电子票据平台中积累的结算信息。另外,央行可适时地放开管制,允许其认可的民营征信机构链接央行信用信息中心,并制定这些机构向第三方提供信息的规则。

(3) 提高流动资产的法律有效性。

目前我国以应收账款进行质押融资以及应收账款的保理业务仍存在问题,应考虑通过完善立法,明确应收账款债权转让的第三者对抗条件以及应收账款债权质押的债务者对抗条件,并梳理与其他法令及机制的关系。另外,虽然我国物权法对动产抵押作了相关规定,实施了动产抵押登记制度,工商局的网上公开制度也在不断推进,但我国的物权法包含分别抵押和浮动抵押的二元结构,且一般而言,浮动抵押权处于劣势,对库存抵押权的实施造成影响。因此,推动库存在供应链中作为抵押品的有效性,首先就需要消除这种法律上的优劣差异,或通过制度改革承认库存在进行了一定公示后的优势地位。总之,与应收账款债权一样,库存也需要确保合理的公示制度及运行管理体制。

(4) 完善证券化及流动化机制。

与供应链有关的证券化及流动化将面向多个买方的债权汇集到一个组合,然后销售给投资者,为了不和其他债权债务混杂一体,需要设置特别目的公司,并将目的公司作为交易主体。然而,这种组合存在诸多风险,包括销售对象不履行债务的坏账风险、销售对象结算应收账款的风险以及对特别目的公司的债权销售——转让中由于法律不完善产生的对抗条件的风险等。为了使证券化及流动化市场发挥作用,首先就需要将应收账款结算的风险最小化,并在此基础上计算销售对象的坏账风险,最终用于证券化评级。为此,可利用电子票据平台积累的数据进行信用风险等的评估。另外,应收账款债权即使转让给了投资者,也有必要代替投资者回收债权,尤其是附带高风险部分所引发的不良债权的管理—回收—销售等业务。因此,可考虑允许包括非银机构在内的金融机构工作人员从事债权回收业务,并制定必要的规则。

10.1.2 美国供应链金融模式

1. 美国供应链金融发展路径

美国供应链金融产生于 19 世纪末,时值美国工业全面超越英国、德国成为世界第一工业强国之时。从模式上讲,美国供应链金融经历了以下三个阶段。

第一阶段:以银行为主导的金融机构向产业的渗透。这一时期,金融监管相对宽松,以银行为代表的金融企业开始向传统产业进行渗透。产业链中企业融资则更加依赖于已经渗透进来的商业银行。从本质上讲，这仍是发展不完全的供应链金融模式，商业银行对于产业链上下游把控力的优势并没有真正建立起来。

第二阶段：核心企业登上供应链金融的核心舞台。美国金融监管趋紧后，金融机构向产业的渗透开始受到限制，供应链金融模式面临变革，真正意义上的供应链金融模式随着核心企业实力的上升而最终确立，核心企业成为供应链金融的核心。这种模式下，核心企业具备了信用优势和业务信息优势，纷纷成立金融部门帮助中小企业解决融资难问题，例如，UPS 成立 UPS Capital、GE 成立 GE Capital，产融结合切入供应链金融。

第三阶段：核心企业模式遇到天花板。进入 21 世纪后，美国供应链金融模式发展日趋稳定，甚至出现负增长。供应链金融仅服务于主业的定位成为其发展的最大限制因素，同时出于资金来源和风险的考虑，核心企业也在逐渐收缩和自身主业不相关的金融业务。

2. UPS：物流企业开展供应链金融的典范

UPS 整体的收入包括两部分：①作为物流企业收取的服务费；②货物交付后，大型购买方支付的垫付金及期间利息费用。

UPS 于 1998 年成立 UPS Capital (UPSC)，为了突破资金瓶颈，2001 年收购美国第一国际银行，并将金融服务对象定位为中小企业，为客户提供存货质押、应收账款质押等供应链金融服务，之后逐步将业务拓展至信用保险、中小企业贷款、货物保险等其他衍生金融服务。通过金融服务获取货运权，供应链金融与传统主业深度结合。从 2001 年 UPSC 获得美国本土金融牌照进入供应链金融以来，金融相关业务收入占比就不断增加，从 2001 年的 6.8%增加到 2007 年的 16.9%，之后基本维持在 17%左右的水平。UPS 与沃尔玛等大型进货商和众多供应商签订了多方合作协议，为后两者提供物流服务。在交易结构上，UPSC 代替购买方为供应方提供垫资服务，并以此获得商品的货运权。UPSC 作为 UPS 的信用部门，保证在货物交到 UPS 物流机构两周内将贷款先行支付给出口商，解决中小供应商的流动性压力，如替沃尔玛与东南亚地区数以万计的出口商进行支付结算。

UPSC 的供应链金融服务使得沃尔玛避免了和大量出口商逐个结算的交易成本，帮助供应商缩短了账期。同时扩大了 UPS 市场份额，在物流服务和金融服务上同时获益。

3. GE：产业核心企业——供应链金融的标杆

GE Capital 是 GE 旗下专门从事金融服务的部门，经过不断的调整整合，把散布在其他业务板块中的金融业务基本聚集到一个单独的金融资本板块，采用以大型设备融资租赁为基础的供应链金融模式。整合完成后，GE Capital 旗下共包括五大业务模块：GE MONEY、商业贷款与租赁、能源金融服务、商务航空服务、房地产。

飞机融资租赁业务是 GEC 供应链金融崛起的关键因素，飞机单价高、使用期限长，天然适合做融资租赁，GEC 通过融资租赁服务促进厂商飞机设备的销售。GEC 与航空公司签署融资租赁协议，由 GEC 直接向飞机制造商下订单、付款采购飞机。飞机交由航空公司后，航空公司按期支付本金以及相应利息给 GEC。

经过多年在供应链金融中的积累沉淀，GE Capital 已经由单纯服务产品销售的协作部门转变为专业的金融服务部门，并且在集团中具有重要的地位。GE Capital 收入占比一直在 30%上下，是 GE 重要的利润来源，根据 2014 年报，GE Capital 的利润占比达到了 37.8%。

从分项数据看 GE MONEY、商业贷款和租赁在 GE 金融中占比最重，二者合计占到 70%以上。GE MONEY 主要为消费者和零售商提供金融服务，而商业贷款和租赁主要是为生产商、经销商和终端客户等使用的大型设施、设备车辆和飞机等提供贷款和租赁等金融服务。

4. 对中国供应链金融的启示

通过对美国典型供应链金融企业的分析，可以得到两个比较明显的结论：①传统企业开展供应链金融业务的目的，均是为了更好地服务主业，其本身对于金融业务发展空间并无额外的诉求；②在经历了供应链金融的快速增长阶段后，其业务收入占总收入的比重会稳定在一个比例，行业不同对应的比例理应不同。

有观点认为，参照美国经验，国内供应链金融空间也将较为有限。笔者认为上述直接对比中漏掉了一些核心因素，供应链金融在国内的未来空间将远大于美国经验。首先，利率市场化和融资环境不同。20 世纪 70—80 年代，美国完成利率市场化，同时直接融资市场已经成为重要的支柱性融资渠道，多渠道、多层次资本市场的建立为融资企业提供了极大的便利。而国内中小企业融资业务仍是主流金融机构尚未完全覆盖的领域，较低的渗透率本身蕴藏着较大的业务机会，供应链金融恰逢其时。其次，对于供应链金融的业务定位不同。从 UPSC 和 GE Capital 的案例来看，美国供应链金融从开始即定位于主业的协同部门，用于增强主业实力，角色上相当于趋势的加强者。国内供应链金融则被定位于传统主业转型的突破口，和主业相得益彰，更重要的是，扮演了传统行业下行趋势下变革者的角色。再次，金融系统的发展格局大为不同。美国整个金融系统极为发达，整个金融格局虽然也经历了类似金融危机的洗礼，但整体上竞争主导的格局未变，金融各领域均已经确立了某几家大型的市场领导者。国内金融系统整体上仍未经历真正市场化大潮的洗礼，各路资本向金融领域渗透的步伐逐步加速，普惠金融真正取代垄断将成为新常态，在金融变革的大时代中，国内未来的机会更大。最后，互联网对经济的塑造力不同。美国是全球互联网的先导者，但互联网对经济的渗透甚至不如中国，在一个成熟的市场中，互联网的渗透面临更多现实的难度。国内市场经济的不完备为互联网解决各行业痛点提供了条件，经济的劣势转化为互联网的优势。互联网对于供应链金融起到巨大的促进作用。

10.1.3 国内外供应链金融对比

1. 供应链金融的定义与发展路径不同

根据研究角度和侧重点的不同，供应链金融的定义主要分为以下三类：①认为供应链金融是传统贸易融资的延伸发展。以单笔贸易为基础，从卖方为买方提供短期资金的贸易融资方式发展为由核心企业和第三方机构共同为该笔贸易提供综合融资的服务方式。②从企业的角度，认为供应链金融是企业供应链金融的分支或创新。基于企业间的供应链，并围绕该供应链中的一个核心企业，通过相关平台为该供应链中上下游各家企业提供全面、及时和灵活的融资为主的金融服务，从而实现物流、信息流和资金流的整合，提高生产和资金的使用效率。③从金融机构提供服务的角度定义。金融机构等第三方服务机构对整个

产业的供应链进行综合授信,为该供应链中上下游企业与核心企业之间的经济活动提供融资服务。

中外关于供应链金融的定义基本一致,但差别明显地体现在对用于支持供应链金融发展技术的重视程度。国外发展供应链金融时比较注重信息技术平台的建设,在实现信息可视化的基础上,提供更优质的服务。国内机构比较注重业务种类的发展,在技术平台方面投入不足。

国外的供应链金融发展起步比较早,主要是从企业开始的。最初企业的供应链管理是集中在生产和物流上的,后来出于降低营运成本的考虑,开始研究供应链管理中的财务问题,从而产生了财务供应链和贸易融资等,其中都涉及供应链金融的问题。随着业务进一步发展,供应链金融逐渐发展成为一个独立的领域,简单地说就是对供应链资金流的集成管理。

国内的供应链金融的发展是以金融机构尤其是商业银行为主导的。随着对外贸易的发展,商业银行也有贸易融资的业务,但真正整合为供应链金融是2006年深圳发展银行推出了涵盖内贸和外贸的全程供应链金融产品;之后各银行也开始推出整合供应链的相关业务,开始走上了专业化道路。

2. 供应链金融的参与主体对比

国内外供应链金融的参与方主要有核心企业、上下游企业、商业银行、第三方物流企业、供应链金融管理公司等,供应链金融的参与方主体有多元化的趋势。其中,核心企业是指供应链中资本实力雄厚、生产规模较大、信用良好的企业。在整个供应链中处于核心企业上游的供应商和下游的经销商在供应链中处于弱势的地位,是供应链融资服务的需求者。商业银行等金融机构主要是为供应链中的企业提供融资服务的机构,是供应链的资金提供者。第三方物流企业是供应链金融服务中的主要协调者和监督者,一方面为中小企业提供物流信用担保服务,另一方面为银行等金融机构提供资产管理服务,搭建银企间合作的桥梁。供应链金融业务也为第三方物流企业发展新的客户,并成为其新的利润增长点。

国内外参与主体最大的不同在于供应链金融管理公司。供应链金融管理公司是独立于商业银行,由供应链的核心企业、第三方物流、电子商务平台等重要利益攸关方主导,面向供应链金融产品和服务的专业化金融机构。它是供应链金融业务发展的产物,反过来,它的产生又促进了供应链金融的发展。国外的供应链金融管理公司数量多、规模大,运作模式已经相当成熟,管理风险能力较强。有些供应链金融管理公司是由物流公司发展起来或者物流公司成立的子公司,具有掌握供应链物流和信息流的优势。我国专业的供应链金融管理公司的建立虽然同步于商业银行的供应链金融业务,但总体上这些专业化的公司还处于萌芽阶段,数量少,规模小,业务和风险管理能力还不成熟,目前在融资服务中起主导作用的还是商业银行。但国内已经开始意识到供应链金融管理公司建立的必要性。

3. 供应链金融的主要服务内容对比

国外的供应链金融业务比较全面,涵盖了供应链的大部分流程,从企业存活融资、装运前、运输中一直衍生到装运后融资。其业务模式有应收账款融资、保理与反向保理、存货融资、商业承兑、汇票贴现、各种单证授信、动产抵押质押授信、信用证、结构性融资等。由于国外供应链金融发展的历史比较长,相应地具备了成熟的业务模式。一方面,其业务种类及金融工具的品种和数量比较多,可以适应不同规模和类型的企业不同的生产需求;另一方面,国外从一些基础业务模式发展出更高级的综合业务模式,为企业提供的服务更加全面和高效。例如,从应收账款融资发展起来的保理业务,是一种基于应收账款融资,保理商向企业提供资金融通、进口商资信评估、销售账户管理、信用风险担保、账款催收等综合金融服务的方式。

国内供应链金融主要有三种业务:应收账款融资、存货质押融资和预付款融资。国内比较多的是通过第三方物流引入为供应链成员提供的存货融资服务,而动产抵押和质押授信业务比重低。同时,因为核心企业与下游的利益更加紧密,所以国内供应链金融大多为下游供应商提供服务。

国内外供应链金融常见的业务模式有以下几种,但国内外服务内容存在明显差异。

(1) 应收账款融资国内外都有,业务内容相近,只是在业务流程方面略有不同。这种业务是上中游企业以核心企业的应收账款凭证作为质押物,基于核心企业的信用,向商业银行申请短期贷款,银行审核后为其提供融资的业务模式。其特点是客户准入门槛较低,手续简便,还款方式比较灵活。国内和美国应收账款融资业务的基本流程如图 10.1 和图 10.2 所示。

(2) 保理融资实际上是应收账款融资管理服务的高级发展模式,是卖方将其与买方订立的货物销售或者服务合同所产生的应收账款转让给保理商或商业银行,由保理商向其提供资金融通、进口商资信评估、销售账户管理、信用风险担保、账款催收等一系列综合金融服务方式。这种业务比较广泛地运用于国外的跨国贸易中,在国内也有使用。其特点是形式丰富,企业可以根据自身需求选择不同功能的业务组合,且期限更加灵活。

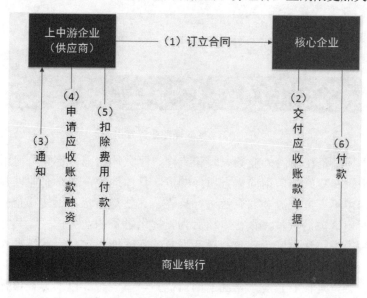

图 10.1 国内应收账款融资业务流程

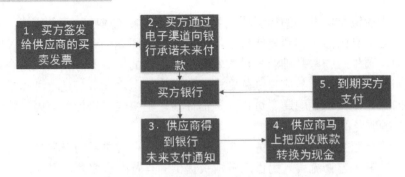

图 10.2 美国应收账款融资业务流程

反向保理是一种比较新的供应链融资业务或模式,国内还没有出现。反向保理实质上与传统保理业务类似,但是有两点区别:①保理商或者银行不是根据上下游企业的信用评级,而是根据供应链核心企业进行风险评估;①由于买方一般都是信誉好、实力强的大型公司,且买方参与到反向保理中,降低了保理商的风险,同时降低了供应商的融资成本。运用反向保理能够减少企业的平均运营资本。反向保理是一种在缺乏完整信用信息的国家比较适用的保理替代技术。具体流程如图 10.3 所示。

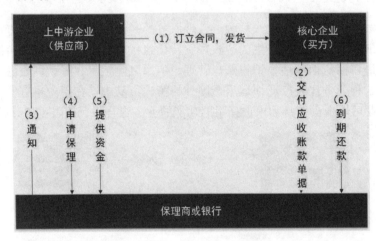

图 10.3 反向保理业务流程

(3) 存货质押融资在国内外业务内容和流程方面大体相同,都是公司用其有型存货、经证实的销售记录和良好的信用向借方质押融资。具体地说,中小企业以其存货、动产或者货物等质押,由第三方物流仓储企业进行验收、评估与监督,不转移企业对货物的所有权,向商业银行申请短期贷款,银行审核后为其提供融资的业务模式。其特点是可质押的存货范围广、种类多,适用广泛;重视存活本身的变现能力,信用等级准入比较低;在整个融资过程中所有权不转移,不影响企业的正常运营。具体流程如图 10.3 所示。

(4) 预付款融资是核心企业承诺回购的前提下,下游企业以卖方在银行制定仓库的既定仓单为质押,并以银行控制其提货权为条件,向银行申请短期贷款,银行审核后为其提供融资的业务模式。其特点是以银行信誉为媒介,一方面确保了卖方资金回笼,提高了使用效率;另一方面为买方提供融资便利,解决了全额付款的困难。具体流程如 10.4 所示。

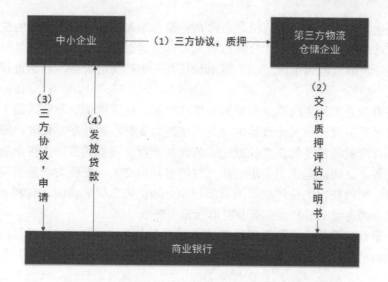

图 10.4　存货质押融资业务流程

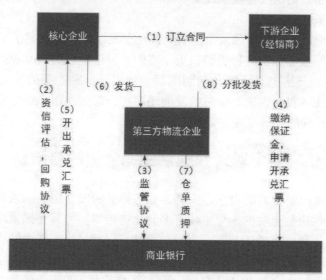

图 10.5　预付款融资业务流程

(5) 信用证融资是国外供应链金融比较常用的一种业务模式。它是指开证行依照申请人(买方)的要求和指示,在符合信用证条款的条件下,凭规定单证向受益人(卖方)或指定第三方进行付款的书面文件。信用证是一种银行开立的有条件承诺付款的书面文件,它经常被用于进出口贸易中。这样可以让卖方预先得到款项,降低交易风险;买方也能够依托银行信用,提升信用等级,改善谈判地位,从而最终促成贸易。

4. 供应链金融的影响因素与市场环境差异

供应链金融发展与创新的影响因素主要有需求、技术和制度三个方面。

首先,需求的增长是供应链金融发展的拉动因素。在工业化和城镇化的过程中,人们的生活方式和习惯、偏好、受教育程度以及收入分配格局等随之改变,从而引起需求量和需求结构的变化。尤其是在金融危机之后，企业越来越意识到资金链管理的重要性，产生了短期资金融通、降低运营成本、分散市场风险、抵制通货膨胀和利率汇率波动等各种风险规避的需要。金融机构为了满足这些需求和获得新的利润增长点，开始进行金融业务的创新。

其次，技术的进步是供应链金融发展的推动因素。供应链金融发展的最主要的技术因素就是电子技术平台建设，具体包括电子发票呈递与支付，银行账户管理，应收应付账款以及包括运输、海关等贸易物流文件或记录的专用平台。连接买方、供应商和金融机构的技术平台实现各方之间信息、相关单证和支付的自动化交换，支持与改善参与各方的可视性和工作流程，同时获得供应链成员或者参与的金融机构提供的信用，有利于基于发票或供应链相关事件的各级买方和供应商及时得到预付资金。

国内电子平台建设主要是处于理论探讨的层面上。国外电子平台建设已经进入了实践阶段。专业平台的建立使得中小企业将其供应链融资业务外包给平台公司，从而获得更低的融资成本。

最后，制度的创新是供应链金融发展的驱动因素。制度和政策体系为供应链金融和创新提供了环境支持和保证。

在金融制度方面，长期的金融发展历史、发达的商品经济和成熟的信用制度造就了发达国家全面、成熟的金融体制。种类和数量丰富的非银行金融机构或者混业经营的模式、高效率的金融市场、严格但灵活的金融制度都为供应链金融业务的发展和创新提供了保障。与发达国家相比，我国供应链金融的发展还存在一定的差距，制度本身和制度化基础上的市场对新业务模式的发展形成一定程度的限制。

10.1.4 国外供应链金融对我国供应链金融的启示

通过以上中外供应链金融的内涵、主题、业务模式和发展影响因素等方面比较分析，可以得出结论：①供应链金融的参与主体有多元化的趋势，尤其是提供服务的主体。目前国内融资服务中起主导作用的还是商业银行，虽然可以解决供应链中的资金来源问题，但高昂的调查成本和管理成本使其缺乏动力。而其他服务机构还处于萌芽阶段，经营和管理能力也不成熟。②供应链金融业务具有多样性，涵盖了生产和流通的整个过程。国内供应链金融的主要业务只有三种，不能够完全适应不同规模和类型的企业从事不同生产的需要。同时，这些业务主要基于核心大企业的信用，一旦该大企业资金链出现断裂，就会对整个供应链造成系统性风险。③国外供应链金融发展的需求动力源于流动性不足，它们将重点放在供应链过程的最优化和可视化管理上，而不是融资成本。而国内的需求则源于信用问题，希望利用供应链金融提高其信用水平，从而进行融资。④信息技术的发展，尤其信息平台的建设，对供应链金融的发展具有重大的推动作用。国内机构则比较注重业务种类的发展，但在技术平台方面投入不足。这种情况下，由于存在信息不对称、业务衔接不流畅等问题，在长期发展中成本和风险都会大大提高。⑤供应链金融业务发展和创新需要市场化的制度提供保障。而国内的制度本身和这种制度化基础上的市场对新业务模式的发展形成一定程度的限制。

目前，供应链金融业务在我国还处于初步发展阶段，主要存在着组织模式单一、资本运作能力低下、信息平台落后、风险控制机制薄弱等问题。因此，借鉴国际经验并结合我国国情，发展我国供应链金融业务应当注意以下四个方面。

(1) 积极发展供应链金融模式多元化。

一方面，应当在继续开发商业银行供应链金融业务的同时，积极鼓励物流企业和企业集团直接参与供应链金融服务，以促进我国供应链金融业务的多元化发展。另一方面，可以研究国外高级的综合业务模式，将金融工程引入供应链金融业务开发中，进行金融工具创新，为每条供应链金融量身设计全面服务方案，从而适应不同规模和类型的企业从事不同生产的需要。

(2) 提高企业和银行的资本运作能力。

高效的资本运作能力对于开展供应链金融至关重要。强大的资本运作能力使其在降低资金成本的同时，能够积累足够的资金进行融资服务，从而在供应链融资业务上获得巨大的成功。在我国，很多企业或银行资本运作较国外金融机构的效率较低，使得供应链融资服务难以盈利。因此，我国商业银行要尽量发挥自身的特色与政策优势，企业可以尽量依靠战略性股权融资等方式来筹集资金，提高财务运作能力以增强资本实力，为我国开展供应链金融提供坚实的资本基础。

(3) 加强对信息平台的建设投入，建立全面性的国内电子平台。

透明、高效的信息平台是发展供应链金融业务的基础设施条件。由于融资抵押物在供应链中的实际流动和使用状况与融资还款的保障息息相关，企业和银行必须对信息平台建设投入充足的人力、物力和财力，才能有效地控制风险。而我国信息平台的建设比较落后，社会对其重视程度不高，普遍投入不大。由于缺乏高效的信息平台，信息获取能力和处理能力不足严重制约了客户的多维度拓展和业务信息的网络式扩张。因此，必须加强信息平台投入。

另外，随着物联网技术的进步，可以结合物联网提供的可视化跟踪的条件发展供应链金融。物联网能够实现物流、信息流和资金流的整合式管理，服务机构就可以对企业有全面的了解和及时的监控，节约对企业进行信用调差的时间，加快贷款的审批速度，资金流向生产和流通领域具有快捷性和安全性。同时，服务机构通过物联网全面掌握企业贷款后的生产和经营请款，便于及时发现和识别风险，进行风险控制和管理，提升贷款后的管理效率。还可以依托物联网电子技术平台的建设，更快地识别客户的身份，为客户提供更精准的服务。

(4) 完善相关法律法规。

完善的相关法律法规是我国供应链金融业务健康发展不可或缺的外部法律环境。目前，我国《担保法》和《合同法》中供应链金融的相关条款并不完善。由于供应链金融业务往往涉及多方主体的重大利益，通常包含质权所有权的原始分配和质权所有权的流动带来的再分配，很可能引发所有权的纠纷和矛盾。相比于国外，我国在抵押权、担保物权等涉及供应链金融的法律概念的界定、纠纷处理、登记制度等方面的空隙和不明朗限制了供应链金融的正常发展。因此，完善相关法律法规至为关键。另外，在金融机构和物流机构交叉业务监管方面，还需要进一步明确监管主体，建立监管模式，完善监管政策。

10.2 供应链金融风险

10.2.1 应收账款模式风险

应收账款是债权人为了增加销售量的无奈之举,因为应收账款使债权企业的资金周转放慢,增加了债权企业的经营成本,也使应收账款不能按时、保质收回的风险变大。即使应收账款融资业务设计了很多风险防范机制,但是因为应收账款使企业将产品变现的时间拉长,在应收账款期间,随着内外部环境的变化应收账款融资业务的风险会加大。此融资模式有以下几方面致险因素。

(1) 应收账款的质量风险。包含两方面内容:一方面是此应收账款是否适合出质;另一方面是债务企业的资信水平。用于申请此类业务的应收账款应具备一定的条件:贸易基础合同项下的商品交易必须具有真实的贸易背景,交易主体及交易行为合法,意思表示真实,基础合同的成立和生效没有其他附带条件,合同规定的货物不存在任何其他权利限制,等等。在办理应收账款质押业务时,银行不可只按照应收账款在信贷征信机构的登记评估,因登记机构不负有真实性审查的义务,所以银行应对业务中的应收账款进行实质性审查以控制风险。融资企业和债务企业是应收账款融资的主要考察对象,债务企业的欠款是账款融资的第一还款来源,因此,债务企业的资信情况和清偿能力是银行开展此类融资业务审查的重点,一般情况下,应选择实力雄厚、效益高、资信好的债权企业开展此类融资项目。但是,申请应收账款融资的企业通常为供应链中的中小企业,其资信状况与债务企业有很大差距,所以银行在审查其资格时应参考债务企业的水平对其评价作适当调整。

(2) 转移账款风险。在实施应收账款融资业务时除要求债务企业出具付款承诺书和应收账款单据证明以外,银行等金融机构应适当采取一些辅助措施以保证还款来源。例如,在签订融资合同时明文规定,在今后的日常经营中,银行有权查阅此融资业务项下应收账款的相关账目,与该融资企业提供的应收账款单据相对应,确保债务企业的所有还款都进入融资企业在银行开立的此项应收账款专户,没有被挪作他用。

(3) 欺诈风险。本书讨论的欺诈风险主要是在应收账款出质申请时的欺诈风险。欺诈行为包含三方面内容:①债权的合法性风险。如果基础合同不符合我国《合同法》的有关规定,则由此形成的债权转让不能得到保护。②债权的真实性风险。在用应收账款签订融资合同时,很可能出现出质人伪造或出质人和质权人共同伪造应收账款合同的情况。③债权的唯一性风险。如果出质人多次质押应收账款,势必影响质押安全,加大业务风险。欺诈风险是应收账款融资业务中的主要风险之一,银行应加强这方面的管理力度。

(4) 应收账款坏账风险。坏账是造成应收账款融资业务损失的主要原因之一。在应收账款收回之前,应收账款能否保质保量地回款存在很大的不确定性。如果在贷款期限内,融资企业或债务企业发生重大变化,就有可能使应收账款成为坏账。因此,在签订融资合同时,应规定应收账款的清偿顺序和其他应急措施,如规定其他的还款来源等。

应收账款融资模式提供贷款额度时，首次提供质押应收账款时按照要求提取，但是在收回部分款项后，银行将该部分的资金给予客户使用，而没有作收贷处理，这种操作会造成融资企业不能及时补充新的应收账款，造成质押率不足，加大了信贷风险。还有可能在审核应收账款时未能明确具体交易事项，信息登记不详细，出现冒充该笔应收账款的数据，使得银行承担较大的损失。

10.2.2 融通仓模式风险

从导致融通仓业务风险发生的诱因结合现有的研究，融通仓业务风险可以分成以下五类，这五类基本上囊括了融通仓业务风险产生的原因。

1. 质物风险

质物风险是指作为质押的货物自身本来就带有的风险，对质物风险主要从以下三个方面进行了解。

(1) 对质押货物的选择风险。对于银行来讲质押货物最终是需要变现的，质押物一般情况下都会因为市场供需情况和金融汇率等因素而影响其自身的变现能力，这就要求银行在选择质押货物时要进行细致的分析，并不是所有商品都适合做质押货物，质物的好坏直接决定着风险的大小。银行选择那些有市场需求、容易存放、市场投机小的商品来作为质押货物是比较安全的。

(2) 市场价格波动风险。质押品或者反担保品一般都是商品，商品就具有流动性，在市场上流通必然会受到市场价格波动的影响，在市场价格高的情况下其变现价值就高，在市场价格下跌的时候其价值就会低。质押物市场价格是变动的，风险自然存在，所以我们在进行融通仓业务时，必须要考虑到质押物的市场价格波动这一情况，制定灵活的制度，把风险降低。

(3) 质押货物资格风险。即贷款企业的商品能否作为质押品、是否安全。要考虑这些质押物是不是企业合法经营的产品，融资企业是否具有所有权，对质押物资格审查能否有效地避免融资企业钻空子，防止其通过抵押非法的货物来申请贷款。

2. 监管风险

监管风险的产生主要源于银行和第三方物流企业之间的信息不对称。由于信息不对称，银行和第三方物流企业在信息交流上产生问题时，就会影响双方的决策，决策失误就可能带来质押品监管上的风险。在融通仓业务中，对质押物的监管主要由物流企业来负责，物流企业的管理、规章制度、物流流程等方面是否完善直接决定着质押物监管风险的大小。本书通过以下四个方面来讨论监管风险。

(1) 制度风险。制定完善的监管制度，降低监管风险。物流企业需要建立一套完善的监管制度，来保障质押物的安全，及时掌握质押物的流动信息。

(2) 人为风险。需对物流企业员工进行安全教育培训，因为制度还是要靠人来执行，好的制度可以有效地规范员工的行为，安全教育培训是为了有效地规范员工的安全意识，降低因人为因素带来的监管风险。

(3) 设施完善风险。需建立完善的监管设施，第三方物流企业必须为质押物的监管建立配套的设施，保障银行能够有效地掌握质押物品的各种详细信息、出入库情况、质押物品残损情况、流通情况等，这些信息能够帮助各方作出正确的决策以降低风险。安全设施建设也同样重要，防火、防盗等安全设施必须完善。

(4) 出入库流程风险。完善出入库流程，在物流仓储企业管理中最为重要的一个环节就是货物的出入库，质押物品涉及融资企业、银行之间的信贷问题，质押物的出入库流程一定要规范，物流企业甚至可以为质押物的出入库制定单独的流程，从人员上、出入库操作上、各种出入库凭证单据上都要规范，防止质押物品在出入库时发生错误，造成各方的损失和信用风险。

3. 信用风险

融通仓业务涉及多方，参与者较多，各方之间的信用如果缺失，必然会带来信用风险。信用风险主要体现在以下几个方面。

(1) 物流企业信托责任风险。物流企业作为融通仓业务中的中间环节，连接着银行和融资企业。对于银行，物流企业是信托责任人，在融通仓业务中银行的一部分工作可能就转移到了物流企业身上。首先，物流企业本身是否具备这些工作的能力是很难确定的；其次，物流企业与银行存在信息不对称；同时物流企业与融资企业也存在信息不对称。这些因素都会导致物流企业信托责任的缺失，如果物流企业给银行提供的数据不全面不真实，银行又盲目地相信物流企业提供的信息，银行就会陷入信贷风险之中。

(2) 风险指标运用风险。一直以来，银行根据国家信贷制度的要求和信贷市场的实际操作制定了一系列的风险评估的量化指标，这些指标被银行广泛地运用以评估信贷风险，但是这些指标都是运用在银行和融资企业两方参与的信贷环境中的。在融通仓业务中，参与者又多了一个第三方物流企业，这些指标在融通仓业务运用中可能会失效，或者不能准确地反映风险的大小。

(3) 信息数据处理风险。银行在信贷交易过程中要对所得到的信息进行处理，主要包括三部分：基础数据、中间数据和分析结果。银行对这些数据的分析虽然比较专业，但是仍然存在一些问题。在融通仓业务中，物流企业直接参与到融资业务中，银行需从物流企业那里获得融资企业的相关信息，本来物流企业在信息处理方面就不专业，物流企业所搜集的数据的真实性和准确性就值得进一步商榷，并且物流企业搜集到信息后只是进行很基础的数据处理，所以在数据搜集和分析处理方面会存在一定的风险。

(4) 信贷环境约束风险。我国信贷环境的约束现在还不是很规范，对失信的融资企业缺乏严厉的惩罚，这对于信贷市场而言就是一种风险。融通仓业务是一种新的金融业务，在进行交易的过程中缺乏信用保障，当其中一方失信时，就会影响整个融通仓业务，当然物流企业也会失信。所以从风险的角度来讲，银行考虑信用风险时应该更为慎重。

4. 技术风险

在整个融通仓业务中因缺乏技术支持而产生的风险就是技术风险。例如，在价值评估过程中，系统不完善和评估技术不足等原因造成了价值评估不准确、不真实，物流企业为了扩大业务与个别融资企业共同作假从银行骗贷，用有问题的商品作为质押物等都会产生风险。

5. 法律风险

法律风险主要是因融通仓业务中的合同条款或质押物流动所有权等问题而产生的法律问题，融通仓业务中参与主体多，抵押物的所有权在交易的不同时期归属不同的主体，这样就可能会产生纠纷，然而我国相关法律对比规定还不是很完善，对融通仓业务中质押物所有权等问题没有明确的法律规定，这样就可能产生法律纠纷。

10.2.3　保兑仓模式风险

在供应链金融中，一般市场需求量大的产品库存都很少，所以企业的资金主要是用于支付生产厂商的产品预付款。保兑仓业务涉及厂商的生产排期、发货、运输、到货通知、违约等一系列的环节，所以在预付款融资中，融资企业和生产厂商之间的谈判地位是一项非常重要的条件。对于融资企业而言，授信时间比较长，包括产品从预定、生产、运输等环节所需的时间，到货后这些产品还可以成为库存融资，所以和存货融资相比，保兑仓业务对于缓解融资企业资金压力的效果更为突出。另外，融资企业通过银行的资金支持，进货量大，能够从生产厂商那里争取到更大的优惠，并且提前与厂商签订购买合同，也能有效地防止产品涨价。从银行的角度来看，可以整合资金运用情况，延伸业务链条，拓展其他核心企业的业务资源。

预付账款融资中也会存在金融风险，因此预付账款融资业务中，银行要具有对贸易项下的商品的控制权，对预付款贸易融资中商品采购时发生的资金流动同样要具有控制权，通过掌握商品的流动和资金的流动来预防控制风险。本书对一些主要的风险分析如下。

1. 商品价格波动风险和生产能力风险

商品在市场上交易必然会受到市场供需关系和市场环境的影响，这样就会产生商品在市场上面的价格波动。所以在进行预付款融资业务时必须考虑到可能的价格波动而带来的风险。商品的数量和价格波动幅度决定着商品价格波动风险的大小。

生产能力风险主要是指因商品生产厂家在规定的交货时间内不能正常交货而带来的风险，这种风险分为两种：一种是一般性生产能力风险，这种风险是暂时的、可补救的，例如，厂商交货期前未生产出规定数量的产品，可以采取在市场上购买相同的产品或加大人力物力加班加点生产尽快完成交货等，因此这种风险是可以消除掉的。另一种风险叫做生产能力衰竭性风险，这种风险比较严重，如生产设备严重老化、技术已经被淘汰、生产能力短时间内无法满足供货需求等。引发生产能力风险的因素有很多，大致可以归为两类：一类是暂时性因素，另一类是根本性因素。暂时性因素会产生一般性生产能力风险，如原材料价格上涨、厂商资金紧张造成缺货、发生一些突发事件稍微影响到生产能力等都属于暂时性因素。根本性因素一般都会导致生产能力衰竭性风险，如机器设备损坏，短时间无法修好等。

2. 参与主体信用风险

(1) 中小企业信用风险。银行对中小企业提供授信以融资企业和核心企业之间的贸易背景为前提，如果融资企业的贸易合同本身存在问题，融资款项很可能用于与产品生产无关的领域中，款项无法收回便不能偿还银行贷款，银行就会遭受损失。中小企业在预付款模式下进行融资，银行会要求其交纳一定融资金额比例的保证金，剩下的融资额度以仓单作为担保，一旦中小企业出现违约或者经营不善，商业银行便会产生坏账。

(2) 核心企业的信用风险。融资企业通过该种模式获得融资后，向核心企业支付预付账款，核心企业对融资企业发货，如果核心企业不能履行合约，可能会导致供应链的资金流断裂，影响银行贷款的偿还。但是，核心企业一般都是信誉度高的企业，在获得预付款后能够履行相应的发货义务和质量保证，之后第三方进行评估，融资企业提货，信用风险相对较小。

(3) 第三方物流企业的信用风险。在保兑仓融资模式中，物流企业作为商业银行的信托责任人承担了一部分银行的工作，主要负责监管货物，其信托责任的缺失主要表现在两个方面：①信息不对称引起的银行信贷风险，物流企业为了自身利益提供给银行假的数据，但是银行却无从得知，根据物流企业提供的信息提供授信，给银行带来了信贷风险；②物流企业本身承担不了货物监管的工作，由于公司内部的管理缺失或者操作失误，造成银行和融资企业遭受损失的风险。

3. 质押物所有权延迟和落空风险

预付款贸易融资业务中参与者较多，由于各个主体之间信息沟通误差、各主体人员失误操作等因素，或者在银行给厂商支付完预付款后，厂商发货不及时、发货错误、物流企业对货物监管不力等问题，都会导致银行取得质押物所有权的时间延长，银行授信不能到期归还。

4. 银行内部控制不力风险和道德风险

预付款贸易融资业务中参与者较多，需要处理的信息量大，授信的流程非常复杂。签订各主体之间的合同协议等情况都需要银行的参与，这些复杂的信息和工作可能会引起银行内部控制不力、内部操作不当等情况产生。道德风险主要是指银行内部人员以权谋私的行为而引起的风险。银行内部控制不力风险和道德风险基本上都是人为因素造成的，在预付款贸易融资业务中涉及的主体多，涉及的范围和内容也多，因此内部控制不力风险和道德风险常常同时存在。

10.3 供应链金融风险防范

10.3.1 供应链金融主体风险

与其他融资模式相比，供应链金融的参与主体不单单包括商业银行、中小企业、担保公司，还包括居于主导地位的核心企业和负责质押物仓储和监管的物流企业等。在供应链融资模式中，各个参与主体各司其职、各担其责，这些参与者相互合作、相互协调、共担风险，从而实现了供应链融资的高效性，为中小企业融资提供渠道，解决中小企业融资难的问题，同时，也承担相应的风险。

1. 商业银行在供应链金融中的风险

供应链金融作为商业银行的一种金融创新，近年来在银行业中迅速推广开来，成为商业银行新的业务增长点。供应链金融以供应链上的流动资产为担保，使得商业银行利用核心企业的良好信用能力，将融资服务延伸到配套的上下游中小企业，为供应链上的中小企业提供融资帮助。

在我国，商业银行是供应链金融业务的主体，是供应链融资的直接授信者，为供应链上下游中小企业提供信贷支持。为了适应市场需求，商业银行积极开发新产品，为中小企业提供了新的融资平台，主要包括监管、资产处理、代开商业票据、评估、支付和现金管理、银行授信转贷等功能业务。此外，商业银行还采取较为有效的风险控制措施，并在此基础上拓宽了客户群体和业务，提升了自身的竞争力。

1) 供应链金融中商业银行的介入

受传统银行授信理念的影响，大型企业一直是商业银行信贷融资支持的主要对象，银行信贷机构向大型客户高度集中。但是随着直接融资市场的发展，大型企业的可选融资渠道不断增加，企业出于降低融资成本等原因，积极开发新的融资渠道和模式，不断压缩商业银行融资，使得商业银行的优质客户不断流失，出现了"金融脱媒"现象。随着中国利率市场化进程的不断加快，存贷款利率亦随之逐步放开，商业银行对资金、操作成本和风险的控制逐渐成为可能。但是，由于大型企业自身融资能力较强，商业银行对大型企业的议价能力难以提高。将信贷资源在大型企业和中小企业之间进行合理配置，便成了商业银行的必然选择。

今后，商业银行的战略重点也将由大型企业市场转向中小企业市场，并积极开发适合中小企业金融服务的产品，而供应链金融正是为中小企业量身定制的融资方式，因此商业银行介入供应链金融便是顺理成章的。

商业银行开展供应链金融业务，有利于降低对中小企业的信贷风险。依赖于供应链上核心企业的资信和实力以及由其提供的间接信用担保，商业银行可以不必花费大量的时间去调查中小企业的财务指标、经营状况等信息，只需把握其与核心企业之间的真实贸易背景以及二者之间的交易风险，从而降低了商业银行的信息调查成本和信贷风险。

供应链金融服务模式不仅改变了商业银行的传统信贷模式，还为商业银行的发展创造了新的机遇，主要表现在以下三个方面。

(1) 商业银行直接切入核心企业，通过以点带面实现客户群体开发。供应链金融模式深入分析了供应链上各节点的贸易关系，有效地掌控和整合了物流、资金流和信息流，银行不光可以为核心企业提供更全面的金融服务，而且能够实现对中小企业其他市场业务的开发，大大拓展了商业银行发展的空间。

(2) 供应链金融以中小企业为主要服务对象，可以有效地解决长期存在于银行与企业之间的信息不对称和信息失灵的情况，加深银行对中小企业的了解。处于供应链中的企业信息比较通畅，企业之间对交易对手的商业信用、财务状况更为了解，商业银行花费较少的信息成本便能掌握企业的运营信息，有助于其更好地掌握和控制潜在风险，保证对中小企业供应链融资业务的开展。

(3) 供应链金融使银行可以从动态、系统的角度管理授信风险。供应链金融模式能够对物流、资金流和信息流进行有机整合，实现"三流合一"，为商业银行的风险管理提供新的渠道。商业银行在授信金额、期限上与真实的交易情况相匹配，从而能够灵活地控制贷款额度，减少中小企业贷款的风险。

2) 银行供应链金融的主要风险

银行开展供应链金融业务，要深入客户整体产销供应链中提供多元化的服务。由于供应链融资要提供多样化服务，而且客户的需要也不尽相同，因此，银行需要根据不同客户的具体信息来量身定做金融服务。同时企业各部门考虑的重点不同，也会给银行的工作带来各种阻碍，特别是在供应链融资和服务过程中，企业销售部门希望能增加销量，决策部门则要求保证现金流的周转速度，资金管理部门则希望能保证安全性，这就要求银行能提供更加灵活的产品和服务。在扩大供应链金融运营范围、提供各种服务过程中自然放大了各种风险隐患。除了在终端信贷审查上要控制风险外，还要全面参与管理企业业务流程，即从产品设计、客户需求阶段直到原材料采购、生产、产成品交付给客户收回资金的整个过程中各方面的风险。另外，企业物流的专业程度也需要银行评估考核，选择具有较高物流管理水平、资产规模、企业信息化、供应链管理都有一定能力的企业并与之合作，是供应链金融业务成功的关键之一，也是供应链金融运营的风险点之一。

与其他以流动资金为主的贷款相比，供应链金融的参与主体更多，供应链金融的正常运行需要协调处理好各主体在商流、物流、资金流和信息流等方面的权利和义务。银行在供应链金融中通过对融资生态圈的封闭控制，可以有效地将融资者的信用风险同资金安全相隔离，但在细节上的控制决定其无论是在贷前审批、产品设计、贷后管理等流程中，设计的范围更广，专业化程度更高，发生错误信息传递的计划也更多。从业人员自身能力有限、流程不合理、内部程序不规范、外部事件得不到及时处理等，都会造成操作风险，进而影响到供应链金融的有效运作。在对抵押物的估值过程中，从业人员要保持客观公正的评判态度，以科学的标准和方法进行评价，确保不出现因人为原因导致的银行利益受损。操作风险是银行从业人员在开展供应链金融业务时应当关注的重中之重。

2. 核心企业在供应链中的主要风险

按照供应链的理论，供应链的成员在形成供需供应链时，往往会有一个企业能够凭借自己的核心竞争力和市场地位将其他配套的上下游企业吸引在自己的周围，从而形成协调一致的网链结构，这类企业被称为核心企业。核心企业在供应链中处于主导地位，是供应链融资服务的间接参与者。供应链中的核心企业常常是供应链中规模较大、实力较强、资金雄厚、信誉度高，并能够对整个供应链的物流和资金流产生较大影响的企业。

1) 核心企业在供应链金融中的介入

商业银行通过对供应链中核心企业的需求特点进行深入分析和研究，使其在设计产品的过程中，除了可以专门为核心企业安排优惠融资、企业理财和现金管理产品外，还可以通过为其上下游企业提供金融服务间接地为核心企业带来更多的收益。此外，核心企业与供应链上下游企业间的关系也会因此得以巩固，其财务风险进一步降低，财务报表得到优化。核心企业在利益驱动下，自然愿意与银行深入合作。

核心企业参与供应链金融所带来的主要益处有以下几个方面。

(1) 帮助核心企业降低融资成本。供应链金融通过提供优惠的融资安排，将核心企业的融资转变为其上下游中小企业的融资，从而降低了核心企业的融资成本，优化其财务结构。

(2) 为核心企业带来利润增值。供应链模式通过延长采购赊销时间、加快销售回款、买方贴息票据等方法，将供应链整体价值增值部分转移到核心企业，使其能够从供应链整体增值中直接获利。

(3) 帮助核心企业扩大销售。中小企业通过供应链融资取得银行贷款，能够增加原材料供应和扩大生产销售再投资，从而间接地扩大了核心企业自身的生产和销售规模。

(4) 商业银行通过对供应链上整体融资方案的安排，将供应链各参与方以利益为标的牢固地捆绑起来，有助于企业之间建立起稳固持久的贸易合作关系。

2) 核心企业的主要风险

在供应链金融中，核心企业掌握了供应链的核心价值，担当了整合供应链物流、信息流和资金流的关键角色，商业银行正是基于核心企业的综合实力、信用增级及其对供应链的整体管理程度，而对上下游中小企业开展授信业务，因此，核心企业的经营状况和发展前景决定了上下游企业的生存状况和交易质量。一旦核心企业信用出现问题，必然会随着供应链条扩散到上下游企业，影响到供应链金融的整体安全。一方面，核心企业能否承担起对整个供应链金融的担保作用是一个问题，核心企业可能因信用捆绑累积的或有负债超过其承受极限使供应链合作伙伴之间出现整体兑付危机；另一方面，当核心企业在行业中的地位发生重大不利变化时，核心企业可能变相隐瞒交易各方的经营信息，甚至出现有计划的串谋融资，利用其强势地位要求并组织上下游合作方向商业银行取得融资授信，再用于体外循环，致使银行面临巨大的恶意信贷风险。

核心企业以其庞大的规模和强劲的实力，在供应链中位于主导地位，能够为处于供应链上下游的配套企业提供担保，提高供应链的整体信誉度和授信额度，很好地控制和防范因中小企业信誉度不足导致的风险。但是，如果核心企业发生道德风险，在贸易过程中，为了眼前的利益，置供应链整体利益于不顾，为难和苛刻中小企业，使中小企业资金出现紧缺，而中小企业为了维持日常运营，不得不向银行进行融资。这种情况下，一方面，中小企业的性质决定其不容易得到贷款，整个供应链金融则失去存在的意义，供应链企业和银行恢复到了传统的借贷关系；另一方面，即使中小企业获得银行融资，缓解了资金紧张的局面，核心企业可能会进一步侵占中小企业资金。当中小企业所负债务超过其承受范围，就会导致整个供应链发生动荡，从而引起风险。

3. 中小企业在供应链金融中的风险

供应链金融在对不同产业供应链结构的特点进行研究的基础上，全面把握商品交易细节，根据核心企业的信誉和实力以及质押品的价值，对供应链上下游中小企业提供全面的信贷支持。从某种意义上说，供应链金融就是面向中小企业的金融服务。

1) 中小企业切入供应链金融

我国的中小型企业是构造市场经济主体、推动国民经济发展、促进社会稳定的基础力量，在缓解就业压力、确保国民经济高速发展、优化产业和经济结构等方面都发挥着越来越重要的作用。

供应链金融围绕产业链上的核心企业，为上下游多个中小企业提供全面的金融服务。而商业银行的信用风险评估也从对中小企业自身信用风险的评估，转变为对整个供应链及其交易的信用风险评估，这有利于商业银行评估中小企业业务的真实风险，更好地发现中小企业的核心价值，弱化银行对中小企业融资的限制，使更多的中小企业能够进入银行的服务范围。在供应链金融中，中小企业能够获得在其他业务模式下难以获得的银行贷款。此外，上下游中小企业还能以银行资本代替民间资本，降低融资成本，提高盈利水平，扩大企业经营规模。可见，供应链金融服务模式使供应链上下游中小企业的融资成为可能。因此，这种业务模式吸引了一大批中小企业的参与。

中小企业受资金规模和管理水平的限制，企业抗风险能力较差，违约成本低，一般商业银行不愿意向它们进行贷款，但是中小企业可以通过动产质押以及第三方物流企业或核心企业担保等方式从商业银行等金融机构获得贷款。因此，在供应链金融中，处于供应链上的中小企业获得银行的融资支持，资金就可以注入企业的运作过程中，这样便能带动整个供应链的运作，加快资金的周转，提高资金的使用率。同时，银行信用的支持还为中小企业赢得了更多的商机。

2) 中小企业的主要风险

虽然供应链金融通过引用多重信用支持技术降低了银企之间的信息不对称和信贷风险，通过设计机理弱化了上下游中小企业自身的信用风险，但作为直接承贷主体的中小企业，其公司治理结构不健全、制度不完善、技术力量薄弱、资产规模小、人员更替频繁、生产经营不稳定、抗风险能力弱等问题仍然存在，特别是中小企业经营行为不规范、经营透明度差、财务报表缺乏可信度、守信约束力不强等现实问题仍然难以解决。与此同时，在供应链背景下，中小企业的信用风险已发生根本改变，它们不仅受自身风险因素的影响，而且受供应链整体运营绩效、上下游企业合作状况、业务交易情况等各种因素的综合影响，任何一种因素都有可能导致企业出现信用风险。

供应链金融最大的特点是授信的自偿性，资金从贷出到收回形成一个封闭的生态圈。这种模式摆脱了传统信贷业务对财务报表的依赖，不对借贷主体进行评估，而是侧重于对借贷项目本身价值的评估。信用风险并不集中在中小企业身上，而是集中于质押担保物权。抵质押资产作为供应链金融业务中对应贷款的第一还款源，其资产状况直接影响到银行信贷回收的成本和企业的偿还意愿。一方面，抵质押资产是受信人如出现违约时银行弥补损失的重要保证；另一方面，抵质押资产的价值也影响着受信人的还款意愿，当抵质押资产的价值低于其信贷敞口时，受信人的违约动机将增大。供应链金融模式下的抵质押资产主要分为两类：应收账款类和存货融资类。应收账款类的风险主要在于应收账款交易对手的信用状况、应收账款的账龄、应收账款退款的可能性等。存货类融资的主要风险在于质物是否缺失、质物价格是否波动较大、质物质量是否容易变异以及质物是否易于变现等。作为质押的担保物,应收账款、存货和预付账款是直接或者间接的还款来源,存在着价格风险、所属物风险、变现风险和质量风险等,质押物价格出现大幅波动、所属权不明晰、流动性不强、质量有瑕疵等都会关系到授信的信用评级。一旦质押物选择不慎,供应链金融便会面临较高的信用风险。

4. 物流企业在供应链金融中的风险

银行和企业之间存在着严重的信息不对称,信息失灵在很大程度上增加了银行贷款的风险。但提供仓储和运输服务的物流企业对中小企业库存商品的增减和价值变动、销售前景等十分了解,能够更好地掌握客户信息,因此物流企业能够利用自身优势在供应链金融业务方面协助金融机构对风险进行监控,成为沟通银企合作的桥梁,减少信息失灵,从而既可以为中小企业融资提供服务,又可以降低金融机构的信贷服务操作风险。

1) 物流企业切入供应链金融

作为供应链中连接众多中小企业的枢纽,物流企业在对供应链上中小企业的信息采集、分析和处理方面具有独特的优势。物流企业可以缓解中小企业融资过程中出现的信息不对称和风险管理困难的问题,主要体现在以下几个方面。

(1) 信息筛选。我国中小企业经营管理水平良莠不齐,每一个商业银行在中小企业的贷款筛选上投入的成本都超过了其他同金额的贷款,从而提高了银行整体风险识别成本。而作为中介,物流企业对供应链上企业经营状况比较了解。商业银行应该充分利用物流企业对中小企业购销渠道、生产销售情况、贷款支付方式等方面进行监控,方便地获得中小企业客户的历史信息和实时信息,从而降低融资风险。

(2) 质押物的评估和管理。作为供应链上的中间环节,物流企业掌握了比银行更为清晰的市场信息,如货物日交易量、库存数量等。银行可以利用物流企业的市场敏感性,委托其对不同情况的质押物进行分别管理,并要求其定期向银行提供关于质押物价值的历史资料分析、质押物价值报告等,帮助银行对质押物进行估计,控制因信息滞后或传递失真造成的风险,减少交易成本。

(3) 质押物的监管。物流企业应当合理利用其网络信息优势,充当供应链金融中监管方的角色,接受银行的委托后对质押物进行监管,把质押物的管理与中小企业运作的供应链结合起来,及时了解中小企业的运作情况,协助银行降低操作风险,减少银行贷后的管理成本。

(4) 帮助中小企业实现信用增级。除信息筛选和质押物评估、管理和监管外,物流企业还能通过信息平台的搭建,对供应链上的中小企业进行信用增级。物流企业可以构建一个联结中小企业与银行的综合性服务平台,通过整合资源实现对中小企业信用级别的提升。

2) 物流企业的主要风险

在银行供应链金融中,物流企业是连接商业银行、中小企业和核心企业等参与机构的纽带。物流企业的引入可以解决中小企业融资过程中的信息滞后和失真问题,有助于对供应链金融的风险控制。但是,目前我国的物流企业经营管理水平参差不齐,这种情况下,物流企业就成了供应链金融发展中的一个不确定因素。物流企业的风险主要来自客户信贷、抵质押物的保管和内部操作运营几个方面。客户的业务能力、仓单规范标准程度、质押物的质量监管以及保管期间的信息不对称都会造成物流企业的风险。由于信息不对称，物流监管方会出于追逐自身利益而做出损害银行利益的行为，或者由于自身经营不当、不尽责等致使银行质物损失。例如，个别企业串通物流仓储公司有关人员出具无实物的仓单或入库凭证向银行骗贷，或者伪造出入库登记单，在未经银行同意的情况下，擅自提取处置质物，或者无法严格按照操作规则要求尽职履行监管职责导致货物质量不符或货值缺失。一旦第三方物流企业出现风险因素，比如出现业务流程中的渎职现象、监管不力、与其他参与机构合谋骗取银行贷款或与核心企业发生合同分歧等，都将会影响到供应链金融的良好发展，当供应链金融的风险监管衔接不当时可能导致整个供应链金融中断、扭曲甚至崩溃。

10.3.2 供应链金融风险管理

1. 供应链金融风险管理的基本框架

1) 供应链金融的过程风险管理

供应链金融的过程风险管理包括以下两个方面。

(1) 关注贸易背景的真实性及交易模式：重点关注贸易背景的真实性，与核心企业交易合作情况及交易模式，包括但不限于合作年限、交易稳定性、交易流程、交易条件、支付结算方式、交易惯例、交易履约能力、商业纠纷情况等。重点选择与核心企业合作紧密度高、已建立稳定的商品购销关系、主业突出、主营产品销售顺畅、应收账款周转速度和存货周转率以及销售额和现金流量稳定、历史交易记录和履约记录良好的合作主体。

(2) 将传统融资模式与供应链金融模式相结合以降低风险：传统融资模式的信用风险主要体现在企业的信用水平、财务实力和担保方式上，而供应链金融则更多地关注流动资金的需求，利用流动资产提供的信用支持为供应链中的弱势企业成员提供融资支持，所以供应链金融的信用风险主要来自核心企业转移流动资金的压力以及资金流的稳定性。供应链金融所面对的是整条供应链上发生的交易情况，而交易的过程包含信息、货物和资金的流转，三者若能互相制约，则可以降低整个供应链的风险。

2) 针对核心企业的风险

由于核心企业在供应链中占据主导地位，如果核心企业出现道德风险，利用其谈判中的优势地位，在交货、价格、账期等贸易条件上对上下游中小企业采取有利于自己的行为，以实现短期效益最大化，则会导致供应链上中小企业的资金紧张，如果中小企业受到过度挤压，则会破坏整个供应链的稳定性。

需防止核心企业与中小企业串通起来虚造贸易背景骗贷的情形。另外，一旦核心企业的信用出现问题，必然会随着供应链条扩散到上下游企业，影响到供应链金融的整体安全。

3) 针对预付款融资风险

将核心企业的信用引入，引入的方式包括：核心企业承担发货责任、回购或调剂销售责任、货物跌价补偿、差额退款甚至连带保证责任等。此外，还要考虑货物运输过程中的在途责任,明确责任承担方,如办理保险的,保险受益人应为银行。

4) 针对应收账款融资风险

需要对订单对应的发票/货运单等贸易凭证进行收集与抽查,验证应收款的真实性。

关注借款人及其关联公司及下游经销商的经营情况和银行融资变动情况,加强财务监测,将当期应收账款发生额、周转率、坏账率、坏账准备计提控等财务指标与同期进行比对,判断其应收款的健康状况。

5) 针对货押融资风险

关注货物的足值和安全性,包括货物监管方、运输方的选择和监督,货物单价核定,数量测定,抵质押率的核定。

对于价格变动的货物,还应该建立动态盯市场制度,动态更新货物现值,如果现值不足以覆盖敞口的,还应建立保证金补偿制度,保证不出现敞口。

应考虑违约后变现的便利性和变现的成本,抵质押的存货应货权清晰、价格稳定、物理化学性质稳定、流动性强、易于保存。但是,质押货物是否符合要求还应结合企业经营活动进行综合考察。

6) 针对资金流风险

落实贷款用途,保证出账款项定向支付,锁定回款路径、监管回款账户,密切监控客户经营情况、回款频次、金额大小的变化。

管理好资金的流量、流向、出发点、循环周期等要素。

7) 针对担保物权风险

抵质押资产作为供应链金融业务中对应贷款的第一还款源,其资产状况直接影响到信贷回收的成本和企业的偿还意愿。应建立物权担保的评估评价体系,保证融资额度确定的科学性,避免过度授信。做好行业、企业的风险预警及应急预案,通过产品、法律文件、资产控制等系列风险控制手段,做好风险缓释安排。

8) 针对操作风险

通过自偿性的交易结构设计以及对物流、信息流和资金流的有效控制,构筑独立于企业信用风险的第一还款来源。

2. 信用风险管理

金融机构因为交易一方或者债务企业违背协约而出现的损失的概率就是企业的信用风险。供应链金融所面临的一个主要风险就是信用风险。

1) 信用风险的识别

区分、辨别信用风险的关键是要知道导致贷款公司不能偿还所贷款本利的原因。若是供应链条上面的上游企业、下游企业与核心企业的合作关系较为稳妥,则上游企业和下游企业承受的非系统性风险会下降很多。然而,对于供应链中的上下游的中小企业而言,一些非经营性或经营性的策略常常会造成非系统风险。例如,偷漏税款、专利纠纷、债务纠纷、营业外投资失败等将直接影响到企业偿还贷款的能力和愿望。因此,金融机构需要有能力来对贷款后的中小企业的相关经营状况、资金状况、物流信息、债务状况进行监督,并通过建立相关监控信息数据库对非系统风险做出评估与报警。系统风险是由于政治环境、社会环境、经济环境或行业环境发生剧烈变化,而造成的贷款企业经营情况恶化的风险。一般情况下,可从企业所处行业环境与宏观经济环境两个方面来考量系统风险。在供应链金融中,系统风险通常源于供应链的环境与核心企业状况恶化,因此金融机构需要及时地评估和跟踪企业在整个行业经济中的地位。

除了企业自身的经营现金流与贷款支持资金外,企业也可以通过其他资产来获得资金还款。所以,供应链金融融资强调,除贸易的资产支持与自偿性之外,对企业主体的财产特征和主体的资质也需要进行考察。企业资质与业务模式的风险控制强度之间存在替换关系。在物流及资金流管控下的信用自我偿还性保障充足的状态下,对公司资质的要求可以在一定程度上放宽;否则,将看重企业资质。

另外,信用风险中道德问题也是一个重要的因素。道德风险展现的形式有很多,例如,提供虚假财务信息与凭证,使用劣质的商品作为抵押物;再如,企业将信用贷款用到主营业务以外的投机中;又如,企业没有按合约将应收账款返还给金融机构而挪作他用,并且隐匿消息不通知金融机构,等等。道德风险常常很难被有效地防范,但是仍然需要金融机构通过相关制度与手段进行监控,当发现任何道德风险时需要立即启动相关预案和采取相应措施来规避风险。

当企业在完成相关交易之后依然无法确定该企业能否按时偿还贷款时,金融机构可以通过金融授信自动偿还监控系统与技术来降低所产生的信用风险。供应链金融中的授信支持性资产是很重要的还款来源。供应链金融的三个常用的授信支持资产是:存货、应收账款、预付款。这三种资产的偿还账款的能力:①会在产生违背约定之时,银行针对这些资产的控制力;②应收、预付账款的资产支持能力不但会遭受资产控制效力的作用,还会遭受其他上游企业和下游企业的信用情况变化的影响。因此,在供应链金融筹集资金的过程中,对上游企业和下游企业的信用风险也需要根据有关贸易规定和环境予以参考和评估。

2) 信用风险度量

信用风险存在下面几个特征,因此度量一个公司的信用风险的时候容易出现困难。

(1) 导致信用风险产生的一个关键因素就是道德风险,而对于这个风险往往又难以定量描述。

(2) 信用风险的正态概率分布偏左。贷款若是能够安全收回来,贷款人也会得到对应的利息收益,若是违背协约,则会损失本利。因此,损失也会超出收益较大。可是违背协约的可能性很小,属于小概率事件,并不会时常出现。因此要估计到这两点对它的影响,导致信用风险的正太概率分布偏左,这就会使对信用风险的分析产生计算上的困难。

(3) 在很多情况下,非系统的信用风险是由企业管理者的个人性格或者行为所导致的,如公司总裁的风险偏好、经营管理能力、贷款的投资方向等。

(4) 组合信用风险难以评估和度量,这将更加难以针对中型小型企业信用风险展开量化。

由于信用风险具有上面几个特点,因此在对信用风险进行度量之时,主要是依靠简单的信用评级模型与主观判断。

3) 供应链交易状况评估

对供应链交易状况进行评估,主要是对公司的进步趋向、速动资产状况以及企业发展的持续性进行评估。在评估供应链的交易情况时，应关注以下几点：首先，了解物流与资金流的流动方向，判断物流供应链与资金链的健康状况。并且对整个供应链的市场容量、市场份额、行业状况进行评估；判断产业中企业的盈利能力与水平。其次，整理供应链的产业流程与交易关系，了解借款人在供应链中的资金实力、经营状况、位置和作用以及谈判地位，以此判断经营计划完成的可能性。再次，利用买卖双方在行业内常用的平均销售周期、对方资产信用的状况和约定结算方式等信息，判断其信用风险。最后，对贷款企业就贷款金额和核心企业销售额的比值、交易的依赖程度，贷款企业与核心企业的交易往来事件、交易稳定性等进行分析。

风险的识别、评估、度量、策略设计、实施是金融机构在相关风险管理中需要反复进行的。金融机构应该通过综合考虑债务项目与贷款企业的评价，对授信企业进行信用度量。企业当前的经营状况是进行企业信用评分的基本依据，以此分析贷款企业将来的偿还能力和违约情况，此信用评级并非针对特定债务评级。但是由于债务项目信用评价受到贷款合同条款、担保、外部抵押、债务项目偿还次序、贷款资金投入方向等因素的影响，常常会影响约定的授信回收的概率。在供应链金融融资过程中，因为有许多中小型企业的信用评级没有达标，所以可以通过像京东这类电商平台打包批发各个银行的授信额度，并且将这些额度作为融资池给各个中小型企业共享使用。

4) 信用风险策略

在度量了有关企业的信用风险以后，银行还应该根据度量结果对该信用风险可能产生的影响进行评估。风险评价环节中金融机构需要将违背协约概率和违背协约损失概率结合起来考虑，对信用贷款风险和收益的适应程度进行分析。如果银行的收益不能弥补所承受的风险，那么金融机构就要考虑向企业提供其他的信用支持，如要求企业购买信用保险或提高质押的比率等，否则金融机构就需要采用其他的风险回避方式。另外，金融机构还需要考虑信用风险是否在可以承担的风险范围内。即使收益与风险匹配，如果贷款的其他风险指标超过了金融机构的承受能力，金融机构也将不适宜开展这项业务。由于信用风险评价对风险度量的依赖，所以金融机构应当通过建立相关的电子信息系统来完成对信用风险相关信息的采集，通过这些信息创建金融机构的风控模型，进而对有关信用风险给银行带来的影响进行分析。

5) 信用风险转移策略

除了风险自留和规避、损失控制以及风险补偿之外的方式，信用风险转移是进行信用风险控制方面的另一手段。我国中小型企业信用等级普遍偏低，这也是传统金融机构不愿为其提供贷款的主要原因，而电商金融机构可以通过自有的 ERP 系统对这些企业资金流与物流进行实时与详细的监控，这样就可以解决中小企业信用级别对授信安全性的威胁，使金融机构面临的违约率和损失就可以大幅降低。在采用相关风险屏蔽技术时，金融机构操作的复杂程度明显提高，操作环节显著增加，因此造成漏洞出现的频率、操作制度的法律不确定性、操作错误都会增加，从而产生了更多的操作风险。信用风险屏蔽技术的目标是隔离主体信用风险。如果此技术由于制度执行力与系统完善性而出现漏洞，那么供应链中小型企业成员的低信用水平的信用风险就被转移到了操作风险中。

供应链金融融资的操作需要保证授信支持性资产的有效性和可行性。银行首先要保证资产是确实拥有的，授信公司理应有资产的完整所有权利；在当前的电商环境下，电商就有天然的优势，因为在电商平台下的中小型企业多是将自己产品存于电商的库房之中，而且入库时都有严苛的流程与管理制度，从而可以确保这些资产的所有权和有效性。当出现信用风险时，需要确保金融机构的资产所有权是受到法律保护的。所以金融机构在事前要检查相关协议与合同的内容，确保其符合法律的规定。当签署法律文件时，要保证文件的规范性、完整性、正确性与有效性。金融机构应当确保将来可能出现的最大损失被抵押资产的价值所补偿。并且金融机构还应该确保有能力监控相关资产不被挪用。电商金融机构主要是通过 ERP 系统中的现金流系统和物流系统对现金流和物流实施监督控制。银行利用对商务条款进行约束等方式，对授信资金增值和循环展开管控，确保授信资金投进去之后可以经交易回流还贷。对物流的控制确保供货商的货物在送达后仍然处于金融机构的监控之下。

在现金流与物流的转换中，金融机构很可能无法控制现金流与物流。对这样的风险，银行通过转移风险这一手段，将风险转移到保险公司或者是物流公司。监控物流业务和现金流，除了实现信贷的屏蔽作用外，信贷资金也可以通过方向控制作用来实现。另外，因为相对稳定的内部供应链，物流和资金流的状态比较清晰，物流和资金流的方向明确，在监控物流和资金流的时候，金融机构可以避免信贷业务失误事件，防止相关风险问题发生。

3. 流动性风险管理

流动性是指在规定的时间内，公司有足够的现金偿还贷款。由于企业的流动性需求具有不确定性，所以必须对流动性的最坏情况进行预估，并且确保在最坏的情形下，依然能够将资产转换为现金。

1) 流动风险管理原则

(1) 金融机构必须重视流动性风险管理策略，制定流动性风险管理框架、系统、流程与相关制度，以此来确保将授信企业的流动性风险控制在合理范围内。

(2) 金融机构必须明确对每个授信企业的流动性风险容忍度，并且确保其容忍度符合该授信企业的实际情况。

(3) 当授信企业上新产品时，授信额度应尽量考虑其对流动性风险的影响。

(4) 对于不同的情形，金融机构要定期进行压力测试。

(5) 金融机构对于中小型企业流动资金短缺的紧急状态应制订应急计划。

2) 流动风险管控策略

对于中小型企业，主要影响流动性的因素是现金、存款及存货。而流动性的主要风险来自库存商品的变现能力。中小型企业的交易流动性风险指标：

$$速动比率 = (现金+存款) \div 流动负债$$

$$流动比率 = (现金+存款+库存商品评估价值) \div 流动负债$$

电商金融机构可根据自身的 ERP 平台优势，对旗下中小型企业的历史数据进行分析与评估，并得出适合自己的合理比值。

4. 市场风险管理

1) 市场风险回避策略

市场风险回避是金融机构采取适当的措施,规避某商品在市场中暴露出的风险。针对旗下中小企业所销售的商品,通过价差率模型对历史价格和销售数据进行逐一分析和评估,最终得出这些商品的市场风险指标。然后金融机构根据自身情况制定市场风险回避线值,对所有风险指标超出该回避线值的商品贷款请求都应予以拒绝。

2) 市场风险自留

在有些市场风险无法规避之时,金融机构需要通过采用相应的方法与措施来管理市场风险。金融机构可采取的供应链金融市场风险自留的方法一般有两种:①当该市场风险达到金融机构所能承受的极限时,金融机构应果断启动止损预案,使损失尽量降低到最小。②金融机构可以通过建立风险融资池的方式将其他商品的融资收益抵消损失。

3) 市场风险限额管理

金融企业进行市场风险的控制并不是只有回避与自留两种手段。限额管理就是另一手段,其目的是让金融机构所承担的市场风险限制在自身可承受的范围之内,同时其承担的风险规模是与其资本实力、市场风险控制的能力大小相适应的。

市场风险的额度管理一般有两种:①风险限额的管理。运用计量模型方法获取市场风险的规模,并设置一系列的安全限额。例如,通过计量统计模型测算出的在险价值设置的限额。②授信限额。对每次或每项业务设置一个最高的授信限额。

5. 操作风险管理策略

操作风险包含融资审查与批准、信用审查、出账审查、贷款后管理和操作等,因为操作不合理或者是操作过程中出现道德风险导致损失产生。而融资解决方案的重要部分是授信支持性资产的有效管控,以上环节会导致很多操作出现,所以操作风险管理是供应链金融风险管理的一个十分关键的组成部分。

1) 主要的操作风险

首先,质押物变现的风险是指金融机构在处理质押物时,很可能出现质押物变现价值低于授信敞口余额或者无法变现的情况。为了控制此类风险,金融机构应选择交易量较大的商品作为质押物,并且设定合理的质押率,建立质押物的销售量、价格变化趋势的监控体系,为了分散相关风险,可以采用套期保值等技术手段。其次,质押监管的风险一般取决于物流仓储的管理水平及质押物出入库时的风险控制方法。为了控制此风险,金融机构需要选择信息化水平较高、资产规模大、监管网络覆盖面大、仓库管理能力强的专业物流公司合作,并且制定完善的发货风险控制与办理质押物入库方案。再次,物流融资的业务基础非产品价值莫属,同时产品价值还是银行需要面对的主要风险。因此,选出适宜的商品目录是进行供应链金融业务的首要前提。从风险控制与市场需求的角度考虑,应当选择价格涨跌幅度不大、易于仓储保存、通用性强、容易计量、质量稳定、价格透明且易于控制、变现容易的产品。另外,在物流金融等模式中,要选择品牌知名度高、实力强、市场占有率大且质量好的产品。最后,宏观经济环境也是重要因素之一,其中包含国内外经济环境因素,如利率与汇率因素和国际物流需求因素等,供应链金融的国际结算业务会涉及这些因素。我们需要不断探索，综合运用各种金融工具，从而减少宏观经济风险对供应链金融相关业务的负面影响。

2) 操作风险管理流程

在管理供应链金融的操作风险的过程中，金融机构要按照巴塞尔委员会规定的有关操作风险划分种类的大致框架，来创建符合供应链金融的操作风险数据库。由于大部分操作风险难以在事前被发现，许多制度与系统的不足经常是在产生损失以后才被发觉，所以金融机构应该构建一个属于自己的操作风险数据库，达到解决这一问题的目的。金融机构要总结自身与他人的失误，及时更新操作风险数据库，方可全面识别操作风险。

通常对操作风险进行定量衡量是一件很困难的事情。所以一般通过采用操作指引与风险数据库的方式进行管理。为了能够结合操作风险管理及度量，要建设操作风险数据库，将操作风险和系统风险评价策略结合起来。银行应分析和收集供应链金融融资服务过程中的各种操作风险导致的损失的有关数据，利用这些数据，计算、预测出供应链各个业务的操作风险损失率。然后按照风险损失率与银行的战略目标，将各业务的操作风险评估出来，保证其风险不会超出银行的承受范围。

收益以及成本因素是在选用操作风险控制策略时应该考虑的。若是成本太高，则应该考虑采用别的方式抑或是直接放弃。需要明确责任，每个环节必须有明确的责任人，使得损失发生时可以追究到责任人。

以下是比较常见的风险控制方式：①加强有关员工的素质。在供应链金融融资业务过程中，不仅应该加强员工的职业道德与风险意识，还需要培养员工的相关能力。在信用评审中，应该重点提高授信评审人员对于授信支持资产的有效性、真实性评价的能力，对企业间交易的有效性、真实性实施评估的能力，以及评价操作模式的可行性的能力。构建授信支持资产的有关管控部门也能够提高人均效率，规避票据辨别、存货监督控制等阶段的操作风险。②对于有关业务操作员个人的依赖程度要降低。供应链金融融资在贷款前需调查的信息比较复杂，金融机构可以建立专业的指引、审查与调查一体化的信息系统。调查者根据这一信息系统的要求以及流程收集有关信息，能够在一定程度上减轻对调查人员专业能力的依赖。在出账以及贷后管理的阶段，银行要利用有关的信息管理平台规范详细合理的操作流程和步骤及需要注意的风险要点，利用现代信息技术大力管控自由裁量权。对于种类不同的产品，需要制定合理的合同，且详细对合同的填制规范进行阐述。③建立健全的内控管理体系。供应链金融融资中，审查与放贷的分离等内控原则与一般银行没有太多的区别，而在授信支持资产的审核与管理环节，供应链金融会有所不同。由于一般情况下审贷分离不能完全确保相关的人员风险，因此，在供应链金融融资业务发生的过程中，银行应该构建一个独立于业务部门的授信支持资产管理部口，利用业务线有关员工的两次审核，减轻人员操作风险。对于某些循环贷款产品，如存货融资产品和应收账款等，应该构建定期的审批核查制度，在规定的时期内检查存货和应收账款是否满足有关要求。

操作风险转移的方式有两种类型：其一，风险保险；其二，将操作环节外包给其他企业。在西方国家，很多操作风险都能够利用投保的手段将风险转移，目前我国尚不具备大范围推行这一转移风险的条件。

供应链金融融资是近年来兴起的新型业务，在不断前进的脚步中产生了很多新问题，与此同时，有关的监督管理机制以及法律规定也在不断完善。所以，对供应链金融融资出现的操作风险必须构建相应的制度进行管控，在规定的时期内对各个种类的产品流程进行审核。

本章总结

- 本章首先介绍了国外供应链金融的风险以及风险控制对我国的启发。借鉴国际经验并结合我国国情，发展我国供应链金融业务应当注意的方面。
- 通过应收账款模式、预付账款模式与保兑仓模式详细说明了各个模式的风险点，以及核心企业、商业银行和物流企业各参与主体的风险防范。
- 分别对供应链金融的市场风险、信用风险和操作风险进行风险控制。

本章作业

1. 阐述你所认为的我国供应链金融中急需改善的几个方面，并指出国外经验中最值得借鉴的几个方面。
2. 简要阐述供应链金融中存在的风险种类，并大致叙述出其风险来源。
3. 大致论述供应链金融风险防范中最重要的环节。

参 考 文 献

[1] 冯光华. 中国资产证券化市场发展报告(2016)[M]. 北京：中国金融出版社，2016.
[2] 沈炳熙. 资产证券化：中国的实践[M]. 第二版. 北京：北京大学出版社，2013.
[3] 安德鲁·戴维森，安东尼·圣德斯，兰玲·沃尔夫，安妮·钦，王晓芳译. 资产证券化：构建和投资分析[M]. 北京：中国人民大学出版社，2006.
[4] 施桢. 京东白条资产证券化分析[J]. 上海金融，2016(3)：88～91.
[5] 徐静娴，饶海琴. 网络金融下的资产证券化—东证资管阿里小贷模式分析[J]. 新金融，2014(08)：55～57.
[6] 宁叶，刘睿智. 资产证券化：消费金融公司的外部融资选择[J]. 淮海工学院学报(社会科学版)，2011：9(17)，71～73.
[7] 黄小强. 我国互联网消费金融的界定，发展现状及建议[J]. 武汉金融，2015(10)：39～41.
[8] 叶湘榕. 互联网金融背景下消费金融发展新趋势分析[J]. 征信，2015(06)：73～77.
[9] 孟如兰. 后监管时代的互联网消费金融发展趋势研究[J]. 现代经济信息，2016(6)：300.
[10] 刘洋. 互联网消费金融[M]. 北京：北京大学出版社，2016.
[11] 徐淑芳. 供应链金融研究述评[J]. 武汉金融，2014(8).
[12] 何娟. 基于第三方电子交易平台的供应链金融服务创新[J]. 商业经济与管理，2012(7).
[13] 侯磊. 供应链金融中两种融资模式[J]. 科技与经济，2014，12(06).
[14] 陈娟. 供应链金融管理模式与发展建议[J]. 新金融，2010(07).
[15] 深圳发展银行. 中欧国际工商学院. 供应链金融——新经济下的新金融[M]. 上海：上海远东出版社，2009.
[16] 宝象金融研究院，零壹研究院. 互联网+供应链金融创新[M]. 北京：中国工信出版社，2016.
[17] 胡跃飞. 供应链金融：背景，创新与概念界定[J]. 金融研究，2009(8).
[18] 唐时达. 供应链金融新趋势[J]. 中国金融，2015(10).
[19] 谢蕾. 供应链金融与互联网金融的比较研究[J]. 会计之友，2014(35).
[20] 姚良. 供应链金融主要模式及商业银行的影响[J]. 银行家，2015(11).
[21] 肖迪. 供应链预付账款融资模式与优化策略[J]. 经济社会体制比较，2014(03).
[22] 谢世清. 国际供应链金融三种典型模式分析[J]. 经济理论与经济管理，2013(04).
[23] 史金召. 互联网视角下的供应链金融模式发展与国内实践研究[J]. 西安交通大学学报，2015，35(04).
[24] 刘斌. 互联网视角下我国中小企业供应链融资模式创新[J]. 商业经济研究，2016(10).
[25] 汪传雷. 基于"平台+基地"的供应链金融模式分析[J]. 商业研究，2014，10(450).
[26] 沈亚青. 基于B2C电子商务的供应链融资模式探析[J]. 经济师，2014(02).
[27] 郭菊娥. 基于第三方 B2B 平台上的线上供应链金融模式演进与风险管理研究[J]. 商业经济与管理，2014(01).
[28] 唐建民. 基于第三方支付的供应链金融服务创新及其运作模式初探. 商业经济研究，2015(28).
[29] 曹文彬. 基于供应链金融的应收账款融资博弈分析. 商业研究，2013，3(431).

[30] 宣晓影. 日本供应链金融及其启示. 银行家，2015(10).

[31] 罗明雄，唐颖，刘勇. 互联网金融. 中国财政经济出版社，2014(01).

[32] 郭福春，陶再平. 互联网金融概论. 中国金融出版社，2015(03).